W0062710

Egon J. Lechner
Jagdparadiese in aller Welt

Egon J. Lechner

JAGD-
PARADIESE
in aller Welt

BLV

*Meiner Frau und allen
mir freundschaftlich
verbundenen Jägern in aller Welt
Waidmannsdank für viele
Anregungen und die gemeinsam
erlebten, einzigartigen Jagdtage.*

CIP-Titelaufnahme der Deutschen Bibliothek

Lechner, Egon J.:
Jagdparadiese in aller Welt / Egon J. Lechner.-
München; Wien; Zürich: BLV, 1989
  ISBN 3-405-13680-6

BLV Verlagsgesellschaft mbH,
München Wien Zürich

8000 München 40

Satz: Satzstudio Decker, München
Druck: Aprinta, Wemding
Bindung: Sellier, Freising

Printed in Germany · ISBN 3-405-13680-6

Abbildungen

Achberger 2/3
Antilla 156
Arndt 73, 91
Bark 223
Binder 219
Brossette 101
Castells 6
Czimmeck 26
Danegger 106
Heinkel 111, 176
Hirsch 104
Kalden 38/39, 105
Lechner/Jagd international 40, 87, 94/95,
  98,158, 203, 210
Lees 79
Lynne 122, 198
Meyers 71, 103, 221, 227 (3.)
Mairhofer 59
Roder 148, 165, 227 (4.)
Schendel 161
Vahle 222
Wernicke 214
Warter 155
White 23
Ziegler 225

alle übrigen vom Autor

Titelfoto: Libby Mills/Alaska Photo

Zeichnungen: Barbara von Damnitz
  (S. 226, 228)

Jagdgebiete und Wildverbreitungskarten:
Astrid Fischer

Vorsatzkarten: Kartografie Huber

Inhalt

Im Visier

Auslandsjagd und Artenschutz

Gleich vorab: Dies ist ein Buch vor allem für die Jäger sowie all jene, die sich für die Jägerei interessieren und bereit sind anzuerkennen, daß legale Jagdausübung auch ein Beitrag zum Natur- und Artenschutz ist. Hierin liegt kein provokativer Widerspruch, denn das Sonderinteresse des Jägers am Erhalt der Vielfalt aller freilebenden Tier- und Pflanzenarten ist eng verknüpft mit dem Allgemeininteresse der Gesellschaft hierfür. Sein persönlicher und finanzieller Einsatz ist belegbar.

Gerade deshalb leistet sich der moderne Jäger weder Einäugigkeit noch vordergründige Rechthaberei, sondern bemüht sich, trotz des häufigen Unverständnisses, offenkundiger Klischeevorstellungen und teilweise sogar militanter Ablehnung der Jagd, auch in Zukunft seinen schon historischen Beitrag im Natur-, Wild- und Umweltschutz zu erbringen. Hierbei ist nichts zu vertuschen oder zu beschönigen, allerdings auch nichts in zerknirschter Selbstbezichtigung zu rechtfertigen. Bei der legalen Jagdausübung gibt es heute weltweit weder Grauzonen noch Tabus.

Von dieser Haltung ist das vorliegende Buch getragen. Es führt in einige Jagdparadiese auf den fünf Erdteilen unseres Planeten und beschreibt aktuelle Pirscherlebnisse aus jüngster Zeit.

Die noch bis vor einem Jahrzehnt heftig diskutierte Frage, ob Jagd, das Töten von freilebenden Wildtieren, moralisch überhaupt begründ- und vertretbar ist, mündet im Zeitalter der Bedrohung allen Lebens auf der Erde, in die Dimension des allumfassenden Natur- und Umweltschutzes. Dabei stellt sich die Frage, ob Jagd nicht ein zusätzlich schwerwiegender Eingriff in das bereits stark schlingernde ökologische Gesamtsystem, oder umgekehrt, nicht sogar ein positiver, ein spezieller Beitrag hierzu ist. Insbesondere muß gefragt werden, ob eine über das Ethisch-Historische hinausgehende Betrachtung heute überhaupt noch eine ökologisch und ökonomisch begründbare Berechtigung der Jagd zuläßt!

Wildschutz und Lebensraum

Derzeit zählen von den über einhundertsiebzig Staaten der Erde etwa ein Drittel als Jagdländer im klassischen Sinn. Ihre Wildbestände in freier Bahn gelten als gesichert, die Gesetze zu deren legaler Nutzung und selektiver Bejagung greifen. Sie beruhen auf wildbiologischen Notwendigkeiten und wissenschaftlich gesicherten Erkenntnissen. Jagdorganisation, Abschußquoten und Bejagungsrichtlinien sind im Sinne wirksamen Arterhalts und einer gleichzeitig langfristig gesicherten Nutzung festgelegt und an den international geltenden Artenschutz- und Zollbestimmungen orientiert.

Das Angebot an legalen Jagdmöglichkeiten ist steigend. Andererseits wächst weltweit, trotz intensivster Anstrengungen aller bedeutenden Natur-

Selektive Jagd, wie auf diese Steinböcke (Gredos/Spanien) erfordert Erfahrung, Geduld und Geschick.

und Umweltschutzorganisationen, von Behörden, Regierungen und Parlamenten — und der Jäger! — die sogenannte »Rote Liste«, die Bedrohung der Tier- und Pflanzenarten, ständig an. Die Tatsache, daß sich die Vorkommen vieler, insbesondere auch jagbarer Wildtiere, bis hin zu noch gefährdet geltenden Arten in Anhang I und II des Washingtoner Artenschutzabkommens (CITES) stabilisieren, ist oft ein Indiz, daß dort, wo legale Jagdausübung in enger Verbindung mit staatlichem »Wildlife-Management« betrieben wird, tatsächlich praktischer Artenschutz stattfindet. So beispielsweise bei vielen Wildschafen, beim Leoparden oder dem Eis- und Braunbären. Bejagung auf der Grundlage staatlicher Lizenzquotierung hat sich weltweit bewährt.

Das hat vielfältige Gründe und bestätigt die These, daß Artenschutz nicht isoliert von den ökologischen und ökonomischen Rahmenbedingungen der einzelnen Länder, quasi im luftleeren Raum, betrieben werden kann. Spektakuläre, vom ökologischen Gesamtsystem abgekoppelte Einzelaktivitäten haben mit umfassendem Artenschutz oft nichts zu tun. Rettungsmaßnahmen, so sehr sie auch zur öffentlichen Bewußtseinsbildung notwendig sind, wie jüngst die weltweit beachtete Befreiung von zwei Grauwalen im nördlichen Eismeer, beschäftigen als Einzelschicksale, die sich gut nachvollziehen lassen, naturgemäß die Öffentlichkeit. Das schlimme Robbensterben in der Nordsee im gleichen Jahr, ein wesentlich bedrohlicheres Massenphänomen, bewegte nur die Anrainerstaaten. Die Mahnungen des vom WWF schon früher in Auftrag gegebenen Gutachtens über die Schwarzfleckenkrankheit der Nordsee-Garneelen, eine ernste Warnung vor dem bevorstehenden Kollaps, interessierte öffentlich überhaupt nicht. Je schöner, exotischer und größer (!) das bedrohte Tier ist, desto eher läßt sich das Natur- und Umweltgewissen der Menschen mobilisieren. Wenn das Rebhuhn aus der Feldflur, der Sperling aus unseren Gärten verschwinden oder der Kleine Pandabär im Himalaya ausgerottet wird, nimmt man das zwar bedauernd, aber eher achselzuckend zur Kenntnis. Wirksamer Artenschutz sieht anders aus!

Wer nicht bereit ist anzuerkennen, daß Natur- und Umweltschutz ohne Erhalt des Lebensraumes ebensowenig realistisch ist, wie die nach wie vor falsche Behauptung, die Natur würde auch heutzutage noch in einem »Laissez-faire«-Klima alles für sich selbst positiv regeln können, verkennt die Wirklichkeit sowie die vielfältigen Abhängigkeiten der Individuen von ihrem Lebensraum und den sie umgebenden Tier- und Pflanzengemeinschaften. Das Netz der ökologischen und auch ökonomischen Bedrohungsursachen für die miteinander eng verflochtene Tier- und Pflanzenwelt, stellt sich vor allem in den Entwicklungsländern weitaus komplizierter dar, als manch idealistischer Appell verdeutlicht. In die globale Betrachtung dieses vielschichtigen Prozesses ist die Auslandsjagd mit eingebunden!

Nur Bewußtseinsänderung »vor Ort« hilft

Legale Jagdausübung — auch wenn dies noch so oft geleugnet wird — hat mit der Bedrohung freilebender Tierarten überhaupt nichts zu tun! Von einem Gastjäger, der mit viel Aufwand an Zeit und Geld eine Trophäe erlegt hat, kam und kommt nie ein Leopardenfell, kein Elfenbeinzahn oder eine Bärenkralle auf den Souvenir- und Modemarkt. Weder der Jaguar Südamerikas noch die Nashornbestände Afrikas, weder der Weißkopfadler in Nordamerika noch der Schneeleopard Nepals, auch nicht die Greifvögel oder die Rauhfußhühner der Alpenregion sind heute (oder wurden früher) vom legal jagenden Weidmann gefährdet. Anfang der 70er Jahre durchstreiften das größte Tierreservat Kenias, den Tsavo-Park, noch über 20 000 Elefanten. »Im vergangenen Jahr waren es noch 4327«, schreibt der SPIEGEL Ende 1988, »die Zahl der Flußpferde verringerte sich seit 1970 von 600 auf 30«. Und dies, obwohl (oder gerade weil?) Kenia jede legale Jagdausübung seit über 10 Jahren strikt untersagt. Die eigentliche Bedrohung kommt von skrupellosen Geschäftemachern, die mit jener Jagd, von der dieses Buch berichtet, nicht das geringste zu tun

Bevölkerungsexplosion, ungehemmte Landnutzung , Überweidung, steigende Armut und Hunger bedrohen weltweit die Existenz und den Lebensraum der Wildtiere.
Das Fleisch eines erlegten Elefanten versorgt ein Dorf viele Wochen.

haben! Sie nutzen die Schutzlosigkeit des Wildes aus und/oder zerstören durch rigorose Landnahme dessen Lebensraum. Nach Mitteilung des WWF beträgt der Waldverlust Brasiliens, das ein Drittel der Regenwaldflächen der Erde besitzt, alleine für 1988 250 000 qkm. Das ist die Größe der Bundesrepublik! Auch daran sind Jäger nicht beteiligt!

Arten- und Naturschutz ist eine Frage der Bewußtseinsbildung »vor Ort«. Für den Eskimo, den Kirgisen, den Nepali oder den Matabele Zimbabwes ist der Schutz von Wildtieren zunächst eine Frage der eigenen Existenz und des täglichen Überlebens. Wovon und durch wen soll in den Entwicklungsländern, bei bitterer Armut und leerem Bauch, ein Bewußtsein für wirksamen (!) Artenschutz entwickelt werden? Durch Gesetze und Appelle an die Vernunft oder an die Verantwortung des einzelnen für spätere Generationen? Wohl kaum!

Wo immer auf der Erde freilebende Tiere zum Lebensraum- und Nahrungskonkurrenten des Menschen werden, treten sie gegen Hunger und wirtschaftliche Interessen an. Dabei ziehen sie unweigerlich den Kürzeren. Erst wenn der »Local-Chief« in Äthiopien oder Pakistan, wenn der Kolchos-Direktor in Kasachstan und der Kurde in Ostanatolien erkennt, daß für einen kapitalen Büffel oder einen Markhor, für eine erfolgreiche Schwarzwilddrückjagd oder einen starken Braunbären ein Vielfaches dessen bezahlt wird, was sonstige Verwertung der Beute dem Dorf bringt, und der Jagdgast nur für eine reife Trophäe bezahlt, verändern sich allmählich Wertbewußtsein und Verhalten gegenüber den Wildtieren. Erst dann legt man bei eigenen Jagden für den Suppentopf, insbesondere bei weiblichem Wild und dem Nachwuchs, die dieser Verfolgung meist als erste zum Opfer fallen, andere Maßstäbe an. Dann wird das Wildtier als wertvolle, natürliche Ressource betrachtet, dessen Bejagung sich sogar in klingende Münze umsetzen läßt!

Gerade in diesem Bereich gilt Oswald Spenglers Wort, daß der Geist denkt aber das Geld lenkt. Der Viehzüchter im Mato Grosso, der Rancher in Montana oder der »Game-Farmer« in Süd-

Kleiner Panda/Osthimalaya. Hoch gefährdet, trotzdem gewildert! Unser eindringlicher Appell rettet ihm zumindest dort das Überleben. Hoffentlich!

afrika wird Jaguar, Puma und Bär, ebenso wie den Leoparden, der seine Kälber schlägt, nur schonen, ihm nicht mit Blei, Eisen und Gift nachstellen, ihn vielleicht sogar auf seinem Gebiet dulden, wenn er für diese freiwillige Lebensraumüberlassung gelegentlich mit einem bezahlten, legalen Abschuß entschädigt wird.

Dauerhafter Wildschutz läßt sich auch nicht isoliert alleine in staatlichen Wildreservaten aufrechterhalten, vor allem nicht finanzieren. Woher sollen die für den Schutz der Wildtiere in den Nationalparks Afrikas notwendigen, mindestens DM 3,00 pro Hektar und Jahr kommen? Wie will man den mit modernster Technik ausgerüsteten Wildererbanden das Handwerk legen, wenn, wie etwa in Botswana, statistisch jeweils nur ein Wildhüter auf 58 000 Hektar Naturparkfläche kommt? Betrachtet man die Gefährdung der freilebenden Tiere gleichzeitig vor dem Hintergrund rasanter Bevölkerungsexplosion und dem damit verbundenen, steigenden Druck auf Natur und Umwelt — die 5. Milliarde der Weltbevölkerung ist bereits überschritten, in 20 Jahren ist die 10-Milliardengrenze erreicht(!) —, dann reduzieren sich Wild- und Artenschutz auf die Fragen der Lebensraum-Sicherung und deren immer schwieriger werdenden Finanzierung. Artenschutz und nachhaltige Bewirtschaftung der freilebenden Wildtiere, das zeigen hervorragende

Ansätze einiger afrikanischer Staaten, vor allem die überzeugenden Ergebnisse der USA und Kanadas, auch verschiedener osteuropäischer Staaten — seit neuestem auch der UdSSR —, der Mongolei und Skandinaviens, sind längst kein Gegensatz mehr. Sie bedingen einander!

Jagd- und Wildschutz

Die Auslandsjagd berührt so gesehen natürlich nur einen Teilbereich des allgemeinen Natur- und Artenschutzes. Von ihren Bemühungen profitieren jedoch unzählige andere, nicht jagbare Tiere und die Pflanzenwelt. Die Hauptleistung der Gastjagd liegt vor allem in der Bewußtseinsänderung bei den mit den Wildtieren in Nachbarschaft lebenden Menschen — in einem ganz einfachen, praktischen Sinn! Die wachsende Erkenntnis über den Wert ihrer Wildtiere, die Tatsache, daß sie Arbeit und Geld bringen — ein Teil der Devisenzufuhr muß deshalb an die Bevölkerung in den Wildgebieten fließen! — vermindert zwangsläufig die Konkurrenzkonflikte zwischen Wildtier und Mensch, und ermöglicht dem Artenschutz oft dadurch erst echte Chancen. Die Zeiten, wo Überschuß an nutzbarem Boden gottgegeben war, sind längst vorbei. Das Land stirbt weltweit an Raubbau, Ausbeutung und Erschöpfung! Die gerne und ständig wiederholte, undifferenzierte Behauptung, »Jagd bedroht die freilebende Tierwelt«, ist eine bewußte, eigensüchtige Irreführung der Öffentlichkeit. Beispielsweise zeigt das Ergebnis der Wildzählung im Selous-Wildreservat Tansanias aus dem Jahre 1981, daß im Vergleich zu den tatsächlichen, amtlichen Abschußzahlen, eine aus wildbiologischer Sicht völlig unbedeutende Abschöpfung vorgenommen wurde. Für die Finanzierung des Wildschutzes sind diese Einnahmen jedoch ausschlaggebend. Allein 20-30 % der Abschußgebühren gehen in Tansania in die Wildererbekämpfung. Ähnliches gilt für andere Länder.

Deshalb: Auslandsjagd und die oft leichtfertig verteufelte Trophäenjagd haben nichts mit der Bedrohung von Arten zu tun! Sie sind vielerorts längst ein Eckpfeiler des Wildschutzes.

Unter dem Gesichtspunkt sorgfältig selektiver Wildbewirtschaftung und Steuerung der Populationsdynamik ist bezahlte Gastjagd — »das Geschäft mit dem Wild« — unverzichtbar. So schmerzlich es für viele, unbestreitbar engagierte Idealisten klingen mag, »auch die Büchse sorgt für das Überleben der Wildtiere«. Die gefährliche Alternative »Wildtier oder Viehzucht«, ist langfristig nur dann zugunsten der freilebenden Tierwelt zu entscheiden, wenn deren Nutzung nicht nur ökologisch, sondern auch ökonomisch zu besseren Ergebnissen führt als die landwirtschaftliche. Bei einem dann finanzierbaren, flächendeckenden Kontrollsystem sind diese Überlegungen auch umsetzbar. Das verlangt in vielen Ländern allerdings eine Trendwende im Ideologischen und Administrativen. Auch eine Überprüfung des oft kritiklosen Glaubens an die vordergründig großen »Segnungen« des Foto- und Massentourismus. Die Zukunft gehört dem »ökologischen und sanften« Tourismus! Jagdbeschränkungen oder öffentliche Verbotskampagnen sind meist irrational und haben häufig wenig mit Wildbiologie und dauerhaftem Artenschutz zu tun. Immer wieder erklärt jemand überraschend eine Jagd als »distasteful to the public« (der Öffentlichkeit nicht zumutbar) und sofort wird eine Jagdart das Opfer öffentlicher Befehdung und Gefälligkeitspolitik. Das geht von den Rabenvögeln bei uns bis hin zur Robbenjagd der Eskimos. Ob damit ein echter Sieg für eine Art und die Gesamtnatur errungen wurde, erscheint oft höchst fragwürdig!

Erstaunlich ist, daß ständig Nachrichten von einer »großen« Bedrohung der Elefanten in Afrika — weit weniger über die ungehemmte Wilddieberei und die Wirkungslosigkeit von Gegenmaßnahmen — verbreitet werden, obwohl feststeht, daß es in Afrika noch etwa 750 000 Dickhäuter gibt. Bei einem Lebensraumangebot von höchstens für die Hälfte! Es ist unaufrichtig, zu verschweigen, daß Tausende von Elefanten in Culling-Aktionen — die zugegeben unvermeidbar, aber »very distasteful« sind! — jährlich ihr Leben büßen, während schätzungsweise im Jahr höchstens 600 Elefanten von ausländischen Jagdgästen, der Bruchteil eines

Natürlich geht es bei der Auslandsjagd um Trophäen. Ebenso wichtig ist jedoch die Begegnung mit den Menschen und ihrer Kultur in meist fremder Natur und unbekannter Landschaft. Wie hier bei der Schwarzbärjagd am Innoko/Alaska.

Prozents(!), legal gestreckt werden. Und beileibe nicht nur 'Trophy-bulls'! Es ist unlauter, den Leoparden ständig als bedrohte Art hinzustellen, obwohl nach einem erst jüngst von CITES in Auftrag gegebenen Gutachten, die Großkatze in Afrika heute als nicht mehr bedroht erklärt wurde. In 23 Ländern des schwarzen Erdteils wurden 1987 mindestens 700 000 als Bestand errechnet, davon alleine ein Drittel in Zaire; in Angola 60 000, in Sambia und Kamerun 46 000 und 42 000 Tiere. Dieser Population schadet nicht legale Bejagung, sondern Lebensraumzerstörung und unkontrollierbare Vernichtung zur Schadensbegrenzung in der Vieh- und Weidewirtschaft.

Wer heute Erhalt der Wildtiere fordert, muß — auch wenn dieser Vergleich »profitbezogen« erscheinen mag — ihre Überlebenschancen nach dem Gesichtspunkt der »Rentierlichkeit« für die Menschen dieser Gebiete betrachten. Ähnlich den Überlegungen bei Vermögen und Kapital, das man bekanntlich nur durch ständigen Zinsertrag gegen Inflationsverluste sichern und damit auf Dauer nutzen kann. Auch von diesen Erfahrungen spricht das vorliegende Buch: Aus der Praxis, für die Praxis!

Der Auslandsjäger

Das Vorurteil, Auslandsjagd sei »Exotenjagd für Betuchte«, beruht auf Unwissenheit und Ignoranz. Das beweist die Sozialstruktur der Auslandsjäger, die identisch ist mit dem allgemeinen Anteil der Jäger und ihrer Berufe an der Bevölkerung.

Auch der Jäger mit kleinerem Geldbeutel ist heutzutage bereits mit tausend Mark auf Hirsch und Sau, auf Antilope oder Schwarzbär mit von der Partie! Entgegen landläufiger Meinung, herrscht an Jagdmöglichkeiten in aller Welt kein Mangel! Man verkennt den Markt und die Angebotslage ebenso gründlich wie die Zielvorstellungen der Jäger, wenn man meint, mit strengen Schutzbestimmungen eine künstliche Barriere hochhalten oder gar errichten zu müssen.

Der internationale Jagdtourismus regelt sich an den Gesetzen des Marktes. Nachfrage und Angebot, Image und ein ausgewogenes Preis-Leistungsverhältnis bestimmen hier den Trend ebenso wie in jedem anderen Wirtschafts- und Dienstleistungsbereich — weltweit! So sehen es auch die gut zehn Prozent aller Jagdscheininhaber, die es jährlich

Der Gast jagt nirgendwo ohne staatliche Aufsicht oder Begleitung

ein- oder mehrmals, oder in mehrjährigem Abstand, zum Waidwerk jenseits der eigenen Grenzen zieht.

Jagdparadiese auch heute

Die im Buch vorgestellten Jagdreisen in Gebiete, die dem Alltagstouristen meist verschlossen bleiben, sind in diese Gedanken und Sachverhalte eingebunden. Sie beruhen auf persönlichen Erfahrungen aus jüngster Zeit. »Jagdparadiese in aller Welt« will dem Jäger — neben anregender Unterhaltung — in einem »Steckbrief« aktuelle Informationen, Fakten und Daten über 20 bereiste Jagdländer und 40 dort bejagte Hauptwildarten vermitteln. Diesem Zweck dienen auch die Wildverbreitungskarten sowie die Kartenausschnitte zum jeweils bereisten Jagdland. Um vor und nach der Pirsch einen Vergleichsmaßstab zur oft unbekannten Beute an Hand zu geben, werden die Maße der jeweiligen SCI-Rekordbuch-Trophäe (Stand 1985/87) aufgeführt, sowie die internationalen Schutzbestimmungen für die jeweilige Wildart mitgeteilt. Die gilt es vor Antritt einer Jagdreise jedesmal neu zu überprüfen!

Selbstverständlich enthalten die geschilderten Pirscherlebnisse alle guten und schlimmen Erfahrungen, sowie viele von mir getestete oder von Freunden und Jagdreisenden an mich herangetragene Anregungen und Ratschläge für die Praxis »vor Ort«. Es sind auch Jagden beschrieben, bei denen sich selbst der Jäger mit nur schmaler Geldbörse noch einen Traum erfüllen kann; sofern er nicht, zurückgelehnt in seinen Lehnstuhl, überhaupt nur eine Gastjagd auf diese Weise miterleben will. Die zwanzig geschilderten Jagdreisen sind teilweise Erstjagden in Gegenden, wo seit Jahrzehnten kein Ausländer mehr war. Dazu gehören die Jagdexpeditionen in die Wüstengebirge Ägyptens, Südpakistans und den zentralasiatischen Pamir der UdSSR ebenso wie die Bergjagden in den Himalaya Ostnepals, auf Bezoar im Taurus der Südtürkei, die Testjagden nach Ruanda oder nach Kasachstan (ähnlich wie in den Pamir, erstmals seit 60 Jahren) und auf Polarbär in der Arktis. Die Erlebnisberichte und Fotos im Buch sind eine persönliche Auswahl. Zweifelsfrei gibt es ebensoviele andere aufregende Jagden und spannende Schilderungen von Jägern, die irgend-

wo sonst auf der Welt mit großem Erfolg waidwerkten.

Da Jagd nicht mit dem Schraubenschlüssel gemacht wird und nicht im Reagenzglas stattfindet, waren trotz Bemühens um pflichtgemäße Vermittlung objektiver Sachinformationen, Gefühle und Stimmungen, Freude und Enttäuschungen nicht immer auszuklammern. Im Vordergrund stand jedoch das Ziel, durch Reviere zu führen, die auch heute noch dem Jäger offenstehen und wo es sich lohnt, wertvolle Urlaubszeit, Kraft und Geld aufzuwenden. Sicherlich werden bei manchem Grünrock wieder geheime Wünsche und Träume geweckt oder Erinnerungen an eigene Abenteuer, an stolze Trophäen und lange Abende am Lagerfeuer wach — irgendwo mit Gleichgesinnten, weit draußen in einer fernen Wildnis. Das waren dann jene echten Erlebnisse, die einen nie mehr verlassen, die neue Kräfte verleihen und den Alltag wieder erträglich machen. Körperliche Anstrengung, geistige Entspannung, Freude am Naturerlebnis, Selbsterfahrung und etwas Muße — das heißt auch heute noch »Jäger sein« und eines der letzten Privilegien unserer Zeit genießen.
Davon berichtet dieses Buch. Vielleicht dient es ein wenig der eigenen Standortbestimmung und verdeutlicht, daß der Auslandsjäger nirgends mehr auf der Welt ohne Begleitung jagt oder drauflosballert, »grad wie es ihm gefällt«, sondern eingebunden ist in eine Mitverantwortung zum Schutz all dessen, »was da kreucht und fleucht«! Es geht längst nicht mehr darum, ob wir Arten-, Natur- und Wildschutz wollen! Die Frage ist, wie sie in Zukunft gestaltet und finanziert werden können! Ein kleiner, sicherlich nur schmaler Weg wurde hier aufgezeigt. Ich meine, daß der Jäger dabei nicht nur zu Hause, sondern auch als Gast draußen in der Welt, einen respektablen Beitrag leistet. Er wird sich hierin von niemandem übertreffen lassen!

Dr. Egon J. Lechner

Die Burschen hetzten, mit einem »Allah« auf den Lippen, wie die Teufel los. Bald wußte ich weshalb. ▶

Barfuß in Allahs Bergen

In respektvollem Abstand zu einem verlassen in der Wüste stehenden Gehöft, halten wir an. Das Anwesen wirkt gespenstisch. Wer kann hier eigentlich leben? Der Fahrer hupt. In dieser Gegend bleibt man lieber außerhalb der Reichweite eines Karabiners. Man versteht wenig Spaß, schon gar nicht mit Fremden. Hier zählen nur der »Wadera« und die Gesetze des Koran!

PAKISTAN

Islamische Republik	
Hauptstadt	Islamabad
	(250 000 Einwohner)
Einwohner	89 900 000
Fläche	803 943 km²
Sprachen	Englisch, Urdu,
	regionale Sprachen
Währung	1 pakist. Rupie =
	100 Paisa

Wildtiere: Bär, Fasan, Flugwild, Leopard, Marco-Polo-Schaf, Markhor, Murmeltier, Rothirsch, Schneeleopard, Schwarzwild, Schweinshirsch, Sind-Steinbock, Trappe, Urial, Wolf.

Landschaft: Sie steigt vom Indus und der Küste bis zu den 8000ern im Himalaya, Karakorum, Hindukusch und Pamir im Nordosten, dem Suleimangebirge im Westen und der Wüste Tharr im Südosten an. Der Indus formte das Industiefland auf seinem Weg aus dem Himalaya, wobei er Geröll und Sand ablud. Östlich Belutschistan, mit bis 3500 m hohenBergen, liegt das bis 2500 m hohe Kirthargebirge.

Klima: Sommertemperaturen bis zu + 50° C im Industal stehen Temperaturen unter 0° C in den Gebirgsregionen gegenüber. Niederschläge unter 300 mm/Jahr sorgen für Trockenheit und Dürre.

Sehenswürdigkeiten: Karachi mit seinen Miniaturen aus der Mogulzeit. Mohenjo Daro aus dem 5000 Jahre alten Industalkultur. Haiderabad, eine Festungsstadt. In der Umgebung, der große Staudamm Ghulam Mhammed.

Jagd: Besondere Einfuhrbestimmungen für Waffen und Munition beachten. Ein Paradies für Bergjäger und auf Schwarzwild. Als Jagdland erst seit Anfang 1980 im Aufbau. Arabische Potentaten reisen gerne mit ihren Edelfalken zur Beizjagd nach Pakistan.

Sind-Steinbock

Capra aegagrus blythi

E: Sind Ibex
F: Chevre a bezoar du sind
Sp: Cabra del Sind

Ansprechen: Schulterhöhe 70-100 cm, Gewicht 50-90 kg. Böcke tragen Säbelhörner und Bart. Die Geißen haben kleine Hörner und keinen Bart. Decke eierschalenfarben bis grau mit schwarzem Collier am Trägeransatz. Die Bauchseite ist weiß.

Lebensraum: Steile Felswände und Hochalmen, im Winter in tiefere Regionen. Tagsüber an schattigen Orten; ziehen abends zu Tal.

Verbreitung: Sind-Steinböcke leben mit einer Reihe verwandter Arten in Kleinasien. Inselartige Vorkommen in Pakistan, im Westen bis Belutschistan und im Osten bis zum Kirthargebirge.

Verhalten: Diese Bezoarziegenart bildet Herden zwischen 20-50 Stück. Im Sommer trennen sich die Böcke von den Rudeln und suchen höhere Regionen auf. Gehör, Gesichts- und Geruchssinn sind sehr gut entwickelt. Sie brunften im November. Die Böcke tragen Zweikämpfe aus, wobei sie sich auf die Hinterläufe erheben und mit den Hörnern gegeneinanderkrachen. Nach 150 Tagen Tragzeit werden 1-2, selten 3 Kitze gesetzt. Die Äsung besteht aus Pflanzen; Zweige, Kräuter, Laub und Gräser werden gern aufgenommen. Besonders beliebt sind der Kapernstrauch und Ginster.

Artenschutz: WA entfällt.

Jagd: Bergsteigerische Erfahrung und gute körperliche Verfassung sind nötig. Das Wild wird überklettert und von oben angegangen.

Rekordtrophäe: SCI RboTA, 1986: Länge der Hörner links 133,35 cm, rechts 132 cm (Kirthar 1975).

Verbreitung Sind-Ibex

Schwarzwild

Sus scrofa

E: Wild boar
F: Sanglier
Sp: Jabalí

Ansprechen: 26 Unterarten weltweit. Ihre borstige Schwarte variiert von schwarz bis grau und braun. Der Bürzel endet in einer Quaste, die Ohren sind rundlich, dreieckig und behaart. Die europ. Karpatenkeiler bringen bis 300 kg auf die Waage.

Lebensraum: Sümpfe, Wälder und Savannen, Bergbuschregionen und Forste sind die Lebensräume dieses intelligenten Wildes. Zur Suhle muß in der Nähe Wasser vorhanden sein.

Verbreitung: Von Spanien über Mittel- und Südeuropa bis zu den Karpaten, in großen Teilen Asiens, in Australien, Südamerika, Nord- und Südafrika.

Verhalten: Schwarzwild lebt gesellig in Rotten. Die alten Keiler sind außerhalb der Rauschzeit Einzelgänger. In der Rotte herrscht eine strenge Rangordnung. Nach einer Tragzeit von etwa 4 Monaten werden 4-10 Frischlinge gesetzt. Der Höhepunkt der Rauschzeit fällt in den Spätsommer. Die Keiler führen heftige Kämpfe um die Bachen.

Artenschutz: WA entfällt.

Jagd: Wenig standorttreu zieht das Wild weit umher. Bestätigungsmerkmale für den Jäger sind Suhlen, Malbäume, Fraß-, Wühlplätze und Trittsiegel. Man kann das Wild bei frischgefallenem Schnee gut ausfährten. Ansitz, Drück- und Pirschjagd. Große Drückjagden in Bergrevieren (Spanien, Türkei) benötigen starke Hundemeuten.

Rekordtrophäe: SCI RboTA, 1986: Länge der Waffen, europäisches Wild, links 27,77 cm, rechts 27,45 cm (1985); asiatisches Wild, links 28,58 cm, rechts 28,26 cm (Iran 1973).

Jagd auf Sind-Ibex und Sauen in Pakistan

Verloren wirbt ein kleines Inserat in der »Pakistan News«, jetzt Mitte Dezember und ausgerechnet im schwülheißen Karachi, der größten Stadt Pakistans, für Christbäume. In einem Land, in dem der Islam Staatsreligion und 97 Prozent der fast 90 Millionen Einwohner nach der Lehre des Großen Propheten leben, ist das eine der vielen Absonderlichkeiten dieser muslimischen Republik, die seit kurzem mit guten Jagdmöglichkeiten auf Steinböcke und Schwarzwild wirbt.
In Karachi, diesem Schmelztiegel des indischen Subkontinents, gibt es wenig, was den Reisenden oder gar einen Jäger reizen könnte.
Ich bin froh, daß wir uns nach einigen Besuchen bei den für eine Steinbocklizenz zuständigen Behörden, bald in zwei offenen, von verwegenen Burschen gesteuerten US-Jeeps, Baujahr 1952, durch die völlig verstopften Ausfallstraßen absetzen. Ein unvorstellbares Chaos, das selbst dem abgebrühtesten und an abenteuerliche »Rush-Hours« der Großstädte gewöhnten Europäer kalte Schauder über den Rücken laufen läßt. Vorbei an Slums voll bedrückendem Elend, durch eine stickige Wolke von Smog und verbrauchtem Ozon, sind wir bald auf dem Superhighway Karachi — Hyderabad. Ständig gejagt und genervt von Lastzügen und Omnibussen, die mit ihren orientalisch bemalten Aufbauten — wahren Kunstwerken von naiven Ölgemälden, Lampenketten und Strahlerbatterien aus Folien und Metallornamenten — völlig überladen und schaukelnd wie festlich geschmückte Schiffe, an uns vorbeischießen. Unseren TÜV träfe der Schlag!

Jagdliches Neuland

Bald liegt die Millionenstadt Karachi, deren Einwohnerzahl sich mit der Eröffnung des Suez-Kanals und dem damit verbundenen Aufschwung bereits nach einigen Jahrzehnten verhundertfachte, hinter uns. Der Gedanke, die

Diesen »Adleraugen« entgeht nichts.

erste offizielle Lizenz auf den nahezu unbekannten Sind-Ibex *(Capra aegagrus blythi)*, den »Sarah«, wie die Einheimischen den staatlichen Vetter des persischen Steinbocks *(Capra aegagrus aegagrus)* nennen, in der Tasche zu haben, hebt natürlich die Stimmung. Da konnte man wieder einmal echt jagdliches Neuland betreten!
Es klang recht überzeugend, was die Herren Khan und Ahmed, der Leiter des Sind-Wildlife-Management-Board und der Staatssekretär des Forstministeriums über die Jagd, die Steinbockpopulation und über die Jäger ganz allgemein von sich gaben.
Nach zehn Jahren Vollschonung sollen ab 1986 erstmals aus einem Gesamtbestand von etwa 2000, ein gutes Dutzend Steinböcke am Rande des 300 000 Hektar großen Kirthar-Nationalparks für Jagdgäste freigegeben werden. Vorschrift für die Erlegung sind ein Mindesthornmaß von 35 inch (etwa 90 cm) und ein Alter von mindestens sechs Jahren. Die Rekordtrophäe des Sind-Ibex mit 52,5 inch (1,33 m!) wurde bereits um 1850 vom englischen General E.C. Marston erbeutet. Das alles erinnerte mich an die Wiedereröffnung der Steinbockjagd in der Türkei Anfang 1980. Nach zwölfjähriger Schonzeit

wurden bei ähnlich starkem Bestand im Gebiet Termessos des Taurus-Gebirges, ebenfalls erstmals Lizenzen auf Bezoar-Steinbock erteilt. Ob ich auch diesmal als erster deutscher Grünrock, wie seinerzeit, noch dazu buchstäblich fünf Minuten vor Schluß der Jagd, ähnliches Waidmannsheil haben werde?
Die Voraussetzungen scheinen günstig. Auch meinem Dolmetscher Harun, der in Salzburg schon etwas westliche Luft geschnuppert hatte, war die Jagdregion Eri als erfolgversprechend geschildert worden. Persönlich bekannt ist das Jagdgebiet jedoch weder ihm noch den Behörden. Wer bereist schon die politisch unsichere Provinz Sind, wenn er im wirtschaftlich fortschrittlichen Punjab im Norden, im altehrwürdigen Lahore oder in der für das moderne Pakistan zum Symbol für Aufschwung und Fortschritt gewordenen Regierungshauptstadt Islamabad wohnt?
Dort läßt sich heute allemal besser leben und, sofern es einen dazu drängt, auch angenehmer in der Umgebung jagen.
Dort herrscht weniger Not und Elend und das Klima ist angenehmer. Die Jagd hat im Norden eine alte Tradition, insbesondere auf Schneeleoparden, Steinböcke und Wildschafe.

Ende des Saurieglers. Die Treiber rückten mit dumpfem Trommelschlag vor.

Kapital aber »unrein«

Überall auf dem flachen Lande, wo wir vor knapp einer Woche zwei Tage lang in oft undurchdringlichen Sümpfen und Tamariskendickungen auf Schwarzwild riegelten, begegnete uns eine herzliche Gastlichkeit, wie sie nur noch in festgefügten Stammestraditionen zu finden ist. Jeder Besuch wurde zu einem kleinen Volksfest. Wer abkömmlich war, fand sich vor dem Gehöft des Dorfältesten ein. Trotzdem hielt man Abstand zum »Empfangskomitee« und niemand hätte gewagt — wie hier im Süden — den Wagen zu inspizieren oder an unserem Gepäck herumzuhantieren. Die Begeisterung war jedesmal so groß, daß statt der vielleicht notwendigen 20 Treiber über 100, freiwillig und nur »der Ehre wegen«, ihre Dienste anboten. Man wollte bei dem Ereignis einfach dabei sein und widersetzte sich hartnäckig jedem Versuch, ausgebootet zu werden. Setzte sich dann die in Dreierreihen gestaffelte Treiberwehr, jung und alt kunterbunt durcheinander gemischt, meist barfuß und mit vor Tatendrang leuchtenden Augen in Bewegung, steigerte sich die Begeisterung zu einem kleinen Tumult. Unter dem dumpfen Schlag schwerer Trommeln, welche gleichmäßig entlang eines Triebs verteilt waren, stürmten insbesondere die Jungen übereifrig und laut johlend davon; in der Regel hintereinander statt weit auseinandergezogen. In diesem chaotischen Durcheinander zerfiel die Treiberwehr meist schnell in zahllose Einzelhaufen, der Erfolg war entsprechend. Die Sauen brachen gleich zu Beginn links und rechts aus und die alten Bassen mogelten sich von einer Dickung in die andere. Es war ein Wunder, daß jedesmal trotzdem einige Schwarzkittel auf die Schwarte gelegt werden konnten. Darunter waren ganz kapitale »Klaviere«! Nach jedem Treiben versprach die Mannschaft Besserung, die jedoch bald darauf im monotonen Trommelschlag vergessen war.

Obwohl diese Menschen nicht gerade mit Irdischem gesegnet sind und Fleisch zu den seltenen Köstlichkeiten zählt, ließen die gläubigen Moslems das herrliche Wildbret zentnerweise an Ort und Stelle liegen. Sie freuten sich über die Erlegung des jetzt nicht mehr die Felder verwüstenden Schwarzwildes, doch mehr wollten sie mit dem unreinen Wild, das der Prophet verflucht hatte, nicht zu tun haben. Die Gewehre mußte ich schon selbst ausbauen. »Das alles, weil Mohammed kein Jäger war«, lachte illusionslos der auf-geklärte Harun und beklagte insgeheim ebenfalls diese Verschwendung. Er unterwies mich, daß dies nichts mit dem Koran, sondern mit der »Hadis«, dem Buch der Wünsche des großen Mohammed zu tun habe, worin dieser alle Verbote, eben auch das über den Genuß von Schweinefleisch ausspricht. Ich tat mich hier leichter und verwies auf den Landgrafen Philip von Hessen, der richtigerweise schon im 15. Jahrhundert folgerte: »Wenn der liebe Gott kein Wildbret gewollt hätte, so hätte er keines in die Arche Noah nehmen lassen!« Die Pakistani beeindruckte diese Logik allerdings nicht!

Wo der Koran regiert

In diesem Land verlief noch alles in festgefügten Bahnen, diese Menschen scheinen nichts zu entbehren. Mit sich und der Welt im Reinen, sind sie Teil einer Feudalstruktur, die sich unter dem Schutz der Religion nur langsam der Neuzeit nähert. Groteskerweise alles in einem Staat, der die Atombombe bauen kann! Diese ländliche Welt im Norden und ihre rechtschaffene Gläubigkeit blieben bisher von solcher Modernität verschont.

Hier im Süden roch alles nach politischem Umbruch und gesellschaftlicher Veränderung. Kein Wunder, daß hier auf den Schultern der Ärmsten die Tochter eines gehenkten Staatschefs, als erste Frau der Welt, Präsidentin eines islamischen Staates werden konnte. Das Leben wird von Extremen bestimmt. Harun und sein Chef Nasir dachten weniger an den Erfolg der Steinbockjagd als an unsere persönliche Sicherheit. Irgendwo hatte ich dann auch das Gefühl von Expedition und Abenteuer, als der Polizeipräsident von Karachi uns empfahl, in der letzten Kreisstadt vor dem Jagdgebiet um Polizeischutz nachzusuchen: »In dieser schon immer unkontrollierbaren Gegend wimmelt es von Banditen«. Und das in Pakistan, dem »Land der Reinen«, wo übrigens ein halbes Jahr später, auf der gleichen Strecke der Provinzgouverneur mit seiner Leibwache in einen Hinterhalt geriet und erschossen wurde.

Links und rechts des Highway erstreckt

sich Halbwüste mit spärlicher Busch-
vegetation. Dazwischen werkeln einige von Eseln oder Kamelen angetrie-
bene persische Schaufelräder zur Be-
wässerung der ausgedehnten Reis-,
Mais- und Erbsenfelder. Auf halber
Strecke zweigt mit bombastischem
Wegweiser in arabischer Schrift plötzlich eine nagelneue Asphaltstraße ab.
»Gesperrt!«, lächelt mein Begleiter süf-
fisant und deutet auf den aus einigen
Meilen Entfernung durch üppige Palmenwälder hellgrün und golden her-
überleuchtenden Kuppel- und Türm-
chenbau: »Der Palast eines arabischen
Prinzen!«.

An die Anwesenheit der Scheichs erinnerte bereits am Vortag ein durch die
Hauptstraßen Karachis flitzender Konvoi von vielleicht zwei Dutzend Geländewagen: Arabische Scheichs mit ihren
Jagdfalken, von denen jeder alleine

für sich, abgegittert im Hauptraum des
Fahrzeuges, auf einer Jule saß. Angesichts der Not ringsum sicherlich ein
etwas makabrer Luxus der Ölpotenta-
ten, die allerdings ihrem »islamischen
Bruderstaat«, einem der ärmsten Entwicklungsländer der Erde, finanziell
laufend unter die Arme greifen. Einem
Land, das jährlich mit einem Geburten-
überschuß von fast zwei Millionen Menschen fertig werden muß, dessen Bevölkerung zu 70 Prozent auf dem
Lande wohnt und noch ausnahmslos
ohne ständige Wasserversorgung ist.
Schier unüberwindbare Strukturproble-
me eines Staates, der wegen seiner unendlichen Gebirge und der immer drohenden Trockenheit — in weiten Teilen
regnet es oft jahrelang nicht — nur zu
30 Prozent landwirtschaftlich genutzt
werden kann. Eigentlich ideale Voraussetzungen für die freilebende Tierwelt,

wenn nicht auch hier die Gefahr ihrer
Ausrottung durch die ständige Not und
den bösen Hunger der Bevölkerung be-
stünde.

In einem kleinen Gehöft, etwas abseits
der großen Straße, kaufen wir noch
schnell bei einem der vielen Klein-
bauern zwei Hühner für die Küche.
Sofort sind wir von einer Schar neugieriger, aufgeregt schwatzender Kinder
umgeben, die mit großem Vergnügen
mein Fernglas ausprobieren. Lustige,
aufgeweckte Geschöpfe, und trotzdem
mit so wenig Zukunft für ihr ebenfalls

Nomadenidylle am Rande der Wüste. Der
verbotene Schnappschuß wäre mir fast zum
Verhängnis geworden. Schnell ist die Ehre
eines Moslem verletzt.

nur einmaliges Leben! Da überkommt einen unweigerlich ein Gefühl des Unbehagens.

Bei der Weiterfahrt Richtung Kreisstadt Thano Bula Khan, verfahren wir uns auf einer von knietiefen Wanderdünen überwehten Sandpiste schon nach der ersten Viertelstunde. In respektvollem Abstand zu einem verlassen in der trostlosen Wüste stehenden Gehöft, halten wir an. Im Viereck aus meterdick gestampftem, kälte- und hitzeisolierendem Lehm gebaut und von einer mannshohen Mauer wie ein Kastell umgeben, wirkt das Anwesen gespenstisch. Wer kann hier eigentlich leben, vor allem, wovon? Die Fahrer hupen. In dieser Gegend wagt sich unangemeldet niemand näher als gut 300 Meter an solche Einsiedeleien heran, also außerhalb jeder Reichweite eines Karabiners. Das könnte sogar am hellichten Tage leicht falsch ausgelegt werden. Man versteht überhaupt wenig Spaß. Schon gar nicht mit Fremden, die keineswegs nur Ausländer sein müssen! Bei der geringsten Überschreitung persönlicher Rechte, der Mißachtung islamischer Traditionen oder Gesetze, wird schneller als einem lieb ist blutiger Ernst. Das hatte ich bereits vor drei Tagen bei einer Saujagd im Norden des Landes zu spüren bekommen.

Besser Abstand halten

Irgendwie mußte mich der Beelzebub geritten haben, als ich mich wider besseres Wissen, fasziniert von der Farbenpracht und wilden Romantik des beispiellosen Anblicks, zu einigen »verbotenen« Aufnahmen hinreißen ließ. Wie von einem virtuosen Bühnenbildner aufgebaut, stand im Windschatten einer dunkelrot in der prallen Sonne aufscheinenden Felswand plötzlich ein flach hingeducktes, mehrdachiges Nomadenzelt auf dem Weg. Davor, stoisch vor sich hindösend, ein wie aus Bronze gegossenes »Wüstenschiff«. Die Vorfahren dieses Dromedars kamen bereits vor Jahrhunderten aus Afrika hierher und werden ausschließlich als Last- und Reittiere eingesetzt; im Gegensatz zum zweihöckrigen Kamel, dem »Trampeltier«, welches als Wildtier heutzutage sogar noch in der Mongolei, in

China und im zentralasiatischen Rußland anzutreffen ist.

Als die von unserem Auftauchen überraschte, in buntgewirkte Kleider — dem Shalwar-Kamiz-Gewand der konservativen Moslemfrau — gehüllte, kaum verschleierte Herrin vor ihr Zelt trat und uns keine 50 Meter entfernt mißtrauisch musterte, schoß ich blitzschnell aus der mich umgebenden Begleitung heraus zwei Aufnahmen. Im selben Augenblick erfüllte kreischendes Geifern und hysterisches Gezeter das Tal. Gleichzeitig stürmten mit Drohgebärden, wilde Verwüstungen ausstoßend und mit ihren Gewehren erregt herumfuchtelnd, zwei verwegene Gestalten auf uns zu. Gottlob schlossen meine Begleiter, nichts Gutes ahnend, instinktiv sofort einen Kreis um mich. Als die beschwichtigenden Erklärungsversuche des Dolmetschers die wütenden Burschen nicht besänftigten und der Streit zunehmend heftiger wurde, trat ich die Flucht nach vorne an. Den Repetierer ebenfalls im Halbanschlag, bahnte ich mir einen Weg zu den beiden und brüllte sie in derselben Lautstärke an: »Worum geht es denn?«. »Du Hund hast unsere Frau fotografiert!«, übersetzte Harun den Anführer der beiden, der mit seinem vorsintflutlichen Gewehr unentwegt vor mir in der Luft herumstocherte. Hinsichtlich des Ernstes der Lage bestand jetzt kein Zweifel mehr. »Deine Frau?«, wehrte ich mich, trotz des schlechten Gewissens, aufbrausend, »ich habe nicht deine Frau, sondern das Kamel fotografiert!«. Und — Allah sei heute noch Dank — das saß! Jetzt war die Welt dieser streitbaren Gesellen wieder im Lot, ihre Ehre nicht angetastet. Als alles in schallendes Gelächter ausbrach und wir gemeinsam eine Versöhnungszigarette geraucht hatten — die vorher »entehrten« Holden gafften inzwischen völlig ungeniert aus der Nähe zu uns herüber — war ich um eine heilsame Erfahrung reicher.

Die Achtung vor der Unberührbarkeit des Hauses und dem uneingeschränkten Alleinbesitz einer Frau ist in der islamischen, nach außen absolut tonangebenden Männerwelt, nach wie vor eine unantastbare, im Koran und im Leben dieser Menschen tief verankerte Selbstverständlichkeit. Gerade auf dem

flachen Land, wo die Worte des Propheten und eines »Wadera«, des gefürchteten und zugleich hochgeachteten Landlords noch uneingeschränkt Geltung haben. Hier hat sich kaum etwas geändert. Im Gegenteil! Die Großgrundbesitzer, meist auch Stammesführer, haben nahezu unbegrenzte Macht und geben in Justiz und Regierung den Ton an. Der Landlord ist in der Regel auch Mitglied des Parlaments und zeigt Einfluß und Stellung durch ein über dem Nummernschild seines Autos befestigtes rotes Schild mit den Buchstaben MPA (Member of Parliament). Selbstverständlich zahlen die Großgrundbesitzer seit Einführung des Islam ihren »Zakat«, die Steuer des Propheten. Sie verpflichtet jeden Vermögenden, zweieinhalb Prozent seines Einkommens den Besitzlosen zukommen zu lassen. Das scheint gut zu funktionieren, wie uns viele Dörfler stolz berichteten. Selbstverständlich entscheidet der Wadera auch über Jagdrecht, Wildschutz und Abschuß. Das wußten wir.

Wer diese Hierarchie mißversteht, oder die insbesondere im Sind und in Belutschistan noch ungebrochene »Tribal Society« (Stammes-Gesellschaft) mißachtet, sollte sich vorsehen. Vor allem auch der Fremde, dem man allerdings, hat man ihm erstmal die Hand gereicht, mit großer Offenheit und Gastfreundschaft begegnet. Mißtrauen und Vorsicht sind zunächst jedoch eine wesentliche Voraussetzung zur persönlichen Sicherheit dieses selbstbewußten Menschenschlags. Im Augenblick sind auch in Pakistan die Fundamentalisten und Religionseiferer im Vormarsch, die Identifizierung zwischen Staatsbewußtsein und Islam wird unnachsichtig vorangetrieben. Auch deshalb, weil in diesem künstlich geschaffenen Staatsgebilde der Islam der einzige Kitt zwischen den vier recht unterschiedlichen ethnischen Volksgruppen ist.

Mit dieser Erfahrung im Kopf bin ich froh, daß unsere beiden Jeeps jetzt Abstand zu dieser kleinen Lehmfestung halten. Nach mehrmaligem Hupen nähert sich, schlendernd und von kläffenden Hunden begleitet, endlich ein quirliger Dreikäsehoch. Gleichzeitig entdecken wir hinter den Mauern des Anwesens neugierig zu uns herüberspähende, verschleierte Frauen. Der geschäftstüchtige Bengel erinnert sich erst nach Zahlung einiger Münzen des richtigen Wegs in die Kreisstadt: Wir müssen umkehren!

In einer Wolke feinmehligen Tonstaubes, der uns bei jeder Bremsung einholt und voll zudeckt, pflügen wir mit Allradantrieb durch ein riesiges, von zwei Bergketten gesäumtes, ödes Flachland, Richtung Norden. Jenseits der östlichen Gebirgskette vermute ich irgendwo den breiten, über 3000 Kilometer langen, träge von Nord nach Süd fließenden Indus, den großen »Bewässerer«. Er ist heute, wie vor Jahrtausenden, der Lebensquell Südpakistans, das er bei entsprechender Bewässerungstechnik zum fruchtbarsten Landstrich des Subkontinents macht. Das breite, weitausladende Industal war schon 3000 vor Christus von einer der frühesten Hochkulturen der Menschheit besiedelt. Davon zeugt die 660 Kilometer nördlich von Karachi liegende, älteste Ruinenstadt der Welt, Mohenja Daro. Vor 150 Jahren fährteten in diesem fruchtbaren Tiefland noch Tiger und Elefanten, Leoparden, Hyänen und Wölfe sowie unzählige Antilopen.

Bereits im 8. Jahrhundert n. Chr. wurde durch arabische Einwanderer und Kaufleute die Lehre des Propheten zur ersten und damit ältesten islamischen Tradition des Subkontinents entwickelt und diese ab dem 11. Jahrhundert bis an die Einflußgrenzen der großen Hindu- und Buddha-Religionen vorgeschoben.

Durch Halbwüste und Steppe

Unsere Ankunft in Thano Bula Khan sorgt für große Aufregung. Als wir uns vor der Polizeistation, die in dieser abgeschiedenen Gegend Sicherheits-, Verwaltungs- und Gesundheitsbehörde in einem ist, bei grünem Tee mit dem Sicherheitschef über unser Vorhaben unterhalten, sind wir im Nu von einem Schwarm Neugieriger umringt. Da Lärm und Gequassel der Zaungäste bald so ungemütlich werden, daß wir das eigene Wort nicht mehr verstehen, verscheucht der Offizier die Menge mit ein paar energischen Handbewegun-

Morgentoilette. Trotz Kälte, wird erst jetzt Feuer gemacht. Holz ist kostbar.

gen. Inzwischen debattieren meine Begleiter angeregt in Urdu. Dies ist neben Englisch die immer noch übergreifende Amtssprache des von unzähligen Dialekten bestimmten Landes. Wobei, wie Harun erklärt, auch hier die Kultsprache Arabisch im Vormarsch ist. Man ist sich schnell einig: Rein vorsorglich und zu unserer Sicherheit werden uns ins Jagdrevier zwei Polizisten mit automatischen Schnellfeuergewehren begleiten. Sie übernehmen später auch die Bewachung des Camps. Vielleicht ist dies alles mehr ein Beweis polizeistaatlicher Allmacht als eine sicherheitspolitische Notwendigkeit. Wer weiß? Wenn ich mir allerdings die uns bald wieder umringende Mauer bärtiger Gestalten betrachte — im Vergleich dazu sind die von Karl May geschilderten Phantasiegestalten aus dem Wilden Kurdistan Musterknaben — habe auch ich nichts gegen diese Fürsorge.

Bei grünem Tee und scharfem Chilli

Zwischen blattlosen, ginsterähnlichen Rutensträuchern, üppig wuchernden Kakteenbüschen und Strauchwerk, tauchen bald einige Hütten auf. Mühsam

an seinem Stock humpelnd, nähert sich ein Greis, bleibt auf halbem Wege stehen und winkt uns heran. Der Dorfälteste und der Vater des als Wildhüter eingesetzten Mustafa. Die Pakistani werden nach kurzem Palaver handelseinig. Am Rande des Dorfes wird uns ein Platz fürs Camp zugewiesen, aus einer gefaßten Quelle darf Wasser entnommen werden. Das Empfehlungsschreiben des Großgrundbesitzers, welches wir uns vorsichtshalber noch in Karachi besorgten — wohl wissend, daß trotz Bodenreform in den 50er Jahren, nach wie vor alles gemäß den Gesetzen des Feudalherren-Pächter-Systems läuft — zeigt unverzüglich Wirkung. Wir sind willkommen und genießen den Schutz des Dorfes.

Kurz nach Einbruch der Nacht stößt der für dieses Gebiet zuständige Wildhüter Mustafa, er ist zugleich der Jagdführer, zu uns. Bei grünem Tee, Chicken-Tikka (gegrilltem Huhn) mit scharfem Chilli, der einem buchstäblich die Luft nimmt, ist schnell alles für den nächsten Tag besprochen. Mustafa hält sich etwas bedeckt, als ich ihn nach Bestand und Trophäengüte der Steinböcke abtaste. Er ist schlau, will sich nicht festlegen. Er registriert jedoch sichtlich angetan mein bei »ab einem Meter Hornlänge«

in Aussicht gestelltes Trinkgeld.
Unser Jagdgebiet, ein Nebenzug des
Kirthar-Massivs, liegt am Rande der
Indus-Tiefebene. Das fast vegetationslose Tafelgebirge mit Erhebungen von
etwa 500 bis gut 2000 Meter, wurde
vom gewaltigen Indus Tausende von
Kilometern weit nördlich im Himalaya
abgetragen und hier zu dieser einzigartigen, wenig fruchtbaren Landschaft
aufgeschichtet.
Während der nächsten Tage finden wir
im Gebirge eine Unmenge verstreuter
Fossilien: Versteinerungen von Fischen
und ganzen Baumstämmen, von Mu-
scheln und Schnecken jeder Größe.
Das für eine Bergjagd fast gemütliche
Schüttgebirge — die leichten Pirschstiefel sind ideal — ist von tiefen,
meist steil abfallenden Canyons durch-
furcht. Die Einzelberge gleichen Pyra-
midenstümpfen, deren »Dachflächen«
die karge Hochweide der Steinböcke
bilden. Die Ähnlichkeit dieser Stein-
bock-Welt mit der ihrer Artverwandten
im West- und Gobi-Altai der Mongolei
ist offensichtlich. Mustafa schätzt den
Bestand an Steinwild in seinem Revier
auf etwa 400 Kopf. Trophäen reifer
Ibex von einem Meter und mehr hält er
für durchaus erbeutbar. Ich bin sicher,
daß der clevere Jagdaufseher schon
Stärkere sah und mit prominenten Gästen gestreckt hat. Vermutlich will er
mit seiner Zurückhaltung keine vor-
schnellen Hoffnungen wecken!
Nach einigem Geplauder verziehen wir
uns bald vor dem inzwischen unangenehm kalten Landmonsun, der jetzt
zur Winterszeit, von Sibirien kommend,
durch die Gegend pfeift, in unsere
Schlafsäcke. Um uns die verborgenen
Stimmen der Halbwüste: entferntes
Hundegekläff vermischt sich mit dem
aufreizenden Geheul der Schakale, aufgeregtes Rülpsen der leicht erschreck-
baren Dromedare wechselt mit dem
Blöken unruhiger Ziegen, die nachts
sicherheitshalber im Pferch versammelt
wurden. Die Dorfbewohner liegen
längst in ihren kümmerlichen Hütten.
Trotz der schneidenden Frische glimmt
weit und breit kein wärmendes Feuer.
Brennholz bleibt in diesem Lande, welches nur zu drei Prozent mit Wald bedeckt ist, immer eine Kostbarkeit, die
fast ausschließlich zum Kochen ver-
wendet wird.

In der Dämmerung, für meinen Geschmack schon etwas spät, geht es am
nächsten Tag im Jeep Richtung Eri-
Berge. Der Probeschuß, in einem ausgewaschenen Flußbett, liegend aufgelegt, paßt. Auf meine Mauser 66 ist
Verlaß!
Gegen acht Uhr morgens flimmert die
Landschaft bereits im Hitzestau der
stechenden Sonne. Langsam durchqueren wir ein kaum nutzbares
Trockengebiet, das große Ähnlichkeit

mit den wüstenhaften Zonen Afrikas
besitzt. Interessanterweise sollen Dreiviertel der Pflanzen- und Tierarten dieser Region auch in der einige tausend
Kilometer weit im Westen liegenden
Sahara vorkommen.
Zur allgemeinen Heiterkeit erzählt Mustafa, als wir durch das Feuchtgebiet
eines Flüßchens zuckeln, daß hier ein
Staatsgast »aus dem Land der unbe-
grenzten Möglichkeiten« erst kürzlich
aus Versehen einen Arni, ein dem

einen Menschen in ihrer Nähe ahnen. Währenddessen haben wir noch drei weitere, ausgesprochen verwegene, hakennasige, hagere Burschen aufgelesen, so daß mit dem Dolmetscher, dem Guide und mir sich nun eine recht stattliche Karawane — nicht ganz im Sinne meiner Vorstellungen von einer Bergpirsch — auf dem Anmarsch befindet. Nach knapp einer Stunde gemächlichem Aufstieg, wobei die Mannschaft nach mehrmaligem Einspruch jetzt im Gänsemarsch geht und ihre lautstarke Begeisterung für sich behält, beobachten wir im Gegenhang die erste Steinbockgeiß mit zwei Kitzen. Wegen des leicht loszutretenden Gesteins ziehen wir bald strumpfsocken, später — insbesondere vor dem Wild — barfuß durch die fast deckungslosen Schluchten des Wüstengebirges. »Barfuß durch Allahs Berge!«, lachte ich Harun zu und beiße die Zähne zusammen.

Die Einheimischen haben Augen wie Adler. Sie brauchen kein Fernglas, nehmen auch kein Spektiv. Dazu fehlt ihnen Geduld und Erfahrung. Sie entdecken das Steinwild oft schon über einen Kilometer von uns entfernt in den Wänden, einmal sogar die mit dem Glas kaum wahrnehmbare Hornsichel eines hinter Geröll ruhenden Bocks. Erste Pause. Die Pakistani beraten sich. Nachdem ich meine Thermosflasche mit dem praktischen zusammenlegbaren Plastikbecher leider im Lager ließ und niemand ein anderes Gefäß für Trinkwasser, welches gelegentlich durch die Nordhänge rieselt, dabei hat, halte ich mich an meine Handvoll Trockenobst und die saftigen Blutorangen meiner Begleiter.

Bittere Erfahrungen

Der erste Tag verläuft ohne große jagdliche Aufregung. Mehrmals beobachten wir kleinere Rudel halbwüchsiger Steinböcke, von Altherren-Clubs keine Spur. Die alten Gauner residieren jetzt vermutlich, insbesondere nach den Stra-

Wasserbüffel verwandtes Hausrind als Keiler angesprochen und auf die Decke gelegt hat. Das soll allerdings nicht ganz preiswert gewesen sein!
Bei dieser Steppenlandschaft wird verständlich, daß hier noch vor gut 50 Jahren große Herden Chinkara-Gazellen, in den Ausläufern der Berge Urialschafe sowie der inzwischen stark gefährdete Indische Wolf ihre Bahn zogen. Neben dem längst ausgerotteten Geparden soll es heute noch einige

Leoparden im Kirthar-Nationalpark geben. Der letzte Tiger des Sind wurde bereits vor einhundert Jahren von einem englischen Colonel während einer Dienstreise gestreckt. Heutzutage schwirren höchstens einmal rebhuhngroße Sand-Grouse vor dem heranknatternden Jeep davon. Selbst die vielen kleinen Tauben und bunten Vögel, einmal sogar eine meterlange Monitor-Echse, nehmen vorsichtshalber Reißaus, wenn sie nur

pazen der Brunft, in den einsamsten und ruhigsten Einständen des Reviers. Am Abend bringe ich dem Jagdführer erneut das nach Gehörnlänge gestaffelte Handgeld in Erinnerung. Ich hatte das untrügliche Gefühl, daß er morgen nichts mehr dem Zufall überläßt und wir dort unser Glück versuchen, wo er auch den ehrwürdigen Landlord zu Schuß bringen würde. Bargeld ist und bleibt, das wußte schon der alte Lord Byron, allerorts »Aladins Wunderlampe«. Wie vermutet, sitzen wir am nächsten Morgen in einem ganz anderen Felsmassiv und glasen die Hänge eines riesigen Talkessels ab. Wind und Sonne meinen es heute besonders gut. Während wir »Nan«, das von Afrika bis in den Fernen Osten verbreitete, pfannkuchenähnliche Fladenbrot mit geriebenem Ziegenkäse und abgekochtem Wasser aus einem gebrauchten Kühlwasser-Plastikbehälter genießen und uns eigentlich noch gar keine rechte Jagdstimmung erfaßt hat, fuchtelt Mustafa plötzlich aufgeregt in den gut 800 Meter gegenüberliegenden Sonnenhang: »Sayee, sarah!« (Herr, Steinbock!). Er bringt mich vor Übereifer beinahe aus der Fassung! Ehe ich überhaupt das Spektiv, das ich trotz allgemeiner Abneigung wieder dabei habe, auf den Säbelhornträger einrichten kann, zischt er schon aufgeregt: »Very good ibex! Shoot!«

Nachdem ich in Fällen jagdlicher Unvernunft längst gelernt habe, einfach abzuschalten, mein Geschick selbst in die Hand zu nehmen und auf eigene Erfahrung und Instinkt zu vertrauen — nach Mustafas »Shoot!« bei dieser Entfernung war die Toleranzgrenze endgültig überschritten! — begann ich die Hänge mit dem Spektiv systematisch abzutasten. Trotz langjähriger Übung ist das immer wieder gleich mühsam, bei der Bergjagd jedoch durch nichts zu ersetzen. »Einer der Sinne des Jägers muß in jedem Augenblick unvermeidlich tätig sein. Der Gesichtssinn«, fordert Graf Ybes, »schauen, schauen und nochmals schauen.... mit dem Feldstecher und mit bloßem Auge und immer daran denken, daß der Bock, den du in acht Stunden Arbeit nicht gefunden hast, sich hier, wenn du richtig schaust, in hundert Metern präsentieren kann...«.

Und da standen sie! Ein stattliches Herrenrudel. Mehr als 20 Steinböcke schlenderten weitgefächert in die angenehmere, vom Wind kühl gefächelte obere Bergregion. Keine Frage, wir waren von der verkehrten Seite aufgestiegen! So ein Pech! »Wäre das jetzt ein Kinderspiel, wenn wir den Gebirgszug in der Frühe drei Kilometer weiter nördlich angegangen hätten«, grüble ich leicht enttäuscht, weiß jedoch, daß Jagd stets ein Risiko und gerade Bergpirschen immer Experimente mit dem Zufall sind.

Trotzdem! Jetzt hilft kein Herumtrödeln. Wir müssen an dieses Rudel heran, auch wenn die Vorgaben bei dieser Entfernung und dem fortgeschrittenen Morgen nicht gerade günstig sind! Die Strategie liegt auf der Hand: Zuallererst gilt es aus dem Gesichtskreis der Bartträger zu verschwinden! Gebückt ziehen wir uns einige hundert Meter weit in die abseitige Schlucht zurück. Von dort geht es dann, auf einem für die Böcke nicht leicht einsehbaren Wildwechsel, um ein halbes Dutzend Schüttberge herum. Wir versuchen, in hoffentlich immer noch wohlwollendem Wind, uns behutsam von oben an die vertraut im Geröll ausgeschwärmte, aufwärtsbummelnde Versammlung heranzupirschen. Zuerst aber zwinge ich den mit diesem Wild schließlich am besten vertrauten Mustafa, sich nochmals durch das fest vor ihm verkeilte Spektiv selbst ein Bild von den Hornträgern zu machen. Es wäre bitter, wenn wir jetzt leichtfertig einige wertvolle Stunden Zeit vergeudeten, um dann nach einer Fehlpirsch kleinlaut festzustellen: »Irrtum! Leider halbstark!«. Schließlich habe ich nur noch zwei Jagdtage!

Also Rückzug. Bei einer kurzen Rast erhält der gute Mustafa — der mir mit den drei anderen Begleitern, in Pluderhosen und mit goldgelbem Turban, wie eine Gestalt aus Tausendundeiner Nacht vorkommt — eine Lektion in Ballistik. Aus dem kleinen Tagespirsch-Rucksack hole ich die Verpackung meiner 7 mm Remington Magnum und erkläre ihm, daß die 11.3 g Teilmantel — auf 200 Meter eingeschossen — bei 300 Metern bereits zwei Handbreit fällt. Alles lacht, als ihm der Dolmetscher klar macht, daß bei dem vorher empfohlenen »Kilometer-Schuß« die Kugel höchstens die braven Berggeister erschreckt hätte. Harun zeigt sich beeindruckt: »Das hilft dem nächsten Jäger!«

»Inshallah!«

Nach einer guten Stunde sind wir im Zielgebiet. Hinter dem vor uns steil aufragenden, schotterübersäten Grat müßte das Rudel äsen! Der Guide zieht mit einem tiefen, schicksalsergebenen »Inshallah« (Wenn es Allah gefällt) die Schultern hoch, was gar nicht zu seinem sonst fiebrigen Temperament paßt, und ist dann die Ruhe selbst. Die anderen Begleiter haben wir mit viel Überredungskunst weiter unten abgelegt. Behutsam und konzentriert arbeiten wir uns, die Sinne in höchster Alarmbereitschaft, durchs Geröll nach oben. »Dem Sieg nähert man sich nicht in Meilen, sondern in Inches«, hatte mir in ähnlicher Situation vor Jahren bei der Dallschafjagd Bob Daniels ins Ohr geflüstert!

Kein Wunder, daß mir in diesem kritischen Augenblick die wenig ruhmvolle Geschichte einer völlig verpudelten Steinbockjagd in der Mongolei in den Sinn kommt. »Ibex-Country« wie hier. Gegliederte Berg- und Gebirgslandschaft mit schroffen Wänden und sanften Hochalmen, zersägt von tiefen, Menschen und Wild gleichermaßen deckungsbietenden Bergbach-Schluchten. Der stärkste Sibirische Steinbock war damals — nicht nur einmal! — genauestens angesprochen, gemeinsam bis in jede Einzelheit bestätigt. Kein Bock hatte eine vergleichbar helle Halskrause aus noch nicht verlorenem Winterhaar, keiner eine auch nur annähernd so kapitale Hornwehr. Die Gesamterscheinung war unverwechselbar. Alles umsonst! Als der Recke überraschend hinter einen riesigen Felsblock einwechselte, riß eine überhastete, in der Aufregung einfach nicht mehr auf Ansprechen und Vergleich fixierte Kugel einen ganz anderen, zufällig auf der Gegenseite des Felsens austretenden, wesentlich geringeren Nebenbuhler von den Läufen. Der Gedanke an diese Pleite läßt mich vor Ärger noch heute im eigenen

Saft aufkochen! So etwas sollte sich hier nicht wiederholen!

Trotzdem hätten wir uns bald verfranst! Wie vermutet, stand ein Teil des Rudels weit verstreut, gut 250 Meter von uns entfernt und fast in Augenhöhe, im sonnigen Gegenhang. Gedeckt durch den vor mir aufgebauten Rucksack, zähle ich zunächst nur vier Hornträger, alle jagbar. Wo ist der Haupttrupp? Lohnt sich weiteres Warten oder erhöht es nur die Gefahr, vorzeitig entdeckt zu werden? Gnade Gott, wenn nur einer der Bartträger mißtrauisch wird: Das Rudel ist dahin!

Als ich wegen des rieselnden Gesteins hinter mir die entgegen unserer Anordnung nachrückenden, übereifrigen Begleiter entdecke, weiß ich: Höchste Eisenbahn! Auch der vor Aufregung und Tatenlust schlotternde Mustafa drängt mit unentwegt rhythmischem Kopfnicken zum Schuß. Etwas halbschräg und von uns abgewandt steht ein sich deutlich gegen den Himmel abzeichnender, völlig vertraut wirkender, kapitaler Bock. Ohne Zweifel der Chef des Trupps! Inzwischen rücken die sechs ungebetenen Helfer fast hautnah zu uns auf. Hoffentlich geht das gut! Die zehnfache Vergrößerung des Variablen und der darin kaum noch mit halben Körper zwischen den Balken des Absehens erfaßte Steinbock gemahnen: Über 300 Meter! Zwei Spannen Tiefschuß ausgleichen!

Als das Fadenkreuz auf der Rückenlinie des Wildes zu stehen kommt, bricht der Schuß und es geschieht etwas Unvorhergesehenes. Der Explosionsdruck des knapp über das Geröll hinwegschwirrenden Geschoßes wirbelt eine riesige, undurchdringliche Staubwolke hoch, die jede Sicht nimmt und uns einnebelt. Hat das Wild gezeichnet? War da ein Kugelschlag? Noch im Repetieren springt der Jagdführer begeistert hoch, schlägt mir ununterbrochen auf die Schulter und bedeutet gestenreich, daß mein Blei den Recken im Leben gefaßt und zu Boden gezwungen hat.

Während die Sonne inzwischen unbarmherzig in den deckungslosen Fels leuchtet und ich das kurze Geschehen zu einem Bild zusammenzufügen trachte, hetzen die Muslims wie die Teufel quer durch die Schlucht zum

Mein Gewehr hatte es Ali angetan. Er dachte sich seinen Teil — ich mir auch!

Anschuß. Als letzter am gestreckten Wild angekommen, sehe ich, völlig perplex, daß aus einem tiefen Schnitt unterhalb der Drossel dunkelroter Schweiß ins Geröll sickert. Geschächtet, kommt es mir in den Sinn, der große Prophet hat seinen Tribut gefordert! »Von einem 'Ungläubigen' erlegt, der im Augenblick des Tötens nicht den Namen Allahs ausrief, wäre das Fleisch für den Moslem 'unrein' und nicht genießbar«, klärt mich Harun auf.

Jedem das Seine!

Jagd vorbei. In der allgemeinen Freude über die erlebnisreiche Jagd, den glücklichen Schuß und die herrliche Trophäe, nehme ich mir trotz der Aufbruchsstimmung Zeit zur »Zwiesprache« und »Nachlese«. Das Gehörn ist flacher und windschnittiger, mit geringer ausgeprägten Höckern bewehrt als das des

Bezoar. Die Decke, eher eierschalenfarben grau statt rehbraun, läuft in einer weißen, deutlich abgegrenzten Bauchlinie aus, der Träger ist mit einem eleganten schwarzen »Collier« geschmückt, was dem Wild, in Verbindung mit dem langen Unterbackenbart, insgesamt etwas Würdevolles verleiht. Jetzt hat die Jägerseele ihren Frieden. Nun zählen keine Punkte und Zentimeter, sondern die Erlebnisse der vergangenen Tage und der letzten Stunden: Sie bleiben ein Leben lang zwischen diese beiden Hornsäbel geschrieben! Zu guter letzt verschlägt es mir dann buchstäblich den Atem. Das Wild ist längst versorgt und interessiert, wie bei Einheimischen schon oft nach Abschluß der Jagd beobachtet, nur noch als Fleischlieferant. Ein Grund zur Freude für das ganze Dorf. Doch nicht nur deshalb hockt die illustre Gesellschaft jetzt im Schneidersitz laut schwatzend ums Wild! Ich traue mei-

Obwohl der ausgepreßte Magensaft des »Bocksbärtigen« die Manneskraft stärken soll, lehnten wir »Unreinen« vorsichtshalber ab: »Andere Länder, andere Sitten!«.

nen Augen nicht, als die Pakistani mit schnellem Schnitt den Pansen des Bocks aufschärfen und mit Hilfe eines dünnen Schals aus dem darin enthaltenen Äsungspüree — so wie man das früher bei rohen Kartoffelklößen machte — den Verdauungssaft herauspressen.

Während jeder der Burschen sich einen halben Blechnapf des »duftenden« Naturextrakts herausfiltert und ihn mit mehr oder weniger Wohlbehagen schlürft, unternehme ich vorsorglich lieber eine kleine Wanderung. Es ist nicht zu fassen! Nach diesem »Umtrunk« sind alle hochbegeistert und quatschen, vermutlich in Vorfreude auf die durch dieses hellgrüne Elexier gesteigerte Manneskraft, lauthals durcheinander. Man wischt sich genießerisch

den Mund ab und versteht nicht, wie ich und der Dolmetscher sich die Gelegenheit entgehen lassen können, auf diese geheimnisvolle Übertragung der Kraft eines so kapitalen Bocksbärtigen zu verzichten. Daß mir ihr schlichtes Aphrodisiakum wesentlich sympathischer ist, als jenes, das heute den letzten Rhinos in Afrika das Leben kostet, behalte ich ebenso für mich, wie den Hinweis, daß bei uns bis vor 150 Jahren die scheinbare Zauberkraft des Herzknorpels um ein Haar den Alpensteinbock vernichtet hätte — oder daß Gutgläubige vielerorts noch immer auf Sellerie schwören.

Derweilen beobachte ich hoch über uns eine ganze Sippschaft mächtiger Adler, die im Aufwind der Mittagsglut in immer engeren Kreisen ihre Schleifen ziehen. Unergründbar, ob sie ihr Instinkt, geheime Verständigungssignale oder ganz einfach nur das Echo des Schusses zu dem für sie nun ebenfalls angerichteten Festmahl führte. »Jedem das Seine«, denke ich

während des Rückmarsches ins Tal, »Tribut dem Propheten, das Gescheide den Greifen, den Moslems die 'Stärkung' und mir, dem fremden 'Shikari', die edle Trophäe«. Das nenne ich Gerechtigkeit, ganz im Sinne des Propheten! Mein Schuß ist längst verhallt. Doch die Erinnerungen an diese Jagd, an die Menschen des Sind und ihre Traditionen leben fort. Sie zeigen, daß die Welt, insbesondere die des Jägers, nicht ärmer wurde: Ihre Schätze sind nur tiefer vergraben. Es lohnt sich immer noch, nach ihnen zu suchen. Notfalls barfuß in Allahs Bergen.

Bewegungslos lauert der alte Kuder über dem Wildwechsel auf ein Opfer. ▶

Der Räuber mit den vielen Namen

Soweit es der Allrad schafft, fuhrwerken die Burschen in die mit verfilztem Unterholz und Windbruch bedeckten Berge hinein. Da Fußpirsch auf den argwöhnischen Räuber in diesen Riesenrevieren, noch dazu im hüfthohen Schnee, weder Sinn noch Erfolg hat, dringen sie auf Skidoos in die Wildnis vor. Wenn B.C. im Schnee versinkt, kommt die Zeit der Trapper und Pumajäger.

BRITISH COLUMBIA (B.C.)

Kanadische Provinz	
Hauptstadt	Victoria
	(62 600 Einwohner)
Einwohner	2 512 000
Fläche	948 600 km²
Sprache	Englisch
Währung	1 Canad. Dollar =
	(Can$) = 100 Cents

Wildtiere Bison, Dallschaf, Bighornschaf, Elch, Fuchs, Grizzly, Karibu, Luchs, Maultierhirsch, Puma, Schneeziege, Schwarzbär, Steinschaf, Vielfraß, Wapiti, Weißwedelhirsch, Wolf.

Landschaft: Zum größten Teil gebirgig (N-Amerikanische Kordilleren). Entlang der Westflanke des Gebirges verläuft ein schmales Tal, der Rocky-Mountain-Trench, von Montana (USA) bis zum Liard River. Vancouver Island, 400 km lang, ist durch den Strait of Georgia vom Festland getrennt. Weiter nördlich, rund 80 km vom Festland entfernt, liegen die Queen Charlotte Islands. 40 % des Landes sind bewaldet, 5 % landwirtschaftlich genutzt. Reich an Rohstoffen.

Klima: Im N und in den Gebirgen rauhes, an der SW-Küste um Vancouver das wärmste und feuchteste Klima Kanadas. Sommer warm und sonnig, Winter kalt und schneereich. Frühling und Herbst sind relativ kurz. August/September »Indian Summer«.

Sehenswürdigkeiten: Besuch von Vancouver und den Queen Charlottes. Im Oktober Rückkehr der Lachse in den Adams River (Nähe Kamloops). Weltberühmte Nationalparks!

Jagd: Gastjagd bestens mit Outfittern und Guides organisiert. Waffeneinfuhr ist problemlos.

Puma

Felis concolor

E: Cougar, Mountain lion
F: Puma
Sp: Puma

Ansprechen: Der Puma, auch Cougar, Berg- oder Silberlöwe genannt, wird bis zu 200 cm lang und 70 kg schwer. Die Schulterhöhe erreicht 85 cm. Der Kopf ist klein, der Körper schlank, muskulös und kräftig. Die runde Lunte ist lang und die Decke variiert von silbergrau bis rot.

Lebensraum: Er bewohnt Pampas, Dschungel, Wälder und Felsengebirge bis zur Baumgrenze.

Verbreitung: Von N-Amerika, vor allem im Westen, über Mexiko, teilweise Mittelamerika, über ganz S-Amerika verteilt.

Verhalten: Als Einzelgänger hat er ein festes Revier. Die Beute wird angepirscht. Verfehlt er eine Beute, wiederholt er den Angriff nicht. Aus dem Stand heraus erreicht er Sprunghöhen bis zu drei Metern. Der Puma beherrscht die Jagd von Baum zu Baum und »fliegt« geradezu durch die Luft. Nach knapp 2-3 Monaten Tragzeit werden 2-3 Junge geworfen. Um die zunächst blinden Kleinen kümmert sich der Kuder nicht.

Artenschutz: WA A I Florida, Costa Rica, ostamerikanische Populationen. WA entfällt sonst.

Jagd: Erfolgversprechend ist die Jagd mit Hunden, die den Puma ausmachen und ihn zum Aufbaumen zwingen. Besonders reizvoll ist die oft äußerst langwierige Winterjagd in den Rocky Mountains. Pumas greifen den Nacken an.

Rekordtrophäe: SCI RboTA 1986: Schädellänge 23,81 cm, Schädelbreite 15,56 cm (1984).

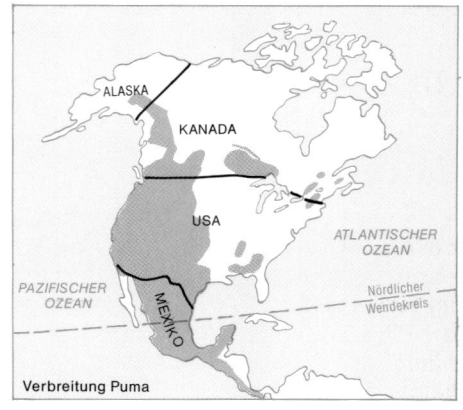

Verbreitung Puma

Wolf

Canis lupus

E: Wolf
F: Loup commun
Sp: Lobo

Ansprechen: Wölfe gleichen dem Deutschen Schäferhund, sind aber größer. Schulterhöhe bis 80 cm, Körperlänge bis 120 cm und Gewicht bis 75 kg, je nach Biotop und Art. Die Decke ist schwarz bis grau, manchmal rötlichgrau bis hellgrau.

Lebensraum: Am liebsten hält sich der Wolf in menschenfernen, wildreichen Gegenden, bis hinauf in die Höhenlagen der Gebirge auf.

Verbreitungsgebiet: Von Mexiko, über ganz N-Amerika und Alaska, bis nach Grönland, Europa, Asien besiedelt er die gesamte nördliche Halbkugel.

Verhalten: Wölfe durchstreifen in Rudeln weite Reviere. Die Rudelmitglieder unterwerfen sich den Führungstieren. Als Selektivjäger erbeuten Wölfe meist krankes und schwaches Wild. Im Herbst sind Früchte, Obst und auch Aas ihre Nahrung. Die Ranz beginnt im Frühjahr. Wolf und Wölfin halten jahrelang treu zusammen. An der Aufzucht der Welpen beteiligen sich auch andere Rudelmitglieder.

Artenschutz: WA A I asiatische Population, entfällt sonst. Der Rotwolf N-Amerikas, eine der 44 Unterarten, dessen letzte Exemplare 1978 gefangen wurden, scheint nun gerettet.

Jagd: Als Landplage gnadenlos verfolgt, ist der Wolf ein hochqualifizierter Regulator des Wildes. Er wird ausgefährtet, beim Ansitz, am Luder oder zufällig erbeutet. Seine Decke ist eine begehrte Jagdtrophäe.

Rekordtrophäe: SCI RboTA, 1986: Schädellänge 30,48 cm, Schädelbreite 15,72 cm (Alaska 1982).

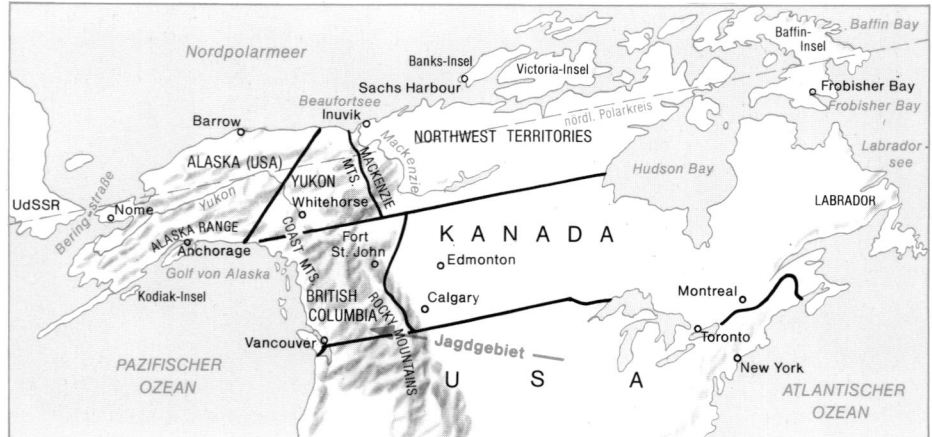

Jagd auf Puma und Wolf in Britisch Kolumbien

Beim zweiten Landeanflug auf Kelowna, einem verschlafenen Provinzflughafen im Süden von Britisch Kolumbien, gibt der Pilot auf. Dichtes Schneetreiben nimmt ihm jede Sicht. Der Tower erteilt keine Landeerlaubnis. Also zurück nach Vancouver. Wer reist auch Mitte Januar, wenn Kanada in Schnee und Eis versinkt, hierher zur Jagd?

Heilsame Erinnerung

Während beim Rückflug dichtes Schneegestöber am kleinen Fenster des Flugzeugs vorbeifetzt und buchstäblich »zumacht«, wobei die Maschine versucht, möglichst schnell Höhe zu gewinnen, erinnere ich mich plötzlich an die unvorhergesehene Wolfsjagd vor einem Jahr.

Seinerzeit, allerdings wesentlich früher im Spätherbst, kam ich fast für eine Woche kaum aus dem Schneetreiben heraus. Es begann schlagartig nach der Landung in Fairbanks und hörte erst Stunden später, nach einer abenteuerlichen Fahrt im Pickup, als wir das Camp erreicht hatten, auf. Die abendlichen Gespräche drehten sich dabei eigenartigerweise nicht um meine Elchjagd, sondern um die inzwischen bedrohliche Wolfsplage im Südosten Alaskas. »Die Elchbestände gehen rapide zurück«, klagte Doug, der Outfitter, »ohne die gegenwärtige, landesweite Wolfsbejagung, käme bald kein Kalb mehr durch!«.

Wolfsjagd! In diesen Honig mußte ich meinen Daumen stecken! Der Alaskaner war begeistert, daß ich hierfür Zeit opfern wollte und schlug einen Ansitz am frischen Elchkill vor. Ansitz auf Wolf, ob das was bringt? Es brachte! Als wir Tage später, kurz vor Einbruch der Nacht und nach langer, mühevoller Pirsch durch die offene Hochmoorlandschaft, einen Kapitalschaufler bezwungen, ausgeweidet, das Haupt mit der Trophäe zum Schutz vor Bären in luftiger Höhe verzurrt und das Wildbret mit dicken Ästen verblendet hatten — es

konnte wegen der hereinbrechenden Nacht und dem plötzlich dichten Schneefall nicht mehr anders geborgen werden — zogen wir uns gut zwei Meilen weit in den Timber zurück. Ausgerüstet mit Schlafsäcken, Verpflegung und einer Zeltplane zum Bau eines Unterstandes, beschlossen wir hier die Nacht zu verbringen und in aller Frühe zum »Tatort« zurückzupirschen. »Wenn sich kein Bär einstellt, schießt Du hier einen Wolf«, prophezeite Guide Bob siegesbewußt und gab seine Erfahrungen von Wolfsjagden zum besten. Viel Aufregendes! Manches, insbesondere von Hetzjagden mit Kleinflugzeugen — während dieser Wolfkampagne völlig legal — nicht so ganz nach meinem Geschmack. »Das Game Department bezahlt heutzutage Prämien für einen Wolf, so kritisch ist die Lage«, bekräftigt Bob, wobei ihm meine von europäischer Wildökologie bestimmte Meinung »Echte Wildnis wie hier, sorgt doch selbst für den notwendigen Ausgleich«, nur ein müdes Lächeln entlockt. »Wenn Du abwarten willst, bis die Wolfspopulation zurückgeht, weil ihre Nahrungsbasis verbraucht ist«, winkt er ab, »dann ist es für die nächste Generation mit den Elchen vorbei!«

Ich kannte diese Klagen, war aber trotzdem überrascht, daß sich staatlicher

Wildschutz und private Jagd hier so schnell und wirkungsvoll, wie die verbesserten Elchpopulationen in verschiedenen Units zeigten, auf diese zeitlich begrenzte Zusammenarbeit einigten. Auch gegen teilweise öffentlichen Protest.

Während der Nacht hielt ich unser kleines Feuer am Leben. Ich brachte kein Auge zu, die Stille ging auf die Nerven! Bob schlief wie ein Bär, und draußen fiel leichter Schnee. Später klarte der Himmel auf und dann erscholl plötzlich das unnachahmlich schaurig schöne, aufreizend helle Geheul eines einzelnen Wolfes durch die Nacht. Nervtötend, irgendwo weit draußen im Dunkel des Hochmoors. Als bald darauf wehklagendes Jaulen aus mehreren Kehlen folgt, steht fest, daß die am Nachmittag entlang den sandigen Creeks immer wieder bemerkten Spuren der Hetzjäger warm waren.

Da erinnere ich mich eines Mongolen im Hohen Altai, der während der Nacht mit nachgeahmtem Heulen Wölfe sogar zur Antwort gereizt und schließlich zu einem »Chorgeheul« verführt hatte. Noch bei völliger Dunkelheit werden die Pferde auf kurze Leine gepflockt. Wir pirschen zu Fuß zum gestreckten Elch. Ich bin voll Zweifel! Wenn die Meute allerdings aus Osten vordrang,

Die Puma-Hunde sind auf heißer Spur. Wohin geht die Reise?

bekam sie keinen Wind. Die beiden 9,3 × 74 R sind längst im Lauf!
Am Rande des mit Neuschnee überzuckerten, von alleinstehenden Zirben, Aspen, teils mannshohem »Brush« und fast kreisrunden Moorseen durchsetzten Hochtals wird festgelegt: Wir versuchen auf dem weitmaschigen Geflecht der Wildwechsel, gedeckt durch einen stark bebuschten Hügel, auf knapp 500 Meter an den Kill heranzukommen.
»Come!«, winkt Bob aufgeregt, und — ich traue meinen Augen nicht — an der Elchkarkasse halten sechs Wölfe Frühstück. »Sofort schießen«, flüstert der Guide, »nimm den großen Schwarzen, er ist am nächsten«.
In höchster Eile, so gut es eben kniend und an einem Baum anstreichend geht, richte ich mich ein. Plötzlich überkommt mich das ungute Gefühl, jetzt danebenzuschießen. Das ist einfach zu weit! Der Stachel flattert auf und nie-

der, der Körper des 50-Kilo-Räubers ist letztlich nur einen halben Meter hoch, ständig in Bewegung und von Zweigen verdeckt. Als der Schuß bricht, ist alles vertan! Gefehlt! »Schieß' nach«, schreit Bob, was ich enttäuscht und entnervt noch zweimal versuche. Das törichte Motto »Nicht geschossen ist auch gefehlt!« führt auch hier zu keinem Erfolg. Wie Pfeile schießen die Wölfe, instinktiv jede kleinste Deckung nutzend, mit Riesensätzen, die Rute nach hinten ausgestreckt, die Gehöre flach am Schädel, dem jenseitigen Waldsaum zu. Ehe ich überhaupt nachladen kann, ist das fintenreiche Rudel im Dunkel des Timber untergetaucht.
Den leisen Anflug banger Fragen, »Habe ich nicht doch einen....«, erstickt Bob mit mürrischem Kopfschütteln und einem verärgerten »Shit!«.
Gottlob setzt bald darauf wieder dichtes Schneetreiben ein. Es verhindert,

Schwer zu fassen! Ständig auf Trab, durchstreift Räuber »Isegrim« bei seinen Beutezügen riesige Gebiete.

daß der Guide in meinem Gesicht ablesen kann, wie sehr auch ich mich grün und blau gifte. »So eine Gelegenheit bietet sich so schnell nicht mehr«, fluche ich in mich hinein.
Bereits drei Tage später war sie dann da, und ich habe sie genutzt!
Vielleicht war es ganz heilsam, sich gerade jetzt, kurz vor einem neuen Jagdabenteuer, dieser bitteren Lehre zu erinnern.

Einstimmung

Zwei Stunden später, als der Düsenklipper dann auf der von mächtigen Bergrücken eingesäumten, kurz vorher von schwerem Schnee freigepflügten Piste landet, ist die kleine Zitterpartie vergessen.

John, ein schlaksiger Outfitter in gepflegtem Jeansdress und mit imposantem Aktenkoffer, heutzutage neben Gewehr und Jagdmesser das Wahrzeichen für die kommerzielle Seite professioneller Auslandsjagd, kommt im Allrad-Pickup, auf dessen Ladefläche das jetzt unverzichtbare Schneemobil steht, schnell zur Sache.

Er rühmt seine 4000 Quadratmeilen-Konzession als eine der auf Puma wohl besten in ganz Kanada. Das ist bekannt. Sonst hätte ich vermutlich zu dieser Jahreszeit die Reise ins winterliche B.C. auch nicht unternommen. Mit dem dieser jungen Guide-Generation eigenen Selbstbewußtsein stimmt er mich, unter Anspielung auf seine »Success-rate« (Erfolgsquote), auf die bevorstehende Cougarjagd ein. So oder auch als Mountain-Lion (Berglöwe) bezeichnen die Kanadier ihren Puma. Kaum habe ich mich im gemütlichen Holzhaus umgezogen und die erste Tasse Kaffee in mich geschüttet, da sitzen wir schon »jagdmäßig« im Geländewagen, Richtung Sugar-Lake.

Was kümmert den Jagdführer, daß mir der stramme 15-Stundenflug in den Knochen sitzt. Er geizt mit der Zeit und weiß, daß das Ergebnis dieser Jagdwoche ausschließlich vom Wetter, besser gesagt von der Neuschneelage abhängt.

John setzt zielstrebig auf Erfolg und geht vor allem kein zeitliches Risiko ein. Noch bei der Wildlife-Behörde, die eine Cougar-Lizenz und meinen Jagdschein ausstellte, verabschiedet er sich siegesgewiß: »See you in a few days!« (In einigen Tagen). Dort erfuhr ich übrigens aus erster Hand, daß dieses Wild, der »Felis concolor«, in stabilisierten, teils steigenden Populationen insbesondere in B.C. und Alberta, in den US-Staaten Colorado, Neu-Mexiko und Kalifornien, sowie in jeder anderen

kanadischen Provinz vorkommt. Er gilt nach wie vor als Zivilisationsflüchter. Dort aber, wo der Mensch seinen Lebensraum einengt, beispielsweise in Kalifornien, wo über 5000 Pumas beheimatet sind und die Jagd 1989 freigegeben werden soll, ist er Kulturfolger. Inzwischen wurde er bereits in den Randzonen von Los Angeles gesichtet.

Bald biegen wir vom Highway in einen der für die Holzabfuhr freigeräumten Bergwege ein und pflügen im Schritttempo durch die einsame Winterlandschaft. Jetzt gehört mir B.C. alleine! Außer dem Puma hat alles übrige Wild Schonzeit. Ausgenommen natürlich die Pelzträger, denen die Trapper jetzt auf amtlich verbrieften, häufig seit Jahrzehnten im persönlichen Eigentum stehenden Fallensteigen (Traplines), die oft bis zu 100 Meilen lang sind, eifrig nachstellen.

Zu unserem Verdruß setzt bereits nach der ersten Stunde Pirschfahrt heftiges Schneetreiben ein. Die pappigen Flocken signalisieren, daß die Temperatur hochklettert. Da der Schneefall schlagartig auch jedes Spurenbild vernichtet, ist uns der »Weiße Leithund« bald keine Hilfe mehr.

Trotzdem hängen wir uns noch eine

Der Trapper benötigt für seine oft hundert Meilen langen Fallensteige eine Menge unterschiedlich großer Eisen.

gute Stunde verbissen links und rechts aus dem Wagen und kontrollieren die Straßenböschungen nach Spuren. Umsonst! Hier stoßen wir nirgends, ausgenommen unzähliger, den Weg überfallender Hirschfährten, auf ein Lebenszeichen der scheuen Großkatze. Im Hirschrevier ist der Puma immer ein unentbehrlicher Regulator. Er verhindert Überpopulationen, in deren Gefolge die Whitetail- und Muledeer-Bestände schneller durch Nahrungsmangel zusammenbrechen würden, als durch den gelegentlichen Kill von altem und krankem Wild durch die vierbeinigen Jäger.

Hinab bis Patagonien

Der Abend am offenen Kamin gehört der Jagd auf den Berglöwen, der übrigens in dreißig Unterarten vom Hohen Norden bis zur Magellanstraße hinab, selbst in Wüsten, in der Pampa Argentiniens sowie im tropischen Dschungel Brasiliens und in einer besonders geschützten Verbreitung (Felis concolor coryi) sogar in den Everglades-Sümpfen Floridas vorkommt.

John erbeutet jährlich drei bis sechs dieser abgefeimten Schleicher und beherrscht sein Handwerk, unterstützt von Al und Bob, zwei verwegenen, vollbärtigen Bilderbuch-Hillbillies, aus dem Effeff. Gerade sie, im Sommer als Holzhändler tätig, kennen jeden Berg und alle Kniffe dieser Jagd.

Voll Begeisterung erzählen sie Puma-Geschichten, vermischen wie überall, wenn Jäger fachsimpeln, Erlebtes und Gehörtes, Phantasie und Tatsachen zu echt kanadischem Jägerlatein. Es ist eine Lust, ihnen zuzuhören. Da läßt sich eine Menge lernen, allmählich komme ich ins Bild.

Soweit es der Allrad schafft, fuhrwerken die urigen Burschen in die mit stattlichem Timber, unvorstellbar verfilztem Unterholz und Windbruch bedeckten Berge hinein. Dort schwingen sie sich, da Fußpirsch auf den argwöhnischen Räuber in diesen Riesenrevieren, noch dazu im meist hüfthohen Schnee, weder Sinn noch Erfolg hätte, auf robuste Skidoos und stoßen mit diesen kufenbewehrten Motorschlitten tiefer in die Wildnis vor. Vorwiegend auf den zur Holzdrift angelegten Wegen und Schneisen, entlang verwunschener Flußtäler und vom Rotwild breit getretener Wildwechsel, suchen sie im Schnee nach der handtellerbreiten, dem Paß des Fuchses ähnlichen Spur, der — nach Tiger, Löwe und Jaguar — viertgrößten Katze der Erde. Dabei beteiligen sie sich nicht am Zoologen-Streit, ob der Puma die größte der Kleinkatzen oder die kleinste der Großkatzen ist. Für meine Begriffe steht der bis möglicherweise zwei Zentner schwere Cougar dem Leoparden näher, als beispielsweise dem Luchs oder dem Ozelot.

Das geschmeidige, je nach Alter, Geschlecht und Beheimatung 50 bis 100 Kilogramm schwere, extrem vorsichtige Raubwild ähnelt bei einer Schulterhöhe von etwa 70 Zentimetern und zweieinhalb Metern Länge von Nase bis Rutenende, in Jagdverhalten und einzelgängerischer Heimlichkeit dem Pardel Afrikas und Asiens. Wie er, ist auch der Cougar ein Dämmerungs- und Nachträuber sowie ein ebenso behender Kurzstreckenhetzer und Kletterer. Da ihn während seiner Entwicklungsgeschichte Nahrungskonkurrenten in dieser anspruchslosen Felsen- und Buschwelt nie dazu zwangen, bringt er seine Beute im Gegensatz zum Leoparden allerdings nicht auf einem Baum in Sicherheit, sondern versteckt sie eher schlampig in der nächstmöglichen Deckung. Rätselhaft bleibt, weshalb er, der den schwachen Bison, Jungbären und den Wolf sowie das wehrhafte Hirschwild zu schlagen vermag, nie ernstlich den Menschen angreift. Interessant ist, daß auch der Berglöwe — wie die Bären in den Nationalparks — mit seiner durch Lebensraumverminderung erzwungenen Annäherung an den Menschen, ebenfalls die ihm angeborene Scheu verliert. Erst kürzlich wurde berichtet, daß während des Tages in der Nähe von Los Angeles zwei Kinder von Berglöwen attackiert wurden. Das ist sicherlich die Ausnahme, wenngleich in früheren Berichten, wie etwa in dem von Thomas Mayne Maid aus dem Jahre 1854 — »Jakes Abenteuer mit dem Panther«, dem Puma bereits arge Heimtücke angedichtet wurde. Hier führte eher schlechtes Gewissen über die gnaden-

lose Verfolgung des Puma die Feder, als tatsächlich nachgewiesene Vorfälle. Vom Aussehen her, insbesondere durch den kleinen Kopf, gleicht der schlanke Bergjäger wohl auch eher etwas dem Geparden als der übrigen Großkatzensippe. Charakteristisch ist, daß der »Kugar« wie man ihn früher nannte, alles tötet, was vor ihm flieht und allem entflieht, was ihn bedrohen könnte. Allerdings bestätigt auch hier die Ausnahme die Regel, wie eine bittere Erfahrung uns bald lehren sollte.

»Majestät Zufall«

Der Räuber hat viele Namen. Neben den im Norden bekannten Bezeichnungen hieß er früher im Osten des Kontinents Panther, im Südwesten der USA »Mexikanischer Löwe«, der alte Brehm und der gute Karl May nannten ihn »Silberlöwe« und die Gauchos Südamerikas sprechen vom »Leon«. Die Großkatze meistert, virtuos wie ein Eichhörnchen, durch die Luft Fünf- bis Sechsmetersprünge von Baum zu Baum. Bob hat schon »Segelflüge« von in Steilhängen stehenden Zedern mit über zweihundert Fuß, das sind immerhin fast 70 Meter, erlebt. Gewaltig, wenn eine 200 Pfund-Katze, alle Viere weit von sich gestreckt und mit buschigem Schweif elegant rudernd, durch die Lüfte schwebt und nach federnder Landung heil davonhetzt! Diese Fluchtmöglichkeit ziehen wir bereits jetzt ins Kalkül.

Das Männchen (»Tom«), dem das Weibchen (»She-cat«), vor allem wenn es mit Jungen unterwegs ist, tunlichst aus dem Weg geht, da es befürchten muß, daß es sich an ihnen vergreift — man nimmt an, der Puma reguliert auf diese Weise die eigene Populationsdichte — gilt als ausgesprochen durchtrieben. Ein perfekter Rückzugs- und Deckungsspezialist, dem nur ganz wenige Jäger in freier Natur Auge in Auge, und wenn, dann höchst zufällig und schemenhaft begegneten. Bei der Cougarjagd regiert nahezu immer »Majestät Zufall«!

»Der Cougar ist ein Geschöpf, heimlich und raubsüchtig; seine starken Samtpfoten verursachen nie ein Geräusch, seine Sinne sind immer gleicherweise

auf seine Beute und auf seine Sicherheit gerichtet und er verläßt nur selten, selbst wenn er sich nicht für gefährdet hält, das schützende Dickicht«, schrieb schon um die Jahrhundertwende der exzellente Jäger und Wildbeobachter Theodore Roosevelt, »was das Waidwerken auf den Cougar so schwierig macht, ist sein Widerstreben, zu irgendeiner Zeit die Deckung zu verlassen, seine Gewohnheit, sich durch die Büsche davonzuschleichen, anstatt ins Freie zu kommen, wenn er aufgescheucht ist, und die Tatsache, daß er sogar regungslos dann in seinem Lager stecken bleibt, wenn ein Mensch sich ihm bis auf 20 Meter nähert.« Ohne natürlichen Feind, ausgenommen die Staupe und ein gelegentlich anfallendes Wolfsrudel, wird dem Berglöwen nur der Jäger und dessen Hundemeute zur Gefahr. Ist sie auf seiner Spur, rettet ihn höchstens eine fintenreiche Flucht und schnellstmögliches Aufholzen. Dabei nimmt er aus dem Stand Höhen von 6 bis 7 Metern. Da in dieser unzugänglichen Gebirgswelt der Monashee-Mountains Ausfährten oder Ansitz auf den unstet umhervagabundierenden Räuber aussichtslos ist, rückten wir ihm mit drei scharfen, eigens hierfür abgerichteten »Black-Tan-Cougar-Hounds« auf den Leib. In diesem Falle half nur die Daumenschraube! Wegen seiner ungewöhnlich kleinen Lunge steht der Puma, wie alle Katzen, kilometerweite oder stundenlange Hatz nicht durch. Ähnlich dem Löwen, der eine im Sprung verfehlte Beute nicht deshalb verschont, »weil er sich schämt«, wie man früher fabulierte, ist auch der Puma nur ein mäßig ausdauernder Jäger. Deshalb schlägt er sein Opfer lieber durch Arglist, also — wie wir in unseren »Fair-play-Kategorien« gerne sagen — in scheinbar »unehrlicher« Jagd. Wegen seines Gewichts kommt der Cougar selbst im verharschten Schnee nur schleppend voran und vermag die ihm einmal entwischte Beute kaum mehr einzuholen. Dieses Handicap zwingt ihn bei Verfolgung durch die leichtfüßigeren, vorstehhundgroßen Cougar-Hounds, sich unverzüglich auf einen Baum zu retten. Das hindert ihn allerdings nicht, in die Trick-Kiste zu greifen und seinen Peinigern ein Schnippchen zu schlagen.

Die Hunde entscheiden

Bleigrau weicht die Dämmerung einem unfreundlich kalten Morgen. Wir sitzen bereits in zwei Pickups, auf deren Ladefläche die Skidoos und eine auf Kufen montierte Hundekabine geladen sind. In ihr pennen die drei treuen Helfer einem aufregenden Vormittag entgegen. Mühselig kriechen wir die für Langholzfuhrwerke nur bis zur Kehre geräumte Bergstraße hoch und stellen ernüchtert fest, daß es hier heroben bis vor kurzem noch schwer geschneit hat. Wunderschön, diese Landschaft! Für unsere Jagd jedoch ein völliges Fiasko. Wir finden nicht einmal Schneehasen- oder Rotwildfährten, obwohl während der Nacht natürlich alles Wild auf den Läufen war.

Als geborener Optimist, der nicht blindlings glaubt, daß alles auf der Jagd gutgehen muß, sondern der Meinung anhängt, daß nicht alles schieflaufen kann, begeben wir uns auf mein Drängen hin, trotz gedämpfter Erwartungen, mit den beiden Motorschlitten erneut auf Erkundungsfahrt. Im dünnen, zaghaften Sonnenlicht, durch eine traumhaft unberührte Winterwildnis, ist das, unabhängig von der Jagd, ein einzigartiges Erlebnis. Insbesondere wenn man, das Zwanzig-PS-»Schneetorpedo« zwischen den Beinen, selbst steuern und auf eigene Faust Spurensuche betreiben kann.

Zwei Stunden später und ohne jedes Ergebnis am vereinbarten Treffpunkt, überrascht mich Bob mit der Botschaft, einige Meilen westlich das starke Trittsiegel eines aus dem Tal in die höherliegenden, hinteren Bergtäler schnürenden Pumas, mit Sicherheit die eines »Tom«, entdeckt zu haben: »Höchstens drei Stunden alt! Damned fresh!« (Verdammt frisch!)

Also, wer sagt's denn! Man soll bei der Jagd eben nie »Nie« sagen! Jetzt aber Tempo! »Die Stunde drängt, und rascher Tat bedarfs«, ermunterte schon Schillers Wilhelm Tell seine Mannen. Außerdem dauert meine Jagd nur fünf Tage und zwei sind inzwischen schon verschustert! Dreh- und Angelpunkt sind nun natürlich während des ganzen Jahres fleißig abgeführte, spurfeste, schneidige Hunde. Die haben und die brauchen wir! Selbst Roosevelt

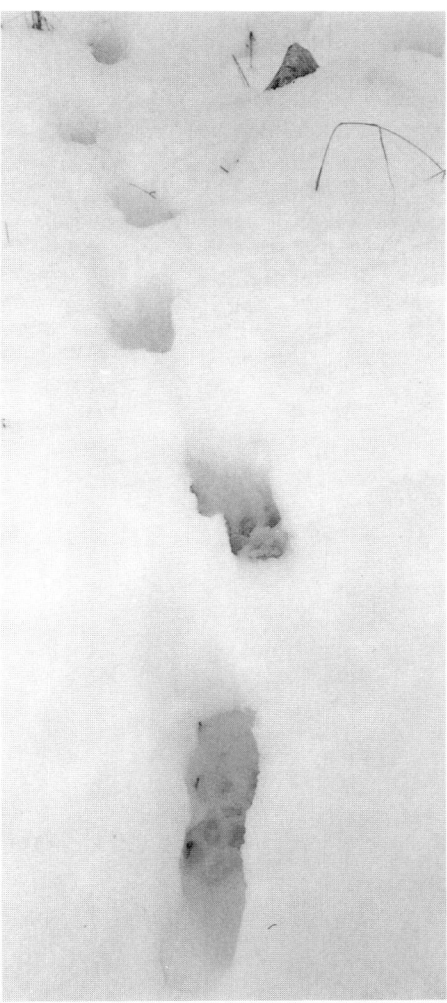

Puma-»Handschrift«. Eine warme Spur? Alt oder jung? Kuder oder Katze? Nur die Richtung ist klar.

meint, daß ohne Hunde die Verfolgung dieser listenreichen Katzen unmöglich sei.

Unsere Hounds, die sich erstaunlich ruhig in der beengten Kiste verhalten, tragen bereits Glöckchen am Halsband. Die Hunde sind an das Gebimmel seit Jahren gewöhnt, es scheint sie erst richtig anzufeuern. Vor allem unterrichtet es den Jäger über den Verlauf der Hatz und bewahrt ihn bei oft meilenweiter Verfolgungsjagd, seinen vierbeinigen Helfer in dieser gebirgigen Urwaldwildnis zu verlieren. Das wäre eine echte Katastrophe. Nicht nur, weil der Wert jedes dieser Hunde größer ist als die Vergütung seines Führers für die ganzen fünf Tage! Jeder Besitzer eines abgeführten Hundes versteht, welch

großer Disziplinierungsarbeit es bedurfte, eine ganze Meute während des manchmal stundenlangen Aufenthalts in der Transportkiste ruhig zu halten. Damit sie ja nicht in Panik gerät, wenn sie vom Motorschlitten oft kilometerweit an eine warme Pumaspur herangeschleppt wird. Dort freigesetzt, braucht der Jäger vor allem Ausdauer und Kondition in den Sehnen, um den davonpreschenden Hunden möglichst schnell über Stock und Stein, durch Schneeverwehungen, Unterholz und tückische Creeks (Gebirgsbäche) zu folgen. Andernfalls kann passieren, daß ein Puma von den Hunden zwar gestellt und unverdrossen verbellt wird, aber wegen des schwindenden Tages, vor allem weil die mühselig nachziehenden Jäger erst Stunden später den Schauplatz erreichen, die Jagd aus Sicherheitsgründen abgebrochen wird und die schneidigen Verbeller an die Leine müssen. Der Berufsjäger weiß aus Erfahrung: Ein unglücklicher Schuß und eine zu spät am Tag angesetzte, unter Umständen schwierige Nachsuche können für Jäger wie für die Hunde ein gleichermaßen folgenschweres Nachspiel haben. Eine Nacht in Schnee und Kälte im Hochgebirge, ohne ordentliche Ausrüstung, ist kein Spaß; die Nachsuche auf einen waidwunden, seinem Verfolger in der Regel auflauernden Puma bedeutet häufig den sicheren Tod des Hundes. »Und«, verdeutlichen die Hillbillies immer wieder, »unsere Hunde sind uns mehr wert als die ganze Jagd!«

Obwohl meine Begleiter in den letzten zehn Jahren keinen Vierbeiner verloren haben, sind sie auf der Hut. Sie wissen, daß das Leben ihres Hounds bedroht ist, wenn die Großkatze nicht aufbaumt, sondern sich aus dem Hinterhalt verteidigt. In die Enge getrieben, stürzt sie sich aus sicherer Felsendeckung oder von einem Baum herab auf ihren Erzfeind und macht ihm mit schnellem Biß durch die Kehle den Garaus. Trotz dieser Erfahrungen und aller Vorsorge stand das Menetekel bereits an der Wand!

Auf die Frage, wie eigentlich auszuschließen sei, daß am Schluß nicht doch eine große weibliche Katze zur Strecke kommt, wußte keiner eine überzeugende Antwort.

Wie bestellt

Inzwischen bahnen sich die wegen der Last des Hundebox-Schlittens zu einem Schleppzug verkoppelten Skidoos — mit immerhin vier Mann und drei Hunden Besatzung — mit letzter Kraft einen Weg bergauf. Da! Stop! Hier überfällt, eingegossen in den nassen Unterschnee, eine markante Cougarspur den Weg. Im Schnee, links und rechts des Passes, zeichnen sich die fahrigen Pendelschläge einer kräftigen Pumarute ab. Im selben Augenblick bricht der Sturm los. Die drei Hunde, kohlrabenschwarz der Jüngste, einer gefleckt wie ein Apfelschimmel, der Kopfhund schwarzgrundig, mit rostbraunen Zeichnungen auf Brust und Kopf, stürzen mit dumpfem, wütendem Aufheulen wie Berserker aus der Kiste. Sie sind in der nächsten Minute auf der warmen Spur des verhaßten Gegners verschwunden. Bald darauf ist auch

das metallene Geklingel der Glöckchen verhallt. Nur noch vereinzelt weist schnell verebbender Spurlaut die Richtung der voranstürmenden Meute. Aufgewühlt, zur Untätigkeit verdammt, können wir jetzt nur warten und hoffen. Die Kanadier wissen aus Erfahrung, daß Berglöwen bei Verfolgung meist bald abdrehen und talwärts flüchten, um Kräfte zu sparen. Wie vorhergesagt und anhand des gelegentlichen Gebells gut zu orten, überfiel die »Wilde Jagd« tatsächlich kurz danach, knapp einen Kilometer westlich von uns eine Furt, mit Kurs auf eine steil abstürzende Schlucht. Jetzt müssen wir schnell näher heran! Mit gemischten Gefühlen überqueren wir auf gefährlich morschen Bohlen eine uralte, schwankende Brücke. Wir verlassen uns auf die Hunde. Sie lassen nicht locker! Doch dann werden die Hundeführer zunehmend nervöser. Eine kleine Ewigkeit warten sie nun schon auf

ein Zeichen der Hounds. Wir vermuten, und das beweist uns das wilde Durcheinander der letzten noch lesbaren Hunde- und Cougarspuren, daß die listige Katze kurz vor der Brücke einen Haken schlug und durch einen kühnen Sprung ins seichte Wasser die Meute irregeführt und abgeschüttelt hat. Zum Warten verurteilt, lauschen wir angespannt in alle Richtungen, immer wieder genarrt vom Glucksen des Bergbachs, vom irritierenden Krächzen aufgeregter Kolkraben und unserer überreizten Phantasie.

Eine böse Überraschung

Die Zeit tröpfelt dahin. Fast gleichzeitig vernehmen wir ein dumpf-mattes Gebell, fern, jenseits eines Höhenzugs. Erneut Totenstille. Da packt es den bärtigen Bob. Er will zu seinen Hunden. Mit Funkgerät und kleiner Notausrüstung bricht er auf, geradewegs senkrecht nach oben. Er ist zutiefst beunruhigt, äußert aber kein Wort. Endlich, nach einer bangen Stunde meldet er keuchend, mit deprimierter und zugleich wütender Stimme: »Die gottverfluchte Katze hat den schwarzen Hund getötet!«. Der Gescheckte, berichtet er weiter, hat sich völlig verstört bereits zu ihm gesellt und geht, vor Angst schlotternd, nicht von seiner Seite. Vom Puma und dem Leithund »Duke« kein Lebenszeichen! Ihre Spur führt, so Bob, vom Berg herab, direkt hinüber zum Kliff, welches senkrecht zum Canyon hin abstürzt. Al, der ältere der beiden, hält eine Verfolgung dorthin, jetzt am Spätnachmittag, für zu gefährlich und fordert seinen Bruder auf, mit dem bei ihm verbliebenen Hund abzusteigen.
Die Stimmung ist auf dem Nullpunkt. Ein Hund getötet, vom anderen keine Spur, und der Puma wie vom Boden verschluckt! Al rekonstruiert den Ablauf der tödlichen Attacke. Während der Kopfhund sich vermutlich noch mit der Fährte im Flußbett beschäftigte, waren die beiden Jüngeren auf die Aus-

Aufgebaumt, aber zu jung! Die Schinderei war buchstäblich für die Katz'.

stiegsspur des Berglöwen am jenseitigen Ufer gestoßen und sind, ohne Laut
zu geben, blindlings hinterher. Dabei
ging der Jüngste und Ungestümste der
hinter einem Buschdickicht lauernden,
dieser langen Verfolgung inzwischen
leid gewordenen Raubkatze ahnungslos
in die Falle. Ein Biß durch den Schädel
und das Schicksal des braven Vierbei-
ners war besiegelt. Auf dem Heimweg
schworen wir Rache. Ohnmächtig,
grimmig vor Zorn und besorgt für die
Zukunft: »Ein spezialisierter Hundekil-
ler! Etwas Schlimmeres kann uns nicht
passieren«.
Doch überraschend wendet sich das
Blatt. Gerade als wir mit den Skidoos
zu den Geländewagen zurück wollen,
hören wir zwei- bis dreimal ein heiseres, fast gutturales »Hou, hou, hou«
durch die Stille der Nacht. Gottlob,
»Duke« lebt! Zuhinterst, irgendwo am
Ende der abgelegenen Schlucht verbellt
er vermutlich bereits seit Stunden. Einsam, mutig, verbissen! Braver »Duke«!
Während ich mit John und einem
Funkgerät zurückbleibe, brechen die
zwei Brüder sofort auf. Da und dort beobachten wir noch das Aufflackern der
Handlampen, dann hat sie die Bergwelt
verschluckt. Nach gut einer Stunde
sind sie zurück; den tüchtigen Vierbeiner, der sich stolz von jedem bewundern und abliebeln läßt, an der Leine.
Al erzählt, daß der schneidige Kerl den
Puma auf den letzten großen Baum an
einer Engstelle des Abgrunds gejagt
und dort standhaft bis zum Eintreffen
seines Herrn bewacht hatte. Allerdings,
und wer wollte ihm hier einen Vorwurf
machen, buchstäblich für die Katz'!
Wieder zu Kräften gelangt, war der
gerissene Berglöwe nämlich kurzerhand mit einem tollkühnen Katapult-
sprung über die Schlucht hinwegge-
schnellt und hatte sich, ohne daß es
sein Verfolger mitbekam, heimlich aus
dem Staub gemacht. Ein Manöver, das
bei der Pumajagd schon mehrmals beobachtet und von meinen Begleitern
noch am Vortag mit in Betracht gezogen wurde. Doch: »Grau, teurer Freund,
ist alle Theorie...!«.

Nach zwei Tagen aufregender Verfolgung
war die Rechnung beglichen. Ein Hund
zahlte allerdings die Zeche.

Zu derartigen Sprüngen befähigt den Mountain-Lion, neben seiner Kraft und Geschicklichkeit, vor allem die knüppelstarke, teilweise über einen Meter lange und als Lenk- und Steuerruder bestens entwickelte, am Ende schwarzquastige, massige Rute. Sie wirkt durch ihre dichte »Nerz«-Behaarung sogar noch wuchtiger als die des vielleicht fünfmal so schweren Löwen.
Am nächsten Tag war Tauwetter. Zeitweise regnete es. Damit verriet überhaupt keine Spur mehr den sicherlich auch in dieser Nacht heimlich herumstreunenden Räuber. Hatte sich der große Manitu endgültig gegen uns verschworen? Das Pazifik-Klima ist einfach unberechenbar!
Trotzdem suchten wir bis in den späten Nachmittag hinein im abtauenden Schnee hartnäckig nach Cougar-Zeichen, ohne jeden Erfolg. Bei der Heimfahrt stellten wir allerdings erleichtert fest, daß die Temperatur wieder sank, was vielleicht Neuschnee während der Nacht bedeutete. Hoffentlich!
Der »Dog-Killer« soll sich jedenfalls vorsehen. Wir haben eine schlimme Rechnung zu begleichen.

Im »Mikado«-Wald

Dritter Tag, sechs Uhr früh, Halbzeit. Es hatte während der Nacht tatsächlich geschneit. Mit steigender Temperatur brodelte zunehmend dichterer Nebel in die höhergelegenen Waldregionen. Bereits an der meterdicken Schneeräumböschung der Hauptstraße entdeckten wir die erste frische Spur: Eine Berglöwin mit Jungem hatte im Schutz der Nacht versucht, unten im Tal, in der Nähe der Farmen leichte Beute zu schlagen. John hielt an, stieg grinsend aus und zerstörte mit seinen breiten Pelzstiefeln gut 20 Fluchten der Puma-Handschrift in der Böschung: »Damit wird kein anderer Jäger auf diese Katze neugierig!« Jägerschliche, wie sie uns auch zu Hause nicht ganz fremd sind!
Kreuz und quer, auf allen nur denkbaren Wechseln und Schneisen des gut zehn Quadratkilometer großen Pumaeinstandes, fahnden wir hartnäckig nach »Puma-Prints«. Gegen Mittag scheucht uns Al aus der kurzen Rast. Sofortiger Aufbruch. Der Hundetransportschlitten wird weiter hochgeschleppt. Es läuft ab wie am Vortag. Hunde an die heiße Spur! Bald darauf prescht die wütende Kamarilla mit haßerfülltem Bläffen davon. Nach Minuten bohrender Ungewißheit und entnervenden Wartens fährt uns plötzlich aggressives Gekläff, höchstens einen Kilometer entfernt im Gegenhang, in die Beine. Sofort sind wir im steil aufragenden Gelände. Die 9,3 × 74 R Bockdoppelbüchse im Kreuz. Sie ist vielleicht etwas überdimensioniert für diese Jagd, mir aber meine liebste »Braut«. Auch deshalb, weil sie zerlegbar und im allgemeinen Reisegepäck mitzuführen ist, was den lästigen immer auffälligen Gewehrkoffer erspart. Durch eine wirre »Mikado«-Landschaft keuchen wir bergan. Vermoderte Baumriesen, Äste und Buschwerk, vom Alter geknickt und vom Sturm geworfen, liegen durcheinandergebeutelt im weglosen Gelände; teilweise tückisch unter einer meterhohen Schneedecke verborgen. Wir brechen laufend bis zur Brust in verdeckte Hohlräume ein, verheddern uns im Filz der Äste und sind nach der ersten Viertelstunde völlig durchnäßt. Gegen diesen Pappschnee ist kein Kraut gewachsen und keine Sohle genäht! Das kostet Schweiß und vor allem viel, viel Zeit. Während wir uns hochschinden, mahnt ständig der tiefe Standlaut »Dukes«: »Beeilt euch! Denkt an den gestern gemeuchelten Kameraden! Ich habe den Killer für euch festgemacht!«
Ob es stimmt, denke ich beim Aufstieg, daß der Puma — was Schafzüchter felsenfest behaupten — die blutrünstigste, gegen wehrlose Tiere, wie beispielsweise Schafe, grausamste Katze ist? Oder rechtfertigt man damit nur den früher durch Einzelvorfälle ausgelösten landesweiten Vernichtungsfeldzug mit Blei, Gift und Eisen, der die Raubkatze fast ausgerottet hätte? Schritt für Schritt, patschnaß und fast ebenso vor Aufregung zitternd wie die wütend vor uns in der Bergwildnis Standlaut belfernden Hunde, kommen wir näher heran. Die beiden Naturburschen Bob und Al warten längst vor einem Baumriesen auf uns und deuten triumphierend nach oben. In gut 40 Metern Höhe, auf einer im felsigen Steilhang wurzelnden, mächtigen Zeder, finde ich nach kurzer Suche die hinter den dicken Stamm geduckte, mit dem Gesicht uns abgewandt sitzende Großkatze. Perfekt getarnt, nichts als ein dunkler Fleck im Halbdämmer des dichten Geästs. Höchstens 50 Meter von meinem Standort im Hang entfernt, genau mir gegenüber.

Kein Mensch würde sie je hier ent-
tarnen, verriete sie nicht das heisere
Baff der Hunde. Bewegungslos, jeden
Muskel angespannt, nur mit der über
den Sitzast herabhängenden Rute
unmerklich peitschend, sitzt der Puma
fest. Gefangen durch seine eigene Strategie lauert er auf eine letzte, rettende
Chance.
Im steilen Gelände rücke ich auf fast
gleiche Höhe zu ihm vor. Eindringlich
mahnt der Hundeführer, der die immer
noch wie tollwütig geifernden Hounds
jetzt anleint, sich ja Zeit für einen
abgezirkelten Schuß zu nehmen: »Eine
Nachsuche in diesem Gelände wird
dreckig!«
Im dichten, teils übermannshohen Unterholz suche ich krampfhaft nach
einem einigermaßen freien Schußfeld.
Der Cougar sitzt nach wie vor zusam-
mengekauert, wie versteinert. Von meiner Warte aus sind Haupt, Träger und
Vorderkörper unverändert vom Stamm
der Zeder verdeckt.
Schwierig! Man sieht nichts als einen
kleinen Ausschnitt der Hinterhand, die
angewinkelten Oberschenkel und den
scheinbar bewegungslos frei nach
unten baumelnden Schweif des Raubwildes. Was tun?
Fast muß ich lachen. In ähnlicher Ausweglosigkeit wollte mich vor Jahren in
Alaska mein Freund Bob, als wir lange
Zeit nur den Spiegel und Teile der
gewaltigen Schaufeln eines vorher ausgemachten Elchs frei hatten, zu guter
Letzt zu einem »Texas-heart-shot!«
(Hinten drauf!) überreden, was sich
dann gottlob durch Umpirschen des
Wildes vermeiden ließ. Also, ruhig Blut!
Zunächst versuche ich mir die Anato-
mie des vertrackt auf zwei Ästen liegenden, wie eine Halskrause um den
Stamm geschmiegten, hell-rostbraunen
Wildkörpers vorzustellen. Es bleibt nur
der Schuß von unten, schräg auf den
Stich, an dem ich mit Hilfe des hoch-
gedrehten Zielfernrohrs einen gut
talergroßen, hellgrau aufscheinenden,
freien Fleck »dingfest« mache. 40 Meter
Entfernung und ein Ziel von der Größe

Ohne gut abgeführte, ausdauernde Hunde
ist der nachtaktive Cougar nur zufällig zu
erbeuten. Al ist zu Recht stolz auf seinen
»Duke«.

»Zivilisation ist nichts anderes als eine Reihe von Siegen über die Natur«, meinen die Kulturphilosophen und verstehen sicherlich den Jäger, der bei diesem Dinner trotzdem Ausnahme von der Regel bleiben möchte.

Während ich überlege, welche Regie diesem Wild mit dem langen Körper und dem kleinen Kopf photografisch am ehesten gerecht wird, winkt mich Al heran und zeigt überrascht auf den frischen, knapp über dem Kiefer gebrochenen Stumpf des linken unteren Reißzahns. Der dünne Nerv liegt offen zutage! Die Katze hatte bei der Jagd und beim Ludern vermutlich böse Schmerzen! Das erklärt auch ihr zur Körpergröße eigentlich zu geringes Gewicht. Als Bob mir das geschmeidige Wild auf die Schulter wuchtete, meinte er: »Normalerweise wärst du bei 60 bis 80 Kilo in die Knie gegangen!« Begleitet vom unversöhnlichen Keifen und Bellen der vierbeinigen Cougar-Jäger, rackerten wir uns anschließend aus dem in der Dämmerung versinkenden Bergwald, der dieser Katze mit dem Maskengesicht und den fast magischen, tiefliegenden Augen Heimat und Jagdrevier war. Vor wenigen Stunden noch von allen Tieren gefürchtet, war sie jetzt beinahe schon vergessen. Genauso wie ihre Spuren im Schnee, die bereits schon morgen mit den Schmelzwassern den Shuswap hinabfließen werden, hinein in den breiten Frazer-River und den weiten, ewigen Ozean....

eines Fünfmarkstücks, das ist gut machbar. Auch freihändig. Trotzdem Beeilung!

Klick!

Im tiefen Schnee sitzend, richte ich mich ein. Vor mir die in der hereinbrechenden Dämmerung mit freiem Auge zwischen den Zweigen kaum mehr deutlich erkennbare Katze. Das Fadenkreuz mit größter Konzentration ins Ziel gesetzt, beide Ellbogen auf die Knie gestützt, steche ich ... klick! Nicht geladen! Peinlich, Peinlich! Wehrhaftes Wild wäre bei dieser Entfernung jetzt vermutlich schon im »Vorgarten«. So ein Schnitzer! Die Begleiter enthalten sich jeden Kommentars.

Doch dann spricht die Doppelbüchse jene deutliche Sprache, die ich von ihr seit vielen Jahren kenne. Mit der faustschlagähnlichen Wirkung einer großen Kugel hebt das 18,3 g Teilmantelgeschoß den schweren Körper gleichsam aus dem Geäst. Steuerungslos stürzt die große Katze auf einer schier endlosen Bahn, sich mehrfach überschlagend, durch die schneebedeckten Äste der Zeder, senkrecht in die dunkle Tiefe, hinab ins weiße Nichts. Mit ein paar Sprüngen hechte ich zur Aufschlagstelle: Aus! Keine Bewegung, nicht einmal mehr ein Zittern durchdringt den Räuber. Die Rechnung ist beglichen!

Zurück bleibt die Erinnerung des Jägers an eine einzigartige Pirsch und das Vergnügen einiger Gäste des nahen China-Restaurants an einem wohlschmeckenden Cougar-Braten, dessen Vortrefflichkeit schon der alte Darwin pries.

Afrikaträume.
Bitte nicht
wecken!

Was Wunder, wenn sich der alte, dickschädelige Löwe am Zambesi-River herumtreibt. Hier gibt sich alles Wild, insbesondere das kranke und schwache, ein Stelldichein. Leichte Beute für hungrige Großkatzen. Wer nicht aufmerksam ist, nicht nur kurz den Durst stillt und diese Gefahrenzone nicht unverzüglich wieder verläßt, stirbt schnell am großen Fluß.

ZIMBABWE

Republik	
Hauptstadt	Harare (627 000 Einwohner)
Bevölkerung	7 600 000
Fläche	390 622 km²
Sprachen	Englisch, Shona
Währung	1 Zimbabwe Dollar Z$ = 100 Cents

Wildtiere: Büffel, Buschbock, Elefant, Eland, Flußpferd, Gepard, Gnu, Graubock, Hyäne, Impala, Klippspringer, Krokodil, Leopard, Löwe, Nashorn, Rappenantilope, Roan, Schakal, Warzenschwein, Wasserbock, Wildhund, Zebra.

Landschaften: Savannenland, aufgeteilt in das zentrale Mittelveld (900-1200 m hoch), das Niederveld (400-900 m hoch) und das Hochveld (über 1200 m). Die Savannen im Hochland sind baumbestanden, im Niederveld herrscht Dornbuschbewuchs vor. Die östlichen Hänge der Gebirge tragen immergrüne tropische Bergwälder, die von Grasflächen durchsetzt sind.

Klima: Wechselfeuchte Tropen, d.h. auf eine längere Trockenheit von April bis September folgt ab Oktober die Regenzeit. Der Osten erhält die meisten Niederschläge (1000-1400 mm), nach Westen hin abnehmend.

Sehenswürdigkeiten: Die Hauptattraktion sind die Victoria-Wasserfälle. Der 5000 km² große Ghona-re-Zou-Park ist von April bis November geöffnet. Der 13 300 km² große Wankie-N.P. ist Zimbabwes bester N.P. Im Rhodes-Matopos-Park liegt das Grab von Cecil Rhodes. Berühmte Zeugen der Vergangenheit sind die Ruinen des alten Zimbabwe.

Jagd: Ganzjährige Jagd von Farmen und Jagdcamps aus auf Antilopen und Großwild. Für letzteres ist Mindest-Kal. 9,5 mm Vorschrift.

Elefant

Loxodonta africana

E: African Elephant
F: Eléphant d'Afrique
Sp: Elefante africano

Ansprechen: Größtes Landsäugetier mit einer Schulterhöhe bis 4 m, einem Gewicht bis 6 t. Die Stoßzähne haben sich aus den oberen Schneidezähnen entwickelt und dienen als Werkzeuge und Waffen. Der Zwergelefant (*L.a. pumilio*) hat etwas über 2 m Schulterhöhe und 1500 kg Gewicht.

Lebensraum: Halbwüsten und Savannen, möglichst in Wassernähe. Regenur- und Bergwald. Lebensraum bedroht.

Verbreitungsgebiet: Kleines Vorkommen in Mauretanien. Sonst besiedelt er nahezu das gesamte Afrika südlich des Äquators, oftmals in Reservaten. Nördlich des Äquators wegen der Vegetationsveränderungen verschwunden.

Verhalten: Zu den Herden mit etwa 10-30 Tieren gehören neben einem starken Bullen 2-3 Halbwüchsige unter Führung einer alten Kuh. Der starke alte Bulle fährtet mit seinen halbstarken Begleitern (Askaris) meist etwas abseits. 250 kg Äsung und 120 l Wasser benötigt ein Elefant täglich. Paarung ist das ganze Jahr über möglich. Tragzeit 24 Monate. Mit 15 Jahren geschlechtsreif, mit 25 Jahren erwachsen. Höchstalter ca. 70 Jahre.

Artenschutz: WA A I Asiatische Elefanten, WA A II alle übrigen.

Jagd: Gewöhnlich pirscht man Elefanten bei gutem Wind möglichst nahe an. Sofort tödlich wirkender Schuß ist notwendig. Ein angeschossener, angreifender Elefant ist nicht zu unterschätzen.

Rekordtrophäe: SCI RBoTA, 1986: Gewicht der Zähne links 144 engl. Pfd., rechts 142 engl. Pfd. (Zentralafrikanische Republik 1978).

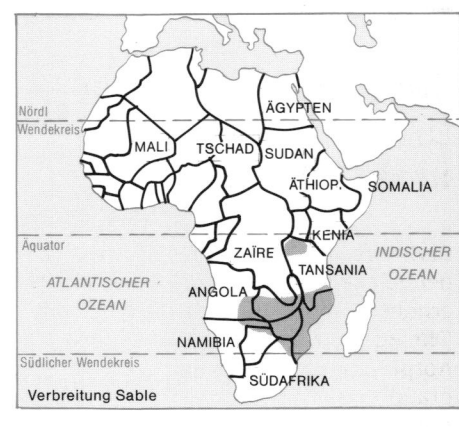

Verbreitung Sable

Rappenantilope

Hippotragus niger

E: Sable Antelope
F: Hippotrague noir
Sp: Antilope caballo

Ansprechen: Im Aussehen einem Rappenhengst nicht unähnlich, zeigt sich die Decke in der Jugend dunkelbraun und wird mit zunehmendem Alter fast pechschwarz. Den alten Bullen ziert außerdem eine bürstenartige Nackenmähne. Das Gewicht liegt bei 200-220 kg, die Schulterhöhe beträgt bis 145 cm. Hornlängen von 120 cm sind keine Seltenheit. Auch die Kühe tragen (allerdings etwas geringere) Hörner. Die Riesenrappenantilope (*H.n. variani*) überschreitet die angegebenen Maße erheblich.

Lebensraum: Lichte Waldungen, mit eingesprengten Gras- und Buschbeständen und Wasserstellen. Meidet offene Graslandschaften und Steppen.

Verbreitungsgebiet: Tanzania, Zimbabwe, Zambia und Mozambique.

Verhalten: Sehr reviertreu. Leitbullen markieren die Grenzen ihrer Reviere, die sie gegen Eindringlinge heftig verteidigen. Während der Brunft, (jahreszeitlich und regional verschieden), hält der Bulle die Kuh durch Schnauben und Hornschwingen auf seinem Territorium. Jahrelang gehaltene Einstände werden nur wegen Wasser- oder Äsungsmangel aufgegeben. Stellt sich jedem Angreifer!

Artenschutz: WA A I für die Riesenrappenantilope (*H.n. variani*), entfällt sonst.

Jagd: Frühmorgens und nachmittags. Vor den Hauptaktivitätszeiten des Wildes. Die gut äugende Antilope flüchtet nur kurze Strecken.

Rekordtrophäe: SCI RBoTA, 1986: Hornlänge links 132,08 cm, Hornlänge rechts 133,35 cm (Zambia 1968).

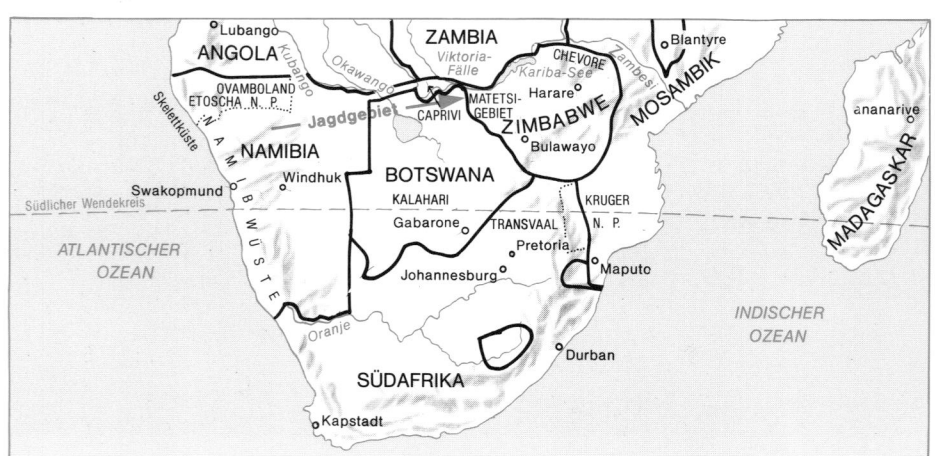

Jagd auf »Big Four« und Sable in Zimbabwe

Bluff oder finsterer Ernst? Mit nervös pendelndem Schädel, den Rüssel halb erhoben, wobei die breit abstehenden Ohrsegel vor Erregung hart an den Körper klatschen, kommt uns der graue Riese mit schaukelnden Schritten schneller nahe, als wir den Geländewagen rückwärts aus der Gefahrenzone steuern können. Die wie wir überraschte Elefantenkuh, deren gut meterlange, dünne Stoßzähne beredt Zeugnis von ihrem Alter und ihrer Gewitztheit geben, signalisiert: »Bitte mehr Abstand!«. Vorsicht ist angebracht. Denn forsche Dreistigkeit und zerstörerische Wut liegen bei dem in seiner Beziehung zum feindseligen Menschen im Verlauf der Jahrhunderte argwöhnisch gewordenen, größten Landsäuger der Erde, äußerst nahe beisammen.

»Elephants! Stop!«, rief in letzter Sekunde Simon, und ohne lange zu überlegen drosch der White-Hunter den Rückwärtsgang ins Getriebe. Fast täglich bewies Zimbabwe auch hier, daß es mit über 40 000 Dickhäutern eines der elefantenreichsten Länder Afrikas ist.

»Fair Chase« und Artenschutz

Unser Jagdgebiet, eine der größten der sieben Matetsi-Konzessionen, liegt in der äußersten Nordwestecke, im Dreiländereck zwischen Botswana, Zambia und Zimbabwe. Die Flußmitte des gewaltigen, immer Wasser führenden Zambesi bildet die Reviergrenze. Kein Wunder, daß diese Unit bei solchen Voraussetzungen eines der wildreichsten Safarigebiete des Landes ist. Gerade hier zeigen sich die Erfolge Zimbabwes, Wild- und Artenschutz mittels vernünftiger jagdlicher Nutzung als festen Bestandteil der staatlichen Natur- und Umweltpolitik zu betreiben. Planvolle Wildbewirtschaftung gilt offiziell als einer der wirksamsten Wege zum Schutz der freilebenden, insbesondere auch der bedrohten Tierarten. Noch in Harare bekräftigte ein hoher

Glück für den kapitalen Hippobullen! Ich habe leider keine Lizenz.

Beamter die Auffassung, daß der volkswirtschaftliche Wert dieser modernen Form der Boden- und Naturnutzung, vor allem in den sensiblen Öko-Großräumen seines Landes, langfristig wesentlich »sanfter« und erfolgreicher durch den Individualtourismus — wozu vor allem die Gastjagd zählt — zu steuern sei als durch den häufig einseitig geförderten, uneingeschränkt als großer Devisenbringer vergötterten Massentourismus. Die Weichen Zimbabwes sind in diesem Sinne erstaunlich zukunftsweisend gestellt!

Gut gelaunt und in Gedanken tuckern wir einen der aufgelassenen Viehwege entlang. Unsere mit leisen Zweifeln vermischten Hoffnungen kreisen um den gestern abend in Flußnähe ausgebrachten Leoparden-Bait. Ob der heimliche Schleicher, den seine imposante Handschrift im sandigen Bachbett verriet, unseren in luftiger Höhe festgezurrten Köder wohl annahm?

Doch da macht uns urplötzlich diese Elefantenkuh den Weg streitig und nimmt sofort an. »Paß Du auf den Weg auf, Eric!« rufe ich dem Jagdführer am Steuer zu und repetiere gleichzeitig mit dem Game-Warden, der ständig mit von der Partie ist, was mich alleine wegen seiner scharfen Augen nicht stört, die schwere 33 g-Vollmantel in die .458 Mauser. Mitten im Rückzugsmanöver läßt das »lebende Gebirge« dann aber von uns ab und wendet,

jetzt endgültig von der Wirkung seiner Attacke überzeugt, auf dem Absatz, »...massiv wie Gußeisen und behende wie fließendes Wasser...«, wie Tanja Blixen mal schrieb. Entwarnung! Bald darauf erfüllte brausendes Trompeten, wüstes Prusten und Planschen die Luft. Die Elefantensippe nahm mit sichtlichem Vergnügen im Zambesi ein Bad. Wir aber erhielten einen ersten Dämpfer. Der Leopard hatte, trotz unserer Umsicht, den ihm zur Selbstbedienung servierten Impala-Köder verschmäht! Vielleicht reizt ihn die Delikatesse in der kommenden Nacht! Während einer kurzen Wegstrecke auf der Straße, die zu den nahen Grenzstationen Botswanas und Zambias führt, überrascht uns ein schwarzer Vorarbeiter, dessen Leute eigens abgestellt sind, um die Hauptstraße laufend vom Dung der durchziehenden Elefanten- und Büffelherden freizuschaufeln, mit der Nachricht, daß vor gut einer Stunde über 300 Büffel vom Fluß herauf zurückwechselten.

Das war das alte, vergessene Afrika, für das im Matetsi schon die Zukunft begonnen hat! Das Großwild steht kaum mehr mit einer anderen Form der Landnutzung in Konkurrenz. Überpopulationen werden anhand wildbiologisch begründeter Abschußplanung auch durch Jagdgäste abgeschöpft. Das bringt Devisen und Arbeit ins Land, versorgt gleichzeitig die Bevölkerung mit Fleisch und entwickelt bei den Einheimischen mehr positives Umweltbewußtsein als viele feierliche Programme und Appelle. Umfassender Artenschutz ist hier, wie in fast allen Drittländern der Erde, vom Geldzufluß abhängig, den die Volkswirtschaften dieser Staaten selbst nicht erwirtschaften können.

»Fair Chase« und Wildschutz sind hier »vor Ort« längst kein Widerspruch mehr, sie bedingen einander. Ein freilebender Büffelverband mit über 300 Häuptern — nur einer von gut einem Dutzend Herden, die ich selbst sah — wo zieht er bei der allgemein ungehemmten Landnutzung und Bevölkerungsexplosion sonst noch seine Bahn? Nicht einmal Südafrika oder Namibia bieten hierfür Platz!

Dazu braucht es nicht nur »eine moderne, mit ökologischen Kenntnissen vertraute Jägerschaft«, die Heinz Sielmann schon vor einem Jahrzehnt »als wichtige Streitmacht im Naturschutz« fordert, sondern auch die Lernfähigkeit von Behörden und Institutionen.

Moderne Jagdausübung ist heute eingebunden in gesetzliche, ökologische, wirtschaftliche und moralische Rahmenbedingungen, welche die gerne bemühten Vorurteile gegen den Jäger einfach absurd erscheinen lassen. Vom Gastjäger kam und kommt weder ein Leopardenfell, noch Elfenbein, keine Bärenkralle oder Krokodilhaut auf den Markt! Weder legal noch illegal!

Der Jagdgast streckt seine Trophäe im Rahmen der nationalen und internationalen Jagd- und Zollgesetze nur für sich selbst. Er unterliegt und respektiert ausnahmslos die nationalen, staatlichen Selektions- und Konzessionsrichtlinien und vor allem — er »ballert« nirgendwo »nach Lust und Laune« drauf los.

Sein Freiraum ist nicht nur durch die ihn überall auf der Welt begleitenden, staatlich konzessionierten und registrierten Guides, Game-Wardens und Professional Hunters eingeschränkt.

»Den Sinn mußt Du wechseln'', ist den Uneinsichtigen wie den Weltverbesserern im Sinne des Weisen Seneca ins Stammbuch zu schreiben, »nicht den Himmelsstrich«.

Weiße Tradition, schwarzer Wildschutz

Nach zwölf Stunden »über den Wolken«, entstieg ich in Harare der etwas antiquierten Boing 707. Später, beim Weiterflug nach Victoria Falls, über einer scheinbar von Menschenhand noch unberührten Landschaft, fühlte ich mich wie einst David Livingstone: »Scenes so lovely must have been gazed upon by angels on their flight« (Dieser bezaubernde Anblick mußte selbst vorbeifliegende Engel in Entzücken versetzen). Über diesem Flecken Erde lag — wie über dem gesamten Jagdgebiet — ein Hauch von alter Safari- und Abenteuerstimmung. Das war noch die Welt des berühmten Selous, der vor beinahe einhundert Jahren ein Jahrzehnt lang hier lebte und von unvorstellbarem Wildreichtum und aufregenden Jagden berichtete. Interessant ist allerdings, daß um 1900 beispielsweise der Elefantenbestand des Landes auf nur 4000 Kopf geschätzt wurde, im Gegensatz zu den über 40 000 von heute!

Elefanten-Vergnügen. Das Schlammbad kühlt und schützt die Dickhäuter gegen Austrocknung und Parasiten.

Zimbabwes Stolz ist, daß von den 26 Wildarten in Selous' Berichten, heute noch 19 in guten Vorkommen bejagt werden können. Das ist eben nicht das Ergebnis vordergründiger Spontanstrategien und einseitigen Wild- und Naturschutzes, der häufig mit totalen Jagdverboten, wie etwa in Kenia, erst die Vernichtung ganzer Wildpopulationen und bedrohter Arten auslöst. Selbst der Gepard, die Roan oder das schwarze Rhino, durchstreifen — inzwischen strengstens geschützt — in gesicherten Beständen Busch und Steppe des Landes. Das »Entwicklungsland« Zimbabwe wendet mit DM 1.— /Einwohner für Wildschutz weitaus

mehr auf als vergleichsweise die reichen Industriestaaten der westlichen Welt.

Wild- und Artenschutz wird in Zimbabwe, vor allem durch die Gastjagd der etwa fünfzig privaten Safariunternehmen gewährleistet. Wildbestand und Artenvielfalt sind ihr Kapital, die strengen Jagd- und Abschußrichtlinien des Staates langfristig eine Garantie für deren Erhalt. Die staatlichen Jagd-, Zoll- und veterinärmedizinischen Vorschriften, die Regelungen zur Trophäenbewertung, für den Versand sowie zum Export der Trophäen werden von allen Beteiligten ebenso ernst genommen, wie etwa die Einhaltung der Kalibervor-

schriften: für Elefant, Büffel und Flußpferd sind nur Kaliber ab 9,2 mm, für Löwe, Leopard und Großantilopen nur Mindestkaliber ab 7 mm erlaubt. Dies zur Sicherheit des Jägers und als Ausdruck wohlverstandenen Wild- und Tierschutzes. Es kann ganzjährig gejagt werden. Safaris finden jedoch in der Regel nur von Mitte April bis Mitte November in der angenehm trockenen Winterperiode, bei Tagestemperaturen um 20° Celsius statt, wobei gelegentlich nachts auch Bodenfröste auftreten. Während der Regenzeit, etwa zu Weihnachten, herrscht hier bei 25 bis 30° Celsius eine unangenehm hohe Luftfeuchtigkeit. Malariavorsorge in den Niedergebieten, wie dem Matetsi, ist nötig. Nebenbei bemerkt, mußte ich mich im Juli nicht eines einzigen Moskitos erwehren!

Schnell blamiert

Ich hatte mich wieder einmal zu wenig auf diese Jagd vorbereitet. Die für Weitschüsse gedachte 7 mm Remington Magnum war überflüssig. Wer schleppt schon bei einem allgegenwärtigen Elefanten- und Büffelvorkommen, wo ständig die .458 gefragt ist, zwei Gewehre durch die Gegend? Eric entschied nach dem Probeschießen: »Nimm die Schwerkalibrige!« Nun, ein .458er Repetierer ist kein Zimmerstutzen, und 150 Meter-Schüsse werden auch hier notwendig. Vorweggesagt: es klappte einwandfrei, bis hinunter zu den Warzenschweinen. An sie erinnern mich die Waffen von vier braven Bassen und die böse Pleite mit einem mir spitz zustehenden Recken, der sicherlich die stärksten Hauer trug, denen ich je begegnete. Aus Angst, bei einem Schuß auf die Stirn die herrliche Wehr zu zerstören, überschoß ich ihn auf knapp 40 Meter. Der nächste Jäger mag sich auf seine Waffen, weit über 30 Zentimeter lang, freuen!

Peinlicher ist natürlich, wenn man auf wehrhaftes Wild pirschen will und durch verlegenes Rätselraten an den meist neben- und durcheinanderlaufenden Fährten und Spuren offenbart, daß man das ABC nur flatterhaft beherrscht. Wer ohne Umschweife nachfragt und schnell dazulernt, blamiert

sich auf die Dauer weniger, als jener, der aus Gründen falsch verstandener Reputation dies unterläßt. Für Zehenständerei ist bei der Jagd kein Platz. »Wer wirklich Autorität hat«, belehrt Bertrand Russel, »scheut sich nicht, Fehler zuzugeben«. Mir half der erfahrene Tracker Simon schnell wieder auf die Sprünge. Er wußte nicht, daß ich vor allem auf den birnenförmigen, leicht von Kudu, Wasserbock, Tsessebe und Roan unterscheidbaren Abdruck der Rappenantilope versessen war. Vor allem wegen der pechschwarzen »Sable« — was im Englischen soviel wie »dunkel« und »finster« heißt und nichts mit unserem »Säbel« zu tun hat — hatte ich mein Ränzel geschnürt. Die Jagd auf diese tropische Großantilope, die vor allem noch in Zimbabwe, neben Tansania, Zambia und Mozambique, in jagbaren Beständen in freier Natur vorkommt, war ein alter Traum, der schon lange in der obersten Schublade meiner Reisepläne lag.

Nach dem Grundsatz, nur noch das zu erlegen, was mich als Wildpret in der Pfanne oder als Erinnerungstrophäe an der Wand erfreuen kann, wollte ich außer auf meine »Traum-Antilope« — für mich eines der schönsten Wildtiere der Schöpfung — und einen Leoparden, nur dann auf Elefant, Löwe und Büffel krummachen, wenn mir eine in Alter und Trophäenmaß außergewöhnliche Beute vor die Büchse kommen sollte. Danach richtete sich dann auch unsere Jagdstrategie. Zumindest solange, bis sie sich nicht, wie am zweiten Morgen, völlig überraschend, durch die tellergroßen Abdrücke einer Löwentatze von selbst erledigte. Die reinste Provokation! Der Bursche marschierte in der vergangenen Nacht, begleitet von zwei jüngeren Löwen, keine Meile vom Hauptcamp entfernt, eiskalt entlang jener Schotterstraße, die wir auf unserer routinemäßigen Elefantenpatrouille täglich im Schrittempo nach Spuren und Fährten absuchten. Wir waren wie elektrisiert.

Dunkle Vergangenheit

Simon stammelte, wie immer wenn für ihn etwas »very big« (sehr groß!) war, sein irreführendes »too big« (zu groß!). Sofort spiegelte sein eher schmächtiger Körper jene Konzentration wider, die ich schon mehrfach an ihm beobachtete: Alle Sinne auf das noch nicht entschlüsselte, unsichtbare Vis-a-vis gerichtet! Seine schwarzglühenden, mandelförmig geschnittenen Augen in einem scharfkantig-hakennasigen Gesicht, passen so gar nicht zum Erscheinungsbild der athletisch-rundkopfigen, hier beheimateten Ndele. Das sind eher arabische Gesichtszüge, Zeugnis früher nordafrikanischer Vorfahren und Fingerzeig auf die große Vergangenheit dieses Landes. Ein Hauch von Erinnerung an das letzte Jahrtausend, an die inzwischen versunkenen Völker der Momomopas und der Rotsi, die — wie in alten arabischen und persischen Schriften festgehalten ist — hier bereits früh Goldbergbau und ausgedehnten Handel mit arabischen Kaufleuten trieben und damit große Macht und Reichtum erlangten. Das Gold für Salomons Tempel und der Schatz der Königin von Saba sollen aus dieser Gegend stammen. Goldgräber aus aller Herren Länder zerstörten um die Jahrhundertwende viele frühhistorische Bauten und Anlagen, ohne Rücksicht auf deren geschichtliche und archäologische Bedeutung für das Land. Zimbabwe, »das Haus aus Stein«, hat eine lange und aufregende Vergangenheit. Sie endet mit der Zerstörung des alten Reiches, an das die imponierenden Ruinen des betagten Harare oder die prähistorischen Felszeichnungen der Buschmannvölker in den Matopobergen erinnern. Die Geschichte des heutigen Staates beginnt mit dem Einfall des Zulu-Tyrannen Tschaka und der Vertreibung der Ngoni-Horden um 1830 bis 1835 sowie mit unzähligen, teils erbitterten Stammesfehden. Vieles liegt noch ungeklärt im Dunkel der Vergangenheit. Geheimnisse und Rätsel, die sich im Staub aufgewühlter Elefanten- und Büffelpfade verlieren und uns nur andeutungsweise eine Ahnung vom jahrtausendealten Kampf zwischen Mensch und Tier, zwischen Jäger und Opfer vermitteln. Das alte Gesetz, wonach sich vor allem die Mächtigen dort bedienen, wo am schnellsten fette Beute zu schlagen und ohne große Plackerei der Wanst zu füllen ist, gilt noch heute. Nicht nur im Tierreich, sondern auch bei den Menschen. Gerade die leidvolle Geschichte Schwarz-Afrikas bestätigt das bis in die jüngste Zeit.

Echte Wildnisjagd. Dieser Urwald erinnert an frühe Safari-Bilder.

Magnet Zambesi

Was Wunder, wenn sich auch der alte, dickschädelige Löwe in Flußnähe herumtreibt. Eben dort, wo Tausende von Wildtieren, wie von einem Magneten angezogen, täglich zum Wasser streben, um bei der besonders im Winter und gerade heuer extrem großen Trockenheit aufzutanken. Hier gibt sich nicht nur alles Großwild, vor allem die riesigen Büffelherden mit ihren tolpatschigen, zarten Kälbern ein Stelldichein, sondern auch alles Kranke und Alte. Leichte Beute für die zwischen Schotterweg und Dornbusch lauernden Großkatzen. Das nervtötend nächtliche Gebrüll vereinzelter Löwenverbände entlang den weiträumigen Flußstrecken, mit ihren immergrünen Sumpfwiesen, den leicht zu belauernden Sandbänken und einer üppigen, gutes Versteck bietenden Uferbebuschung, enthüllt den ewigen Kreislauf: Wer nicht aufmerksam ist, binnen weniger Minuten seinen Durst stillt und diese Gefahrenzone nicht unverzüglich wieder verläßt, stirbt schnell am großen Fluß. Nicht alle Wildtiere haben in den Kühen so aufmerksam disziplinierte und wehrhafte Wachposten wie die Büffel. Davon kündet gerade in allernächster Nähe das geifernde Gebell nimmersatter Hyänen.

Nun, heute geht es zum ersten Mal tiefer hinein ins »Sable-Country«. Das Land ähnelt jener Gegend in Namibia, wo ich im letzten Herbst, völlig überraschend, obwohl sie dort freilebend überhaupt nicht vorkommt, einer in der Nachmittagssonne schwarz glänzenden Rappenantilope auf knapp 100 Meter gegenüberstand. Sie war ihrem Besitzer vor zwei Jahren entwichen und ist noch heute in Freiheit. Unvergeßlich, wie das zum Standbild erstarrte Wild fast 20 Minuten lang im weitläufigen, mit offenem Busch und Mopanewald durchsetzten, felsigen Hügelland aushielt und völlig bewegungslos zu uns herübersicherte. Damals wurde mein Jägernerv getroffen!

Nur wegen einer Sable

Immer wieder sah ich in Gedanken diesen rabenschwarzen, vier bis fünf Zent-

Gespeert! Die Vorfahren dieses Zwei-Meter-Mannes kamen einst sicherlich aus dem arabischen Norden.

ner schweren, über die Schulterpartie nach hinten leicht abfallenden Sablebullen, mit seiner bis zum Spiegel und in die Wedelunterseite verlaufenden, weißen Bauchfärbung vor mir. Beispiellos die sich leicht im Wind bewegende, von Natur aus bürstenartig geschnittene Nacken- und Rückenmähne, die eine gute Spanne über dem Widerrist verläuft. Die Würde und Gelassenheit, welche durch die maskenhafte, um die Lichter bis zum Äser führende, schwarzweiße Bänderung und die leicht orangebraunen, nervös kreisenden Lauscher noch verstärkt wurden, erinnerte mich — obwohl die Gesichtszeichnung eigentlich umgekehrt verläuft — ständig an unseren Gams. Der wesentlich wuchtigere Sablebulle, dessen schwarzes Horn in eleganter Linienführung bogenförmiger, stärker gerillt und gehöckert nach oben und hinten verläuft, ist ebenso neugierig, vorsichtig und einzelgängerisch wie die schwarzen Zottel der Alpen. Die Sable ist dadurch

für den Jäger ähnlich berechenbar, wobei sie ihm bei Verfolgung ebenfalls alle jagdliche Begabung und Ausdauer abverlangt. Ähnlich dem Gamswild stürmt sie bei Belästigung nie panikartig davon, sondern verhofft in der Regel nach kurzer Flucht hinter der nächsten sich bietenden Deckung: Gesicht und Stirn dem Verfolger zugewandt. Daraus ergeben sich allerdings schnell Schwierigkeiten im Ansprechen und bei der Bejagung. Zeit lassen, heißt die Parole!

Inzwischen hatte ich bereits ein Dutzend Sablebullen vor mir gehabt, alle jagbar, aber nicht mein »Traum«. Zweifel und Fragen »Soviel Aufwand, nur wegen einer Sable?« ließ ich gar nicht erst aufkommen.

Ich verfolgte mein Ziel und war sicher, »aus den Träumen des Frühlings im Herbst Marmelade zu machen«. Wir bauten auf das Sable-Gebiet im Westen des Reviers. Dort sollen alte Einzelgänger stehen, die nicht nur Freude, sondern auch Ehre machen. Um die so phantastische Geschichten kreisen wie jene, daß diese Haudegen von den brunftigen Kühen und deren Anhang besucht werden und nicht umgekehrt. Kann sein, da »gerade in der Brunft, Ende der Regenzeit, die Männchen einen so durchdringenden Bockgeruch (verbreiten)« wie einst Brehm schon wußte, »daß nicht einmal eine Hottentottenzunge sich mit dem Fleische befreunden mag«.

Löwen-Fieber

»Verdammt!« flucht Eric, als wir nach der Pleite am Leoparden-Köder noch kurz am Löwen-Bait vorfahren, »die Hyänen haben den halben Kudu gefressen!«. Eine echte Panne, vor der ich am Vortag mit dem Hinweis gewarnt hatte, den Köder nicht so tief zu hängen. Das Spurenbild beruhigt mich: Löwen waren überhaupt nicht vorbeigekommen. Der Alte, dessen Gebrüll wir schon in der vergangenen Nacht vermißten, hatte sich vermutlich gestern früh den Dicksack vollgeschlagen und pennt jetzt faul irgendwo im Busch. Ausgesprochen säuerlich schien wenig später ein blondgemähnter Löwen-Pascha zu sein, den der Tracker, keine

Vollgeludert, ohne instinktive Angst doch hellwach, faulenzt der Pascha mit seiner Buhle im Schatten. Trotzdem Vorsicht!

20 Meter vom Jeep entfernt, neben einer etwas abseits ruhenden Buhle, im Schatten eines Dornendickichts direkt neben dem Weg entdeckte. Die Löwen dösen scheinbar träge und entspannt ausgestreckt vor sich hin, »wie Bankiers, die über ihre Zukunft nachdenken«, wie Ruark schreibt. Die mißmutig, bewegungslos versteinerte Miene des Mähnenträgers läßt keinesfalls ahnen, welche Naturgewalt, was für ein Donnergebrüll in seiner Brust verborgen ist. Bereit, beim geringsten Anlaß, von einer Sekunde zur anderen explosionsartig hervorzubrechen. Vor allem, wenn man seinen Lebensraum beschneidet, ihm die Fluchtmöglichkeit nimmt, oder ihn mit einem unglücklichen Schuß anflickt und zur Weißglut treibt! Dann greift er wie ein »rasend gewordener Dachshund« an, wie es weiland David Livingstone keine 30 Kilometer Luftlinie von hier, bei einer Jagd am Rande der »Mosi-oa-Tuya« (»dem

Rauch, der donnert«), in der Nähe der mächtigen Viktoriafälle widerfuhr. Gerade in diesen Tagen ging übrigens die Nachricht um die Welt, daß in den vergangenen Monaten im südlichen Tunduru Tanzanias, 36 Menschen hungrigen Löwen zum Opfer gefallen sind. Ähnliches hört man immer wieder aus den inzwischen ebenfalls stark überbesetzten indischen Tigerreservaten. Symptome für ungehemmte kommerzielle Landnutzung, die der freilebenden Tierwelt tagtäglich viele hundert Hektar Lebensraum entzieht. Kein Wunder, daß sich ein Löwenrudel, vom Hunger getrieben, zwangsweise an wehrlosen Holzsammlern vergreift, wenn Büffel, Kudu und Impala immer seltener zu schlagen oder ausgerottet sind? Ebensowenig wie Armut schlecht zu verstecken und Hunger mit wohlfeilen Ratschlägen nicht zu stillen ist, reichen heute noch so publikumswirksame Wild- und Naturschutzstrategien aus dem satten Europa aus, um in den afroasiatischen Entwicklungsländern das gemeinsame Überleben der Nahrungs- und Lebensraumkonkurren-

ten »Mensch und Wild« zu sichern. »Ein Schwein taugt tot mehr als lebendig!«. Das gilt nicht nur in Indien. Die europäische Fotografie- und Tourismusbegeisterung, möglichst preiswert und ganzjährig in die letzten Wildschutzreservate der Erde, hilft nur bedingt. Dieser Boom wird schnell zum Bumerang. Gerade in den sogenannten »weltberühmten« Nationalparks werden häufig die intakten Ökoräume übernutzt, man ist mancherorts dabei, die freilebenden Tiere totzulieben! »Alle noch so gutgemeinten Aktionen, weltweit meist von sehr vielen Spendern finanziert, haben sich letztlich als ziemlich untauglich erwiesen, Afrikas Wildbahn zu bewahren«, stand jüngst in einem Aufsatz über »Nutzung der Wildtierbestände«. Zum allgemeinen Großwild-Rummel meint Nairobis angesehene »Daily Nation«: »Können unsere Wildparks den Mißbrauch noch länger überleben? Fressen, Schlafen, und sogar die Paarung der Löwen ist nicht mehr Privatsache: die Menschen starren sie bei allen Aktivitäten an«. Und Pere Meinert stellt fest, daß die Foto-

jäger Afrikas Tiere inzwischen so be-
drängen, »daß der Rückzug der Tiere
(immer mehr ins Dickicht), Kenias Sa-
fari-Tourismus ruinieren (könnte)...«.
Angesichts der beispielsweise 2,5 Millionen Besucher jährlich im Yellow-
stone Nationalpark beklagt Margaret
Murie, die Begründerin der Naturschutz-
bewegung in den USA: »Es wird immer
weniger Natur im Urzustand bewahrt,
es werden immer mehr Freizeit-Aktivi-
täten geschaffen«. Inzwischen gibt es
radikale Umweltschützer in den USA,
die einen »Wildnis-Führerschein«, eine
Prüfung des Umweltbewußtseins verlangen, ohne die kein Besucher mehr
Nationalparks betreten dürfe.
»Erst geht die Kuh, dann geht der Gast
— wen soll man da noch melken?« muß
man hier wohl mit Horst Stern auch jene fragen, die Artenschutz am liebsten
in Nationalparks betreiben oder durch
Massentourismus finanzieren möchten.
Bei dieser Entwicklung ist es fraglich,
ob wir im Jahr 2000 immer noch mit
laufendem Motor an einem neben dem
Weg ruhenden Löwenpaar anhalten
können, wie wir es gerade jetzt in diesem Augenblick tun. Da die Großkatzen auf meiner Seite sind und sie unser Gaffen durchaus als Hausfriedens-
bruch deuten könnten, vertausche ich
— auch wegen der ausgebauten Wa-
gentür — meine Kamera lieber mit der
Büchse. Mit unbewegtem Gesicht uns
zugewandt, die Seher zu Schlitzen verengt, scheint uns das Pärchen überhaupt nicht wahrzunehmen. Nur der
lautlos über den Sand peitschende
Schweif verrät die Erregung des sichtbar in seiner Morgenruhe gestörten
Raubwildes. Die Mähne des Gebieters
— sie wächst dem Männchen erst ab
dem vierten Lebensjahr — ist vom
Dornbusch zerzaust und gelichtet,
weist ihn jedoch als reifen Burschen
aus. »Wundervolle Biester, die Löwen,
wissen Sie«, läßt Ruark seinen Jäger
Harry sagen, »aber er ist nicht der
König des Buschs. Strengt sich nie an.
Der Elefant. Der ist der König. Der Büffel ist der Prinz und der Leopard der
Bube — oder Schurke, wie Sie wollen.

Buschmann und Sable. Der Sproß eines
großen Jägervolkes mit der schönsten Antilope Afrikas. Zwei Symbole für die Bedrohung von Mensch und Wild.

Der Löwe ist ein Gentleman, läßt Mama alle Arbeit machen«. Dieses Charakterbild klingt mir im Augenblick, keine Steinwurfweite von diesem »Gentleman« entfernt, etwas zu salopp. Denn »der Löwe ist schon immer das Symbol der Herausforderung gewesen«, gesteht Ruark an anderer Stelle, »entweder Du kriegst den Löwen, oder der Löwe kriegt Dich.«.

Langsam setzt sich der Wagen wieder in Bewegung. Wäre das jetzt eine aufregende und einzigartige Pirsch für einen Jäger, auf dessen Trophäenzettel der Löwe noch ganz oben steht! Natürlich zu Fuß, Aug in Aug!

Weder Zentimeter noch Kilo

Gemächlich zuckeln wir auf längst verwilderten Farmwegen, durch Buschsavanne und lichten Mopane. Gerade dieser laubabwerfende Trockenwaldbaum, der seinen Namen — Mopane heißt Schmetterling — den paarweise gesetzten Blättern verdankt, die sich leicht gefaltet der Sonne zuwenden und damit kaum Schatten werfen, weshalb dieser Baum fast nur im Sand ohne Unterwuchs steht, bestimmt unser Jagdgefilde. Immer wieder halten wir an. Abglasen! Nicht die Spur einer Sable.

Wie so oft, habe ich während der ersten Tage in fremder Umgebung, »optische« Anpassungsschwierigkeiten. Auch jetzt, als wir überraschend in etwa einem Kilometer Entfernung einen quer zu unserem Sonnenhang ziehenden Trupp Rappenantilopen entdecken. »Looking for water« grinst Simon selbstsicher. Er ahnt, wohin sich dieser über ein Dutzend Häupter starke Verband bewegt.

Die Sonne steht jetzt gegen zehn Uhr mit voller Kraft über dem Land. Außer diesem Antilopentrupp, der saumselig im Gegenhang von uns weg nach Norden bummelt — urplötzlich ist eine Handvoll Zebras dabei — scheint die Welt wie ausgestorben. Selbst die meisengroßen, blaubrüstigen Dauerzwitscherer, die Blue-Waxbill, hopsen nur in den Zweigen herum und geben keinen Laut von sich: Winterzeit — Trockenheit — Kräfte sparen!

Am Ende der Herde zieht der deutlich größere Rudelboß. Seine wie Lackstiefel polierten Hornsäbel blitzen gelegentlich im Morgenlicht auf. Die im Gegensatz zu Kudu und Wasserbock ebenfalls hornbewehrten, den jungen Bullen in Hornmaß und Färbung leicht ähnlichen, nur geringfügig zierlicheren Kühe sind gut zu unterscheiden. Trotzdem Vorsicht! Eine Verwechslung im Eifer des Gefechtes ist nie auszuschließen.

Eric und Simon stimmen das weitere Vorgehen ab. Das Rudel zieht an den Nkwami! Wir versuchen, es großräumig zu umschlagen. Kaum im Wagen, bremst der Berufsjäger erneut: Vor uns steht ein ungewöhnlich großes Elefantensiegel im Sand. Ein Einzelgänger! Der Abdruck gleicht einem riesigen Keramikteller, dessen Oberseite mit unzähligen kleinflächigen Rissen durchsetzt ist. Wir sind im Zwiespalt: Ziehen wir diesem Riesen nach, so verpassen wir vielleicht die Rappenantilopen auf ihrem Rückwechsel. Einerseits. Wenn wir hier aber einem alten Stoßzahnträger auf die Schliche kämen, wäre das eine echte Sensation! Nun, zweimal das Schicksal versuchen ist besser als nur einmal, und unser Erfolg ist in jeder Richtung fraglich. Nach einer knappen Stunde schwierigem Nachhängen über Stock und Stein — man hält es nicht für möglich, wie unauffällig diese Fünf- bis Sechstonner auf ihren gut gefederten Sohlen sich absetzen können, sich teilweise buchstäblich »in Luft auflösen« — stellen wir nach einem letzten kilometerweiten Rundblick von einem der vielen Koppies herab, ernüchtert fest: Der Koloß ist über alle Berge!

Bei der Weiterfahrt peinigt uns bohrender Zweifel. Vielleicht war das der legendäre Siebzigpfünder, von dem berichtet wurde. Der sich, mit Schlauheit und der Erfahrung von vielleicht 50 Jahren auf dem Buckel, schon fluchtartig verdrückt, wenn er nur einen Menschen in der Ferne ahnt. Die Jäger weit und breit sind hinter dem Brocken her. Auch wir! Ebenfalls nicht frei von dieser etwas törichten »über-50-Pfund-Latte«, die in den Gehirnen der Elefantenjäger immer noch — heute mehr als früher — das eher zufällige Stoßzahngewicht über das Jagderlebnis stellt. Dabei wird vergesssen, daß Elefanten-

jagd unabhängig vom Elfenbein, immer gleich aufregend, abenteuerlich und risikoreich ist. »Je mehr man mit afrikanischen Elefanten in Berührung kommt, desto vorsichtiger wird man«, bekennt der große Afrikajäger C.G. Schillings, »und nie kann der Jäger wissen, was ein Elefant im nächsten Augenblick tut«.

Erst bei der Jagd auf wehrhaftes Wild erfährt man, wie plötzlich alle Vorsicht, selbst Anzeichen von Ängstlichkeit abgestreift und vom aufwallenden Wunsch nach Erfolg und Beute mitgerissen werden. Ich gebe Jean Paul recht: »Der Furchtsame erschrickt vor der Gefahr, der Feige in ihr, der Mutige nach ihr«. Erlebnisse dieser Art sind unabhängig von Zentimeter und Kilogramm! Die Jagd auf einen reifen »Non-Trophy-Elefant« — von einer in der Regel stets aggressiveren Elefantenkuh nicht zu sprechen — ist die gleiche Herausforderung wie jene auf den Hundertpfünder, die sowieso Utopie bleibt.

Pechsträhne

Während der Nacht war die Luft vom dröhnenden Brüllen der Zambesi-Löwen erfüllt. »Sie sind rabiater geworden«, stellt Eric fest, »unsere Schüsse der vergangenen Tage haben sie aufgemuntert.«

Bei rabenschwarzer Dunkelheit, gut zwei Kilometer vom Löwen-Bait entfernt, verlassen wir den Landrover. Lautlos, nur mit sich und den eigenen Wahrnehmungen beschäftigt, biegen wir auf den gestern eigens freigefegten, durch dichten Busch führenden Pirschpfad ein. Der Tracker vor mir. Dann Eric und der Game-Warden. Etwa hundert Meter vom ebenerdigen, Schirm entfernt, nehmen wir die Gewehre fester in die Hand. Da zuckt der Afrikaner zurück und flüstert in der Aufregung in Matabele »Kankane! Isilwawe siyakal!« Was sicher »Da! Vorsicht! Der Löwe meldet sich!« heißt. Ganz nahe vernehmen wir, mehrmals hintereinander, ein tiefes, fast sauertöpfisches Grohnen. Die Stimme des alten Löwen! Die Katzen sind also am Luder!

Wenn irgend etwas bei der Jagd Überreizung, dieses seltsame Gemisch aus

Respekt und Vorsicht, aus Beklemmung und durch Unausweichlichkeit erzwungene Entschlossenheit auslösen kann, dann ist es der nächtliche Anmarsch zu einem ebenerdigen Schirm, keine Steinwurfweite vom Riß oder Köder eines Löwen entfernt. »Die Löwenjagd, zu Fuß ausgeübt, ist eine der gefährlichsten Beschäftigungen der Welt«, schrieb einst Horace D. Hutchinson. Er rät es nur dem Manne, »der seines Schusses und seiner Nerven völlig sicher ist«. Unsere Erregung ist kaum mehr zu verbergen. Gehör, Geruchssinn und Auge registrieren alles — selbst das eigene hastige Schlucken. Wir erreichen die Verblendung. Lautlos, bei gutem Wind.

Welch eine Enttäuschung! Nichts angenommen! Wie uns später die Spuren verraten, lag der Großtatzige etwa 200 Meter entfernt, abseits im Busch. »Der Argwohn riecht den Braten ehe das Kalb gestochen ist«. Der alte Gauner hatte Lunte gerochen. Ich schwor, mein Pulver trocken zu halten.

Dieser Tag meinte es nicht gut. »Pleite!« steht über meinen Notizen. Bei drückender Hitze folgen wir einer Büffelherde von über 100 Häuptern. Sie bummelt zum Fluß. Es ist fast unmöglich, an den argwöhnischen Kühen vorbeizukommen. Die alten Büffel vertrauen diesem Schutz. Wir geben nicht auf, und werden fündig. Ein Blick durchs Glas auf einen kurz freistehenden Bullen, mit handbreit dickem Helm, massig grauem und »verledertem«, griesgrämigem Gesicht, genügt: So ein Methusalem fehlt in meiner Sammlung. Wie ihn aber in diesem stampfenden Getümmel dingfest machen?

Im nächsten Augenblick wird der Büffel-Greis frei und äugt mit fast geschlossenen Lichtern herüber. Die Lauscher tief gespließt und zerfranst, das Horn, rechts weit ausladend, abgeschliffen, dünngefegt, doch bilderbuchmäßig gekurvt, so verharrt er, knapp 50 Schritt vor mir, spitz breitbeinig und bietet seine gewaltige Brust. Langsam, grade als Kimme und Korn ver-

Aus Hunger oder nur so zum Spaß? Elefanten sind zerstörerisch. Den Rüssel auf einen Ast gelegt, mit dem Schädel nachgeholfen und die Mahlzeit beginnt.

schmelzen, dreht sich der dünnhäutige Brocken mit mürrisch wildem Ausdruck im Gesicht voll aus dem Dornbusch heraus, und ehe sich der Finger krümmt, sehe ich zu meinem Entsetzen, daß dem Kämpen das linke Horn fehlt. In der Mitte glatt abgesprengt! »Stirb an Altersschwäche, alter Raufer, die Löwen freuen sich«, resigniere ich ernüchtert. So eine Pechsträhne!

Beim Rückweg schmeißt mich Simon mit einem Sprung rückwärts fast um: Nach ihm schlug eine von uns gestörte, in der Mittagssonne dösende, armlange Kobra, die schleunigst im raschelnden Laub verschwindet. Dies war das einzige Zusammentreffen mit einer Viper. Trotzdem leuchtete ich täglich vor dem Einschlafen unter Bett und Schrank und hängte Schuhe sowie Klamotten »schlangensicher« an einen Nagel. Im Gelände hatte ich meine knöchelhohen Lederschuhe an.

Immer wieder versperren uns frisch von Elefanten umgedrückte, teilweise wüst in die Luft ragende Wurzelteller übel zugerichteter Baumriesen den Weg. Dann treten Säge, Axt und das afrikanische Haumesser, die »Panga«, in Aktion. Zeit für mich zu Beobachtungen und ein paar Aufnahmen. Besonders eindrucksvoll sind die gigantischen, weit über tausend Jahre alten Affenbrotbäume. Die glatte Rinde des »Baobab«, dessen Stamm oft kaum ein

Dutzend Männer umfangen kann, leuchtet bei Sonnenbestrahlung wie flüssige, plötzlich erstarrte Keramik. Jeder Baum ist ein einzigartiges Naturwunder und zugleich lebendige Vergangenheit. Majestätisch! So, wie die jetzt langsam zum Nkwame ziehende, gut 30 Kopf starke Elefantenherde. Pflanze und Tier, steingraue Geschöpfe aus einer Zeit, in der die Natur noch uneingeschränkt Zeitmaß und Richtung des Überlebensrennens der Arten selbst bestimmte.

Im nächsten Augenblick ertönten erregte Trompeten-Signale. Unverzüglich rücken die plötzlich auf uns aufmerksam gewordenen Riesen zusammen; gerade so, als liefen planmäßig aus allen Richtungen Güterzugwaggons auf einen zentralen Punkt zu. Gleichzeitig stehen 10 bis 15 Rüssel, wie Riesenschnorchel über der Herde, um möglichst schnell die verhaßten Menschen zu orten. Den Elefantenknirps, der während der Zwangspause ständig mit seinem ungelenken Rüssel gekaute Blätter und Rinde aus dem Maul seiner Mutter fischt, bekümmerte dieser Alarm offensichtlich wenig.

Bald darauf, und wie immer völlig unvermittelt, brach dann die Nacht herein, während am Fluß genießerisches, lautes Rülpsen und Prusten der Hippos erscholl: Dämmerung in Afrika, »die blaue Stunde«. Im letzten Abendlicht

und gegen den Horizont, erglasten wir in den Bäumen, die den Löwen-Bait umstanden einen dort aufgebaumten, wohl auf bessere Zeiten wartenden, bereits eingenickten Pulk schlafender Geier. Die langen Hälse mit dem kräftigen Schnabel leblos auf den Bauch gelegt, hockten sie wie Geköpfte da. Mutlos und unfähig sich vollzuludern, weil sie auf der hängenden, pendelnden Köderkarkasse keinen Halt für ihr grausiges Gezerre finden.

In aller Frühe, während der Fischadler sich mit gellendem Schrei auf die kaum bewegte Zambesiflut nach Beute stürzte, begegnen wir überraschend einem bei seiner nächtlichen Pirsch vermutlich zu weit vom Quartier abgekommenen Ameisenbär, der uns sogar Zeit für einige Aufnahmen ließ.

Aug' in Aug'

Die Preisfrage des Tages aber war: Wo trieb sich das vorgestern erspähte Sable-Rudel herum? »Und wenn der Teufel auf Stelzen kommt« dachte ich verbissen, »trotz seiner mönchischen Zurückgezogenheit werden wir es finden!« Schließlich mußte es auch mal wieder zum Schöpfen.

Wir glasen die Gegend sorgfältig ab. Bis zum Horizont keine Kreatur. Nichts. Dabei ist diese Afrika-Safari angenehm im Vergleich zu vielen anderen Berg- oder Wildnisjagden.

Etwa in Zonen, wo Wetterlaunigkeit tagtäglich zum Unsicherheitsfaktor Nummer »Eins« wird. Schinden mag sich der Jäger überall! Nur, sich die Beine aus dem Leib laufen, tagelang Kälte, Hitze, Regen und Sturm ausgesetzt sein, häufig ohne jeden Anblick — was in Afrika nie der Fall, auf der nördlichen Halbkugel oft die Regel ist — sind eben zwei Paar Stiefel! Im übrigen habe ich gegen eine etwas pomadige Gangart bei der Jagd nichts einzuwenden. Die ehrsame Ansicht, nur was hart macht, sei ein Erlebnis, halte ich für hausbacken und überzogen. Heutzutage hat die Jagd auch etwas mit Spaß, Erholung und touristischem Erleben zu tun, was Plackerei im Gelände ja nie ausschließen wird.

Und dann hebt es mich buchstäblich vom Sitz. Simon flüstert aufgeregt:

»Mtshwaele!« (»Da, große Sable«), beugt sich blitzschnell über Eric hinweg und dreht brühwarm die Zündung ab. »Wenn das ein Traum ist, bitte nicht wecken!« denke ich und hangle nach dem Repetierer. Achtzig Schritt neben dem Weg steht, spitz zu uns herüberäugend, völlig frei, einschichtig, aber bereits nervös tänzelnd, meine Wunsch-Sable. Wie aussteigen, wo anstreichen? Jetzt hilft mir keiner mehr!

Look, too big!

Der Bulle hat mich fest im Auge. Völlig einleuchtend übrigens, daß ein Schuß vom Auto aus jetzt nichts anderes als mieser Jagdfrevel wäre, ohne die geringste Chance für dieses edle Wild. Es war zu erwarten! Kaum versuche ich, den Fuß aus dem Wagen zu heben, schon springt der Bulle mit einer abrupten Kehrtwendung in die dunkle, schützende Dickung. Dann war Simon zur Stelle. »Look, too big!«, gestikulierte er kurz darauf in den Busch. Ehe ich »Wildähnliches« im Gewirr dieser Strauchsteppe ins Glas bringe, sucht der Hornträger bereits mit kurzem, aufgeregtem Prusten erneut das Weite. Jetzt wird's heikel! Der Racker wittert die Bedrohung. Noch eine Belästigung, dann ist er über alle Berge, und mit ihm alle Träume!

Doch vorwitzig und etwas zu selbstsicher verhofft der Bulle nach kurzer Flucht erneut und beobachtet uns, »von Angesicht zu Angesicht«. Sofort erfaßt ihn das Absehen! Gut 120 Meter entfernt, späht er durch eine Lücke zwischen zwei Bäumen. Er bietet kaum mehr als die Stirn. Verdammt wenig! Nur aus der Lage der Gesichtsmaske läßt sich ahnen, wo Träger und Brust sich verbergen. Jetzt oder nie! Rechts anstreichend, was mir bei dieser schweren »Kanone« nicht leicht fällt, begegnet mir durch das Zielfernrohr noch kurz der aufmerksame Blick des Wildes, welches durch sein in immer kürzeren Abständen stärker blasendes Schneuzen größte Erregung verrät. Da zerreißt mein Schuß alles Mitleid, und die schwarz-weiße Maske sinkt lautlos zwischen den Bäumen ins Nichts. Noch im Echo des Knalls ertönt erbostes Trompeten von ganz in unserer Nähe

eingestellten Elefanten. Da sind die Schwarzen aber schon am Wild. Während Simon immer wieder »Zu groß!« und sein »Ich hab's Dir gesagt!« herunterhaspelt — wie stets verzichte ich auf den eilfertig überreichten, in fremder Tradition mir nicht schicklich erscheinenden Bruch — gleiten meine Hände bereits bedächtig über die mächtigen Bogensäbel, über Wülste und Höcker, und betippen die akaziendornspitzen Enden. Kein Wunder, daß sich die Schwarzen so vorsichtig dem gestreckten Wild näherten, obwohl bei dieser Distanz auf Schub und Schock der .458 absolut Verlaß ist. »Zehn Jahre alt, mindestens 44 inch«, stellt Eric begeistert fest. Welch eine Trophäe! Wieviele Geheimnisse und dramatische Gefechte sind wohl in diesen schwarzen Degen verewigt?

Während Leben und Wesen dieses Rekken im Staub versickern und ich mit einigen Fotos diese Minuten in den Alltag zu retten trachte, stehen die Afrikaner gelangweilt herum; vermutlich über das Wildfleisch palavernd, das nun ihren Familien gehört. Anderes interessiert sie nicht mehr. Gestrecktes, verendetes Wild ist für sie, wie bei allen Eingeborenen dieser Erde, nur noch seiner Würde entäußertes Rohmaterial, ohne Mystik, Herzschlag und Macht. Nicht viel mehr als der es umgebende Sand und der dunkle Busch.

Für mich aber galt, was Tanja Blixen einmal ihrem Tagebuch anvertraute: »Der Jäger ist verliebt in das Wild. Während der Stunde der Jagd ist der Waidmann mehr als das; er ist vernarrt in das Stück Wild, das er anpirscht und sich zur Beute machen will — nichts anderes existiert für ihn auf der Welt«. Irgendwo galt das natürlich auch für den sich bereits die Lippen leckenden Buschmann James und für Simon, der immer wieder, wenn sich unsere Blicke begegneten, lächelnd murmelte: »Too big!« Am Schluß war ich mir nicht mehr sicher, ob nicht auch er nur das Wildpret im Sinn hatte.

Zwei kapitale Widdertrophäen. Der Pamir ist besiegt. Mein Einsatz hatte sich gelohnt. ▶

Hier hatte noch kein Fremder den Finger am Abzug

Wir waren die ersten. Seit 65 Jahren wurde es keinem Ausländer mehr erlaubt, im zentralasiatischen Pamir der UdSSR dem legendären Marco Polo-Wildschaf nachzustellen. Die Jagdexpedition in über 4500 m Höhe geriet zu einem aufregenden Abenteuer. Der Erfolg hing am seidenen Faden. Es wurde teures Lehrgeld bezahlt. Die Götter rächten sich.

TADSCHIKISTAN

Republik der UdSSR	
Hauptstadt	Duschanbe
	(552 000 Einw.)
Einwohner	4 100 000
Fläche	143 000 km²
Sprachen	Russisch
	(Amtssprache)
	Versch. dem Persischen
	verwandte Dialekte
Währung	1 Rubel = 100 Kopeken

Wildtiere: Asiatischer Bär, Bucharahirsch, Flugwild, Fuchs, Gazelle, Hyäne, Kamel, Luchs, Marco Polo-Schaf, Markhor, Schakal, Schneeleoparad (Irbis), Schwarzwild, Sib. Steinbock, Urial, Wildyak, Wolf.

Landschaft: Der Pamir, auch »Dach der Welt« genannt, nimmt große Teile des Landes ein, das zu 90% aus Gebirgsmassiven besteht. Heute erfolgreiche Viehzucht und Ackerbau, u.a. Obst, Gemüse und Baumwolle.

Klima: Temperaturen zwischen -50° und +50°C. Angenehmes Klima in den Oasen, im Juli 28-30°C, im Winter selten unter 0°C. In der Hauptstadt zählt man 15-25 Frosttage.

Sehenswürdigkeiten: Der Besuch in einem Basar und einer Tschaichanse (Teestube) ist zu empfehlen. Die Fahrt von Duschanbe nach Nurek am Wachsch (Wilden Fluß) lohnt sich ebenso wie der Besuch der Ramidschlucht, deren größter Teil Naturschutzgebiet ist. Heilquellen laden zur Kur (38°C). Der Kantagberg glüht häufig, weil im Innern Kokskohle-Flöze seit vielen hundert Jahren bereits schwelen.

Jagd: Schwierige Hochgebirgsjagden im Pamir (Höhenkrankheit!) erfordern beste Kondition. Das Marco-Polo-Schaf (Pamir-Schaf) ist mit die begehrteste Trophäe der Welt.

Marco-Polo-Schaf

Ovis ammon poli

E: Marco Polo-Argali (-Sheep)
F: Mouton sauvage de M. P.
Sp: Carnero de Marco-Polo

Ansprechen: Eines der größten Wildschafe. Im Winter Decke an Haupt, Läufen und Bauch weiß mit grauen Flanken; am Rücken in ein dunkleres Braun übergehend. Die Haarlänge des Winterkleides variiert von etwa 3,5 cm an den Flanken bis zu 10 cm an den Nackenpartien. Der kapitale Widder erreicht Hornlängen von über 150 cm. Die Widderschnecken drehen vom Ansatz aus nach hinten seitwärts, verlaufen dann nach unten vorn und zeigen wieder nach außen. Geißen sind an Maß und Masse geringer und tragen nur kleine aufrecht stehende Hörner. Die Widder bringen Gewichte bis 180 kg auf die Waage, bei einer Körperhöhe von 125-130 cm.

Lebensraum: Trägt auch den Namen Pamir-Argali. Es hat seine Einstände bis hoch hinauf in die Schneegebiete des Pamir und lebt meist oberhalb der Baumgrenze.

Verbreitungsgebiet: Regional scharf begrenzt, ist es nur in den Pamirgebieten der UdSSR (Tadschikistan), in N-Afghanistan, im chinesischen Pamir und in N-Pakistan verbreitet. Verwandt mit dem Altai-Argali und Tien-Shan-Argali, treten gemeinsame Vorkommen nicht auf.

Verhalten: Ziehen in Herden umher, die Widder als Herrengesellschaften, wobei sie bereits im Sommer die Rangordnung festlegen. Während der von Oktober bis November ablaufenden Brunft kommt es nur noch zu Rivalitätskämpfen um die brunftigen Geißen. Bei den erbittert ausgetragenen Käm-

Verbreitung Marco Polo Schaf

pfen kann es zu Verhakeln der Schnecken kommen, so daß die Kämpen nicht mehr auseinanderfinden und dann tragisch verenden. Nach 180-190 Tagen setzen die Geißen im März/April ein Kitz (seltener zwei), das etwa sechs Monate von der führenden Geiß gesäugt wird. Die Kitze nehmen allerdings schon während der 2. bis 4. Lebenswoche feste Nahrung auf. Mit zweieinhalb bis drei Jahren erreichen die Jungen beider Geschlechter die Geschlechtsreife. Die Äsung, frühmorgens und abends aufgenommen, besteht aus Flechten, Kräutern, Gräsern, jungen Trieben und Zweigen. Hierbei beeinträchtigen giftige Pflanzen das Wohlbefinden keinesfalls. Sie nehmen Gletscherwasser ebenso auf wie tauenden Schnee und können tagelang ohne Wasser auskommen.

Artenschutz: WA AII

Jagd: Äugen sehr scharf. Auf kein Wild trifft besser zu: »Der Hirsch hört das Haar vom Kopf des Jägers fallen, das Wildschwein wittert es, das Wildschaf aber kann es sehen«. Gefährdet sind die Schafe (Bestand über 10 000 Stück) u.a. durch Wölfe, Bären und Schneeleoparden. Die Jagd im deckungslosen Wüstengebirge (bis ca. 5200 m) erfordert viel Kondition, beste Ausrüstung und jagdliches Können. Zur Anpassung sind 2-3 Tage auf 3000 m nötig. Die Jagd, insbesondere auch auf die starken Vorkommen Sib. Steinböcke, verlangt oft Weitschüsse: Windtrift, dünne Luft, Einschießentfernung beachten! Spektiv, gegebenenfalls kleines Sauerstoffgerät, Kleinzelt, Esbit-Kocher, Hochgebirgsnahrung wichtig. Täglich mindestens 3 Liter Wasser trinken (Dehydration).

Rekordtrophäe: SCI RBoTA 1986: Länge der Hörner: links 150,5 cm, rechts 151,13 cm (1971).

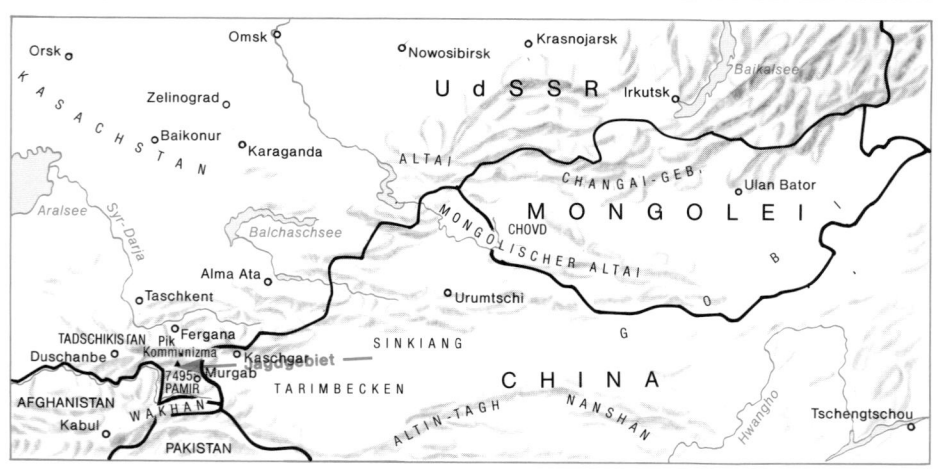

Jagd auf
Marco Polo-Schaf
in Tadschikistan

Allmählich wird es kritisch. Vier lange Tage, völlig von der Außenwelt abgeschnitten, sitzen wir jetzt in dieser gottverlassenen Bergwelt des russischen Pamir fest. Im Umkreis von 50 Kilometern keine Menschenseele! Die beiden windigen Baumwollzelte bieten kaum Schutz in dem überraschenden, seit Menschengedenken zu dieser Jahreszeit nicht erlebten Wintereinbruch. Blizzards, Schneefall und Frost von -10 Grad tagsüber und bis zu 35 Grad Kälte während der Nacht. Seit Tagen ist meine Jagd beendet. Die Marco Polo-Trophäen und Felle liegen versorgt und zu Bein gefroren, für die Heimreise verschnürt, vor dem Zelt. Doch bei solchem Wind und dichtem Nebel, ohne jede Sicht, wagt sich kein Hubschrauber in dieses jeweils etwa 100 Kilometer von der chinesischen und der afghanischen Staatsgrenze entfernte, unzugängliche Wüstengebirge. Wer jetzt ernsthaft schlappmacht oder gefährlich erkrankt und sich nicht selbst wieder aufrafft, kann nur noch beten.

Expedition in Almastys Reich

Das Wetter spielt seit fast drei Wochen verrückt. Nicht nur, wie wir später erfahren, hier im russischen Pamir, sondern überall in Mittelasien. In Kasachstan wurden bereits im Spätherbst Temperaturen von minus 40° Celsius gemessen und Anfang Dezember mit minus 50° Celsius ein neuer Kälterekord aufgestellt. Niemand konnte sich an derartigen Frost in dieser zentralasiatischen Republik erinnern, wo die Winter sonst bekanntlich eher mild verlaufen. In Tibet mußten zur gleichen Zeit Hunderte von Schnee und Eis abgeschnittene Touristen durch die chinesische Armee befreit und ausgeflogen werden. Diesen Zug hatten wir im Pamir, am Balandkiik, dem großen Nebenfluß des Muksu, längst verpaßt! Natürlich war es nicht das erste Mal,

daß mir unberechenbares Bergklima, gegen alle Erfahrung und Statistik, übel mitspielte. Ich hatte mich jedoch gerade vor Beginn dieser extremen Jagdreise »ins Ungewisse« ganz besonders gründlich vorbereitet. Schließlich waren die Amerikaner Clark und Morden vor über 60 Jahren die letzten ausländischen Jäger, die den russischen Pamir durchstreiften. Ähnlich wie der waghalsige Moskau-Flieger Mathias Rust, der knapp ein halbes Jahr vor Antritt unserer Reise, mit seiner spektakulären Landung auf dem Roten Platz Kopf und Kragen riskierte, besorgten wir uns die exaktesten, »streng geheim« eingestuften Flugkarten vom Pamir problemlos im Versandhandel. Sie halfen uns später »vor Ort« jedoch ebensowenig wie die Lektüre der großartigen Reisebeschreibungen Sven Hedins »Durch Asiens Wüsten« (1899), O. Oluvsens »Durch den unbekannten Pamir« (1904) oder die sechsbändige, wissenschaftliche Enzyklopädie über den Pamir, von H. von Ficker und W.R. Rickmers.
Noch enttäuschender war, daß alle kurz vor meiner Jagdexpedition eingeholten, insbesondere auch die von der etwa 70 Kilometer südlich unseres Jagdgebietes liegenden Wetterstation Murgab übermittelten Auskünfte keinen Schuß Pulver wert waren: »Oktoberniederschläge im Mittel der letzten zehn Jahre ein Zentimeter, Durchschnittstemperatur +/−0° Celsius, im Mittel der letzten 26 Jahre nur ein Tag mit Niederschlag«. Das Wetter war die reinste Schikane! »Vielleicht«, grinste der kirgisische Jäger Rachmanberdy, kurz Berdy genannt, hintersinnig, »straft uns Almasty, der ›Yeti‹-Schneemensch des Pamir, weil wir in sein bisher unberührtes Reich eingebrochen sind!« »Ganz gewiß«, lästerte ich und goß mir, im Schneidersitz inmitten meiner Schicksalsgefährten auf dickem Filz im Küchenzelt hockend, die — weiß Gott wievielte — Tasse Tee ein.
Hier brachte mir keiner, wie noch im vergangenen Jahr in Nepal bei der Blauschafjagd im Himalaya, mit einem »Good morning Sir, breakfast is ready«, warmes Rasierwasser ans Zelt.
Heute jedenfalls, das war seit dem frühen Nachmittag klar, konnte uns wiederum niemand mehr herausholen.

Auch nicht die seit dem unseligen Konflikt der UdSSR mit Afghanistan mit ähnlichem Wetter besonders erfahrenen Piloten des Helikopter-Geschwaders aus Duschanbe. Bei dieser dicken Suppe, die unser entlegenes Hochtal bis weit hinauf zu den eisgepanzerten, namenlosen Siebentausendern füllte, wäre das auch glatter Selbstmord gewesen. Einem gewaltigen, vielleicht sechs Kilometer vom Camp entfernten Gletschermaul entquoll übrigens der reißende Balandkiik. »Morgen kommt die Sonne durch!«, vertrösteten wir uns, voll innerer Zweifel gegenseitig. Mehr als einmal dachte ich an die Annehmlichkeiten im beschaulichen Duschanbe, dem Ausgangspunkt meiner beiden Pamirexpeditionen. Wehmütig erinnerte ich mich an die lauen Abende unter Ahorn-, Maulbeer- und Akazienbäumen, insbesondere an die Düfte aus »Tausend-und-einer-Nacht« im Bazar, mit seinem unvorstellbaren Angebot an Gewürzen, Früchten und Gemüse.
Nebenbei hoffte ich, daß meine russischen Freunde in der jetzt gut 350 Kilometer entfernten Hauptstadt Tadschikistans, wenigstens meine seit einer Woche auf ein Lebenszeichen wartende Frau mit der knappen Nachricht beruhigen würden: »Eingeschneit! Sonst alles o.k.«. Wie befürchtet, hatte daran natürlich keiner gedacht. Viel-

Frische Melonen und Miniäpfel im herbstlichen Duschanbe.

leicht auch deshalb, weil es alles andere als einfach ist, von hier rauszurufen. Als ich knapp zwei Wochen später, nach Rückkehr aus dem Pamir, selbst versuchte zu Hause anzuläuten, war das jedenfalls auch mit einigen, recht lustigen Turbulenzen verbunden: Voranmeldung aus Duschanbe über die 3400 Kilometer entfernte Zentrale Moskau, zwei Stunden Hoffen und Bangen im Hotelzimmer auf die Direktvermittlung. Gegen zwei Uhr früh, bei sechs Stunden Zeitverschiebung war es acht Uhr abends in Deutschland, riß mich endlich das Telefon aus dem Schlummer. Nach mehrmaligem »Hallo, hallo«, meldete sich dann eine fremde, ziemlich forsche, urbayrische Frauenstimme: »Ja? Wer bist'?«. Als die »Lady« auf meine Frage wer sie denn sei, etwas ruppig mit »D'Meierin von Pfrombach!« und »Wer bist Du, woher rufst eigentlich an?« konterte, wußte ich, daß das Telefonat über fast 7000 Kilometer Entfernung, mein Zuhause um lausige vier Kilometer Luftlinie verfehlt hatte. Geistesgegenwärtig, um die magere Kommunikation doch noch zu retten, nannte ich meinen Namen und — um die Bäurin nicht vollends zu vergraulen — statt der sicherlich unbekannten Halbmillionenstadt Duschanbe, das scheinbar vertraute Moskau. Nachdem

die gute Frau den Hörer postwendend mit einem »Du spinnst!« auf die Gabel warf, fühlte ich mich plötzlich wie auf einem anderen Stern. Eine Stunde später, inzwischen war es bei mir in Tadschikistan drei Uhr früh und alles lag in tiefster Stille, schnarrte erneut das Telefon: Meine Frau? Fehlanzeige! Am anderen Ende war wiederum die »Meierin vom Pfrombach«, welche diesmal, als sie nur meine Stimme vernahm, mit einem erbarmungslosen »Bist du es schon wieder?!« die zarten Bande zur Heimat endgültig durchschnitt. Nach einer weiteren Stunde Protest und Mühsal konnte ich dann endlich meinem lieben Weib verkünden: »Bin eben heil mit zwei braven Marco Polo-Trophäen im Hotel in Duschanbe gelandet. In drei Tagen sehen wir uns!«

Wochen später habe ich dann die Meierin persönlich besucht. Sie ist eine kreuzbrave Person und mindestens so gut wie ihr Kaffee und ihr Guglhupf.

Der zweite Anlauf

Für solche Sinnesfreuden hatte ich jedoch im Augenblick kein Organ. Kurz vor Schwinden des Tageslichts kroch wieder grimmiger Frost ins Tal herab,

der jedem, trotz Baumwoll- und Daunenkleidung, unbarmherzig durch Parka und Thermohose drang. »Mit einem zweiten Benzinkocher und etwas mehr Treibstoff wäre der unfreiwillig verlängerte 'Ferienspaß' ja erträglich«, grimmelte ich vor mich hin, übte mich aber in Geduld!

Mit gutem Grund. Denn was mehr konnte ich mir nach den Strapazen der vergangenen drei Jagdwochen und meinen guten Trophäen eigentlich noch wünschen? Nach all der Schinderei in dieser dünnen Luft, bei der die kleinste Bewegung schwerfällt, wo man alle zehn Schritt die pfeifenden Lungen durchlüften muß und gierig nach Sauerstoff schnappt.

Gerade bei diesem zweiten Anlauf durch den menschenfeindlichen, aber wildromantischen Pamir, hatte ich beachtliches Jagdglück. Trotz aller Mühsal wurden die Tage auf dem Pamir-Hochplateau zu einem unvergeßlichen Erlebnis. Kaum die nomadisierenden »Galtscha« halten es hier lange aus. Der Mensch wird allmählich verbindungslos zu seiner Begleitung, die Gemeinschaft zerfällt.

Dieser unausweichlich innere Rückzug — Wurstigkeit als Selbstschutz (!) — wird tagtäglich zu einer neuen Lebenserfahrung.

Ausgeliefert den Bedrohungen und Unwägbarkeiten einer alles bestimmenden Natur, lernt man rasch Wesentliches von nebensächlichem Schnickschnack zu unterscheiden. Ein durchaus lehrreicher Weg »...auf dem das Schicksal den Menschen zu sich selber führen will«, wie Hermann Hesse zu Recht vermutet. Man beginnt allmählich ein Muschelleben zu führen! Indessen genoß ich, insbesondere wenn abends die gewaltigen Felswände wie große Schatten auftauchten — noch unnahbarer als bei Tageslicht, fast feindselig und gerade deshalb eine einzige Herausforderung — immer wieder das erhebende Gefühl, dieser unerforschten Welt ein Geheimnis entlockt zu haben. Erfüllte Jägerträume — Gedankenspiele. Endlich vom Erfolgszwang befreit! Noch dazu mit zwei Traumtrophäen! Hinzu kam die leise Genugtuung, daß auf Marco Polo-Widder im russischen Pamir jetzt niemand mehr als erster den Finger am

Eine volle Hubschrauberladung Ausrüstung für das Hauptlager in 4200 m Höhe.

Unser »windiges« Zeltcamp am Balandkiik. Die scheuen »archar«, wie die Einheimischen die Marco-Polo-Schafe nennen, stehen irgendwo am Rand der Schneehänge.

Abzug haben würde! Auch nicht die vermutlich noch in Duschanbe festsitzenden Amerikaner. Jeder Blick auf die vor dem Zelt zugewehten Hornschnecken hob meine Laune und bestätigte: Die Götter dieser grandiosen Felsenwelt waren mir gnädig gewesen! Zweifelsfrei hat Jagd, insbesondere eine weltweit so beachtete »Sheep-Premiere«, wie die seit gut einem halben Jahrhundert erste Marco Polo-Jagd in der UdSSR, immer etwas mit Sport, Wettbewerb und Ehrgeiz, auch mit einer ordentlichen Portion Egoismus zu tun. Noch während der Jagd herrschen täglich Hektik und Geheimnistuerei, wie vor einem Wettkampf. Gerade bei einem jagdhistorisch so

bedeutsamen Ereignis treten diese Wesenszüge besonders schnell zutage. Schließlich waren die Bergjäger immer schon eine etwas eigenwillige Sippe. Kein Grünrock der Erde war je ganz frei von Eifersucht. Warum sollte man das leugnen? Im übrigen beschreiben diese Motive das Wesen der Jagd und das Selbstverständnis der Jäger weitaus treffender als weiß Gott welch sonst tiefschürfende Seelenforschung! Die als Hauptantrieb der Jagd meist leichtfertig bemühte »Lust am Töten« verzerrt auch aus diesem Blickwinkel deren wahrhaftes Gesicht. Der kurze Kitzel, alleine wegen eines einzigen Schusses — und nur den hat der Gastjäger meist frei! — all die Mühen, Enttäuschungen und Aufwendungen an Zeit sowie Geld in Kauf zu nehmen, wäre zu wenig: man jagt nicht um nur zu töten, sondern um zu erleben. Die persönliche Bewährung an den körperlichen und moralisch-seelischen inneren Schranken, sowie den äußeren

hegerischen und gesetzlichen Normen der Jagd, ist die eigentliche Herausforderung und ein wesentlicher Antrieb bei der Ausübung des großen Privilegs »Jagd«. Ohne diese Bindung und Beziehung erfreut sich kein echter Jäger ein Leben lang an den mit einer selbst erbeuteten Trophäe verknüpften Erinnerungen.
Das gilt insbesondere für ein Unterfangen wie diese Pamir-Testjagd.

Geschichte, Mythos und Wirklichkeit

Es ist übrigens interessant, wie sehr seit Jahrtausenden gerade die Wildschafe der Erde den Menschen faszinieren. Neben den gewaltigen Argalis der Mongolei und Chinas sowie deren Unterarten, erzielen vor allem die mächtigen, dem schnellen Zugriff seit eh und je entrückten Marco Polo-Schafe der zentralasiatischen Hochgebirge, welche auch heute noch im unwegsamen Grenzgebiet der Sowjetunion und deren Nachbarn ihre einsame Bahn ziehen, die Aufmerksamkeit des Jägers.

Die Wissenschaft vermutet in den rauhen Wüstengebirgen des Hindukusch, des Karakorum, des Tien Shan und des Pamir die Wiege der Wildschafe, welche sich vor etwa zwei Millionen Jahren langsam nach Westen, Richtung Europa und vor 30000-40000 Jahren in nordöstlicher Richtung über die Bering-Landbrücke, die damals noch Sibirien mit Alaska verband, nach Nordamerika verbreiteten.

Erstaunlich, wie seit alters her die Wildschaf-Widder mit ihrer imposanten Stirnwehr, einem großen Symbol von Kraft und Würde — ähnlich wie beim Steinbock — die Mächtigsten der Erde und die Mythen der Völker beeinflußten. So ziert beispielsweise die etwa zehn Zentimeter große Abbildung eines Widders aus massivem Gold eine der reichgeschmückten Kronen aus den Königsgräbern von Ur in Mesopotamien, welche dem ersten vorchristlichen Jahrhundert zugerechnet werden.

Immer wieder berichten alte Schriften von den mächtigen Wildschafen. Etwa davon, daß die Herrscher Persiens sich bereits nach Beginn unserer Zeitrechnung, hoch zu Roß, mit Pfeil und Bogen, eifrig an der Jagd auf die Kreishornträger ergötzten. Die ältesten Hinweise auf domestizierte Schafe fand man aus der Zeit um 9000 v. Chr. in Kurdistan, was sicherlich kein Zufall ist. Die vorder- und zentralasiatischen Bergmassive gelten nicht umsonst als Ursprung aller »Schaf- und Ziegenartigen«.

»Es ist wahrhaft interessant, den mühevollen Weg zu verfolgen, den dieses Schaf nahm, um im Westen bekannt zu werden« schreibt Douglas Carruthers in seinem Buch »Beyond the Caspiano«. Obwohl das Marco Polo-Schaf den Namen des großen venezianischen Forschers und Abenteurers Marco Polo trägt, der 1295 vom »Dach der Welt« und den riesigen Herden mächtiger Wildschafe berichtete, weiß man, daß bereits knapp 50 Jahre vorher der flandrische Franziskanerpater Wilhelm von Rubruck, ebenfalls nach einer

Reise durch Zentralasien im Auftrag des französischen Königs und des Papstes, Kunde von großen Wildschafen brachte. Ob er sie allerdings persönlich sah oder nur vom Hörensagen kannte, ist nicht überliefert. Marco Polo bekundet, daß er die Pamir-Schafe selbst nie beobachtet hatte, sondern auf sie erst durch die wuchtigen, ihm gezeigten Hornschnecken aufmerksam wurde. »Die Hirten machen daraus große Eßgefäße und sogar Umfriedungen für die Schafpferche«, schreibt er im 30. Kapitel seiner Reisebeschreibung. Knapp 600 Jahre später, nachdem Marco Polo mit seinen Schilderungen über diese Wildschafe in Europa ungläubiges Staunen auslöste, brachte im Jahr 1838 der englische Leutnant John Wood erneut Nachricht von den Pamir-Wildschafen. Vor 150 Jahren erbeutete er als erster Europäer ein Gehörn mit 56 Inch Länge und 14,5 Inch Basisumfang und brachte es nach London, wo es noch heute im Britischen Museum bestaunt werden kann. Bald darauf, im Jahre 1841, beschäftigte sich der englische Wissenschaftler Blyth mit der Systematisierung der Wildschafe und gab dem Pamir-Wildschaf zu Ehren des berühmten venezianischen Ostasienreisenden Marco Polo, den Namen *Ovis ammon polii*. Weitere aufsehenerregende Nachrichten über das Marco Polo-Schaf erhielt die westliche Welt um die Jahrhundertwende zunächst vor allem von englischen Jägern mit so großen Namen wie St. G. Littledale (1890), durch Lord Dunmore (1893), Major C.S. Cumberland (1895) und R.P. Cobbold (1899). Vor allem aber von den Amerikanern Theodore und Kermit Roosevelt, die 1926 im Tien Shan Chinas und im Grenzgebiet des russischen Pamir jagten. Auf sie folgte die berühmt gewordene Jagdexpedition der Amerikaner James L. Clark und William Morden, die ab 1928 neun Monate lang, meist im russischen Pamir auf Marco Polo-Schafe pirschten und umfangreiche wissenschaftliche Erkenntnisse über dieses Wild veröffentlichten. Neben einer Reihe international angesehener Wildschafjäger berichtet erstmals wieder nach dem 2. Weltkrieg der Kalifornier Elgin T. Gates, in der Reiseschilderung »Die

Legende von Chapchingal«, über seine Marco Polo-Schafjagd vom November 1959. Knapp zehn Jahre später, im Jahr 1967, wurde dieses nahezu immer noch unbekannte Wildschaf, wiederum von Amerikanern, nach erfolgreicher Jagd in Afghanistan, den Jägern der Welt erneut ins Bewußtsein gebracht. Bis 1978, dem Jahr der Besetzung durch die UdSSR, konnte diesem begehrten Bergwild trotz beachtlicher chinesischer, russischer und pakistanischer Vorkommen, einzig und allein in Afghanistan nachgestellt werden. Man spricht von etwa 40-60 erfolgreichen Jagden, die dort während dieser Zeit durchgeführt wurden. Den nächsten Jagderfolg auf Marco Polo-Schaf vermeldet 1985 der Amerikaner Robert M. Lee, der in China weidwerkte und seine Erlebnisse im vielbeachteten Buch »China Safari« veröffentlichte. Nach mehrjährigen Verhandlungen mit den für die UdSSR verantwortlichen Behörden in Moskau, erhielt ich dann im Oktober 1987 überraschend (nach 60 Jahren Jagdverbot!) als erster Ausländer eine Jagd-Genehmigung. Sie erlaubte, im Pamirgebirge der russischen Republik Tadschikistan, während einer dreiwöchigen Erkundungsjagd auf dieses einzigartige Wild zu weidwerken. In 4200-4900 Metern Höhe erbeutete ich mit zwei weiteren deutschen Jagdgästen die ersten Marco Polo-Widder. Die stärksten Trophäen dieser Jagdexpedition, meine zwölf- bzw. zehnjährigen Polo-Widder, besitzen ein Rekordbuch-Hornmaß von 1,37 bzw. 1,27 Meter je Schnecke.

Mit diesem ersten Jagderfolg am Balandkiik »in moderner Zeit«, wurde ein weiteres, neues Kapitel in der Geschichte des Marco Polo-Schafes geschrieben. Sicherlich nicht das letzte. Denn mit der allgemeinen Öffnung dieser Jagd für ausländische Gäste ab 1988, wird man auch zukünftig von neuen aufregenden Jagdabenteuern auf die scheuen »Polos« hören.

Der Pamir, das »Dach der Welt«, in dessen wüstenhaftem Faltengebirge neben dem stolzen Marco Polo-Schaf imposante Bestände an Sibirischen Steinböcken, Bären und Schneeleoparden weilen, wird in den nächsten Jahren zweifelsfrei zum »Mekka der Schafjäger«. Dafür sorgt natürlich auch die geheimnisvolle Magie des bisher versperrten, unbekannten Bergreiches.

Eine kritische Fehlplanung

Am fünften Tag des Eingeschneitseins waren wir, die Jagdführer Berdy und Juri, der Koch Machmur, Micha der Dolmetscher und ich selbst, noch in verhältnismäßig unbekümmerter Gemütsverfassung. Schließlich hatten wir, jedesmal buchstäblich zwischen zwei Schneestürmen, mit Glück und Verbissenheit dem offensichtlich jagdfeindlichen Wettergott einige Schnippchen geschlagen: »Wer nicht wagt, gewinnt nicht!« Gleich zwei Rekordtrophäen! Unfaßbar!

Doch dann erhielt unsere Hochstimmung unvermittelt einen bösen Dämpfer aus einer ganz anderen Ecke: Der Treibstoff wurde knapp! Statt Marco Polo-Hornschnecken beschäftigten uns plötzlich wesentlich nebensächlichere Fragen: »Wie lange können wir noch Schnee schmelzen?« und »Was tun, wenn der letzte Benzinbrenner seinen Geist aufgibt?«

Durch ähnliche Erfahrungen leicht mißtrauisch und deshalb doppelt vorsichtig, nahm ich die kritische Treibstoffversorgung alles andere als auf die leichte Schulter. Vor allem, weil mir der überraschende Wettersturz eher nach hartnäckigem Umschwung als nach kurzfristiger Wetterlaunigkeit roch. Nebel und Frost konnten uns spielend noch zwei weitere Wochen in diese Schneewüste verbannen. Da half uns weder einlullendes Herunterspielen der Bedrohung, noch naives Vertrauen auf »bessere Zeiten«.

Frei von Panik und mit gebührendem Ernst erörterten wir sofort die aus der Fehlplanung des Benzinvorrates sich ergebenden Folgerungen. Es galt den Extremfall ins Auge zu fassen! Klar: Solange die beiden Zelte dem Sturm standhielten, unsere Schlafsäcke trocken blieben und täglich genügend Kraftstoff zum Schmelzen der für fünf Mann unbedingt nötigen Mindestmenge von zehn Litern Teewasser vorhanden war, bestand kein Anlaß zur Sorge. Die Trockenverpflegung reichte noch für mindestens zwei Wochen, und auf Fleisch, insbesondere auf das inzwi-

Seit einer Woche abgeschnitten. Trotzdem ist die Stimmung gut.

schen tiefgefrorene, köstliche Marco Polo-Wildpret, sowie auf heiße Suppen, mußte und konnte wohl oder übel verzichtet werden. Vorrangig war, daß wir uns täglich bei der in dieser Höhe und Kälte unvermeidbaren, lebensgefährlichen Dehydration mit ausreichend Flüssigkeit versorgen konnten. Die Luftfeuchtigkeit sank inzwischen auf unter 10 Prozent, die noch vor einer Woche wasserführenden Gletscherbäche erstarrten zu glashartem Eis. Flüssigkeit war lebenswichtig, um den vor allem auch durch Bluteindickung ausgelösten Gefahren der gefürchteten Höhenkrankheit vorzubeugen. Da sich während der ersten Jagd vor acht Tagen weder bei meiner Begleitung noch bei mir diesbezügliche Anzeichen bemerkbar gemacht hatten — Druck im Kopf, Schwindelgefühl, Verfärbung des Urins oder ähnliches — konnten wir gemäß Expertenmeinung davon ausgehen, daß unter uns kein »Höhenkrankheits-Typ« war. Ausgenommen Machmur, der die Schwierigkeiten der ersten Nacht allerdings recht gut überwand und jetzt ebenfalls an die etwa 4200 Meter über dem Meer angepaßt war. Im übrigen war mein handliches Beatmungsgerät mit seinen leicht transportablen, colaflaschengroßen Sauerstoff-Einwegpatronen eine vor allem psychologisch wichtige »Rückver-

sicherung«. Insbesondere wenn nachts, bei vermindertem Puls, die Luft einmal knapp wurde. Da genügten dann einige Inhalationsstöße und der Schlaf war gerettet.

Vordergründig galt unser Sinnen und Trachten verständlicherweise dem inzwischen völlig ungewissen Rückflug sowie der zweckmäßigsten Nutzung des vorhandenen Benzins. Wir errechneten Treibstoff für etwa fünfundzwanzig Brennstunden. Damit war klar, daß ab sofort auch auf so kleine Annehmlichkeiten wie Händewärmen oder Sockentrocknen verzichtet werden mußte. Da der zweite Kocher schon vor Tagen ausfiel, verfolgten wir jedes neue Anzünden des verbliebenen Brenners mit gemischten Gefühlen. Die Zeiten jedenfalls, wo wir uns, wie noch gestern Abend, vor dem »Einschliefen« in den Schlafsack das Zelt kurz aufheizen konnten, waren jetzt vorbei. Heizenergie gab's nur noch zum Schneeschmelzen. Bei einer plötzlichen Verkettung widriger Umstände konnte, das war jedem bewußt, daran schnell unser Leben hängen. Einen Rückzug zu Fuß bei Versorgungsmängeln gab es ebensowenig, wie einen schnellen Abstieg unter die 3000 Meter-Grenze im Falle einer Höhenerkrankung. Wir saßen auf dem über 4000 Meter hohen, über Hunderte von Kilometern ausgedehnten Hochplateau des Pamir fest, waren eingeschneit und wußten, daß uns augenblicklich niemand bei diesem Wetter rausholen konnte. Tadschikistan, dessen fünf Millionen Einwohner von nur 10 Prozent landwirtschaftlich nutzbarer Fläche leben — 90 Prozent sind Gebirgsmassive — machte seinem Beinamen »senkrechtes Land« sichtbar alle Ehre! »Der Berg macht einem bewußt«, sagt Reinhold Messmer, »daß man nicht allein auf dieser Welt, nicht allein das Maß aller Dinge ist«. Wie wahr!

Man wird schnell bescheiden und umsichtig. Gerade so, wie der schmächtige, unauffällige Finkenvogel, der eines mittags aus dem weißen Nichts bei uns aufkreuzte und ohne Scheu im Windschatten der Zelte Zuflucht suchte. Vergessen, abgehängt vom Pulk seiner jetzt fernen Freunde. Ausgeliefert dieser einsamen Schneewüste; alleine, auf sich gestellt, aber voll Überlebenskraft und Mut!

Nachts, wenn der regelmäßig mit ungehemmter Heftigkeit durchs Tal rasende Schneesturm das mickrige Zelt beutelte und es wegzufegen drohte, dachte ich, in voller Kluft bis über die Nase im Schlafsack vermummt, mit Wehmut an die im Akklimatisationscamp »Altyn-Mazar« und im Hauptlager »Balandkiik« für die Gäste errichteten Jurten. Wäre das ein Vergnügen, jetzt in einem dieser von den Kirgisen kunstvoll errichteten, bienenkorbähnlichen Rundzelte zu sein: durch dicke Filzmatten vor Frost und Sturm geschützt, gemütlich um das in der Mitte schwelende Yakdung-Feuer hockend, heißen Tee in der Tasse! Wie hatte ich das vor Jahren schon in der Mongolei genossen! Wehmütige Erinnerungen, die bei 25°C Kälte im Zelt sowie einer daumendicken Vereisung an dessen Innenwand und auf dem Schlafsack, leider schnell als süße Illusion zerplatzten. In diesen Breiten gibt es keine Zugeständnisse an die Zivilisation!

Gott sei Dank fiel wegen der inzwischen vollzogenen Anpassung, nachts, während des 10-12 stündigen Zwangsaufenthaltes im engen Mumiensack, das Atmen zunehmend leichter und das Gefühl einer Schlinge um den Hals stellte sich immer seltener ein. Überhaupt war unser Wohlbefinden

bestens. Uns bekam die fettarme, karge Kost. Die kleinen »Alltagszipperlein« von zu Hause waren durch die Plackerei der letzten Wochen sowie die erzwungene Einkehr der letzten Tage wie weggeblasen. Eine gelegentliche Pulskontrolle bewies, daß die »Pumpe« mit den Belastungen gut zurechtkam; insbesondere auch während der ausgedehnten Berg- und Kammpirschen, wo ich Tempo und Pausen beharrlich selbst bestimmte und somit den gesamten Jagdverlauf an meinen Kraftreserven orientierte.

Aber das alles lag längst hinter mir. Die beiden Jagdexpeditionen waren vorüber, ich wollte nach Hause. Nur die weit geschwungenen Hornschnecken vor dem Zelt, in deren tiefe Rillen und meterlange Windungen die Träume von drei Dutzend Jägerjahren eingeriffelt waren, entschädigten mich jetzt noch für alle geistigen und körperlichen »Schwielen« dieses unfreiwillig verlängerten Bergabenteuers.

Halluzinationen?

Während der nächsten eineinhalb Tage hingen wir, zur Untätigkeit verdammt und uns allmählich gegenseitig anödend, im tristen Zelt herum und warteten auf Wetterbesserung — sprich Flugwetter. Die beiden Jagdführer waren auf mein Drängen hin zum leerstehenden, gut zehn Kilometer entfernten Lager »Balandkiik« unterwegs, um vorsorglich und solange Sturm und Schneehöhe es noch zuließen, zusätzliches Benzin zu beschaffen. In der tiefen Sorge um unseren Rückflug schmolz die Bedeutung des großartigen Jagderlebnisses erwartungsgemäß wie Schnee in der Sonne dahin. Micha erzählte währenddessen viel von der wechselhaften Geschichte seiner Heimat, von der allgegenwärtigen Erdbebengefahr in Duschanbe gerade in jüngster Zeit, weshalb seit Jahren nur noch erdbebenfeste Bauten errichtet werden. Er schwärmte vom Nationalgericht aus Reis, Fleisch und Mohrrüben, dem leckeren »Plow«, belächelte mit einer gewissen Ehrfurcht die tadschikische Landestracht mit ihrem überall auch heute von Mann und Frau noch getragenen buntfarbigen Rund-

käppchen, der »Tjubetejka« und berichtete mit Stolz von der seit Jahren blühenden Wirtschaftsentwicklung der Republik: »Wir haben gewaltige Bodenschätze, eine florierende Landwirtschaft und Viehzucht sowie Energie aus Wasserkraft für jeden industriellen Aufwind. Bei uns gibt es keinerlei Versorgungsprobleme, wir bieten außerdem die unberührteste Natur der Welt!« Dem pflichtete ich uneingeschränkt bei, wußte jedoch, daß meine Bedenken über die Gefahren eines zu stark ausufernden Tourismusbooms für sein Land und dessen Menschen, überhaupt nicht fruchteten. »Die Marco Polo-Schafe werden ja davon nicht

berührt«, winkte der aufgeschlossene Dolmetscher lächelnd ab. Hoffentlich hast du recht, lieber Micha!

Indessen wärmten wir uns bei jeder Gelegenheit die steifen Finger und eiskalten Zehen mit Schafsgeduld an der heißen Teekanne oder über einer armseligen Kerze.

Jetzt erfuhren wir am eigenen Leibe, wie erstaunlich treffend der Venezianer Marco Polo schon vor 700 Jahren die harten Lebensumstände dieser Gegend beschrieben hatte: »Diese Hochgebirgsregion, welche 'Pamer' genannt wird, beansprucht zwölf Tage zur Durchquerung... Dort gibt es weder Unterkunft noch Obdach und der Reisende muß seine Verpflegung mit sich haben... Dort fliegen wegen der Höhe und des Frostes nicht einmal Vögel. Wegen der grimmigen Kälte brennt nicht einmal das offene Feuer, nicht einmal in derselben Farbe wie anderswo. Und das Essen läßt sich nur schlecht garkochen«. Letzteres, wie wir heute wissen, da das Wasser in dieser Höhe bereits bei plus 86° Celsius zu sieden beginnt.

Am frühen Vormittag des siebten Tages unserer »Verbannung« werden wir unruhig. Juri und Berdy sind überfällig. Wir vermuten, daß sie mit ihrer Last in der dünnen Luft und durch die in der Nacht wiederum höher gewordenen Verwehungen nur schleppender vorankommen als geplant. Konnten wir ahnen, daß sie fast einen ganzen Tag lang beschäftigt waren, notdürftig die von einem Bären im Basislager verwüsteten Zelte auszubessern? Der Vandale hatte, wie sie gestenreich erzählten, ganze Arbeit geleistet: Die meisten Kartons und Kisten waren zerfetzt, Konserven durchbissen und die Zeltwände aufgeschlitzt. Da war bestimmt jener großtatzige Schleicher am Werk, dessen warme Spur wir bereits vor gut einer Woche, einige Meilen weiter südlich, mehrmals gekreuzt hatten. Zu Gesicht bekamen wir, trotz bestem Fernblick in dieser deckungslosen Gegend, den Schwerenöter allerdings nie!

Heute Nacht gingen in unmittelbarer Nachbarschaft erneut Lawinen ab. Aufgeschreckt durch das dem Getöse der schiebenden Massen vorangehende Pfeifen und Sausen zusammengepreßter Luft, kletterte ich, ungeachtet eisiger Kälte, schleunigst aus dem Schlafsack. Vorsorglich! Auch wenn mir in rabenschwarzer Nacht die Zähne klapperten, fühlte ich mich im Freien sicherer als eingepfercht im lausigen Zelt. Mit Schlägen an die Innenwand mußten wir es immer wieder von der Schneelast befreien. Aufregend war, wie jedesmal, höchstens zehn Minuten nach Abgang der Schnee- und Geröllmassen, sich das breite, trogförmige Tal mit dichten Wolken wild durcheinanderwirbelnder Schnee- und Eiskristalle füllte, welche dann minutenlang ihren tollen Tanz aufführten; ähnlich dem gefürchteten Staubsturm »Afghanez« aus Turkmenien.

Gegen Mittag, als ich wieder einmal nach den Begleitern Ausschau halte — wenn die Nebelschwaden aufreißen, kann man das Tal nach Konturen absuchen — erfaßt mein Auge zufällig eine in der gegenüberliegenden Bergwand langsam dem Talausgang zustrebende, kaum 500 Meter vom Lager entfernte Bewegung. Sie ähnelt dem unbestimmten Schatten einer über das Land gleitenden Wolke.

Auf dem »Dach der Welt«. Erstes Morgenlicht über dem nahen China. Sind die Widder schon überstiegen?

Träume ich? Sind das bereits Halluzinationen? Oder zieht dort tatsächlich ein ganzes »Volk« von Marco Polo-Schafen?

Während ich hastig meine Kamera aus dem sie vor Frost schützenden Schlafsack buddle — ohne Fotodokumentation glaubt mir diesen Anblick später kein Mensch! — bringt Micha bereits mein Spektiv in Stellung. Kein Zweifel! Vor mir ziehen, zu einem Riesenrudel vereint, keilförmig aufgefächert und sich teilweise durch brusttiefen Schnee kämpfend, knapp einhundert Marco Polos! Eine Prozession dicht gedrängter Schafe und Lämmer, kunterbunt vermischt mit etwa 30 Widdern, darunter junge Zukunft und mittelalte Hoffnung, ein Dutzend schätzungsweise kapital. Vereinzelt wahre Prachttrophäen!

All das nur eine stramme, sicherlich etwas gewagte, Büchsenschußdistanz von uns entfernt. Wenn das keine Sensation ist! Die gesamte, in diesem abgeschiedenen Seitental des Balandkiik beheimatete Marco Polo-Sippschaft verläßt in diesem Augenblick unter der unerbittlichen Knute von Frost, Eis und Schnee, das in der letzten Woche für sie mehr und mehr unwirtlich und lebensbedrohend gewordene Tal. Notgedrungen suchen die Wildschafe jetzt Nahrung und Sicherheit in etwas tiefergelegenen Schluchten und sturmgeschützteren Runsen.

Obgleich bei diesem aufregenden Defilé sofort wieder Gelüste und Jagdeifer hochkommen: »Menschenskind! Direkt vor deiner Nase ziehen bestimmt noch kapitalere Burschen vorüber«, versöhnt mich ein kurzer Blick auf die beiden Trophäen rasch wieder mit meinem bisherigen Weidmannsheil. Noch dazu, wo ich im Augenblick gerade Zeuge dieses einzigartigen, wie auf einer Panorama-Leinwand vor mir ablaufenden, packenden Naturschauspiels werde! Ob jemals vorher ein Fremder, noch dazu so nahe, vergleichbaren Anblick auf Marco Polo-Schafe hatte? Selbst der große Pamir-Jäger William Morden hatte nicht dieses Glück. Während seines dreivierteljährigen Aufenthaltes zählte er im Pamir insgesamt 1600 Marco Polo-Schafe, davon 500 Widder. Er fand Hunderte »elfenbeinschimmernde« Hornschnecken in verlassenen Kirgisen-Jagdcamps, »darunter befanden sich herrliche Trophäen mit 58 und 59,5 Inch, die stärkste maß 61 Inch«. In seinem Buch »Durch Asiens Schnee und Wüsten« beschreibt er seine aufregendste Begegnung: »Der Schnee war zwei Fuß tief, aber die Schafe hatten scheinbar keine Schwierigkeit, ihn zu durchqueren. Welch ein Anblick, diese zwanzig *Ovis poli* Widder. Sogar die geringen Trophäenträger waren größer als jene, für die man anderswo schwer zu arbeiten hatte. Ich glaube nicht, daß in diesem Rudel Trophäen unter 40 Inch Länge waren«. Nun, ich bin sicher, daß an mir gerade ein Dutzend Widder mit weit über 50 Inch Hornmaß vorbeigezogen sind! Zehn Minuten später waren die mit sicherem Instinkt einem möglichen Verhängnis sich entziehenden Wildschafe im breiigen Nebel verschwunden. Ein flüchtiger Spuk, dessen Spuren bald darauf einsetzender, heftiger Schneefall schnell wieder völlig getilgt hatte.

Wo das Rudel sich wohl im Sommer, wo im Herbst rumtreibt? Tatsächlich ganz hoch oben am Rande der Gletscher oder doch weiter — viel weiter? — unten auf den saftigeren Hochalmen? Das weiß heute noch keiner so genau! Nächstes Jahr, wenn die ersten Spätsommer- und Frühherbstjäger zurück sind, werden wir gescheiter sein! In dieser Beziehung bleiben mir die sonst sicheren Antworten der Russen einfach noch zu vage. Das gleiche gilt für die Steinbockeinstände.

Nun, hoffentlich war heute auf meine Automatikkamera Verlaß. Diese Aufnahmen haben mehr als nur Erinnerungswert! Sie dokumentieren ein kleines Naturwunder!

Ein ewiger Feind

Juri und Berdy treffen später mit Benzin für weitere acht Tage, einem zweiten Kocher sowie getrockneten Maulbeerfrüchten ein und kommen bald wieder zu Kräften. Abends im Zelt signalisiert uns schauriges, aus den gegenüberliegenden Berghängen ertönendes Wolfsgeheul, daß sich die blutrünstigen Widersacher der Wildschafe bereits an deren Fersen geheftet haben. Das nervtötende, langgezogene Klagen und keifende Gejaule aus einer Unzahl heißer Kehlen, ist beklemmend. Der Gedanke, daß die herrlichen Polos, »die schönsten und fettesten Wildschafe Zentralasiens«, wie sie ein Reisebericht um die Jahrhundertwende beschreibt, gerade bei dieser Schneelage schnelle Beute Isegrims werden, treibt einem Jäger natürlich die Galle hoch. Nicht nur aus purem Mitgefühl gegenüber der bedrängten Kreatur, wie hier freimütig eingeräumt wird.

Berdy, der kundige Pamir-Jäger, schätzt die Wolfsmeute auf über zwanzig Kopf. Er bekräftigt damit die von Wildbiologen geäußerte Befürchtung, daß die in dieser menschenleeren Gegend sich ungehemmt vermehrende Wolfspopulation inzwischen zu einer ernsthaften Bedrohung der Marco Polo-Schafe wurde. Insbesondere die betagteren, zwangsläufig schwerfälligeren und gerade vom Gastjäger gesuchten, reifen Hornträger fallen den Meuten als erste zum Opfer.

Keine Frage, daß es trotz der großen Wachsamkeit der »Polos«, den grauen Stromern ein leichtes ist, die oft über 150 Kilo schweren, im einbrechenden Harsch nur mühselig vorankommenden Wildschafe mit scharfem Spurt einzuholen und gnadenlos alles Schwache, vor allem die Jüngsten und die Senioren zu reißen. In der Wildnis gilt eben immer noch das harte Gesetz, daß die Verfolger stets ausdauernder sind als die Verfolgten!

Juri, der verantwortliche, erstaunlich sachkundige Jagdleiter, der einige Male im Jahr als Wissenschaftler und Jäger den Pamir durchstreift und nach dem Rechten sieht, äußert diesbezüglich ebenfalls seine Sorgen. Vor allem, da er eine wirksame Bejagung der Wölfe in diesem öden Gelände für kaum möglich und intensive Fallenjagd auf sie, wegen des streng zu schützenden Schneeleoparden, für nicht durchführbar hält. »Allerdings«, gibt der gut dreißigjährige Vorsitzende des fünfzehntausend Mitglieder starken tadschikischen Jäger- und Fischereiverbandes zu bedenken, »in dieser noch intakten Naturlandschaft befinden sich Wolf und Wildschaf schon seit Jahrtausenden in einem schicksalhaft miteinander verwobenen Auf und Ab. Werden die Schafe zu sehr dezimiert, verlieren die Wölfe ihre wichtigste Nahrungsbasis, ihr Bestand geht zurück und die Wildschafe erholen sich wieder«.

Meine neugierige Frage, ob wir uns augenblicklich in einem Schaf- oder inmitten eines Wolf-»Hochs« befinden, beantwortet er pfiffig mit einem Blick in die Vergangenheit. Er erinnert an Marco Polo, der schon um 1290 n. Chr. bemerkenswert aktuell und genau von der Wolfsplage, über den Pamir und vom starken Vorkommen der Wildschafe berichtete: »Unzählige Wölfe reißen die gewaltigen Widder. Ihre Schnecken und Knochen findet man in solchen Mengen, daß die Männer Wegweiser daraus neben den Straßen erstellen«. Und weiter: »Es geht ständig durch Gebirge, die sich so hoch erheben, daß man sie für die höchsten der Erde hält... Dort weiden viele Wildtiere, vor allem riesige Herden mächtiger Wildschafe... Die Berge bieten den Schafen Weide, die riesigen Herden von vier-, fünf- und sechshundert Stück grasen, alle wild, und obgleich viele gefangen oder getötet werden, merkt man nicht, daß sie weniger werden«. Hieran hat sich scheinbar bis heute wenig geändert, auch daran nichts, daß das Horn der Wildschafe »...sechs volle Spannen lang und nie weniger wie drei bis vier (wächst)«. Ich selbst hielt während meiner beiden Pamirjagden wesentlich stärkere Hornwehr in Händen!

Unerforschte Gebiete

Dieser jagdhistorisch und wildbiologisch bemerkenswerte Rückblick sowie Juris fundierte Mitteilung beseitigte den Anflug grundsätzlicher Bedenken, ob diese seit über einem halben Jahrhundert erstmals für Gastjäger freigegebene Bejagung nicht doch zu einer Bedrohung der Pamir-Wildschafe führen könnte. In den Hochgebirgsregionen des russischen Pamir ziehen heute 10 000-15 000 Marco Polo-Schafe und neben den 20 000-25 000 Sibirischen Steinböcken — 70 Kilometer von Duschanbe entfernt — über 1000 Markhore sowie etwa gleichviel Uriale ihre Bahn. Daß von Gefährdung keine Rede sein kann, bewies das dichte Geflecht unzähliger Fährten links und

rechts unserer Einflugroute und das ständig über die teils offenen oder noch schneebedeckten Hochtäler dem Hubschraubergeknatter entfliehende Schafwild.

War das aufregend, als uns der Helikopter in einer engen Schleife erstmals direkt über ein Rudel brachte und die legendären Marco Polo-Schafe in wälzendem Spurt, breit auseinandergezogen, über die Schneefelder davonpreschten. Der ausladende Hornschmuck der Widder war mit bloßem Auge erkennbar und gut zu unterscheiden! Noch Stunden später begeisterten wir uns an diesen einzigartigen »Momentaufnahmen«. Obwohl ständig neue, in der Sonne gleißende Bergriesen, überragt vom gigantischen, siebeneinhalbtausend Meter hohen Pik Kommunisma, in unser Blickfeld rückten, wir eine der mächtigsten Eiszungen der Erde, den gewaltigen, 77 Kilometer langen, Fedschenkow-Gletscher überflogen und teilweise so nahe an den schroffen Steilwänden wuchtiger Bergmassive vorbeiglitten, daß man glaubte aussteigen zu können, schlugen uns vor allem die gewaltigen Marco Polos in Bann. Unsere Begeisterung, das bisher unbekannte Wild zum allerersten Mal in freier Wildbahn, noch dazu so nahe aus der Vogelperspektive betrachten zu können, war natürlich groß. Wir glaubten die Faszination zu verstehen, die in den 70er Jahren den Bruder des Schah Reza bei der Beobachtung und Verfolgung eines ihm bislang unbekannten Trupps alter Bezoar-Steinböcke im Elburs-Gebirge befallen und so völlig in Bann geschlagen hatte, daß er sich, in seiner Einmotorigen zu immer waghalsigeren Flugmanövern verführt, schließlich in einer Schlucht verfranste und am Fels zerschellte.

Das wahre Ausmaß der Wildschaf- und Steinbockbestände dieser Region ließ sich durch eigene, immer neue Begegnungen mit starken Polo-Rudeln, auch anhand der Unzahl dicht befährteter Wildwechsel, durch ständig frische Losung und einer Unmenge im Gelände verstreuter, langsam in Wind und Sonne verbleichender Widderschnecken und Steinbockschläuche belegen. Hier waren die »Polos« zu Hause! Die Balandkiik-Region gilt bei den Tadschiken als

Herzstück des »Marco Polo-Sheepcountry«, sofern sie dies überhaupt selbst wissen! Ich bin der festen Überzeugung, daß sich in den weitverzweigten, ferneren Pamir-Regionen mindestens ebensolche Klassegebiete befinden. Nur, wie kommt man dort hin, wie sind sie zu erschließen und zu bejagen? Man müßte mit dem Hubschrauber eine Expedition zu einer Gesamterfassung ausrüsten. Vielleicht läßt sich so etwas einmal einfädeln! Die jährliche Freigabe von etwa zwei Dutzend Lizenzen bedeutet jedenfalls bei dieser Populationsdichte für den Polo-Bestand nichts, der Zufluß an Finanzmitteln aus der Bejagung jedoch eine ganze Menge für die tadschikische Wildforschung. Die von mir im Gebiet Balandkiik gefundenen und vermessenen »Pick-up«-Hörner — sie stammen entweder von Widdern, die von Lawinen oder Steinschlag in die Tiefe gerissen wurden, oder sie kamen aus Altersschwäche, vielleicht durch Wolf, Bär oder den Schneeleoparden zu Fall — erbrachten ein durchschnittliches Hornmaß von 50,5 Inch und einen Basis-Mittelumfang von 15 Inch (1 Inch = 2,54 cm). Die stärkste, im Hotel vermessene Fallwild-Trophäe erreichte 56 bzw. 15,5 Inch. Da würde im Jagdgebiet keiner fackeln! Dieser erste »Anschauungsunterricht« erwies sich später beim Ansprechen im Gelände als äußerst heilsam!

Wesentlich kapitalere Stirnwehr begegnete mir allerdings nirgends. Vermutlich verwittert der Hauptschmuck alter Recken — sofern ihn nicht gelegentlich durchziehende Hirten auflesen, was ich fast annehme — irgendwo einsam, hoch oben am Rande des ewigen Eises. »Immerhin (ist) das Gebirge so hoch, daß ein Mann von morgens bis abends steigen muß, um die Gipfel zu erreichen«, wie Marco Polo vor mehr als einem halben Jahrtausend schon schrieb.

Die Ausrüstung steht

In dieser öden und wohl unbekanntesten aller Bergwelten der Gegenwart wird einem ständig die eigene Winzigkeit und Ohnmacht bewußt. Die Versuchung, sich bei der die Sinne fast lähmenden Eintönigkeit gehen zu lassen ist groß und nicht ungefährlich. Trotzdem, und hier teile ich die Meinung des großen Jägers Robert Ruark, bleibt verblüffend, »wieviel Leben in ein Zeltlager komprimiert werden kann«.

Es kostet mich täglich Überwindung, bei Schneefall und Kälte, mindestens dreimal eine gute Stunde lang, stoisch meine Runden auf dem ums Zelt getrampelten Pfad zu drehen, laufend Atemübungen und Kniebeugen zu machen, trotz des fehlenden Durstgefühls ständig zu trinken und bei Laune zu bleiben. »In der Wildnis gibt es eine Geduld«, schreibt Jack London, »die beharrlich, unerschöpflich, beständig wie das Leben selbst ist«.

Geübten Alpinisten erscheint all das vielleicht selbstverständlich. Aber mit mehr als einem halben Jahrhundert und damit zwanzig Jahren mehr auf dem Buckel als der älteste meiner russischen Begleiter, läuft der Motor eben nicht immer ganz so rund wie früher. Am meisten ärgert mich, da Lesen und Schreiben bei dieser Kälte und dem schlechten Licht im Zelt einfach unmöglich sind, daß ich den Walkman und die Lieblingskassetten beim zweiten Start in diese Bergwüste im Hotel in Duschanbe zurückließ. Nun, wir wollten ja in längstens vier Tagen wieder zurück sein! Welch ein Irrtum! Wenigstens steht die eigene Ausrüstung. Das schont die inzwischen etwas dünner gewordenen Nerven. Was schert es mich, daß mein Visum seit über einer Woche abgelaufen ist? Weitaus wichtiger sind mir die dicken Kanada-Stiefel mit Filzeinlage im Camp, vor allem mein doppelter Schlafsack — den mir meine vorausschauende Frau fast aufdrängen mußte — sowie die Feldflasche mit abknöpfbarer Ummantelung, die ich laufend mit meiner heißen Teeration füllen und damit auch als Wärmflasche nutzen konnte. Die rauch- und geruchlosen Taschenöfchen bewährten sich in dieser Höhe ebensowenig wie die dicken Daunenfüßlinge im Schlafsack oder die fast luftdichte, sofort vereisende Schneebrille. Eine Neuentdeckung und echte Hilfe war nachts im Zelt und im Schlafsack, insbesondere beim gefährlichen Rückmarsch in tiefer Dunkelheit — wie etwa nach meinem ersten Weidmanns-

heil — eine batteriebetriebene Stirnlampe. Die überließ mir, kurz vor meinem erneuten Alleingang in den Pamir, der nach seinem Weidmannsheil auf Marco Polo und Sibirischen Steinbock inzwischen wieder am heimischen Herd sitzende Mitstreiter S.M.. Ihm verdanke ich auch die zunächst etwas skurrile aber mit erfolgsentscheidende Idee der zwei ausziehbaren Alustöcke mit Schneeteller, welche ich zum ersten Mal bei diesen Pirschgängen einsetzte. Welch eine Entlastung für die Beine, sich mit Unterstützung der Arme durchs Gelände zu arbeiten und bei den ständigen Verschnaufpausen auf diese Stöcke gelehnt, sich schneller als sonst fangen zu können. Während des Rastens bewunderte ich insgeheim jene Bergsteiger, die sich nur so zum Spaß, des Kraxelns wegen, solche Strapazen aufbürden.

Selbstredend, daß jeder mit dem anderen alles teilte. Das galt für Medikamente, insbesondere gegen die in dieser Höhe gefährlichen Durchfälle und Erkältungen, oder für Spezialkost und Kraftnahrung ebenso, wie für Batterien, Gewehrputzzeug und Kleinausrüstung. Auf diesem Weg kam ich zu einer Ersatz-Gletscherbrille, während ich einen Jagdfreund mit meiner Zweitkamera vor einer bösen Pleite bewahrte: Ihm ging bereits im Basislager, buchstäblich nach der ersten Aufnahme, der Fotoapparat hops. Bei Wildnisjagden gehören eben immer je zwei Brillen, Taschenlampen und Fotoapparate, Reservebatterien, Ersatzmütze sowie ein zweites Paar Handschuhe ins Gepäck. Sie ermöglichen bei Verlust die Fortführung der Jagd und sind später ein sinnvolles Geschenk für Jagdführer und Helfer. Ausgesprochen hilfreich und beruhigend waren neben einem kleinen Thermometer und einer Trillerpfeife am Parka — gerade sie ist in der Wildnis, bei Sturm und Nebel unerläßlich, vor allem kräfteschonend und wirkungsvoll — einige Gasfeuerzeuge und, als eiserne Reserve, ein Dutzend große Trockenspiritus-Tabletten. Zusammen mit einem Mini-Esbitkocher, hätte ich mich im Katastrophenfall immer noch drei bis vier Tage mit Tee und warmen Getränken versorgen können. Zweckmäßig ausgerüstet, läßt sich jedenfalls auch im Pamir,

selbst nach über einer Woche »Teetrinken und Abwarten« — das gilt hier wörtlich — mit größerer Gelassenheit auf einen überfälligen Hubschrauber warten. Ich würde übrigens den »fliegenden Drachen«, so wie es 1924 die knapp zweihundertfünfzig Einwohner der gottverlassenen Siedlung Duschanbe bei der Landung des ersten Flugzeugs auf den Feldern ihres Dorfes taten, ebenfalls liebend gerne mit einem Fuder Heu, nötigenfalls mit meiner letzten Flasche Whisky, die in dieser Höhe sowieso unnütz ist, willkommen heißen!

Bis auf längst gefrorenes Brot und Zwieback, die heute Abend zur Neige gingen und mich zu guter Letzt einen Eckzahn kosteten, ist unsere Versorgung noch für Tage ausreichend. Trotzdem schwört der Koch täglich fünfmal lauthals, sich nie wieder in so ein verdammtes Jagdcamp abstellen zu lassen. Außerdem hat er panische Angst vor einem nächtlichen Überfall der Bären oder Wölfe. Er hält sich deshalb stets in meiner Nähe auf, da ich als einziger eine Waffe habe. Die übrigen Mitstreiter, vor allem der Dolmetscher — selbst kein Jäger und kaum bergerfahren — halten sich in bewundernswerter Weise. Man merkt keinem an, daß er ständig in sich hineinflucht und nur darauf wartet, daß die Bergriesen endlich mal tief durchatmen und der Himmel aufreißt.

Das wäre dann die Gelegenheit, auf einen der immer wieder, in scheinbar unerreichbarer Höhe, aus den Seitentälern einwechselnden Sibirischen Steinböcke zu pirschen.

Ich vergesse nicht, wie wir am dritten oder vierten Tag sehnsüchtig die nebelverhangene Westflanke unseres Jagdgebietes, mehr »röntgend« wie glasend, absuchten, ob nicht doch das am Vortag gesichtete Steinbockrudel irgendwo aufgetaucht sei. Die mehrmals im Nebel kurz freigewordenen Recken trugen Rekord-Waffen bisher nicht gekannten Ausmaßes. Alleine wegen des Rudelführers, der sich gelangweilt mit dem Hinterlauf am Lauscher kratzte und dessen Hornsäbel dabei weit über die Hinterhand hinausragten, wäre ich, wenn nötig und bei diesem Mistwetter möglich, auf »allen Vieren« hochgepirscht. Wie wurmte mich später, daß ich am ersten Tag der Testjagd während des Gewehreinschießens es ablehnte — wir hatten ja noch soviel Zeit! — einen Kapitalbock anzugehen, der völlig alleine und unbeeindruckt von unserem Geballer, am jenseitigen Flußufer, etwa 700 Meter entfernt, vertraut durch die Felswand zog. Wenigstens verbesserte ein Mitjäger mit seinem braven Steinbock — der wesentlich stärker war als das kümmerliche Präparat im Museum in Duschanbe, wo übrigens nicht einmal ein Marco Polo-Widder steht — unser Jagdkonto. Dies ist inzwischen »Schnee von gestern«. Nun, zum Trost ist ein ordentlicher Steinbock auch später noch und in wesentlich tieferen Regionen, etwa vom 2900-3500 Meter hochgelegenen Akklimatisationscamp Altyn-Mazar aus, zu holen.

Sturheit siegt

Nach diesen miesen acht Tagen reicht es uns bis auf die Haut, obwohl sich die Mannschaft großartig schlägt. Das ist umso erfreulicher, als — rück-

blickend — meine Träume bereits am ersten Tag dieser Wiederholungsjagd, wegen einer kleinen Meuterei, beinahe zerplatzt wären. Mein Vorhaben hing seinerzeit an einem seidenen Faden! Doch gemäß der Parole jedes Überlebenstrainings, »wenn alle Wege verstellt sind, bleibt nur der Durchbruch nach oben«, behauptete ich mich. »Wir bleiben!«, protestiere ich und bedeute den beiden Jagdführern, daß ich, trotz des einsetzenden Schneefalls und der scheinbaren Aussichtslosigkeit dieser Pirsch, gar nicht daran denke, jetzt umzukehren. Juri, ein knochenhartes Rauhbein, der bisher unermüdlich für den Jagderfolg kämpfte, zeigt vielsagend auf seine für diese Hochgebirgsexpedition läppischen Gummistiefel. Er schlottert vor Kälte und versucht in »Tadschik«, der einzigen persischen Sprache im Vielvölkerstaat UdSSR — sie kam vermutlich im Gefolge der Kriegszüge Alexanders des Großen ins Land — auch Berdy zum Abbruch der Jagd und für den Rückzug ins Camp zu überreden. Selbstbewußt, aber wie bei allen Angehörigen alter Kulturvölker, keinesfalls

rüpelhaft oder verletzend, gab man mir zu verstehen, daß für heute »Jagd vorbei« sei. »Nein!«, widerspreche ich kurz und bündig und schalte auf stur. Immerhin habe ich mehrfach, zuletzt noch vor unserem erneuten Flug in den Pamir, auf die ungenügende Ausrüstung hingewiesen und Abhilfe angeboten. Deshalb, liebe Freunde, trifft euer Jammern jetzt wirklich auf taube Ohren!
Schließlich bin ich bei der in der vergangenen Woche nicht immer ganz wunschgemäß verlaufenen ersten Testjagd, mit einer höchstens mageren »Alibitrophäe«, bisher nicht gerade vom Jagdglück verwöhnt worden! Ein Grund, weshalb ich die Strapazen einer sofortigen Nachfolgejagd und unverzüglichen Rückkehr in diese unwirtliche Bergwüste nochmals auf mich nahm. Und da sollte ich jetzt, mein Ziel plötzlich wieder zum Greifen nahe, vorzeitig das

Sibirischer Steinbock. Das war der Erste. Der Pamir beheimatet Tausende.

Handtuch werfen?! Dieser jetzige zweite Anlauf fiel keinem leicht. Trotz der voraussehbaren organisatorischen und bürokratischen Hindernisse, insbesondere der wetterbedingten Widerwärtigkeiten, buckelte ich mir bewußt nochmals alles Risiko auf, um diesmal alleine, nur begleitet von einigen Tadschiken, Fortuna zu bezirzen. Nachdem Juri und Berdy ohne langes Beschwatzen sofort wieder dabei waren und glücklicherweise auch ein Hubschrauber zur Verfügung stand — wie wir später erfahren, saß die amerikanische Jägergruppe, die unmittelbar nach uns in den Pamir aufbrechen sollte, wegen schlechten Flugwetters noch im fernen Moskau fest —, war die Neuauflage dieser Jagd die einzig logische Entscheidung gewesen. Nach den hinter mir liegenden Pirschtagen besaß ich handfeste Pamir-Erfahrung, hatte eine Ahnung vom Verhalten der Marco Polo-Schafe und kannte deren Lebensraum. Außerdem verfügte ich gerade jetzt über eine gediegene Kondition und den nötigen »Biß«. Da uns die abgefeimte Polo-Sippe mehr als einmal buchstäblich kaltgestellt hatte und aus ihrer strategischen Überlegenheit im deckungslosen Gelände von uns oft überhaupt keine Notiz nahm — höchstens mal mit dem Spiegel »herübergrüßte« — galt es einige offene Rechnungen zu begleichen. Mal sehen, ob Hochmut nicht doch vor dem Fall kommt!

Wie immer, wenn man sich längere Zeit in der Wildnis herumtreibt, dachte ich nur noch gelegentlich an zu Hause. Die Gedanken kreisten jetzt vorrangig um Fehler und Versäumnisse der zurückliegenden, teils unbefriedigenden Testjagd, wobei Überlegungen um den Erfolg dieser Neuauflage natürlich im Vordergrund standen. »Über Vergangenes mach dir keine Sorgen«, sagen die Chinesen, »dem Kommenden wende dich zu«.

Und da wollte der gute Juri, kurz vor dem Schwur, plötzlich die Fahne einrollen. Gerade Jagderfolg ist ein Geschöpf aus Zuversicht und Disziplin, echte Wildnisjagd »...mit der Ordensregel der Mönche und der militärischen Dienstordnung auf eine Stufe zu stellen«, wie Ortega y Gasset betont. Ganz im Sinne dieser Philosophie, auch weil sich eine ähnliche Chance vielleicht nie wieder bietet, erkläre ich deshalb den beiden Begleitern kompromißlos, daß ich, selbst wenn sie jetzt umkehren, auf jeden Fall bleiben und notfalls alleine weiterpirschen werde. Das zeigte Wirkung!

Etwas verlegen und nach einigen kumpelhaften Schlägen auf die Schulter schnell wieder ein Team, setzten wir die Bergpirsch fort: Im Schneckentempo, jeder Schritt wahrhaft »atemberaubend«.

Doch was zählte alle Schinderei, wenn talaufwärts, vielleicht einen halben Kilometer schräg über uns, in einer jetzt nicht einsehbaren Geröllfalte, sich jener Trupp Marco Polo-Rams rumtrieb, dessen Erkundschaftung mich vor einigen Stunden förmlich vom Zeltboden riß? Das waren schließlich keine Hirngespinste gewesen!

Erstaunlicherweise ästen die Wildschafe immer noch in unserer Nachbarschaft, obwohl erst am Spätvormittag der schwere »Mi 8« — auf den sich wegen fehlender Tragtiere, insbesondere von Yaks, zunächst leider nicht verzichten läßt — laut dröhnend neben den windigen Zelten des Außencamps, etwa fünf Stunden Marsch vom Hauptlager Balandkiik entfernt, niederging.

Wir hatten gerade unsere Habe in den bescheidenen Wigwams verstaut, als mich im Küchenzelt der Kirgise mit seiner Sensationsmeldung aufscheuchte, gut zwei Kilometer entfernt, in den offenen, teils vom Schnee freigewehten Schluchten der Südwesthänge flanierte ein neun Kopf starkes Rudel Marco Polo-Widder. »Choroscho, choroscho!« (Schön, schön!), schnalzte er aufgeregt mit der Zunge. Seine Begeisterung erstickte jeden Anflug von Trägheit. Bis uns der Hubschrauber wieder abholen würde — und sofern das Wetter mitspielte — standen sowieso nur drei Tage zur Verfügung. Da mußte jede Chance sofort genutzt werden! Ein drittes Mal würde ich so schnell nicht mehr hier heraufkommen!

Bis zum Einbruch der Dunkelheit verblieben uns knapp fünf Stunden Zeit, das mußte reichen. Meine Bedenken während des Aufbruchs, ob der kalte, mit seinen weiterästelten Nebenarmen meist unter trügerisch dünner Schnee- und Eisdecke dahinschießende, hier etwa zweihundert Meter breite Balandkiik jetzt überhaupt zu überschreiten sei und eine anschließende Querpirsch ohne jede Deckung eigentlich Erfolg haben könne, ignorierten die Russen. Micha, der Dolmetscher, der wie immer im Camp zurückblieb, unterstrich, daß für die zwei Jagdführer weder der Fluß noch der Berg ein Thema sei: »Ihre Sorge gilt einzig und allein der kompromißlosen Aufmerksamkeit der Wildschafe!«

Hiervon hatte ich bei unserem ersten Trip vor einer Woche, gleich am allerersten Abend im Hauptcamp eine Lektion erhalten. Damals defilierten, dreihundert Meter über uns und vielleicht doppelt so weit entfernt, sechzehn reife Widder im Gänsemarsch, wie ein waffentragender Stoßtrupp, im letzten Sonnenlicht an uns vorbei. Sie ließen uns keine Sekunde aus den Augen. Ständig herabspähend, zogen sie bei jeder geringsten Bewegung im Tal — welches längst im Schatten der Dämmerung lag — jedesmal unverzüglich in höhere Gefilde und wahrten einen genau kalkulierten Sicherheitsabstand. In diesen rauhen Zonen leisten sich die damhirschschweren Wildschafe keine Fehleinschätzung, welche sie später durch kräfteraubende, riskante Sprints wettmachen müßten.

Der unmißverständlich fragende Deut meines Jagdbegleiters nach oben, »Sollen wir nicht doch versuchen...?«, ging damals wohl auch deshalb ins Leere, weil wir glaubten, noch die ganze Jagdzeit vor uns zu haben. Doch der Zauderer versäumt den Zuschlag! Die folgenden Tage, als nicht alles so lief wie geplant und gewünscht, bedauerten wir mehrmals, diese erste, vielleicht beste Gelegenheit, fahrlässig verpudelt zu haben. Da half uns kein Lamento mehr!

Was soll schiefgehen?

Heute jedenfalls, bei der »ersten Runde des zweiten Durchgangs«, wollte ich mir einen ähnlichen Schnitzer nicht wieder an den Hut stecken. Reue ist der erste Weg zur Besserung. Irgendwo auf der anderen Talseite bummeln die von Berdy ausgemachten Widder! Wie bittere Erfahrungen zeigen, haben bei

Überrascht in 4700 m Höhe. Keine Deckung! Jetzt heißt es flott ansprechen und tief Luft holen. Diese Szene bannte noch keiner auf die Platte.

der Bergjagd, insbesondere auf das wachsame, unstete Steinwild, blindes Vertrauen auf den Zufall oder einen guten Anlauf beim Ansitz, etwa überm Hauptwechsel, nur selten Erfolg.

Es ist noch früh am Tage, und auf die 7 mm Remington Magnum mit dem 11,3 Gramm TM-Geschoß ist Verlaß! Das bestätigen während der kurzen Zwischenlandung im immerhin 3200 Meter hoch gelegenen Altyn Masar die beiden Probeschüsse auf 200 Meter. Winddrift, verminderte Erdanziehung, wesentlich dünnere Luft, 30 Zentimeter Treffpunkt-Tieflage bei 300 Meter Entfernung — von dieser »Spezialisten-Ballistik« wollte ich mich jetzt nicht verrückt machen lassen. Sie mußte erst später, vor Ort, richtig »verbandelt« werden.

Der trockenkalte Gletscherwind, völlig ungewöhnlich für diese Jahreszeit, insbesondere bereits am Nachmittag, paßt! Wie bestellt, steht er uns voll ins Gesicht, wenngleich er nicht gerade schmeichelt. Was sollte da eigentlich noch schiefgehen? Wir mußten jetzt gemäß der alten russischen Lebensregel, daß man über einen Graben nie mit zwei Sprüngen kommen kann, nur entschlossen dranbleiben!

Der »handverlesene«, immer vor sich hinlächelnde Berdy, ein gegerbter Jägertyp wie aus dem Bilderbuch, spurt im oft knietiefen Neuschnee ins höherliegende, teils schneefrei gefegte und von unzähligen Gesteinsbrocken übersäte Felsgebiet, dessen verwehte Oberfläche an eine im Wind sich kräuselnde See erinnert.

Den Kopf voll von süßen Bildern jener alten Widder, die wegen der weitausladenden, schweren Schnecken kaum mehr ihr Haupt nach rückwärts zu drehen imstande sein sollen, arbeite ich mich in der Spur des Kirgisen voran. Juri, der auch hier den Ton angibt, bildet die Nachhut. Er ist längst unterwiesen, mit meiner Automatikkamera, hautnah und in seinen Bewegungen synchron mit uns verschmolzen, das Finale in allen Einzelheiten zu »schießen«. Der anstellige Russe, der vermutlich als einziger der

tadschikischen Wildbiologen aktuelle Fotos von fast allen freilebenden Wildtieren des Pamir — und außerdem imposante Trophäen, teilweise in Weltrekordqualität — besitzt, brauchte keine lange Belehrung. Somit stand auch einer Bilderchronik über diese aufregende Jagd, falls es überhaupt dazu kam, nichts im Wege. Fotodokumente waren Beweise.

Juri bewies große Übersicht, Instinkt und gute Geländekenntnis, als er uns bald darauf ohne jeden Zwischenfall über den unberechenbaren Balandkiik schleuste. Die vielen dunklen Flecken im weitverzweigten Flußsystem verrieten, wie dünn die Eisdecke stellenweise noch war. Jedem Schritt ging ein vorsichtiges Abtasten der Auftrittfläche voraus. Es war unheimlich, immer wieder die dumpfe Begleitmusik der gurgelnden Wasser zu hören und die unter den Füßen rollenden Steine zu spüren. Nicht auszudenken, wenn hier einer ins Wasser oder gar unters Eis gerät. Wer sich da wieder herausarbeitet, bekommt sicherlich nicht nur kalte Füße! »Wanderer, gib acht, hier bist du wie eine Träne an der Wimper«, mahnen in einem der Volkslieder die Tadschiken vor Gefahr und Wildheit ihrer Natur. Ab Frühsommer gehören hier zur Ausrüstung unbedingt Hüftstiefel, wie sie

die Alaskaner in der Wildnis und die Fischer bei uns benützen. Sonst kommt man nicht über die reißenden Schmelzwasser.

Ohne jeden Zwischenfall erreichen wir das jenseitige Ufer. Es lohnt nicht, schon jetzt über den Heimweg und die Gefahren der unausweichlichen Flußüberquerungen, noch dazu bei Dunkelheit, nachzudenken. Wir rackern uns Schritt für Schritt im ansteigenden Gelände hoch. Nichts kann uns jetzt bremsen. »Es gibt eine Ekstase«, schreibt Jack London, »einen Höhepunkt der Vitalität, über den hinaus sie sich nicht mehr steigern kann.« Genau dieses Gefühl treibt uns! Die Lungen pfeifen in dieser dünnen Luft — das gehört zum »guten Ton«! — doch die Beine halten her; wie beim ersten Trip vor acht Tagen. Jetzt zeigen die zweimal täglich dreißig Kniebeugen, sowie die flotten Spaziergänge vier Wochen vor Aufbruch zu dieser vorhersehbar nicht ganz alltäglichen Jagdreise, Wirkung. Außerdem hatten wir den wetterbedingten, mehrtägigen Zwangsaufenthalt in Duschanbe, im übrigens ausgezeichneten Hotel »Tadschikistan«, entsprechend genutzt. Dort, und im herbstlich angenehmen Hissar-Tal, wo einst so legendäre Koranschulen wie die Medresse »Kuchna« standen und

heute noch das Grabmal des Gründers des berühmten Derwischordens »Nahschbendi«, die von drei Kuppeln gekrönte »Masar« des Scheich Ahmad zu bestaunen ist, wohin sich bis 1924 die Emire von Buchara mit ihrem Harem vor der heißen Sommerglut zurückzogen, ließ es sich auch für uns, trotz Zwangspause, angenehm leben. Wir dachten immer etwas an unsere Muskeln und Lungen, nahmen mehrmals am Tag die fünf Hotelstockwerke im Spurt, verzichteten grundsätzlich auf den Lift und stellten immer wieder befriedigt fest, daß der Puls nicht verrückt spielte. Oben im Pamir, in 4200 bis 4900 Meter Höhe, im Wüstengebirge mit niedrigster Luftfeuchtigkeit, wo das Steigen zusätzlich meist durch Gegenwind erschwert wird, noch dazu winterlich beengt gekleidet und vermummt wie ein Eskimo, kam es dann allerdings laufend zur Nagelprobe. Ausgesprochen ärgerlich war, daß ich mir zum Schutz gegen Wind, Schnee und Sonne mit einer simplen Skibrille behelfen mußte; die von Experten gerühmte Gletscherbrille war viel zu kleinflächig, lag zu eng an und vereiste deshalb ständig. In einem Anfall von Wut ging sie schließlich den Balandkiik hinunter! Die Sonnenreflektion war teilweise so intensiv und gefähr-

lich, daß die russischen Begleiter, als Ersatz für fehlenden Blendschutz, sich ihre Wollhauben übers Gesicht zogen und in sie Sehschlitze schnitten.

In der Klemme

Es geht erfreulich gut voran. Längst sehen wir die beiden Zelte nicht mehr. Der Koch und mein Dolmetscher werden es sich jetzt dort gerade bei heißem Tee, getrocknetem Dörrobst und angenehmen Plausch gutgehen lassen! »Selber Schuld!«, grübelte ich gerade, da drückt mich Berdy mit einem leisen Zischen jäh in die Knie. Aus der inzwischen stärker einsehbaren Schlucht zieht — Schneckenrad hinter Schneckenrad — schräg von uns weg, aber mit freiem Auge bestens anzusprechen und keine 600 Meter mehr entfernt, ein Fünferrudel Pamir-Widder auf den Grat zu. Es verhofft mehrmals und sichert nach allen Seiten. Der Trupp schlendert vertraut doch unbeirrt von uns weg nach oben. Nur jetzt keine Bewegung! Bereits die verrutschte Kapuze des Schneehemds, jedes abrupte Abglasen, quasi jeder »falsche Augenaufschlag«, würde diese mißtrauischen Burschen unweigerlich über alle Berge scheuchen; verschwun-

den, wie Martha in Flotows Oper. Wo steckt eigentlich der Rest des Clans? Verdrückte er sich inzwischen über den Hang hinweg oder äst er noch vor uns im toten Winkel? Schlendern die Widder gar die andere Seite unserer Schlucht hoch, geradewegs auf uns zu? Fieberhaft jagen sich Zweifel und Fragen: Was tun? Welches ist der nächste, der richtige Schritt? Hoffentlich schieben wir keine Pleite! Meine Begleiter sind Gott sei Dank alles andere als Eisenfresser. Trotz der äußerst unbehaglichen Lage und ohne die geringste Deckung, behalten wir die Nerven und gewinnen allmählich Oberwasser. Natürlich juckt es, wenigstens mit dem Fernglas rüberzuleuchten! Doch die Gefahr, daß eines der fünf aufmerksamen Augenpaare schon diese kleinste Bewegung in der ihm völlig vertrauten Umgebung gewahrt, argwöhnisch den Braten riecht und in Panik den ganzen Trupp mitnimmt, stoppt jede Neugier. Ans Spektiv traut sich überhaupt niemand zu denken. Das geht an die Nerven. Ich muß mich ablenken. Ist Jagd anderswo, wenn man wenigstens die notwendige Luft zum Atmen erwischt, oft einfach! Nach gut zehn Minuten, gerade als der Fünfertrupp die Bergkante erreicht und diese ohne ersichtlichen Grund plötzlich in höchster Eile überfällt, treten langsam dahintrödelnd, rechts und etwas näher zu uns, die vier gesuchten Nachzügler auf die Bühne. Prachtvoll! Die wirklichen Herren des Balandkiik! Erkennbar wuchtiger, dickschädeliger, einfach majestätisch: Die Gebieter dieser Hochwüste! Ein eigentlich verdrießlich wirkender Altherrenclub, vermutlich erst wieder Ende November besser gelaunt, wenn er sich auf Freiersfüßen den während des Jahres eher lästigen Familienverbänden zugesellen kann. Nun, ich werde keine Skrupel haben, den ungemein vorsichtigen Klotz-Widder, der links des kleinen Trupps verharrt, aus seiner schrulligen Stimmungslage und von allen sonstigen irdischen Qualen zu erlösen. Hiervon trennt ihn nur noch die quer zwischen uns liegende, leider wiederum völlig deckungslose, schüsselflache Schlucht.

Die Burschen nehmen sich unendlich viel Zeit. Leicht aufgefächert schlendern sie im Konvoi, schier berstend vor Selbstvertrauen und ohne die Umgebung ernsthaft zu prüfen — bisher eben kaum behelligt! — dem Scheitel der Schlucht zu. Bei arktischen Gefrierfachtemperaturen kauern wir bewegungslos auf den Knien im Geröll. Doch da wendet sich das Blatt — unheilvoll!

Schlagartig, wie auf Kommando, verhoffen die Hornträger und äugen höchst alarmiert zu uns herüber. Ein

Wüstengebirge. Der Balandkiik vereist gerade. Überraschender Winter- und Kälteeinbruch macht uns zu schaffen.

aufregender Anblick, der einem die Luft nimmt und zugleich für tausend Mühen entschädigen könnte, wäre das Verhängnis nicht so nahe!

Woher diese überraschende Nervosität? Fiel uns unversehens — wahrhaft im Sinne des Wortes — der Wind in den Rücken? Vor Anspannung und wegen des Jagdfiebers, das mich packt wie seit vielen Jahren nicht mehr, klappern mir die Zähne.

Da! Ein leises Klick: Juri hat sich in Millimeterarbeit hinter mir hochgehievt und haarscharf über unsere Köpfe hinweg ein erstes, wie sich später zeigte, sensationelles Marco Polo-Foto geschossen: Zwei Jäger im offenen Geröll, vor ihnen, im Gegenhang, vier herübersichernde Widder! Der linke, etwas vorgerückte Truppführer verkörpert alle Wünsche und Träume! Berdy, an dem ich fast klebe, atmet schwer und ich

spüre, daß auch er in den nächsten Sekunden die Entscheidung erwartet. Das kann gar nicht anders sein! Jetzt ja kein Gezappel!

Der Rudelchef macht erneut einige Schritte zur Seite, bleibt abermals unschlüssig stehen — »Breitleinwand!«. Er wendet keinen Blick von uns. Alles bisher Gewisse ist ihm jetzt ungewiß. Er kann mit den drei vor ihm zusammengesunkenen Haufen noch nichts rechtes anfangen, bleibt deshalb voll »auf Empfang«. Immer wieder streckt er den Träger vor, gerade so, als wollte er den Abstand zwischen sich und uns verkürzen. Er weiß aus Erfahrung, daß sich jede Kreatur, wenn man sie nur beharrlich beobachtet, über kurz oder lang durch eine unbedachte Bewegung verrät. Dahin zielt seine Taktik.

Die Spannung knistert auf beiden Seiten. Wer besitzt die besseren Nerven?

Der wie eine Zielscheibe breitstehende Rädelsführer dieser Bande jedenfalls läßt nicht locker. Die unruhig kreisenden Lauscher und sein Wedel verraten: Der Alte hat Lunte gerochen! Seine Kumpane, zur schnellen Flucht bereits schräg gestaffelt im Hang, mustern uns ebenfalls unverwandt, bereit, beim geringsten Verdacht davonzuhetzen.

Der entscheidende Ruck

Während ich mich mit größter Sorgfalt auf die nächsten, alles entscheidenden Minuten konzentriere, unmerklich den Mündungsschoner und die völlig vereiste Zielfernrohrkappe abziehe — ohne auch nur einen Blick von den Schafen zu tun — überfällt mich plötzlich die böse Erinnerung an den gottverdammten Fehlschuß vor einigen Tagen. Gerade jetzt, wo ich keinen Zweifel an mich, an die Mauser 66 und meine ballistische Eigenrezeptur brauchen kann! Obwohl meine Sinne auf den mir gegenüberstehenden, wesentlich stärkeren Widder gerichtet sind und der »Countdown« bereits läuft, sehe ich plötzlich wieder den vor einer knappen Woche bei der ersten Pamirpirsch alleinstehenden, wuchtigen Recken vor mir. Er war weit über 400 Meter entfernt. Sein dicker Träger und der aufregende Hauptschmuck waren voll sichtbar, der Körper jedoch über die Hälfte von einem Hügel verdeckt. Ich hatte eigentlich schon »Nein!« entschieden, ließ mich dann jedoch auf Drängen der Jagdführer, die wie überall auf der Welt so taten, als wäre das überhaupt keine Distanz, überreden. Liegend, auf dem nächstbesten Felsbrocken aufgelegt, setzte ich das Fadenkreuz entsprechend hoch über dem breitstehenden, nur bis auf Blatthöhe freien Wildkörper an — und überschoß den Burschen. Geschüttelt von Fieber, Zorn und Enttäuschung war ich zunächst fassungslos und, alleine schon wegen der Entfernung, unfähig zu einem zweiten Schuß. Da half kein Fluchen und keine Ausreden! Die erste große Gelegenheit war versaut, alle Umsicht, sämtliche Strapazen und guten Vorsätze von einer Sekunde auf die andere zu »warmer Luft« geworden. Ich hatte glatt gefehlt und mußte die bittere Pille

Rückflug. Erschöpft, aber zufrieden.

schlucken. Heute weiß ich, daß mich vermutlich die Befürchtung, ja nicht ins felsige Gelände zu funken, daran gehindert hatte, anstatt der gut vier, höchstens nur knapp zwei Handbreit über der Rückenlinie »krummzumachen«. Glatt überschossen!

Doch im Augenblick paßt mir diese immer noch unverdaute Niederlage nicht in den Kram. Mit einem fast wütenden »Verflucht nochmal, was soll das jetzt?« schüttle ich die bittere Erinnerung ab. Seit dem ersten Anblick des Vierertrupps sind jetzt höchstens zehn Minuten verstrichen. Der »Stellungskrieg« ist unverändert. Es bedarf längst nicht mehr des »Schieß! Schieß!«, mit dem mich Juri von hinten bedrängt, auch nicht des aufgeregten Schlagens von Berdy gegen meinen Fuß. Die Würfel sind gefallen! In dieser Lage hilft, wie so oft bei einer Pirsch ohne jede Deckung, nur eine tollkühne, in allen Zügen blitzschnell vorbedachte Überrumpelung. »Jetzt oder nie! Schließlich bist du wegen einer Trophäe im Kaliber dieses Widders ein zweites Mal hier heroben!«, sage ich mir fast grimmig vor, gebe mir einen letzten inneren Ruck und ziehe im Bruchteil einer Sekunde den längst durchgeladenen, auf achtfache Optik eingestellten Repetierer in die Schulter. Kniend, haarscharf über Berdy hinweg, lege ich mit hohem Visier an, steche, hole tief Luft — und bin in meinen Reaktionen wesentlich schneller als der völlig überraschte, fassungslose, eine Schrecksekunde lang zu unentschlossene Kapitalwidder. Sein Befehl zur Flucht ist zu zögerlich,

kommt viel zu spät! In einem Gefühl von Ahnungslosigkeit und Staunen zertrennt ihm das schnelle Geschoß den Lebensfaden und in der herzschlagkurzen Spanne zwischen Knall und Repetieren sinkt das Haupt in Zeitlupe nach vorne zu Boden.

Benommen, fast gelähmt von Anstrengung und Aufregung, dröhnen in mir sekundenlang, wie eine ferne Erinnerung, der dumpfe Kugelschlag und der kurze, schwache Widerhall des Schusses nach. Das Haupt bergwärts gerichtet, so als wollte er seine längst über den Grat hinweg geflüchtete Begleiterstaffel noch anflehen ihn nicht im Stich zu lassen, streckt sich der von kaltem Blei bezwungene Widder und liegt, nach kurzem inneren Erbeben, bewegungslos im Schnee. Almasty war geschlagen!

Der paßt, aber...

Wortlos und ohne das geringste Zeichen persönlicher Beteiligung, springen meine Begleiter auf und eilen zum Gegenhang, während ich die sofort nachrepetierte Mauser 66 absetze und immer noch, wie ausgebrannt, im Geröll knie. Knapp 200 Meter Luftlinie zwischen mir und der flachen, turmhohen Schlucht liegt die langersehnte Beute! Und im Gemisch der Gefühle aus unbändiger Freude und tiefer Erleichterung erlischt kurzfristig aller Jagdeifer — ich habe plötzlich viel Zeit. Wie im Zeitraffer ziehen in mir die vielen Stationen meiner beiden Pamirexpeditionen vorüber. Ähnlich jener Träume, deren Ausgang man sich erst im Wachsein bewußt wird: Start vor einer guten Woche zur ersten großen Testjagd und ihr Abschluß mit einer »Halbstarken«-Trophäe, sowie der deprimierenden Fehlschuß auf einen KapitalWidder kurz vor dem Rückflug. Eineinhalb Tage später erneuter, zweiter Anlauf und Rückkehr in dieses trostlose, inzwischen noch tiefer unter Schnee begrabene Wüstengebirge. Ausgangshöhe 4200 Meter, »direkt unter den Wolken«, wie die »Tadschikistan News« in einer groß aufgemachten, bebilderten Reportage schrieb. Und jetzt dieses Waidmannsheil auf den Boss der »Viererbande«.

Während Juri und Berdy bereits am gestreckten Wild stehen, regen sich nach Minuten eigenartiger Teilnahmslosigkeit bald wieder die Lebensgeister — ich muß hinüber zur Trophäe! Hoffentlich entspricht sie meinen Erwartungen! Wie immer, sind die letzten Zweifel erst ausgeräumt, wenn ich die Schnecken selbst in Händen gehalten habe. Obwohl man bei jeder Jagd viel an Glück und Zufall erwartet, ist gerade jetzt wichtig zu wissen, was oft auch nicht zu erwarten ist! Das bewahrt vor Enttäuschungen.

Langsam, Schritt für Schritt, begebe ich mich in der Spur des kleinen Juri — je schmächtiger der Vormann, desto kürzer die Schritte! — auf die letzten paarhundert Gänge; die sich gestenreich unterhaltenden Russen geradewegs vor mir. Es macht mich ausgesprochen wütend, daß sie in ihrer hölzernen Unbedarftheit gar nicht daran denken, mich durch einem vielsagenden Zuruf oder mit Winken »Jawohl, der paßt!«, aus meinen Zweifeln und Ängsten zu erlösen. Sie stehen, ohne zu reagieren oder durch ihr Mienenspiel Begeisterung oder Enttäuschung anzuzeigen, auch noch wie Hackstöcke vor mir, als ich nach fast einer halben Stunde völlig erschöpft zu ihnen aufrücke. Was ich seinerzeit als Desinteresse deutete, war übrigens nichts anderes als die Beachtung des ungeschriebenen Gesetzes, welches dem Jäger den Vortritt zur Inbesitznahme seiner Beute sichert.

Obgleich die Abenddämmerung bald aus dem Tal zu uns heraufkriechen würde und mir klar war, daß mit all dem Aufwand für Fotografieren und Trophäenversorgung noch einiges an Arbeit auf uns wartete — noch dazu fing es wieder stärker zu schneien an und der Wind verschärfte sich — ließ ich mir Zeit. Immer wieder umspannte ich mit beiden Händen die Basis der weit über einen Meter langen Hornschläuche und genoß meinen Erfolg. Bei zwölf Jahresringen waren mir sämtliche Rekordbuchmaße egal. »Alter vor Zentimeter!«, das entsprach meiner Devise. Ich »verwog« mit beiden Händen das schwere, kaum hochzuhebende Haupt, ließ meine Finger mehrmals über die knuffig zerschundenen Wülste und Kanten der elegant geschwungenen Stirnwehr gleiten und wußte, daß noch nie vor mir eines Menschen Hand dieses herrliche Geschöpf und seine imposante Waffe berührt, vielleicht nicht mal gesehen hatte. Welch einzigartiges Privileg!

Verständlicherweise hatten meine Begleiter jetzt wesentlich handfestere Gedanken im Kopf. Für sie war »höchste Eisenbahn«, nachdem uns mindestens drei Stunden Rückmarsch über den tückischen Balandkiik, bei Dunkelheit und Schneetreiben, noch dazu mit schwerer Last, bevorstanden!

Zuerst mußte die Rekordtrophäe, als die sie sofort angesprochen wurde, für eine kurze Fotodokumentation aufgebaut werden. Dies ist für den in diesem Augenblick meist »geschafften« Jäger eine stets schwierige und leicht unterschätzte Aufgabe. Gerade auf Trophäenfotos spiegelt sich der wahre Unterschied zwischen dem immer zweifelnden, abwägend echten Jäger, der auch nach dem Finale den Respekt vor dem Wild und dessen Würde nicht verliert, und einem jagenden Rabauken. Bei aller Freude über sein Jagdglück, begegnet der gerechte Weidmann gerade der entseelten Kreatur mit Ehrfurcht und Zurückhaltung: stets ein wenig den »Geschmack des Todes auf der Zunge«. Lieber keine Erinnerungsfotos, als jene schaurigen mit Schweiß

Alte Tradition in Zentralasien. Der Bau einer Jurte.

und zersplitterten Knochen, den Fuß voll Stolz auf dem Träger des gestreckten Büffels oder gar rittlings auf dem Grizzly!

Verdammte Plackerei

Die Begleiter machen sich anschließend, bei rabenschwarzer Nacht, mit großem Geschick an die Trophäen- und Wildversorgung. Zum ersten Mal in ihrem Leben schärften sie nach Anweisung — im diffusen Licht der Stirnlampe, bei minus 15° Celsius im Schneetreiben(!) — mit sicherem Schnitt ein Cape entlang der Rückenlinie bis zum Schneckenansatz ab (zusammen mit den Vorderläufen und den Schalen) und lösten es handbreit hinter dem Blatt mit dem ganzen Haupt vom Wildkörper. Der Rest war Routine. Wegen der Wölfe schleppten sie das Gescheide einige 50 Meter talwärts. Dann versengten sie, soweit dies der Wind zuließ, die Decke entlang den offenen Wildpreträndern mit Hilfe ihrer Feuerzeuge, nicht ohne vorher eine Keule als Proviant fürs Camp herauszulösen, und steinten dann den Wildkörper notdürftig im Schnee mit Felsbrocken ein. Zusätzlich sicherte noch jeder an einer anderen Stelle die verborgene Karkasse mit seiner eigenen Duftmarke gegen unliebsame Besucher, ehe wir uns, eine gute Stunde nach dem Schuß auf den langen Heimweg begaben.

Juri, der sich das mit dem Cape umwickelte, fast 30 Kilogramm schwere Widderhaupt als erster auf Nacken und Schultern wuchten ließ, spurte. Ich schleppte die Waffe, Spektiv, Ferngläser und alle sonstige Ausrüstung, gefolgt von Berdy, der eine über 20 Kilo schwere Polo-Hinterhand im Kreuz hatte. Trotz dieser Bürde drückten wir auf Eile und stolperten auf dem schneeverdeckten, meist vereisten Geröll, unsicher staksend wie Betrunkene, bergab. Jeder war darauf bedacht, seine Last, trotz gelegentlicher Ausrutscher und Stürze, heil zu Tal zu bringen. Meine Sorge galt vor allem dem Zielfernrohr und der Waffe. Während dieser Stunden zeigte sich erneut, welch mühselige Auseinandersetzung diese Bergjagden mit einer immer wieder unberechenbaren Natur eigentlich sind. Hier helfen weder Landkarten noch Technik. Vor allem weil ausnahmslos das scheue sensible Wild bestimmt, wohin die Reise geht! Meist »querbergein«, mit waghalsigen Spurts durch Schluchten, über Geröll und Grate — der Jäger hinterdrein. Im Augenblick gibt es auch für uns keinen vorgegebenen Steig oder ausgewaschenen Wildwechsel. Die einzig zuverlässigen Wegweiser sind das kilometerbreite Tal des Balandkiik und die es begleitenden, nebelverhangenen Bergmassive.

Wenngleich ich meine eiskalten, von Frostbeulen geplagten Füße längst nicht mehr spürte und jede Sehne wehtat, war ich trotz der verdammten Plackerei in bester Stimmung. Die riesige Widderschnecke, welche Juri und Berdy im Wechsel auf ihren Schultern vor mir hertrugen und die mehrmals im Schleier der Schneeflocken im Licht meiner Lampe aufschien, mobilisierte fortwährend neue Energie- und Willensschübe. Während einer Rast inmitten des in Hunderten von Rinnsalen tückisch unter der Schneedecke fließenden Balandkiik, hätte ich einiges für einen Flachmann voll klarem Obstbrand gegeben, wobei ich wußte, daß »Scharfes« bei dieser Belastung und in einer Höhe, wo Sauerstoff Mangelware und Atemnot die Regel sind, nahezu tödlich wäre.

Der nächtliche Rückmarsch, insbesondere entlang den quaderübersäten Flußufern, war die Hölle. Wer stürzte, mußte sich selbst hochrappeln. Es hatte keiner mehr die Kraft, dem anderen zu helfen. Völlig erschöpft, mit zerschundenen Beinen und Händen, erreichten wir nach achtstündiger Gewalttour, mit unzähligen Pausen und Flüchen, wie immer vom Dolmetscher und dem Koch freudig begrüßt, das Outcamp. Ohne ein Wort während der nächsten Stunde, schütteten wir warme Suppen und Kannen voll Tee in uns und fielen bald darauf, trotz Eiseskälte in Zelt und Mumiensack, in einen stundenlangen bleiernen Schlaf. Dabei zogen, verstreut über schroffe Berghänge, endlose Marco Polo-Rudel durch meine Träume, immer angeführt von einem kapitalen Widder mit zwölf Jahresringen, der unbehelligt im Nebel verschwand, ohne den im Schnee Gestreckten auch nur eines Blickes zu

Durch Nacht und Schneetreiben. Juri trägt die zentnerschwere Trophäe stundenlang über Geröll, Bergbäche und Eis ins Camp.

würdigen. Dieser gehörte eben nicht mehr zur Welt des Pamir, war Besitz jener Fremden geworden, die zum ersten Mal seit Jahrzehnten sich hier heraufgewagt, einiges riskiert und alles gewonnen hatten.

Während der Nacht und der kommenden Tage wurde der Schneefall dichter, die Flocken schwerer, und bald versanken das Hochplateau, unser kleines Camp und die schweren Hornschnecken vor dem Zelt, immer mehr in der tiefen Neuschneedecke.

Es begannen die langen Tage des Wartens. Unterbrochen von weiterem Jagdglück am übernächsten Abend, abgeschnitten von der Außenwelt und ausgeliefert einer immer bedrohlicher tobenden Natur. Wir hatten notgedrungen viel Zeit zur Versorgung der Trophäen, die ich während der Nacht,

zum Schutz vor den Wölfen, im Zelt unter meiner Pritsche verwahrte. Unsere Gespräche galten nur noch dem Wetter und dem überfälligen Hubschrauber. Ein echter Höhepunkt war natürlich der sensationelle Vorbeizug von über hundert Marco Polo-Schafen gewesen. Nur einen guten Büchsenschuß von unserem Zelt entfernt! Wir meisterten die Bedrohung durch den Mangel an Treibstoff, besiegten unsere Ungeduld und hofften voll Zuversicht auf den Tag, wo über fern im blauen Azur leuchtenden, schneebedeckten Gipfeln dieses Wüstengebirges, ein sich schnell zum Hubschrauber vergrößernder, knatternder Punkt auftauchen würde. Er konnte gefahrlos auf der im Schnee festgetrampelten, großen Landescheibe aufsetzen und mit uns unverzüglich dieser gottverlassenen Gegend wieder den Rücken kehren.

Dann war es soweit.

Nach elf aufregenden, erlebnisreichen Pamirtagen kletterten wir etwas erschöpft aber gut gelaunt und erleichtert in den orangefarbenen Aeroflot-»Drachen« des Oberst Isidrow. Bei einer Zwischenlandung, einige Kilometer vom Lager entfernt, bargen wir das »eingeeiste« Wildpret, drehten eine Ehrenrunde und schraubten uns in einer weiten Schleife immer schneller nach oben, hinweg über die Berge des »Pamer«, Richtung Zivilisation. Als unser Outpost mit den zwei windigen Zelten sich allmählich in der Weite des Hochpamir verlor, überkam mich, trotz aller Freude über den Erfolg dieses Hochgebirgsabenteuers, etwas Wehmut. Beim Anblick der auf dem rumpelnden Hubschrauberboden hin- und herschaukelnden Trophäen überwiegten jedoch bald Gefühle der Erleichterung und eines fast sportlichen Triumphs: »Da sagte der König mit Lachen, besser machen!« Das behielt ich aber für mich. Diesen leisen Anflug von Stolz könnte mir nicht nur Almasty übelnehmen!

Bergfrühling. Mit zwei Prachthähnen auf dem Weg ins Tal.

Techtel-
mechtel im
Morgen-
grauen

Langsam zieht der Morgen herauf. Jetzt räumt der Platzhahn mit der für ihn langweiligen Stille endgültig auf. Gereizt durch sein wütendes Fauchen und Schleifen, fallen mit dem Überraschungseffekt eines Luftlandekommandos, fast gleichzeitig sechs »Brennhahnen« ein. Da ist die Hölle los! Der Spektakel steigert sich zu einem wilden Derwischtanz.

JUGOSLAWIEN

Sozialistische Föderat. Republik	
Hauptstadt	Belgrad (1 600 000 Einwohner)
Bevölkerung	22 690 000
Fläche	255 804 km²
Sprachen	Serbisch, Kroatisch, Mazedonisch, u.a. Volkssprachen.
Währung	1 Dinar = 100 Para

Wildtiere: Alpensteinbock, Auer-, Birk-, Gams-, Niederwild, Bär, Mufflon, Reh-, Rot- und Schwarzwild, Wolf.

Landschaft: Mit seiner zerklüfteten Meeresküste, den Gebirgsketten der Dinariden, dem ostalpinen Gebirgsbereich, dem mächtigen Donautal und weiten Pußtalandschaften eines der beliebtesten Jagdländer Europas.

Klima: Mittelmeer- bis mäßig kontinentales Klima. Entlang der Adriaküste von März bis September/Oktober angenehme Temperaturen. Im Landesinnern heiße und trockene Sommer, Winter kalt und lang.

Sehenswürdigkeiten: Nationalpark Plitvicer Seen: die oberen Seen liegen im Waldgebiet, die unteren sind von steilen Felswänden eingeschlossen. Sehenswerte Klöster und altrömische Baudenkmäler, insbesondere in Split und Pula; ebenso Ljubljana und Dubrovnik.

Jagd: Bequem mit dem PKW erreichbar. Staatliche und private Jagdorganisationen im ganzen Land. Einzel- und Gruppenjagden. Gejagt wird mit Berufsjägern. Jagd zu Pferd, per Fußpirsch, Ansitz oder Drückjagd. Bestände an Wild sind gut gehegt. Waffeneinfuhr problemlos. Die Waffeneinfuhr ist völlig problemlos. Visazwang besteht nicht.

Birkwild

Lyrurus tetrix

E: Black grouse
F: Tétra lyre
Sp: Gallo lira

Ansprechen: Der Birkhahn wird im Durchschnitt 53 cm groß und wiegt 1750 g. Die rotbraun gefleckte und gesperberte Henne ist deutlich geringer. Der »kleine Hahn« trägt ein blauschwarz glänzendes Federkleid mit leierförmigem Stoß und auffallend weißen Unterstoßfedern. Über den Sehern befinden sich die gut erkennbaren roten Rosen.

Lebensraum: Bevorzugt sind Moore und Heideflächen, sowie trockenes Birkenbiotop und Hochalmen. Der Mensch hat ihn in die unzugänglichen Berge abgedrängt. Gehört zu den sensiblen Kulturflüchtern.

Verbreitungsgebiet: Ganz Europa bis Nordasien. Von Skandinavien bis in die Tundren der UdSSR, im Alpenraum, in der Ukraine, dem Kaukasus, den Karpaten, in Polen, Ungarn, Nordirland und den schottischen Highlands.

Verhalten: Auffälliges Balzverhalten (März bis Mai). Das Kollern der Hähne ist weit zu hören. Die Henne bebrütet 8-10 Eier 4 Wochen lang. Küken leben von Insekten, sonst pflanzliche Nahrung.

Artenschutz: In der Bundesrepublik Deutschland geschützt; sonst schonende Bejagung. WA entfällt.

Jagd: Der Stoß ist eine begehrte Trophäe. Beliebt ist die Jagd auf den balzenden Hahn aus dem Schirm heraus. Lange vor Tagesanbruch erwartet der Jäger den Hahn, den er durch Nachahmung der Balzlaute anlocken kann. In Skandinavien und anderen Ländern erbeutet man das Wild meist vor dem Hund bei Treib- und Vorstehjagden. Die Schrotgarbe muß gut decken.

Verbreitung Muffelwild

Muffelwild

Ovis orientalis musimon

E: Mouflon
F: Mouflon
Sp: Muflón

Ansprechen: Der große helle Sattelfleck (»Schabracke«) der Widder hebt sich von der braunen Grundfarbe ab. Neben dem kräftigen, von hinten nach vorne drehenden Schneckengehörn bestes Merkmal für das Ansprechen dieses Wildschafes. Die Widder erreichen bis 50 kg Gewicht bei ca. 65-75 cm Schulterhöhe. Schafe sind meist hornlos und an Maß und Masse geringer.

Lebensraum: Felsige Ebenen, Mittelgebirge und Bergwälder bis zur Baumgrenze sind das Revier des edlen Muffelwildes.

Verbreitungsgebiet: In Europa nur noch auf Sardinien, Korsika und Zypern heimisch. Ansonsten eingebürgert u.a. in der Bundesrepublik Deutschland, DDR, Ungarn, Jugoslawien, UdSSR und Spanien.

Verhalten: Die Rudel werden von einem Leitschaf geführt. Es warnt durch einen Pfiff bei Gefahr. Muffelwild bleibt mit seinen Verfolgern immer in Blickkontakt. Brunft Oktober/November. Nach 22 Wochen setzt das Schaf 2 Lämmer. Die Widder führen in der Brunft harte Kämpfe. Manchmal tödlich durch »Verhaken« der Schnecken.

Artenschutz: WA entfällt.

Jagd: Muffelwild äugt ausgezeichnet und vernimmt gut. Wittert es Menschen, geht es auf kurze Distanz flüchtig ab. Guter Kletterer. Ausdauer lohnt sich. Jagdarten sind Pirsch, Ansitz oder Drückjagd, besonders zur Dämmerung. In Gebirgsrevieren sind oft Weitschüsse erforderlich.

Rekordtrophäe: SCI RBoTA, 1986: Hornlänge links 98,11 cm, rechts 102,24 cm (CSSR 1983).

Jagd auf Birkhahn und Mufflon in Jugoslawien

»Ich Josef, Berufsjäger!«, so stellt sich nach unverkennbar alter k.u.k.-Jagdtradition, selbstverständlich in schneidigem Loden und abgegriffenem Filz, der slowenische Jagdführer vor. Er kommt gleich zur Sache. Was kümmert ihn, daß wir gerade 500 Kilometer Nonstop-Fahrt hinter uns haben. Er weiß, daß einige Stunden Aufstieg vor uns liegen und es jetzt bereits fünf Uhr abends ist. Außerdem will er vermutlich morgen, beim samstäglichen Jägerstammtisch, mit einer kurzen und spektakulären Birkhahnpirsch aufwarten. Wenn ihm da nur nicht der Schnabel sauber bleibt!

Schließlich sind wir zu zweit und außerdem etwas ausgestochen in unseren Erwartungen. Diesmal sollen wirklich zwei brave alte Hahnen liegen. Erst vor acht Tagen pardonierte ich im Bogatin-Gebirge einen hoffnungsvollen Jüngling, keine 20 Meter von mir entfernt, auf dem Schneefeld. Sein hohes, prahlendes Schleifen entlarvte ihn schnell als »Schneider«.

Josef besserte bereits vor drei Tagen die zerzausten Ansitzschirme bei den bekannten Balzplätzen so zunftgerecht aus, daß die Hahnen sie zum vertrauten Milieu zählen und nicht vergrämt abwandern. Er schwört tausend Eide, bereits am ersten Tag, in aller Herrgottsfrühe, sechs liebestolle »Rusevec« um sich gezählt zu haben. »Sprechen 'Ruschewetz', richtiger Name ist Latschenhahn!«, dozierte Josef, »das Wort 'ruse' ist Latsche, 'vec' ist Wild! In Berg kein Birke, nur Latsche! Hier nix Birkhahn, hier Latschenhahn!« Damit beendete er diesen Disput und blieb fortan eigensinnig bei der aus seiner Sicht nicht ganz unlogischen Bezeichnung.

Nachdem wir sicher waren, in diesem Teil der Julischen Alpen trotzdem der Reinform des edlen »Lyrurus tetrix« nachzustellen, schlossen wir uns Josefs Sprachregelung an.

Nicht ganz so schnell und friedlich ging es ab, als er uns, unterstützt von seinem Kollegen Boris eröffnete, daß wir nicht, wie vorher schriftlich vereinbart, jeder mit eigenem Jagdbegleiter — von derselben Hütte zwar, jedoch an einem jeweils anderen Balzplatz — jagen würden. »Lustig! Zwei Jäger, zur selben Zeit im gleichen Schirm, das geht in die Hose«, widerspreche ich, lasse mich dann aber bald vom ehrlichen Blick der Jäger überzeugen: »Wenn Hahn kommen, und sie immer kommen, beide Gäste schießen, wenn treffen!«

»Daran soll es nicht hapern!«, dachte ich und hielt ihnen — weil ich mit dieser Rückversicherung, die jeder rechtschaffene Jagdführer anstellt, schon rechnete — einen zu Hause mit meinem 20er Magnum Schrot auf 40 Meter von allen Seiten befunkten Karton unter die Nase. »Deckung gut, Loch klein«, meinte Boris skeptisch und war erst überzeugt, als er die »Rauhe« sowie die beiden Vollmantelpatronen meines Bockdrillings in Händen hielt, sie »gewogen« und für gut befunden hatte. Das war ganz richtig! Er trägt die Verantwortung!

Weit über'm Kuckuck oben

Wenn der gute Josef gewußt hätte, daß der Birkhahn seit Jahren nicht nur mein Wunsch-, sondern fast schon mein »Angst-Wild« ist! Ich hatte auf

Unberührte Bergwelt. Wird sie zerstört, verschwindet auch der Kleine Hahn.

den »Schwarzen Ritter« bereits mehrere Male vergeblich im benachbarten Österreich, in Polen sowie hier in Jugoslawien gewaidwerkt, auch sein Balzritual genossen — bisher ohne »Fortune«. Wann immer ich ihm auch begegnete, sei es während der Auerhahnjagd im fernen Sibirien, oder zuletzt im schroffen Kaukasus bei der Pirsch auf Tur, wo sein erst seit 1875 bekannter Vetter, der *Lyrurus miokosiewiczi*, völlig stumm und ohne den herrlichen Minnegesang die Hennen hofierte, ich hatte kein Weidmannsheil! Einmal war gerade Schonzeit, ein andermal, wie etwa in Sibirien, wurde der edle Waldhahn völlig geschützt, oder er schmierte mich überhaupt aus.

Eigenartigerweise gerät fast jeder Waidmann irgendwann mal bei der ersten Jagd auf ein für ihn besonders wertvolles Wild in eine Kette unerklärlicher Verstrickungen. Was man auch anstellt, es will nicht klappen. Mir jedenfalls ging es so mit dem »Latschenhahn«! Schon beim Gedanken an ihn erfaßte mich eine leichte Beklemmung. Wohl auch wegen der üblen Erfahrungen manch anderer Jäger auf diesen schwarz-weißen »Gogolori«, die einem so im Laufe des Jahres zu Gehör kommen. Er ist wesentlich härter als man annimmt und furchtbar leicht »verschossen«. Geflügelt entkommt er zu Fuß schneller als einem lieb sein kann, jammern enttäuschte Hahnenjäger. Hinzu kommt, daß diese Jagd heutzutage ein ausgesprochenes Privileg ist und die Beute eine echte Kostbarkeit darstellt. — Das Stichwort heißt: »Bedrohung einer Art durch Zerstörung ihres Lebensraumes«. Das macht diesen Pirschgang nicht einfacher!

Deshalb auch daheim, Tage vor der Jagd, noch schnell einige hingeworfene und gezielte, eine Reihe naher und weiter Probeschüsse zur Übung. Wegen des harten, ungewohnten Flintenabzugs ist der rauhe Schuß auf ein stehendes Ziel bekanntlich gar nicht so einfach, ungestümes Verreißen oft an der Tagesordnung. Um zu verhindern, daß statt eines grünen Latschenbruchs einige abgeschossene graue Federn an den Hut gesteckt werden müssen, ging ich vorsorglich mal lieber noch kurz in die Sandgrube. Das bekommt auch dem Selbstvertrauen!

Zwanzig Minuten später sind wir bergjagdmäßig gekleidet. Die Rucksäcke wurden abgespeckt, nachdem drei Stunden Marsch angesagt sind. Vorher war nur von einer die Rede! Bei diesigkühlem, wolkenverhangenem Wetter beginnt der Aufstieg zur Hütte.

Wie so oft bei der Bergjagd, ist es mir angenehm, daß wir im geschlossenen Buchenwald die späteren Steigungen zunächst nicht gleich vor Augen haben. Gottlob vergißt man nach der ersten Viertelstunde Schinderei, da die Vorfreude über die anstehende Jagd einen in Besitz nimmt, daß die hohen, jenseits der letzten Lärchen- und Tannenbestände, bis zu den höchsten Berggipfeln ansteigenden Schneefelder, natürlich von einem selbst erkämpft werden müssen. Dorthin, wo nur noch einige knorrig-zerzauste Kiefern stehen, müssen wir uns hinaufrackern, wenn wir den Prachtvogel mit seinen einzigartigen Hakelfedern an der Wand haben wollen.

Obwohl es vom Start weg gleich ziemlich steil nach oben geht, kommen wir zügig voran. Herz und Lunge gewöhnen sich bald an die ungewohnte Bürde, und in der wohltuenden Stille der fernab vom Alltagstourismus liegenden Bergwelt bringen uns die Beine, losgelöst vom Verstand, fast roboterhaft bergauf. Da bleibt viel Zeit zum Abschalten und Sinnieren. Ob wirklich noch so viele Hahnen hier balzen, wie die Jagdaufseher uns versprachen? Kommen wir beide tatsächlich zu Schuß, schaut nicht zumindest einer mit dem Ofenrohr ins Gebirge?

Gerade Anfang Mai, wo sich der Winter erst allmählich in die höchsten Krummholz- und Geröllregionen zurückzuziehen beginnt und jeder Steig noch vom Altlaub verdeckt ist, überall Felsbrocken, kleine Schneezungen, Rinnsale, abgerutschte Humuspolster sowie Windbruch den Weg versperren, spürt man überall, daß nun der Frühling auftrumpft und die Rauhnächte ausgespielt haben — hoffentlich merken das auch die Hahnen!

Jetzt ist die Zeit des großen Anbandelns und Hofmachens in »Gottes freier Natur«. Das weiß der Buchfink und wetteifert mit hartem Pfeifen dem keifenden Gesang der Amseln. Das klingt aus dem hellen Schlag der Meisen und aus dem dumpf tönenden »Kollgg, kollg, kollg«, der paarweise über dem Bergkessel kreisenden Raben. Ich bin nicht sicher, ob sie auf ihrem Patrouillenflug nicht eher ihre Sippe verständigen, daß nun die ersten Jäger hochkommen! Frühling und Liebesqualen, das ist die Zeit der »großen« und »kleinen« Hahnen — und die der Bergjäger. Hoch über uns ruft trotz des kühlen Spätnachmittags noch ein Kuckuck. Sein hämisches Schlußgezeter erinnert mich, daß erst weit über ihm, jenseits seiner Werkstatt, sich die Kampfarena der schwarzweißen Raufer befindet.

Da liegt noch einiges an Schweiß vor uns! Aus Erfahrung versuche ich Anschluß zu den vorausgehenden Gebirglern zu halten, damit ich nicht ständig erst dann zu ihnen aufrücke, wenn sie gerade wieder ihre Zwischenrast beenden, während ich noch Zeit zum Verschnaufen bräuchte. Ansonsten beschäftige ich mich grundsätzlich nicht mit dem vor uns liegenden Aufstieg. Ich schaue nie auf die Uhr, sondern versuche mich mit angenehmen Gedanken abzulenken. Alles andere geht in die Knie und zehrt an Kraft und Einsatzwillen. Das weiß ich nur zu genau! Bei diesem Aufstieg wird mir schnell wieder bewußt, welche Herausforderung die Alpen eigentlich sind. Zwergenhaft im Vergleich zu den »großen« Gebirgen der Erde, zum Himalaya, den Rockies oder dem zentralasiatischen Pamir, sind sie nicht minder tückisch, unberechenbar und aufreibend. In ihrer Vielfalt und Schönheit bleiben sie sowieso unübertroffen!

Geschenk

War das im Spätherbst vor zwei Jahren ein Kinderspiel gewesen, als ich südlich von Belgrad auf Mufflon waidwerkte. Um ehrlich zu sein: das einzig Aufregende bei dieser Jagd war eigentlich nur die fesche Dolmetscherin, die allerdings von ihrem Mann und von meinem Freund Wolfgang so beschattet war, daß sie kaum für Dienstliches zur Verfügung stand.

Wir erreichten das schmucke Jagdhaus bei strömendem Regen und erhielten eine zusätzliche Dusche von drei österreichischen Jägern, die uns mit einem lauten »Fahrt nur gleich wieder heim!« empfingen. Sie waren zu Dritt vier Tage lang im Revier und hatten außer einigen weiblichen Stücken nicht das Haar eines Mufflonwidders gesehen. Notgedrungen, schließlich hatten wir fest gebucht, ließ uns diese Hiobsbotschaft kalt. Insbesondere nachdem wir abends mit ausgezeichnetem Cevapcici und frischem Topfenstrudel verwöhnt wurden. Was mehr wünscht sich ein müdes Jägerherz, noch dazu nach sechs Stunden Fahrt auf dem mörderischen »Auto-Put«, dieser völlig überlasteten Hauptverkehrsader zwischen Europa und dem Vorderen Orient? »Die Last der Seele mußt du ablegen; nicht eher wird dir gefallen ein Ort« empfiehlt Sokrates. Dieser Weisheit haben wir mit samtigen Rebensaft nachgeholfen. Der Dingac war nach der zweiten Flasche noch runder geworden und als wir im Kreis der Einheimischen beisammensaßen, waren alle bösen Vorahnungen verscheucht. Es zeigte sich wieder einmal, daß einem gerade während eines Tapetenwechsels und in zünftiger Gesellschaft plötzlich alles besser schmeckt und sämtliche guten Vorsätze abhandenkommen. Darüber mit Jägern zu reden, hieße die berühmten Eulen nach Athen tragen!

Nachts, als ich einmal auf den Wecker schaue, plätschert es wie aus Kübeln vor unserem Dachgaubenfenster. Ärgerlich, da geht morgen früh überhaupt nichts! Im Umdrehen gewahre ich allerdings das helle Mondlicht, welches in unsere Speicherkammer fällt, und sehe »allerliebste Sternlein« am nächtlichen Himmel. Nachdem sich der Nebel im Gehirn langsam verflüchtigt, löst sich das Rätsel. Direkt vor unserem Fenster schießt laut murmelnd ein kleiner Bergbach durch eine Schleuse: Der Rotwein war doch stärker gewesen...!

Fünf Uhr früh sind wir wach. Zehn Minuten später geht es ab ins Revier. Zu Fuß. Langsam, bei noch völliger Dunkelheit pirschen wir über vereistes, gefrorenes Gras, das bei der geringsten Berührung wie Glas zersplittert. Wolfgang geht auf Sauenpirsch und Minuten später bereits hocke ich mit Jan, einem jungen, stets hüstelndem Jäger auf einer windschiefen Kanzel mit nur brusthoher Verkleidung und ohne ein Dach. Sie steht inmitten einer frisch gemähten Wiese, die zu einem kleinen Bach am Rande eines Auwaldes abfällt. Wir sitzen voll im Zug eines starken Westwindes, völlig ungedeckt, wie auf dem Präsentierteller. So ein Unsinn!

Ich denke an die Österreicher und fühle mich verschaukelt. Selbst die Erinnerung an die Fotos von den beiden stärksten jugoslawischen Muffelwiddern, die sich hier tödlich verhakt und zu Tode gekämpft hatten, bedeuten mir bei dieser Lage nicht mehr allzuviel.

Mit eingezogenen Hälsen, wie Geier auf laublosem Baum, hockten wir eine knappe Stunde in der beißenden Morgenkälte, während meine Gedanken zunehmend aufkochen: diesen Burschen, insbesondere dem »Big Boss« werde ich

Gut anzusprechen. Erreichen die Schneckenenden die Höhe der »Lichter«, gilt der Widder als reif.

nach dem Frühstück die Stiefel lackieren! Schließlich buchte ich einen reifen, mindest achtjährigen Mufflon. Wenn es ihn je gab — ich glaube jetzt den Versprechungen des Jagdprospekts kein Wort mehr — dann wohl keinesfalls hier! Kaum einen Kilometer vom Jagdhaus entfernt, noch dazu auf so einer windigen, völlig einsehbaren Kanzel.

»An den guten Einständen hockt bestimmt wieder irgendein Bonze! Für den zahlenden Jagdgast reicht diese liederliche Ecke ja!«, grimmle ich voll Argwohn vor mich hin. Da reißt mich ein leiser Stoß in die Rippen aus dem inneren Gemecker. Gibt es so etwas? Direkt vor uns, keine 100 Meter am Waldrand, setzt gerade ein ungemein vorsichtig wirkender Muffelwidder mit kraftvollem Sprung über den Bach. Er bummelt den Ufersaum entlang, quer zu uns. Ist das ein Brocken! Goldmedaille! Das sehe ich am silbrig grauen Sattelfleck und den wuchtigen, vollausgedrehten Kreishornwindungen. Der Bursche spürt offenbar, daß die Gegend nicht ganz hasenrein ist und

beschließt eine Minute später den Rückzug ins undurchdringliche Gebüsch. Im Augenblick als er hinten niedergeht und zum Sprung über den Graben ansetzt, verläßt das 7 × 57 R den Stutzen. Lautlos sinkt der Prachtwidder in den Binsengürtel.

Geschenkt! Ging das schnell. Kaum eine Stunde im Revier, nicht einmal eine Minute Jagd! Da bin ich noch eine Wallfahrt zu einem der unserer Zunft wohlgesonnenen Heiligen schuldig, fällt mir erst heute wieder ein.

20 Minuten später war Wolfgang zur Stelle und mit ihm der rubinrote Dingac. Jetzt störte weder die abgemähte Wiese, nicht die alte Kanzel oder das Hüsteln des Jagdführers, schon gar nicht die Meinung meines Freundes: »Den bist Du wirklich nicht wert, der war geschenkt!« »Jawohl, alter Neidhammel«, grinse ich und stoße aufgeräumt mit beiden an.

Beim Aufbrechen passen wir, wie bei der Gams, dem Steinbock und bei Sauen, höllisch auf, daß wir nicht die Gallenblase erwischen. Hirsch- und Rehjäger vergessen diese Besonderheit gern.

Lieber eine Stunde zu früh

So leicht geht's heute bestimmt nicht! Während der kurzen Rast an einer Erlen- und Haselnußbebuschung beweist uns daumengroße, weißbeige Stopsellosung, daß auf dieser Höhe, noch ein schönes Stück Weges unterhalb der Birkhahnregion, Auerwild vorkommt. Josef weiß nur noch von zwei bestätigten »Großen« zu berichten und ist froh, daß auf seinen Rat hin sein Chef seit acht Jahren keinen Urhahn mehr freigibt. Wie bestellt und so als bedürfte es eines Beweises ihrer Existenz, streicht kurz darauf mit hartem Flatterschlag eine fasangroße, schlicht braun gefiederte Auerhenne aus dem Knospengeäst vor uns ab.

Später, bei freier Sicht zu den Schneewächten, die noch entlang der schattseitigen Wände über uns hängen, vernehmen wir von dort erstmals einen balzenden Birkhahn: Sein zischendes »Tschub-tschwii« ist viele hundert Meter entfernt und zeugt von gutem Hals. Hoffentlich übt der Racker für den nächsten Morgen!

Knapp vor Einbruch der Nacht kommt uns Rauch in die Nase, die Hütte ist erreicht. Josef hat nach einem kurzen Vorausspurt inzwischen Feuer gemacht und serviert den ersten Blechnapf köstlichen Tees. »Bitte Hausschuhe anziehen«, bedeutet er uns diskret, indem er den ersten von uns eingeschleppten Moder aus der Hütte fegt und auf die Pantoffel deutet.

Der Wecker ist auf halb zwei Uhr gestellt, so daß knapp drei Stunden Zeit für ein kurzes Nickerchen bleibt. Beim letzten Gang vor die Hütte stelle ich erleichtert fest, daß sich die Regenwolken verzogen und einem klaren Sternenhimmel Platz gemacht haben. Blöderweise bringe ich vor lauter Aufgedrehtsein kein Auge zu. Während mein Begleiter dem neuen Tag entgegenschnarcht, überlege ich ständig, wie das wohl sein wird, wenn wir zu viert in einem Schirm hocken, wobei zwei von uns einen schlauen Schildhahn überlisten wollen. Da dies mein zweiter Anlauf innerhalb von acht Tagen ist und meine Gefährten offensichtlich froh sind, wenn ich als erster »ins Wasser springe«, ist mein Anrecht auf den ersten Schuß bereits ausge-

handelt. Hoffentlich herrscht Balzwetter und wir kommen so leise in den Schirm, daß uns die mit Sicherheit in einigen hundert Metern Umkreis aufgebaumten Sichelträger nicht schon beim Anmarsch mitbekommen. Und immer wieder der Zweifel: Halten die Hahnen nach dem ersten Knall wirklich aus? Bald nach zwei Uhr, noch bei völliger Dunkelheit, verlassen wir die Hütte. »Lieber eine Stunde zu früh, als fünf Minuten zu spät!«. Bei einer Dreiviertelstunde Aufstieg sind wir eine gute Stunde vor dem ersten Morgengrauen im Schirm. Diese Voraussicht macht sich bezahlt.

Wir gehen den Berg bedächtig an. Der nicht gerade gastfreundliche Steig, der uns bei jedem Schritt zu größter Aufmerksamkeit zwingt, windet sich entlang einer drohend neben uns aufragenden Felswand. Bei der Durchquerung einer dick bebuschten Rinne poltert, ohne einen Laut, eine Gams ab. Sonst herrscht atemlose Stille. Bald liegen die letzten, noch kaum knospenden Buchen hinter uns. Nicht einmal die alte Jägerweisheit »Buche raus, Balze aus!«, braucht uns zu bekümmern. Die Zeichen stehen gut! Wir benötigen jetzt wesentlich mehr Kraft und Zeit, um im tieferen, leicht einbrechenden Schnee voranzukommen. Statt des urigen Bergsteckens hätte ich den nicht ganz so zünftigen, aber zweckmäßig leichten und zusammenschiebbaren Alustecken mit heraufbringen sollen. Im Auto nützt er jetzt wenig!

Als wir ins breite, hinterleitisch letzte Schneefeld einsteigen und kurz verschnaufen — jeder schwitzt, ist wegen des mehrstündigen Ansitzes viel zu dick angezogen — fällt der Lichtkegel aus Josefs Lampe auf eine tellergroße Mulde im Schnee. Sie ist bis oben mit bleistiftdicken, kurzen Stopseln angefüllt: Birkhahngestüber von gestern abend!

Irgendwie bin ich immer noch skeptisch, obwohl uns Josef steif und fest den Liebesreigen von mindestens sechs Balzenden versprach. »Sonst nicht zwei schießen!«, stellt er entschieden fest, wohlwissend, »daß Forstdirektor nur freigibt, was ich sage!«. Auch hier also die alte, immer neue Erkenntnis, daß das Birkwild zu den sensibelsten Wildtieren überhaupt gehört. Mit äußerst

»enger biologischer Potenz«, wie der Wildforscher Heinz Brüll schon Anfang der Siebzigerjahre feststellte. Ein Kulturflüchter mit größter Anfälligkeit gegen Umweltbelastung und Naturzerstörung. Urweltlich, zerbrechlich. Ein »nacheiszeitliches Relikt«, wie irgendwo mal stand.

Gerade deshalb und obwohl Josefs Revier mit etwa 20 bestätigten Birkhahnen zu einem der bestbesetzten ganz Sloweniens zählt, sind jedes Frühjahr nur zwei Hahnen frei. Keiner mehr und keiner weniger. »Ja nicht schießen mit Schrot, wenn anderer Hahn oder Henne fünf Meter in Nähe!«, beschwören uns die Begleitjäger. Sie wissen, daß — bei allem Interesse an Devisen — nur eine am Bestand orientierte Bejagung, immer in Abstimmung mit systematischer Hege, der Hahnenpopulation nicht schadet.

Auf leicht knirschendem Schnee, im Schneckentempo, überqueren wir vorsichtig, Schritt für Schritt, den letzten breiten Lawinenhang. Zum ersten Mal seit vielen Jahren bin ich schon vor Anblick des Wildes wieder mal richtig aufgekratzt. Hoffentlich packt mich später, verstärkt durch das Geschnaufe der drei anderen neben mir hockenden Mitstreiter, nicht das Jagdfieber.

Ob es übrigens stimmt, daß die alten Platzhahnen ihre Rauflust während eines Morgens oft an verschiedenen Balzplätzen kühlen? Da mahnt Josef: »Ruhe! Ganz leise! Wir sind gleich da!« Es ist nach wie vor stockdunkel und ich stelle überrascht fest, daß wir uns wieder schräg den Hang hinabbewegen, geradewegs auf den dunkel drohenden Abgrund zu. Aha, dort befindet sich der Schirm! Respekt! Der Berufsjäger ist sicherheitshalber mit uns die Balzarena von oben her angegangen. Somit blieb die Schlafbaumzone unbehelligt und damit verbesserte er, bei nur geringfügig mehr Zeitaufwand und Steigerei, die Erfolgsaussichten ganz wesentlich.

»Wo der Bartl den Most holt«

Unser Versteck am Fuße einer tiefbeasteten, sturmgebeutelten Zirbe bildet den Abschluß eines gegen den Horizont noch kaum erkennbaren Lärchenbestandes. Es ist geräumig, gut verblendet, unauffällig. Ehe wir in den im Schnee abgesenkten »Bunker« gleiten, aus dem sich später bestens getarnt wie aus einem Schützengraben heraus- lugen läßt, wechseln wir im kalten Mor- genwind zuerst die patschnaß ge- schwitzten Hemden. Dann drückt jeder die Daumen!

Zu beiden Seiten des vor uns anstei- genden Schneefelds zeichnen sich all- mählich die ersten Umrisse eines schütteren Krummholzsaums und teilweise noch schneebedeckter Latschen ab. Dazwischen stehen ein paar schirmastige, einschichtige Baum- riesen.

Ideal für ein Techtelmechtel im Mor- gengrauen. Da widersteht kein G'spusi — das sagt mir mein Jagdverstand! Ein sternenklarer Himmel über der tie- fen Dunkelheit, die uns nach wie vor umfängt, beweist, daß die Dämmerung noch eine gute halbe Stunde auf sich warten läßt. Die große Stille und der gleichmäßige Atem der beiden Jagdbe- gleiter, die postwendend zu ratzen be- gannen, beruhigen Kreislauf und Nerven.

Was wird beim aufdämmernden Büch- senlicht wohl alles geschehen? Hoffent- lich treiben sich die schwarz-weißen Zigeuner nicht nur auf den aperen Buckeln der Südlehnen herum, denn da müßte Josef wahre Schalmeientöne von sich geben, um einen alten »Springgickerl« so zu reizen, daß er auf Schußnähe zusteht.

Meine Gedanken wandern einige Jahre zurück. Damals ist es auch den Burjä- ten in Sibirien nicht gelungen, die im Vergleich zum Auerhahn wesentlich ge- selligeren, dort ganzjährig geschonten Birkhähne wenigstens zu unserem Er- götzen heranzulocken. Mit einer Hah- nenattrappe auf hohem Pfahl sollen sie früher liebestolle Sichelträger ange- lockt und damit bis zu einem Dutzend Hähne an einem Morgen erlegt haben. Der Sibiriak Michail behauptete felsen- fest, daß der kleine Kämpfer wesent- lich besser sieht, hört und windet, als der etwa viermal so schwere, irgendwie plumpere »Oberhand«. Mehr an »Ein- deutschung« schaffte ich seinerzeit übrigens nicht!

Obwohl ich die Sache mit dem Ge- ruchssinn für eine Mär halte, steht

außer Zweifel, daß Mißtrauen, Vorsicht und stete Fluchtbereitschaft ausge- prägte Wesenszüge dieser schlauen Waldvögel sind. Kein Wunder, daß der blauschwarze Draufgänger schon im- mer das Interesse der Jäger geweckt und Naturfreunde fasziniert hatte. Waren das noch Zeiten, als bis in die 50er-Jahre sich auf Moor und Heide Geschwader bis zu 300 Birkhahnen versammelten und in den Bergen die kleinen Streiter mindestens in Dutzend-

stärke auf ihren Balzarenen herumtoll- ten. Selbst Kobell berichtet um die Jahrhundertwende noch von Ansamm- lungen bis zu 100 Hahnen, die im Spätherbst oder Winter gleichzeitig in den Mooren und Filzen der oberbayeri- schen Seenplatte sowie im Vorgebirge ihren Einstand nahmen. Draufgänger- tum und Gewitztheit »des Vogels mit dem schönsten Spiel« sind nahezu sprichwörtlich.

Noch nach dem Zweiten Weltkrieg war es für einen Bauernburschen aus dem Oberland, der etwas auf sich hielt, Ehrensache, mit einem »selbstbesorg- ten« Spielhahnhakel zu protzen und durch dessen Stellung auf dem Hut jedermann im Wirtshaus eine mehr

oder minder große Rauflust kundzutun. Das ging so weit, daß in manchen Ge- genden ein Freier seiner Angebeteten einen selbst »erbeuteten« Spielhahn als Brautgeschenk zu überreichen hatte, wobei oft Ansehen und Ehrsamkeit, vor allem aber die Waffe riskiert wurden. Volkskundler verweisen darauf, daß der bayerische »Schuhplattler«, dieser Dreh- und Springtanz der Burschen und Madl, mit seinen Juchzern, dem Arm- schwingen und Klatschen auf die nack-

Ein schneidiger Birkhahn.

ten Oberschenkel und blanken Schuh- sohlen, eine perfekte Nachahmung der Spielhahnbalz darstellt; die einzig be- kannte Tanzimitation dieser Art in ganz Europa.

Auch mir wurde die Bedeutung des Birkhahns am Vortag meiner Abreise zu dieser Pirsch wieder so richtig be- wußt, als ich den Federschmuck mit vier Krummen in Händen hielt, wel- chen mir mein Vater zum Abitur ver- ehrt hatte. »Ich schenke dir heute mei- nen liebsten Spielhahn. Halte ihn in Ehren, ich habe denselben mit 16 Jah- ren in Tirol erlegt!«, steht auf einem in- zwischen vergilbten Zettel. Diese Jagd liegt siebzig Jahre zurück. Ehrfurcht und Faszination vor dem kleinen, stahlblau exotisch schillernden, fauchenden Wüterich blieben erhalten.

Da fahre ich zusammen! Völlig überraschend reißt mich ein scharfes, zischendes Fauchen in unmittelbarer Nähe aus meinen Betrachtungen: »Tschub-tschwii, tschub-tschwii!« klingt es zornig, kurz zweimal hintereinander vor uns, dann herrscht wieder Stille. Vorhang auf, der Zirkus beginnt! Man sieht vor Dunkelheit immer noch kaum die Hand vor den Augen, doch der Chef dieser Arena — das kann nur der Haupthahn persönlich sein! — tritt bereits auf den Plan. Er hat es nicht nötig, vom vielgerühmten Gezeter der Ringamsel geweckt zu werden! Ohne daß wir es mitbekamen, fiel er mit sausendem Gleitflug im Zentrum seines Zeremonienfeldes ein und bekundet sofort »Wo der Bartl den Most holt«. Daß er nach dem Einstieben auf die üblicherweise krähenden Kurzlaute verzichtete und gleich mit fauchendem Kampfruf den Reigen eröffnet — ohne von einem Nebenbuhler Antwort zu bekommen — verrät den Profi: jetzt läßt er die »Freunde« auf sich zukommen, der Gesellschaftstanz ist angeblasen! Aufregend! Der Puls hämmert mir in den Schläfen, das Gezische geht uns durch und durch. Boris reibt sich begeistert, so als hätte er eine gute Karte im Ärmel, seine Hände vor meinem Gesicht. Da! Jetzt wieder! Der Hahn, den wir immer noch nicht sehen, spielt sich unmittelbar vor uns ein. Sein herausforderndes »Tschub-tschwii, tschub-tschwii« müßte bei dieser Stille seine Konkurrenten im Umkreis von einigen Kilometern auf die Schwingen bringen! Wir wagen kaum zu atmen, der Hahn ist keine Steinwurfweite entfernt! Unendlich langsam bringe ich mein Glas ans Auge und gewahre, eher vermutend, neben der alleinstehenden Wetterfichte vor uns einen schwarzen Fleck auf weißem Grund. Er dreht sich unmerklich, wie eine Spieluhrenfigur, um seine eigene Achse. Der »Mitternachtshahn«, wie wir den Frühaufsteher später tauften, sichert mit hochgerecktem Stingel nach allen Seiten und stößt gleich mehrmals hintereinander sein heiseres Wutgirren aus. Wenn das keine Hahnenbalz ist! Josef beschreibt mit beiden Händen die Spanne von mindestens einem halben Meter

und signalisiert: »Fertigmachen! Ist alt!«.

Im gleichen Augenblick bringt sich überfallartig, mit hartem, kurzem Flügelschlag, genau aus dem Wipfel des Schirmbaums über uns, ein Rivale in Szene. Er landet etwas seitlich auf einer schneefreien Kuppel, sichert aufgeregt nach allen Seiten und bläst dem »Hausherrn«, kein Jota weniger aggressiv oder minder imposant, aus allerdings respektvollem Abstand, frontal ins Gesicht. Kein Zweifel, der Bursche sucht Händel!

Echt vier Krumme?

Langsam zieht der Morgen die Nacht über den Berg hinweg und als schüchtern die erste Dämmerung angraut, räumt der Platzhahn mit der für ihn langweiligen Stille endgültig auf. Ausgelöst durch sein mehrmaliges, wütendes Fauchen und Schleifen, fallen mit dem Überraschungseffekt eines Luftlandekommandos fast gleichzeitig sechs weitere »Brennhahnen« — wie die Österreicher sagen — ein. Alle in gebührender Entfernung zum »Platzherrn«. Jetzt ist die Hölle los! Es zischt und rauscht und kullert um uns in einer solchen Heftigkeit und Vielfalt, daß mich dieses Schauspiel fast alle Geduld und Disziplin vergessen läßt. Acht Hahnen blasen abwechslungsweise in immer schnelleren Bewegungen um die Wette, verwandeln sich übergangslos zu kleinen Kampfmaschinen.

Der aus achtzehn Federn bestehende Stoß fächert sich jeweils zu einem gewaltigen Rad, dessen federnbesetzte Unterseite wie eine weiße Flamme aufleuchtet. Dabei schießen Hals und Kopf waagrecht nach vorn, die hellrot leuchtenden »Rosen« schwellen an, die Flügel sind gelüftet, hängen bis zum Boden hinab und lassen den Hahn noch größer erscheinen, als er in Wirklichkeit ist. Höhepunkt des Minnespiels dieser liebestollen Freier ist zweifellos das Kullern, welches nach dem quieksenden Krächzen beim Einfall und dem anschließend wütenden Zischen, die Luft in weitem Umkreis mit elektronischer Sphärenmusik erfüllt und sie fast zum Schwingen bringt. Das Spektakel

steigert sich zu einem wilden Derwischtanz: im von Radschlagen erfolgt ununterbrochenes Rauschen und Grugeln, teils mit meterhohen Luftsprüngen, verstärkt durch abgehacktes, herausforderndes Kopfnicken, dabei immer wieder, meist zum Schein, aufeinander zufahrend.

Gegen soviel Einfallsreichtum, bei diesem Feuerwerk des quirligen »Kleinen«, bietet der Große Hahn höchstens Hausmannskost! Im Vergleich zum Birkhahn ist er ein eher bärbeißiger, behäbiger Spießer, der sich als Nobelmitglied im Club »Jener von der Hohen Jagd« auf seinen Lorbeeren auszuruhen scheint.

Das Gewehr bereits im Halbanschlag, lasse ich »meinen« Hahn, den wildesten Tänzer und Trommler und immer noch Mittelpunkt der Balzzeremonie, keine Sekunde aus den Augen.

»Vier Krumme«, zeichnet Josef in die Luft und flüstert auf Slowenendeutsch, »gut und groß und richtig weit für Schuß!« Und während ich mich frage, wo denn die Hennen mit ihrem einladenden »Eng, eng, eng, eng« bleiben, um den siegreichen Hahnen den Minnesold zu gewähren, ziehe ich inmitten dieses furiosen Spektakels den Drilling in die Schulter und suche eine passende Luke in der Verblendung des Schirms. Da ich, bei der Beengtheit in unserem »Bau« und dem spärlichen Licht, die lyraförmigen Federn des Spiels noch nicht selbst zählen konnte — sind es tatsächlich vier Krumme? — bezähme ich meine Ungeduld. So genieße ich das Schauspiel lieber noch einige Minuten. Bekanntlich hat man bei der Hahnenbalz immer mehr Zeit als man glaubt, und wer möchte schon einen Jüngling um seine schönsten Jahre und sich selbst um die ganze Freude bringen? Um uns herum ertönt dumpf, zuerst leise und dann laut anschwellend, immer wieder aus einer anderen Richtung, das Wutgefauche und Streitgetrommel der kleinen Irrwische, und jedesmal stürzt sich, scheinbar ohne jede Veranlassung oder gar einer Schönen zu imponieren — von den Hennen ist weit und breit nichts zu sehen! — ein anderer Hahn mit schleifendem »Tschub-tschwii« in den Ring. Sofort tänzelnd, wie ein Boxer in seiner Ecke, mit aufreizendem, lang aneinandergereihtem »Rule-rule-ru, rule-ru, rule-rule-ru«. Das »Spiel« weit gespreizt, so daß die Enden der Sicheln fast über den Schnee schleifen, und ohne letztlich sein stubengroßes Territorium zu verlassen, steht jeder Hahn dem vermeintlichen Rivalen Rede und Antwort. Steigert sich die Wut, eilt er zornentbrannt, mit gesenktem Kragen und hoch aufgerichtetem Stoß — wobei die rotflammenden Rosen über dem Auge herrlich zum Schwarz des Federkleides kontrastieren — auf seinen Widersacher zu. »Mein« Hahn, noch immer der Statthalter an diesem Morgen, hat alle Hände voll zu tun, die aufmüpfige Meute niederzuhalten. Jetzt trippelt er gerade jähzornig, mit übergangslosem Zischen und Rodeln auf einen Nebenbuhler zu und verfolgt den fast gleich starken Hahn bei diesem Manöver so weit zum anderen Ende des Schneefeldes, daß ich schon um den Erfolg bange. Doch im nächsten Moment ist er fast auf der gleichen Stelle zurück und setzt mit herrlich aufgefächertem, reifem Spiel seine Balzzeremonie fort: »Freunderln, seid vorsichtig...!« Die kudernde Antwort von allen Seiten, die keinesfalls nur ihm gilt — hier streitet jeder gegen jeden! — scheint ihn dennoch aufs äußerste zu irritieren: er dreht und wendet sich und hüpft wie ein Indianer um den Marterpfahl.

»Wie die singen! Gibt es so etwas überhaupt?«, entfährt es meinem Begleiter fast zu laut. Erst Josefs Stoß in seine Rippen macht allen wieder bewußt, daß sich dieses Wild, trotz des tollen Spektakels, bei der geringsten Unachtsamkeit schneller empfiehlt, als uns allen lieb sein könnte.

Inzwischen sind höchstens zehn Minuten vergangen. Die Begleitjäger brauchten die Hahnen bei diesem Balzeifer überhaupt nicht anzulocken! »Meiner« — und ich bin so siegesgewiß, als baumelte er schon an meinem Rucksack — verteidigt sein Territorium wie ein Berserker, ohne zu kuschen oder einen Millimeter zu weichen! Allmählich erkennt man durchs Glas die weißen Flügelbinden und den verräterisch hellen Fleck auf den Schwingen der tollen Freier. Boris äußert Zweifel ob das Büchsenlicht schon ausreichend sei. Nach mehrmaligem »Maß-

nehmen« durchs Zielfernrohr ist bei mir jedoch bereits »das Tischtuch zerschnitten«. Als ich tief Luft hole, hätte ich am liebsten dem Slowenen noch den beziehungsreichen Zweizeiler aus einem der schönsten Hahnenlieder zugeflüstert: »Der Hans meint, es wär noch z'nacht, dabei aber hat's schon g'kracht!«
Jetzt wird nicht mehr lange gefackelt, »aus einem verzagten Flintenlauf kommt kein guter Schuß!«

Da wird die Hand zur Faust

Als der alte Rauscher sich wieder zu imposanter Vorwärtsverteidigung aufplustert und voll aufgedreht zu blasen und grudeln beginnt — seine breite Brust dem Schirm zugewandt und giftig nach beiden Seiten sichernd, faßt ihn das Absehen des Zielfernrohrs: Knapp 30 Meter entfernt! Ich höre noch die hastige Frage des Berufsjägers: »Kein anderer 'Rusevetz' nahe von Schrot?« und das wilde, letzte »Tschub-tschwii« des Hahns. Da zieht sich die Hand am Kolben des Gewehrs zur Faust zusammen und während mich, wie einen Anfänger, noch arges Jagdfieber beutelt, hat aller Minnedienst des alten Latschenhahns bereits ein Ende. Er liegt zusammengefaltet, wie ein schwarzes Polster, auf dem weißgrauen Schnee vor mir. Für einige

Sekunden herrscht buchstäblich »Totenstille«. Obwohl das Fadenkreuz vorsorglich noch auf dem gestreckten Wild vor mir ruht — ich habe nicht nachgeladen, nur auf die kleine Kugel umgestellt — überkommen mich etwas Trauer und Gewissensbisse, und ich weiß in diesem Augenblick, daß ich nie wieder in meinem Leben einem dieser herrlich wilden, einzigartigen Urvögel die Kugel antragen werde. Für mich ist »Jagd vorbei«! Dieser Morgen steht im Buch meiner Erinnerungen sicherlich ganz weit vorn!
Unmittelbar darauf, als mir mein Begleiter begeistert gratuliert und die beiden Jugoslawen ihn mit energischem »Pst! Ruhig!« zu stoppen suchen, kommt mir wieder, daß noch ein zweiter Jäger seinem Erfolg entgegenfiebert.
Und dann vollbringen Boris und Josef mit der größten Selbstverständlichkeit eine lehrbuchreife Meisterleistung.
Mit der dem Wildtier seit Jahrtausenden überlegenen Erfahrung und Intelligenz des routinierten Jägers, nutzen sie eiskalt die allgemeine Schrecksekunde der Hahnen und das unentschlossen ängstliche Verhoffen der sichtlich verstörten Freier. Gerade als Instinkt, Vorsicht und Angst die Hahnen zum Abreiten veranlassen, zischen beide Jäger lauthals, schnell hintereinander, immer wieder ein täuschend zorniges »Tschub-tschwii« in den grau-

Bei solchen Prachtschnecken braucht es kein langes Fackeln!

Zurück von der Frühbalz. Waidmannsheil,
noch dazu aus dem gleichen Schirm
heraus.

en Morgen hinaus. Da vergessen die
schwarz-weißen »Streithanseln« sofort
ihren Argwohn und nach kurzer Pause,
so als wäre der Knall von eben höchstens ein Naturereignis gewesen, nehmen sie den Balzgesang wieder auf.
Gereizter und wilder wie ehedem!
Schließlich geht es jetzt um neue Vor-
macht und den süßen Minnelohn, der
bekanntlich nur dem Schneidigsten
winkt.
Knapp zehn Minuten später, als sich
die höchsten Gipfel der Berge blaßrosa
zu verfärben beginnen und sich ein
auffällig stahlblauer Tänzer, keine
50 Gänge vom Schirm entfernt, mit tollen Attacken auf Schopf, Stingel sowie
Rosen seiner Widersacher als »Kron-
prinz« zu behaupten sucht, ertönt ein
bisher nicht gehörtes, ungemein scharfes Zischen aus dem Latschenanflug
oberhalb der alten Zirbe. Das ist Musik
in den Ohren des Raufers! Wie ein
Athlet vor seinem Weitsprung in die
Sandgrube, hüpft der Hahn immer
schneller und in immer größeren Sätzen
auf den Neuling zu. Angriffslustig, den
Kopf teilweise flach über dem Boden,

mit hoch aufgefächertem Spiel, faucht
und rodelt er in hellem Zorn und verhofft gut 30 Schritt vor unserem
Schirm. Er übersieht, daß sich aus den
Latschen langsam ein kaltes Rohr auf
ihn zuschiebt, und während er sich am
plötzlich leisen Gocken einer Henne
aus dem nahen Lärchenbestand er-
götzt, versammelt er sich im Knall des
Drillings zu seinem Rivalen, der jetzt
nur noch ein Schicksalsgefährte ist.
Ein letztes, schwaches Schlagen der
Schwingen und das stattliche Spiel
schließt sich wie ein Fächer — es liegen zwei Hahnen! »Zwei Latschenhahn!«, gratuliert Josef voller Stolz.
Später, als der Morgen den inzwischen
verlassenen Balzplatz schon voll ausge-
leuchtet und wir unsere braven Trophäen bestaunen — nicht ohne im Geheimen schnell und mit großer Befrie-
digung tatsächlich einmal dreieinhalb
und beim anderen Spiel vier Krumme
gezählt zu haben — stecken wir uns
zwei kleine Latschenbrüche an den
Hut, ziehen den Hähnen ein Schnürl
durch die befiederten Schnabellöcher
und tragen sie am Stecken über der
Schulter, leichtfüßig wie nie zuvor,
durch Latschendickicht und Lärchen-
wald hinab zur Hütte.
Früher hätte sich der Spielhahnjäger

gleich die schönste Sichel an den Hut
gesteckt; je nach Laune nach vorne, in
die Mitte, oder nach hinten weisend.
Allerdings immer auf der christlich
rechten Seite seines »Deckels«, da nach
alter Überlieferung der Leibhaftige in
Jägerverkleidung die Hakelfeder immer
auf der linken Seite trägt, wodurch er
am ehesten von jedem rechtschaffenen
Grünrock zu unterscheiden ist — selbst
von »Flachland-Tirolern«, wie uns
beiden.

Überraschende Begegnung. Der Büffel steht
links. Jetzt aber schnell. Freihändig!
Der erste Schuß muß ins Leben! ▶

Jagdszenen vom »Outback« Australiens

»Vom Winde verweht«, resignierte ich und hegte allmählich Zweifel, ob wir nicht auch diesmal zu lange gefackelt hatten. Immerhin war uns während der letzten beiden Tage ein halbes Dutzend vergleichbar starker Hornträger nicht »kapital« genug gewesen! »Ausreizen ist gut, überreizen geht leicht ins Auge«, mahnte mein Jagdverstand.

AUSTRALIEN

Australischer Bund
Hauptstadt   Canberra
                     (241 000 Einw.)
Bevölkerung 14 860 000
Fläche   7 686 420 km²
Sprache   Englisch
Währung   1 Austral. Dollar
                     (A$) = 100 Cents

Wildtiere: Banteng, Beuteltiere, Dingo, Emu, Axis-, Dam-, Rot-, Rusa-, Sambarhirsch, Känguruh, Kaninchen, Kasuar, Koala, Schwarzwild, Wallaby, Wasserbüffel, Wildziege.

Landschaft: Überwiegend trockenes Wüsten- und Savannenland, das nur im N tropische Regenwälder aufweist. Eukalyptus-, Akazien- und Palmenwälder. Weite Flächen nur 300-600 m ü. NN. Der Mt. Kosciusko (2241 m) im SO der Australischen Alpen ist die höchste Erhebung. Vor der Küste von Queensland erstreckt sich das längste Korallenriff der Erde (2000 km), das Große Barrier-Riff.

Klima: Ein Drittel liegt im tropischen, zwei Drittel im subtropischen Klimagürtel. Im SO und SW ähnelt das Klima dem Südfrankreichs und Italiens. In den Bergregionen fällt im Winter Schnee.

Sehenswürdigkeiten: Der großstadtmüde Europäer wird sich in Australien vor allem die Wildnis, das »Outback« ansehen. Glanzpunkt im Zentrum des Kontinents ist der 380 m hohe »Ayers Rock«, der größte Sandsteinmonolith der Welt. Ein Besuch lohnt sich im Mt.-Field N.P. auf der Insel Tasmanien mit dem 1496 m hohen Mt. Field und dem Russel-Wasserfall.

Jagd: Ganzjährig, mit privaten Jagdorganisationen und Berufsjägern. Jagd zu Fuß, mit dem Boot oder Jeep.

Wasserbüffel

Bubalus bubalis

E: Water buffalo, Arni
F: Buffle d'eau, Arni
Sp: Búfalo acuático/indio

Ansprechen: Riesige, sichelförmig nach hinten führende oder seitlich abstehende Hörner sind besonderes Merkmal dieses Wildrindes, das in Australien eingeführt wurde. Etwa 180 cm Widerristhöhe und 300 cm Körperlänge, Gewicht bis 1000 kg, Hornlängen über 150 cm. Decke fahlgrau bis braun. Das Horn der Kühe ist oft länger als das der Bullen.

Lebensraum: Feuchte Dschungel, sumpfige Flußtäler und gezeitenabhängige Brackwasserflächen.

Verbreitung: Von NO-Indien bis Bangladesch. Restvorkommen in Sri Lanka, Vietnam, Nepal, Thailand, Kambodscha, Laos und Borneo. Eingeführt u.a. in Australien, Argentinien, Brasilien.

Verhalten: Die kleine Herde herrscht vor. Bei Gefahr flieht sie stets in Richtung Dschungel. Bulle und Leitkuh treiben die säumigen Mitglieder der Herde durch Hornschläge zur Eile an. Suhlen gern, führen harte Brunftkämpfe. Äsen Gräser, Sumpf- und Wasserpflanzen.

Artenschutz: WA AI Philippinen, WA A III Nepal.

Jagd: Die einzige Chance, auf Wasserbüffel zu jagen, besteht derzeit in Australien. Patronen mit hoher Stoppwirkung verhindern möglicherweise schlimme Nachsuche.

Rekordtrophäe: SCI RBoTA*) 1986: Hornlänge links 151,77 cm; rechts 150,50 cm (Südvietnam 1958). — Hornlänge links 138,43 cm, rechts 135,26 cm (Australien 1981)

* SCI Recordbook of Trophy animals

Verbreitung Wasserbüffel

Banteng

Bos javanicus

E: Banting
F: Banteng
Sp: Banteng

Ansprechen: Niedrig, langgestreckter Rückenkamm, Büffelhaupt mit spitz nach oben führendem »Rinder«-Gehörn. Bullen tragen eine glatthaarig braune bis schwarze Decke, Kühe und Kälber sind rotbraun bis rot. Beiden Geschlechtern sind weiße »Stiefel« eigen, sowie ein auffällig weißer Spiegel. 130-170 cm groß, wiegen sie bis 600 kg.

Lebensraum: Unterholzreiche Sumpfgebiete, lichter Hochwald oder Busch- und Grasland.

Verbreitungsgebiet: N-Australien, SO-Asien, Sundainseln, von der Küste bis in Regionen von 2000 m.

Verhalten: Kulturflüchter. Leben in Herden von 20-30 Kühen und 2-3 Jungbullen. Frühmorgens und spätnachmittags sind die Hauptäsungszeiten. Alte Bullen leben als Einzelgänger. Brunft löst im Dezember bis Januar harte Kämpfe aus. Nach 9 Monaten 1-2 Kälber, die 9 Monate gesäugt werden. Nach 2-3 Jahren geschlechtsreif.

Artenschutz: WA entfällt. Staatlicher Einzelschutz.

Jagd: Die Jagd ist heute nur noch auf Cobourg-Peninsula möglich. Dort um 1870 ausgewildert. Man orientiert sich bei der Jagd an Fährten und Losung im Bereich von busch- und baumumstandenen Äsungsplätzen. Es wird auf kurze Distanz geschossen. Ein alter Bantengbulle ist ein nicht zu unterschätzender Gegner.

Rekordtrophäe: SCI RBoTa 1986: Hornlänge links 72,39 cm, rechts 71,12 cm (Südvietnam 1958). — Hornlänge links 60,33 cm, rechts 60,96 cm (Cobourg-P.I. Australien 1984).

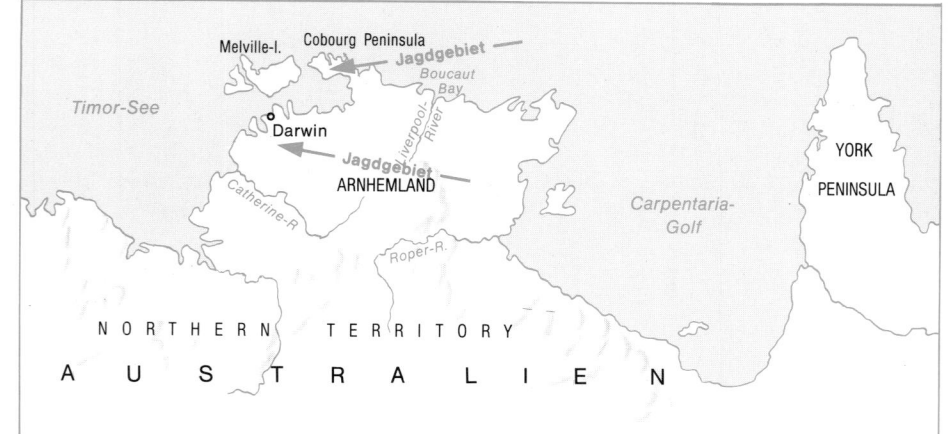

Jagd auf Wasserbüffel und Banteng in Australien

»The price of men, Australia's pride and joy«, heißt es in einem Lied, welches die Schaffenskraft und den Mut der Menschen als »Australiens Stolz und Freude preist« und gleichzeitig unseren Jagdführer Simon, einen echt handgestrickten »Aussi« treffend beschreibt. Mit ihm werden wir im »Outback« Australiens, der Wildnis des Northern Territory (bei 140 000 Einwohnern immerhin sechsmal so groß wie die Bundesrepublik) mit Sicherheit einige aufregende Jagdtage verbringen. Mittags steht die Sonne fast senkrecht über uns im Norden. Die Pirsch durch diese tropische, mit exotischen Zwergpalmen und krüppelhaften Hartblattgewächsen vermischte Baumsavanne ist ein Trip durchs Fegefeuer. Im Gänsemarsch, lautlos, soweit dies bei oft knöchelhoch liegendem Herbstlaub und Dürrgras überhaupt geht, bewegen wir uns auf schmalen Wildwechseln durch den »Scrub«. Das für diese Gegend typische Pflanzen- und Buschwerk leuchtet trotz monatelanger Dürre, auch noch jetzt im September während der Trockenzeit, in sattem Grün und Gelb. Diese Wildnis wird in zwei Monaten, wenn sich die heftigen, von tropischen Zyklonen aus Nordwesten herangeführten Monsunregen — der Vorrat für den später niederschlagslosen Winter und Frühling — über die Landschaft ergießen, selbst für den Jäger undurchdringlich.
Australien, das ist nicht nur tropischer Regenwald mit ausgedehnten Sümpfen, Wüsten, gewaltigen Gebirgsketten, Farm- und Parklandschaften, Skigebieten und Sandstränden, nicht nur Ayers Rock und Großes Barrier-Riff, Weltstädte wie Melbourne, Sydney und Canberra.
Australien, das Land der Känguruhs und der Koalas, ist ein modernes, wirtschaftlich und politisch stabiles Agrar- und Industrieland mit zunehmend touristischer Anziehungskraft, ohne bisher in Massentourismus euro-amerikanischen Ausmaßes zu entarten.

Die »Terra Australis«, der kleinste Erdteil unseres Planeten, 32 mal größer als die Bundesrepublik und von nur 15 Millionen Menschen bewohnt, liegt zu 40 Prozent in den Tropen und ist, umspült vom Indischen Ozean und dem Südpazifik sowie von vier weiteren Meeren, mit knapp zwei Einwohnern pro Quadratkilometer eines der am wenigsten besiedelten Länder der Erde. Dieser Inselkontinent beheimatet viele für uns fremde, exotische Pflanzen und Tiere, Eukalyptuswälder, Lotusblüten und Lilien, den straußenähnlichen Emu, Papageien, Sittiche, Greife und unzählige Arten Wasservögel. Australien besitzt noch unberührte, auf der übrigen Erdkugel rar gewordene Flecken und aufregende Überraschungen für den Jäger. Und deshalb haben wir die weite Reise unternommen.

Durch Zufall entdeckt

Simon prüft mit einer Handvoll feinem Sand erneut den Wind. Wir pirschen auf einem plattgestampften Wildwechsel, der entlang geschlossener Dornbusch- und Bambusdickungen zu einem ausgedehnten Sumpfgebiet führt. Über uns das völlig dichte Kronendach eines üppigen Regenwaldes, der die 200 Kilometer nordöstlich von Darwin liegende Cobourg-Peninsula bedeckt. Dort, irgendwo im Gewirr mächtiger Eukalyptusbäume und gelbblühender Akazien, zwischen Schraubenpalmen, Lianen und Baumfarnen, zieht eines der scheuesten und seltensten Wildrinder der Erde, der gut halbtonnenschwere Banteng, seine Bahn. Unglaublich, daß dieses um 1840 für die in diesem mörderischen Klima bald wieder aufgelassene Militärgarnison Port Essington aus Java zur Fleischversorgung eingeführte, später freigesetzte und dann schnell verwilderte Großwild, trotz seines inzwischen auf 2000 Kopf angewachsenen Vorkommens, erst 1960 rein zufällig wieder entdeckt wurde.
Ein riesiges Sumpfgebiet am flaschenhalsengen Übergang der Halbinsel zum Festland bewirkte zudem, daß die Banteng diesen Riegel nicht überfallen und ins Landesinnere einwechseln konnten. Während die nur noch in einigen hundert Tieren in Schutzgebieten Javas, Borneos und Burmas lebenden Banteng als bedroht gelten und streng geschützt sind, überlebten in der unbezwungenen Wildnis des Northern Territory durch Zufall einige tausend dieser Wildrinder. Wenn das keine Sensation ist!
Ähnlich jener, daß nach jüngsten Meldungen australischer Zoologen nördlich von Melbourne Pumas gespürt worden sein sollen, Nachkommen von Silberlöwen, die während des Zweiten Weltkriegs von in Australien stationierten US-Soldaten mitgebracht und später freigelassen wurden. »Loch Ness« im bisher raubkatzenfreien Australien? Wer weiß!
Auf der unerschlossenen, etwa fünfzig »Aboriginals« als Reservat überlassenen Halbinsel vergeben die farbigen Ureinwohner jetzt jährlich um die zwanzig Banteng-Lizenzen. In einem Gebiet von der Größe Bayerns, das erst seit einigen Jahren verkehrsmäßig an Darwin angebunden ist, sind wir auf der Suche nach einem reifen Bullen; einer Trophäe, welche früher bereits von Alfred Brehm als die »schönste« aller Wildrindarten gerühmt wird.
Ihr gilt die erste Etappe unserer zweiwöchigen Australien-Safari. Ein echtes Jagd- und Buschabenteuer, gut 20 Flugstunden von zu Hause entfernt. Zwischenrast war in Singapore.

Bantengbulle. Eine »Rarität« aus Südostasien. Gilt als die schönste, auch scheueste Wildrindart der Erde.

Im Tropendschungel auf Cobourg-Peninsula in Nord-Australien.

Exotisch — menschenleer

Die traumhaften, kilometerlangen »Bahama«-Sandstrände, sind hier, hoch im Norden Australiens, von einzigartiger Unberührtheit. »Baden verboten!«, warnen überall »Verkehrsschilder« mit rotem Kreis und rotem Balken auf weißem Grund, deren Zentrum ein stattlicher, grünleuchtender Krokodilschädel schmückt. Die Gegend ist menschenleer und völlig unbewohnt. Dafür sorgen die bis zu acht Meter großen Salzwasserkrokodile, die aus den küstennahen Süßwassersümpfen ins freie Meer wechseln. Diese Monster wurden schon mehr als 40 Meilen von der Küste entfernt in der offenen See beobachtet und sind wesentlich aggressiver als die höchstens halb so großen Süßwasserkrokodile. Hier ist kein Baderummel, vor allem auch wegen der vor der Küste patrouillierenden Haifische, von denen es nahezu hundert verschiedene Arten geben soll. Damit bleibt diese Gegend auch in Zukunft als Jagdparadies erhalten, die Welt des »Crocodile Dundee«!
Nachdem meine Frau die für den Jäger meist lästige Fotografiererei übernahm, der Junior den kleinen Rucksack buckelte, der immer zusätzlich für die

Tagespirsch gepackt wird, und die beiden Probeschüsse im Schwarzen saßen, war alles auf Erfolg ausgerichtet. Gelegentlich genarrt von der ausschweifenden Phantasie des Jägers, die hinter jedem Wirrwarr von Zweigen und Palmen ein spitzes Horn oder den bis zum Knie weiß bestrumpften Lauf eines vor sich hindösenden Banteng wahrzunehmen glaubte, dringt unser kleiner Trupp immer tiefer in die fremdartige Wildnis. Zu beiden Seiten des Pfades stehen teils über fünf Meter hochragende Sandburgen der »weißen Ameisen« (Termiten). Ihre betonharten Außenmauern sind deutlich von Malspuren grindiger Wasserbüffel und borstiger Sauen gezeichnet. Wie schon so oft während der letzten Tage, hebt Simon die Hand. Lautlos, aber einen Herzschlag zu spät, sacken wir zusammen. Schon erzittert die harte Erde und polternd prescht eine ansehnliche Banteng-Herde davon. Der Guide tippt an seine Nase. »Wir müssen noch vorsichtiger sein«, denke ich und schultere erneut die schwere .458 Mauser. Wegen des Überflugverbots von Waffen in Indien und Singapore hatte ich sie schon einige Wochen vorausgeschickt. Nun, ihrem Ruf windscheu zu sein, wurden diese Hornträger schneller gerecht als uns lieb war! Aufgescheucht schwirrt ein in seiner Mittagsruhe

Auch der Aboriginal (Ureinwohner) freut sich über die Banteng-Trophäe.

gestörter Pulk schwarzglänzender, rabengroßer Kakadus aus dem schattigen Dach uralter, in Jahrhunderten verschwisterter Würgfeigenbäume (Banyans). Ihre schlauchartigen Luftwurzeln fallen wie Kaskaden zur Erde. Zehn Männer könnten diese Giganten nicht umfassen!

Alter vor Zentimeter

Eine Viertelstunde später. Am Rande eines von spärlichem Baumbestand durchsetzten, langgestreckten Sumpfgebietes stoßen wir erneut auf eine vertraut äsende, gut zehn Kopf starke Banteng-Herde. Hier weiden auffällig rotbraun und zierlicher als die hochbeinigen Bullen, führende Kühe. Besonders erkennbar an den eng am Kopf anliegenden und nach hinten geschwungenen Hörnern. Umgeben von fast hellgelb leuchtenden Kälbern, stehen sie unter dem Schutz einiger jüngerer sowie eines abseits stehenden, älteren Bullen. Eine echte Idylle inmitten dieser Welt ohne Großraubwild und Bejagungsdruck! Der klotzig wirkende Rudelstier ist fast blauschwarz gefärbt. Üblicherweise entwickelt sich das kurze, dichtglatte Haarkleid mit zunehmendem Alter von asch- und graubraun ins dunkel- oder schwarzbraun. Seine für das Banteng-Wild charakteristischen weißen »Wadlstrümpfe« verleihen ihm eine besondere Eleganz. Im Zeitlupentempo nähern wir uns dem aufmerksam sichernden Hornträger, hartnäckig verfolgt von Myriaden boshafter Stechmücken, die unsere Lage schamlos ausnützen. Bald habe ich die ungewöhnlich weitausladende, in der Sonne wie schwarz polierte, in der Sonne wie schwarz polierte Ebenholz leuchtende Hauptwehr, deren Basis dick verhornt ist, im Doppelglas. Die Hornenden weisen zwar nicht, was den sehr alten Bullen auszeichnet, nach oben und einwärts, aber die Auslage ist außergewöhnlich. Angestrengt versuchen wir gerade — Alter geht vor Zentimeter! — seine Reife zu entschlüsseln. Die glatte, haarlos verhornte Stirnhaut, ähnlich dem Helm des afrikanischen Kaffernbüffel, spricht für sich selbst, als die Herde wie elektrisiert, fast mit Bocksprüngen in alle Himmelsrichtungen auseinanderstiebt.

Bahama-Strände. Völlig unberührt. Dafür sorgen die Krokodile und Haifische, die hier patrouillieren.

Des Rätsels Lösung liefert Alex. Aufgeregt fuchtelt er in eine Richtung: Keine 30 Meter von uns entfernt, steht unerwartet ein hochbeiniger, von Jagdfieber und Hetze bebender, spitzohriger Dingo. Dieser glatthaarige Wildhund, für Australiens Wildbahn der wichtigste Jäger und Regulator, brachte die Herde also auf Trab.
Ausgrabungen und Wandmalereien in Wohn- und Kultstätten der Aboriginals beweisen übrigens, daß der Vierbeiner als Begleiter vor 20 bis 30 tausend Jahren mit den Ureinwohnern auf diesen Kontinent kam und sich später dann verselbständigte. Wegen des Schadens in der Schaf- und Viehzucht wurde er zu Beginn des Jahrhunderts beinahe bis zur Ausrottung mit Gift, Eisen und Blei bekämpft. Heute ist der kräftige, orangegelb, manchmal rötlich gefärbte, windhundgroße Einzel- und Rudeljäger weitgehend geschützt, weshalb auch Simon meine fragenden

Blicke sofort mit einem verneinenden Kopfschütteln beantwortete.
Das Schauspiel endete erwartungsgemäß mit dem völligen Rückzug der beunruhigten Herde, wobei sich der »Boss«, unbeeindruckt zwar aber durchaus zielstrebig, als erster ins sichere Dickicht verdrückte.

In Steinwurfnähe

»Gone with the wind« (Vom Winde verweht) resignierte ich und hatte allmählich Zweifel, ob wir nicht auch diesmal zu lange gefackelt hatten. Immerhin war uns während der letzten beiden Tage bereits ein knappes Dutzend vergleichbar starker Hornträger nicht »kapital« genug gewesen!
»Ausreizen ist gut, überreizen geht leicht ins Auge«, mahnte mein Jagdverstand. Der »Aussie«, wie sich die Australier kumpelhaft gerne selbst nennen, hatte dennoch die Ruhe weg. Er grinste nur, als ich ihm empfahl, während der kommenden Nacht besser für einen vergleichbar starken Bullen zu beten! Mich jedenfalls verfolgte der

»Blauschwarze« noch während des Einschlafens im gut durchlüfteten und von Mücken freigekämpften Hauszelt. Hoffentlich hatten wir unsere besten Chancen nicht schon verpudelt! Andererseits — und damit beruhigte ich mich wieder — ist Ungeduld »ein Hemd aus Brennesseln«, und ich erinnerte mich, wie treffend vor Jahren ein polnischer Förster damit meinen aus Übereifer zu früh angesetzten Sprung und den Mißerfolg einer Hahnenbalz kommentiert hatte.
Mittagsstille. Heute war mein Lauf bereits zweimal blank geblieben. Zuerst stand ein alter Raufer, leider mit nur einem, allerdings ungemein dicken Horn, knapp dreißig Schritt vor uns im Dickicht. Ihn verriet die für den Banteng typische, antilopenähnliche, auffällig über Spiegel und Außenfläche der Hinterläufe fließende, fahlgelbe Färbung. Ein andermal war die Trophäe zwar gewaltig — ich hatte schon das Blatt frei! — aber das Benehmen des Burschen war mir dann doch zu liderlich und jugendhaft. Als er auf Anruf mit Prusten und Blasen den Weg freigibt und alle seine Kumpane mitnahm,

drängte ich den Guide, statt einer Mittagrast die Pirsch für eine weitere Stunde fortzusetzen.

Und diesmal klappt es! Fast gleichzeitig, keine 50 Gänge halbschräg vor uns, erspähen wir im wüsten Chaos verbrannter Palmen, in angesengtem Strauchwerk und geknicktem Jungwald, das trutzige, uns zugewandte Haupt eines ruhenden, ansonsten völlig bedeckten Banteng. Die alljährlichen, auch jetzt allerorts aufflackernden Buschfeuer hatten hier schon vor Wochen für Naturverjüngung gesorgt. Überall sprießte saftiges Neugras, so ganz nach dem Geschmack des alten Genießers. Ein letzter, prüfender Blick: Der Recke paßt! Endlich Balsam fürs wunde Jägerherz, und wie immer bei der Pirsch, Vorteil für den, der den anderen zuerst erspäht!

Meine »Jagdassistenten« gehen lautlos in die Hocke. Welche Schußposition? Eine Kugel aufs Haupt scheidet aus. Trägeransatz und Blatt sind völlig verdeckt. Von hier aus besteht also kaum eine Chance! Gebückt, auf Zehenspitzen über dürrer, schwarzverbrannter Erde — die Ballerina im Kohlenkeller — komme ich, mein Gewehr fest in

beiden Händen, auf Steinwurfnähe an den Bullen heran. Der Wind hält zu mir. Dennoch ist das Manöver für die Katz'! Die Gefahr eines riskanten Schusses auf das nach wie vor verdeckte, wehrhafte Wild ist keineswegs geringer geworden. »Troubles« (Scherereien) sind nicht auszuschließen! Ich verlasse mich in solchen Fällen nie auf den Zufall.

Eine heilsame Lektion

Im selben Augenblick befreit uns der Recke mit einem gewaltigen Sprung in den Stand aus der Ratlosigkeit. Keine 20 Gänge entfernt, halbspitz mir zugewandt, stiert der Hornträger im Gewirr von Gras, Ästen und Bäumen herausfordernd auf uns. Nervös mit den Lauschern fächelnd, die Hornwehr gesenkt, den Blick unverwandt auf mich, sein noch nicht genau identifiziertes Gegenüber gerichtet. Ein feinnerviger Geselle!
Kniend, die Büchse längs an der Backe, tastet sich das Fadenkreuz auf der breiten Brust dorthin, wo das Leben sitzt. Schuß auf den Stich! »Vor-

Unschlüssig! Reicht die Zeit zum Ansprechen und »Maßnehmen«? Die Entfernung paßt!

sicht! Das Herz liegt tiefer, als du glaubst«, sagt die Erfahrung, »beeile dich!«
Gerade als sich Instinkt, Gedanken und Gefühle in dem sich langsam krümmenden Zeigefinger bündeln — in diesem alles entscheidenden Bruchteil einer Sekunde — setzt der Grauschwarze einige Schritte halbschräg nach vorne. Ohne bewußtes Kommando, wie von Geisterhand geführt, nimmt das Absehen die Bewegung auf und wandert mit. Im dumpfen Aufschlag des schweren 33 g Teilmantelgeschosses bricht das Wild kurz nach links aus, steht zitternd, erhält die zweite — wie sich später zeigte, überflüssige Kugel und sinkt, vorn einbrechend, lautlos hinab in die uferlose Geisterwelt der allgegenwärtigen Aboriginals.
Jagd vorbei! Innerlich aufgewühlt, durch die »saubere Jagd« jedoch auch seelisch entlastet und rundum zufrieden, stehen wir bald alle vor dem

mächtigen Wild und bewundern seinen Hauptschmuck. Er wird betastet, eingehend begutachtet. Ein echter Grund zur Freude, auch wenn der Bursche die Maße des »Blauschwarzen« vom Vortag lange nicht erreicht. Vermutlich liegt das auch an Simons eigenwilliger, von den Göttern nicht angenommenen Beterei, zu der ich ihn verpflichtet hatte.

Das alles ist jetzt ohne Belang. Wir hatten bei einer »ehrlichen« Jagd, mit der man vor sich selbst bestehen kann, eine brave Trophäe erbeutet. Das zählte, sonst nichts!

Da lotste mich Alexander aufgeregt zum Anschuß. Nicht zu fassen! Das Geschoß hatte einen, in der Aufregung beim »Mitziehen« übersehenen, quer vor dem Wild liegenden, knapp 20 Zentimeter dicken Red-Gum-Baum durchfetzt und seine Flugbahn dennoch beibehalten. Es entwickelte trotzdem noch ausreichend Kraft, um den einen guten Meter dahinterstehenden, 10 bis 12 Zentner schweren Brocken in die Knie zu zwingen. Wen die Götter lieben...! Während wir das Wild streifen und die Trophäe versorgen, wundere ich mich immer noch über den Dusel bei diesem Schuß. Das hätte böse ins Auge gehen können!

»Doch großes Glück ist häufiger als großes Talent«, sagt ein besonders nachsichtiges Sprichwort, und dem wollte ich nach dieser heilsamen ballistischen Lektion nicht widersprechen.

Der prominenteste »Zugereiste«

Rückflug war am nächsten Tag. Bald verschwand die exotische Cobourg-Penisula hinter uns im flimmernden Zwielicht von Morgendunst und aufgehender Sonne. Wir verließen eines der letzten, vergessenen Refugien unseres Planeten. Noch kaum erforscht, blieb es zumindest für das nächste halbe Jahr wieder sich und dem geheimnisvollen Treiben der weltfernen Aboriginals überlassen. Uns aber trug ein kleiner Viersitzer einem neuen Jagdabenteuer entgegen: Voll von Erwartungen und unbestimmten Hoffnungen, die Shakespeare treffend »den Jagdhund ohne Spur« nannte.

Zwei Tage später. Der dünne Lack der Zivilisation ist längst von uns abgeblättert. Wir lagern knapp 200 Kilometer östlich von Darwin am Rande der unendlichen Marrakai-Sümpfe. Während der starken Monsunregen ab November steht dieses Land für einige Monate völlig unter Wasser. Für den Menschen — auch wegen der allgegenwärtigen Krokodile — dann nicht mehr begehbar. Die Region wird nur extensiv zur Rinderhaltung genutzt, zu anderem eignet sie sich wohl auch nicht. Grundbesitz mit über einer halben Million Hektar ist hier deshalb keine Seltenheit. Die größte Farm der Welt, sie soll die Größe ganz Englands haben, liegt etwas südöstlich von unserem Gebiet. Natürlich weiß kein »Land-Lord«, wieviele Rinder ihm eigentlich gehören oder wie hoch im nächsten Jahr das Fangergebnis sein wird, wenn eine Hubschrauberstaffel auf breiter Front die in freier Wildbahn lebenden Rinder — gleichzeitig mit verwilderten Pferden und den leicht in Panik zu versetzenden Wasserbüffeln — in breite, trichterförmig mit riesigen Jutebahnen abgespannte Fangkoppeln treibt. Auf diese Weise wurden im letzten Jahrzehnt etwa zwei Millionen wilde Wasserbüffel vermarktet!

Trotz dieses »Hindernisses« bezwang die .458 TM den harten Banteng.

Die Australier sind richtig stolz auf ihren »Buff«. Er ist in Kraft, Ausdauer und Durchsetzungsvermögen irgendwie zu einer Symbolfigur für dieses harte Land, seine tüchtigen Menschen und ihre Geschichte geworden.

Auf diese lehmgrauen Dickschädel wurde schon um 1890 am South-Alligator-River von englischen Kolonialoffizieren Dampf gemacht. Um 1830 hatte man etwa 100 asiatische Büffel als Zug- und Tragtiere auf die dem Festland vorgelagerte Insel Melville gebracht. Sie wurden später aufs Festland verfrachtet, wo sie schnell verwilderten. Der asiatische Wasserbüffel ist neben Wildziege und Banteng, zusammen mit Schwarzwild, Hase, Karnickel, Fuchs, Fasan und Rotwild, der wohl prominenteste, heute leider auch der am schärfsten einer amtlich verordneten Reduktion ausgesetzte »Zugereiste«. Von den 13 ausgesetzten Hirscharten haben sich übrigens sechs, insbesondere der Rusa und der Axis durchgesetzt. Für das Büffel-»Culling« werden vordergründig ökologische und veterinärmedizinische Gründe genannt. Man beklagt, daß der Wasserbüffel die Ufer der Gewässer zertritt und damit den Wasserhaushalt schädigt, argumentiert mit Seuchengefahr für die Rinderhaltung — als ob nicht der dem Sumpfklima seit Jahrtausenden angepaßte Vetter des asiatischen Arni vom Hausrind mit Tuberkulose angesteckt worden wäre und nicht umgekehrt!

Schnelle Ausreden! Man spekuliert zugunsten der Rinderzucht auf das von einem Nahrungskonkurrenten befreite Weideland. Das ist nicht neu! Die beabsichtigte Halbierung des nach wie vor auf etwa 200 000 Kopf geschätzten Vorkommens wird jedoch auch noch kommenden Jägergenerationen zu packenden Pirscherlebnissen verhelfen. Vor allem, weil sich die Restpopulationen des Büffels erfreulicherweise in die unwirtlichsten, von unzähligen Sümpfen, Altwassern, riesigen Seen und tiefen Lagunen (»Billabongs«) durchsetzten Landstriche zurückziehen. Die alten Brocken — das ist jetzt schon feststellbar — sind durch den Reduktionsdruck der letzten Jahre wesentlich sensibler, scheuer und auch aggressiver geworden. Dabei lassen sich, Hubertus sei Dank, die betagteren, erfahrenen und weitgehend territorialen Bullen heutzutage kaum mehr mit technischen Hilfsmitteln aus ihren sicheren Einständen drücken. Die Schlaumeier haben gottlob dazugelernt. Geschickt entzogen sie sich den großen »Verdünnungsaktionen« der Vorjahre, indem sie schon beim leisesten Anzeichen einer Gefahr unverzüglich in die unbezwingbaren Momosa-Dornen auswichen oder hinaus in die unzugänglichen Sumpfebenen entwischten. Das erklärt auch, weshalb wir bei unseren oft stundenlangen Pirschgängen immer wieder auf alleinstehende, ältere Burschen stießen. Schwarzgraue Kolosse, deren mächtige Stirnwaffen oft mehr als eineinhalb Meter klafterten. Ich hätte inzwischen leicht ein dutzendmal den Finger krumm machen können!

Während der asiatische Wasserbüffel, einst über ganz Südostasien, Indochina und den Philippinen verbreitet, nur noch in höchstens 2000 Exemplaren in freier Wildbahn vorkommt — sein Hauptfeind war neben dem Menschen nur der Tiger — ist die Art durch die Einbürgerung dieses Wildrindes nicht bedroht, vor allem wegen der starken Bestände in Australien.

Hier konnte man sich immer noch Zeit lassen und trotzdem ein wirkliches As greifen! Natürlich hatten sich auch mir die international bestaunten Fotos von Weltrekordtrophäen, mit Auslagen von über zwei Metern, als Maßstab ins Gehirn geritzt. Ich wurde allerdings gleich beim ersten Anfall dieses »Zentimeter-Fiebers« kuriert, als mich Simon dahingehend aufklärte, daß die wie ein riesenhaftes Joch kerzengerade seitwärts abstehenden Rekordbuchtrophäen meist der imposante Hauptschmuck hochkapitaler Wasserbüffel-Kühe sind. Mein energischer Protest, mir ja nicht zu einem solchen »Damen-Rekord« zu verhelfen, war dann auch ganz nach seinem Geschmack.

Fast afrikanisch

Bei eher mediterran trockenem Wetter, mit angenehm warmen Tagen und einer nachts wohltuend kühlen Brise, genossen wir die Bilderbuch-Urlaubswelt nicht nur als Jäger. Unsere leichte Safarikleidung, die Leinenshorts und hochgeschnürten, leichten Pirschstiefel waren da genau richtig! Vieles erschien uns »afrikanisch« und hatte dennoch nichts mit dem schwarzen Erdteil gemein. Etwa die einzigartige Pracht der von Stunde zu Stunde wechselnden Farben, die Harmonie der exotischen Tropenlandschaft mit ihren unzählbaren Blumen und fremden Blüten oder der allenthalben vernehmbare, schwermütig monotone Ruf des Flötenvogels. Aufregend, die immer wieder überraschenden Begegnungen mit den neugierigen Känguruhs und ihrem kleineren Vetter, den hasengesichtigen Wallabies oder mit drachenähnlichen Riesenechsen und Schwärmen schillernder Sittiche. Die aggressive, grünbäuchige Räuberameise vergesse ich lieber.

Der Jäger schöpft in dieser paradiesischen, fast unberührten Welt buchstäblich aus dem Vollen. Keine 300 Meter vom Camp, in einer gut 50 Quadratkilometer großen Sumpf- und Seenlandschaft ruhten Tausende Wasservögel, unübersehbare Geschwader schwarzweißer, höckerbewehrter Magpie-Gänse und unzählige Kolonien verschiedenster Enten, durchmischt von Störchen und Reihern, von Kranichen und Ibissen.

Unser Guide kannte alle beim Namen, zeigte uns peinlich genau die besonders geschützten Gänse und Enten und genoß unsere Sprachlosigkeit angesichts dieses kleinen Naturwunders. Schon am frühen Morgen zählten wir Dutzende von Seeadlern und Weihen, bestaunten die Riesenflüge brachvogel- und kibitzähnlicher, vorher nie gesehener Wasservögel. Selbst nachts war die Luft erfüllt vom Lärm der geheimen Zwiesprache Tausender geschwätziger Ganter und unablässig lauthals prahlender Erpel.

Nachdem eine kleine Wasserflugwild-»Ernte« als Dreingabe zur Büffeljagd vorgesehen war — neben Barramundi-Fischen und Saujagd, bei der ich nach kurzer Frühpirsch rein zufällig einen mittelstarken Keiler im Sumpf anpirschen und auf die Schwarte legen konnte — wurde uns bei diesem vollen Programm beinahe die Zeit knapp. Unvergeßlich das Bild, als sich nach dem Hebeschuß Tausende von Wasservögeln wie Wolken in die Luft erhoben und buntgefiederte Schwärme, Pulk für Pulk, in immer größeren Schleifen über uns ihre Kreise zogen. Wie überall, das Gänsevolk auch hier höllisch aufmerksam! Zu meinem Leidwesen hielt es

Der mächtige Hornkreis des Wasserbüffels ist weltrekordverdächtig.

bereits nach dem ersten Knall mehr als respektvollen Abstand zu unserem auf einer schwankenden Mangroveninsel gewählten Versteck.

Der Würgelauf stoppte trotzdem in kurzer Folge vier Schwarzweiß-Gefiederte mit grobem Schrot im Flug und die großen Vögel schlugen unmittelbar vor uns klatschend auf. Wegen der Krokodilgefahr wurden sie von Simon, dem schneidigen Guide, mit dem Revolver in der Hand aus dem Wasser gefischt. Indessen ruderten die meisten Schofe und Großverbände schon längst wieder beruhigt in ihrem altvertrauten Revier, ganz so, als wäre nichts geschehen. Ein klarer Beleg, daß hier selten Funken gerissen werden!

Pfeffer für die Phantasie

Fein gesponnene Dunstschleier lagerten noch über der Marrakai-Ebene, als wir in aller Herrgottsfrühe von Westen her, mit »guter« Luft, in den zum »Swamp« (Sumpf) hin abfallenden, immer lichter werdenden Paperbark- (Myrthenheide-) Wald eindrangen. Selbst Frühaufsteher unter den Insekten und Vögeln begannen erst zögerlich ihr buntes Treiben. Nur ein von uns aufgescheuchter Flug schwerfälliger Großtrappen störte laut krakeelend die atemlose Stille. Entlang der Wildpfade fanden wir auf Anhieb frische, kaum angetrocknete Büffellosung. Ein Fingerzeig, daß die Herde noch nicht rückgewechselt war, sondern irgendwo vor uns, kilometerweit draußen in den Sumpfauen herumbummelte und den Wasserpflanzen zusprach. Viel Zeit also für umsichtiges Abglasen, ehe sich das Großwild aus der Vormittagshitze in die schattigen Palmen- und Mangroven-Dickungen zurückziehen würde.

Wir rechneten damit, daß sich auch die alten Einzelgänger diesem Rückzug anschließen und nicht aus Trägheit den ganzen Tag — dann für uns unerreichbar — draußen auf den schlammigen Swamp-Inseln herumlungern würden. Immer wieder entdeckten wir in der Riesenherde von knapp 100 Häuptern Traumtrophäen. Die zuerst oft nur als schwarzer Fleck am verschwommenen Horizont erkennbaren, teilweise bis zur

Magpie-Gänse, »Dreingabe« unserer Jagd.

Rückenlinie im Sumpfwasser stehenden alten Haudegen waren Pfeffer für unsere Phantasie und gleichzeitig das ärgerliche Erlebnis der eigenen Ohnmacht.

»Alle menschlichen Fehler sind Ungeduld«, beruhigte ich mich mit Kafka. Jetzt heißt es Übersicht behalten und abwarten, denn »Mit Geduld und Spucke fängt man nicht nur eine Mucke«! Bald darauf, im Schnittpunkt von Dämmerung und Tag, kam mit Riesenschritten die goldene Scheibe der Morgensonne hoch und zog mit Macht die letzten Nebelschwaden zu sich empor. Überwältigt von den magischen Lichtspielen zwischen frühem Licht und schwindender Nacht — man wird fast zur Naturschwärmerei verführt — rücken wir zu den letzten im Vorfeld der Sümpfe noch Deckung bietenden Baum- und Buschinseln vor.

Jetzt wird der Blick völlig frei auf die in ihrer Gliederung und harmonischen Zuordnung von Wasser, Grasflächen und Baumbestand einzigartige, einem phantastischen Gemälde ähnliche Parklandschaft, die Menschenhand wohl nie so gestalten könnte.

Erlebnisse und Begegnungen dieser Art machen den großen Reiz von Jagden »auf Fernwechsel« aus.

Wir tun keinen Muckser

Sorgfältig betrachten wir die unterschiedlich entfernten, in größeren Gruppen oft knietief bis über den Trägeransatz im Wasser äsenden Wildrinder. Das Ansprechen kostet Zeit, da häufig weder Körpergröße oder Geschlecht, weder geradegestreckte noch kreisförmig ausgebildete Hornwehr — letzteres hat nichts mit Alter zu tun, die Kreisform entspricht der Norm! — eine flinke Beurteilung erlauben. Hoffentlich dreht der Wind nicht, denke ich noch, als Simon plötzlich aufgeregt zischt! Unbemerkt, keine 100 Meter entfernt im knöcheltiefen Wasser, steht völlig überraschend ein strammer Büffel und glotzt zu uns herüber. Kesselwind? Hat der Klotz irgendeine unbedachte Bewegung wahrgenommen oder wittert er instinktiv Gefahr? Wir tun keinen Muckser! Wenn der Bursche jetzt Verdacht schöpft, nervös prustet und abhaut, prasselt die ganze Herde auf Nimmerwiedersehen hinterdrein! Uns steht das Herz still. Der grauschwarze Brocken, neugierig und selbstbewußt wie jede Kreatur ohne natürlichen Gegner und deshalb ohne ursprüngliche Angst, verharrt auf dem Fleck, stur wie ein Panzer. Das Haupt waagrecht und wuchtig in Richtung vermeintliche Bedrohung erhoben, holt er sich Wind aus allen Richtungen. Jetzt tänzelt er einige Schritte vorwärts, dann zur Seite. Das Manöver — Bluff? — soll einen Gegner aus der Fassung bringen! Da nichts geschieht, verliert der Raufer endlich das Interesse an uns und dreht ab. Entwarnung! Wäre das Pech, wenn dieser mittelalte Kraftprotz noch näher, vielleicht zu nahe gekommen wäre und jetzt, kaum zu bergen, im Schlamm läge. Daran mag ich gar nicht denken! Inzwischen hat sich auf der gigantischen Naturbühne einiges verändert. Fast gleichzeitig — das ist so bei jeder Jagd, die die Sinne aller Beteiligten fordert — entdecken wir in etwa 400 Meter Entfernung den »Oberbefehlshaber« des Territoriums. Blasend und ständig mit grasbehängtem Hornkreis blindlings in die Luft stoßend, teilweise den ganzen Schädel unter Wasser, pflügt er durch das Sumpfgras. Dabei wirft er immer wieder jählings auf und

Felszeichnungen der Aboriginals. Über 5000 Jahre alt.

sichert mit gebieterisch erhobenem Haupt eifersüchtig nach allen Seiten. Seine gewaltige Stirnwehr reicht ihm so weit über den Trägeransatz in den Rückenkamm hinein, daß wir vor Aufregung laufend tief Luft holen: Das ist mit Abstand das kapitalste Büffelhorn der letzten Tage!

Der Schlußakt

Der Bulle, dessen knochiger Körper bereits aufs Pensionsalter hinweist, verläßt kaum seinen Kommandostand. Da fühlt er sich sicher, hier behält er die Übersicht!
Inzwischen ist der »Aussie« die Umsicht in Person. Auch er, der abgebrühte Wildnis-Profi, kann seine Erregung kaum mehr verbergen. Er denkt mit Sicherheit dasselbe wie ich: So eine Stirnwaffe wächst nicht alle Tage. Hoffentlich wechselt der Bursche auf unserer Seite aus! Vorsichtig ziehen wir uns in den dichteren Paperbark zurück und warten — wenn nötig, auf ein Wunder!
Von Zweifel und Hoffnung gepeinigt, lehnen wir an den Bäumen. Am Boden zu sitzen ist wegen der aggressiven »Meatants« (Fleischameisen) und der überall beschworenen Schlangengefahr, von der wir während der beiden Wochen übrigens überhaupt nichts

bemerkten, wenig ratsam. Nervosität! Wir wissen nur zu gut, daß die aufregend nahe Weltrekord-Trophäe, als die wir sie zwischenzeitlich ansprechen, unweigerlich verloren ist, wenn der Büffel nur 300 Gänge von uns entfernt an Land geht. Ehe wir dorthin kommen, ist der Recke im Dickicht verschwunden. Das mit seinen ausladenden Schalen bestens an das Sumpfleben angepaßte Wild ist in diesem Riesengebiet, wegen des überall gleich üppigen Äsungsangebotes, auch nicht an eine eng territoriale Lebensweise gebunden. Pirsch oder Ansitz haben sowieso keine Chance auf Erfolg! Wir geraten fast in Panik, als uns bald darauf der Rudelchef, den wir bisher keine Minute aus den Augen ließen, kurzfristig im weiten Sumpfgebiet verloren geht. Ob er gerade tieferes Wasser durchrinnt oder — Simon behauptet, daß das öfter, insbesondere bei Flucht geschieht — völlig unter Wasser dahinzieht?
Da! Plötzlich kocht der Sumpf, Gischt und Wellen schlagen hoch! Jetzt überstürzen sich die Ereignisse. Der alte Haudegen versucht gerade einem Nebenbuhler, der vermutlich seiner Lieblingsfrau zu nahe kam, in einem kraftvoll vorwärtsstürmenden Angriff Manieren beizubringen. Wasserfahnen, Schlammbrocken und Grasfetzen fliegen durch die Luft, als die beiden Streithähne in flachem Bogen, der Alte

dem Jungen knapp auf den Fersen, fast auf uns zupreschen. Unglaublich! Schon hetzen Simon und ich, so schnell das im schlickigen Sumpfufer geht, noch einigermaßen gedeckt durch Mangroven und den Paperbark, nach links. Wir versuchen, den Haudegen den Weg abzuschneiden.
Und es reicht hin! Während der Verfolgte schon im Sumpfwald verschwindet, verfällt der »Big-Boss«, das Haupt nach vorne gestreckt, die Hornwehr fast auf die Rückenlinie gelegt, in langsameren Trott. Im gleichen Moment erhält er, auf gut 100 Schritt, die schwere .458er Teilmantel. »Good medicine«, lacht der endlich von allen Erfolgsqualen erlöste Guide, als das tonnenschwere Wild mit tief gestelltem Haupt, in kurzer rasender Flucht genau an dem Fleck zusammenbricht, wo sein Widersacher in die Freiheit entkam.
Die Waffe im Halbanschlag stehen wir vor dem wehrhaften Großwild. Mattes Zittern zeigt, daß sich der Kämpe bereits auf dem ewigen Pfad zu seinen geheimnisumwitterten Vorfahren befindet, deren Spuren sich irgendwo in der Unendlichkeit Asiens verlieren. Begeistert und überrascht von solchen Ausmaßen, bestaunen wir die weit ausladende, kreisförmig gewundene und an der Basis mit zwei Händen nicht zu umfassende, kantige Stirnwehr. Lehmverschmiert und noch bis in die Stirnlocken hinein triefend naß, umrahmt der gewaltige Hornkreis, der glatt geschliffen und geriffelt wie ein mit grobem Hobel geschrapptes, uraltes Hartholz wirkt, ein Haupt, das in Wucht und Edelmaß dem des Kaffernbüffels ebenbürtig ist. Es wird uns, wenn längst der Staub der australischen Wildnis von den Schuhen geschüttelt ist, ein Leben lang an Erlebnisse erinnern, die nie mehr verblassen. Diese Erinnerungen sind, wie Jean Paul treffend meint, »das einzige Paradies, aus dem wir nicht vertrieben werden können«. Wie wahr!

Rast im Blizzard. Die Huskies sind völlig erschöpft. Der Himmel verfinstert sich.

Zweimal Arktis und zurück

Plötzlich ist die Krise da! Der Eskimo bremst den Hundeschlitten und stellt teilnahmslos fest: »Wir haben uns verirrt!«. Großartig! Am Rande des Eismeeres in einem Blizzard gefangen, ohne Ausrüstung, Verpflegung und Funk. Alles ist auf dem Lastschlitten, der meilenweit hinter uns im Schneesturm vermutlich die Spur verlor. Ein tödlicher Leichtsinn!

NORTHWEST TERRITORIES (N.W.T.)

Kanadische Provinz	
Hauptstadt	Yellowknife
	(8250 Einwohner)
Bevölkerung	52 600
Fläche	3 379 699 km²
Sprache	Englisch, Inuit
Währung	1 Canad. Dollar
	(Can$) = 100 Cents

Wildtiere: Bison, Dallschaf, Eisbär, Eisfuchs, Elch, Barren-Ground-Grizzly, Karibu, Moschusochse, Schneehase, Schneeziege, Schwarzbär, Walroß, Wasserwild, Wolf.

Landschaft: Im W zwischen Mackenzie-Mountains und den Barren-Grounds (Inuvik) fließt Kanadas größter Fluß, der Mackenzie (1800 km), ins arktische Eismeer. Nördlich sind die Arktischen Inseln (von W: Banks-, Victoria-, Ellesmere- und Baffin-Island). Die größten Süßwasserseen Kanadas, der Große Bären-See und der Große Sklaven-See befinden sich dort.

Klima: Die N.W.T. liegen in der arktischen und subarktischen Zone mit Temp. nicht über + 10° C (Juni-August), bis – 50° C (November-März).

Sehenswürdigkeiten: Flußtouren auf dem Coppermine- und Nahanni-River (Virginia-Wasserfälle im Nahanni-N.P.) Im Woodland-Buffalo-N.P., von dessen 44 807 km² ein Drittel auf die N.W.T. entfallen, leben noch ca. 10 000 Büffel. Eskimo-Kunst.

Jagd: Nur mit einheimischen Guides. Jagd auf Eisbär und Moschusochse mit Hundeschlitten. Die Eisbärjagd ist nur mit Eskimos der N.W.T. möglich.

Eisbär

Ursus maritimus

E: Polar bear
F: Ours blanc
Sp: Oso blanco

Ansprechen: Reinweiß bis hell cremefarbige, dichtwollige Decke. Nur Krallen, Seher, Windfang des bis 240 cm langen Körpers, (aufgerichtet 300 cm und mehr) sind dunkel. Gehöre klein und abgerundet, Vorderpranken breiter als die Hintertatzen. Behaart. Der Kopf ist schmal, sitzt auf langem Träger.

Lebensraum: Eisschollen, Inland- und Packeiszonen, sowie arktische Küsten und Tundren.

Verbreitungsgebiet: Rings um den Nordpol, nördlich des Polarkreises (UdSSR, Alaska, Kanada, Grönland, Norwegen). Nicht in der Antarktis.

Verhalten: Tagaktiver Einzelgänger. Nur wenige Tage Brunft (März/Mai). Im Oktober vergräbt sich die Bärin in Schnee- oder Eishöhlen, wo sie im Dezember meistens 2 Junge setzt. Sie verlassen nicht vor April die Höhle. Die Jungen werden 18 Monate gesäugt. Bärin meist nur alle 3 Jahre brünstig. Der Bär ist auf Robben spezialisiert, vorwiegend Fleischfresser.

Artenschutz: WA A II

Jagd: Nur erlaubt aus dem Kontingent der Eskimos. Eskimo-Jagdführer begleiten den Auslandsjäger. Die Jagd erfolgt mit Hundeschlitten. Die Huskies (Eskimohunde) stellen meist den Bären, der dann aus nächster Nähe erlegt werden muß. Vorsicht, daß ein waidwunder Bär nicht ins Wasser gelangt. Dort ist die Trophäe oft verloren. Bärenfleisch ist häufig trichinös, daher Vorsicht beim Genuß.

Rekordtrophäe: SCI RBoTA, 1986: Schädellänge 44,45 cm, Schädelbreite 29,21 cm (Alaska 1966).

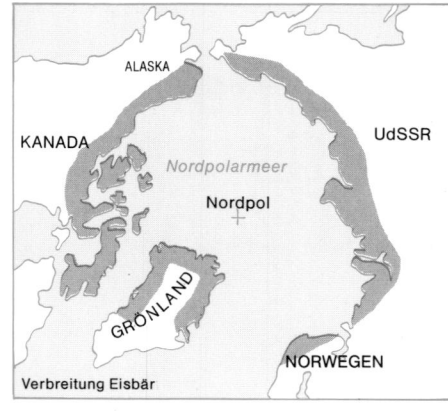
Verbreitung Eisbär

Moschusochse

Ovibos moschatus

E: Muskox
F: Boeuf musqué
Sp: Buey almizclado

Ansprechen: Ein uriges Wild, bis 400 kg Gewicht und einer Schulterhöhe von 135-165 cm, mit tiefbraun bis schwarz gefärbter, zotteliger Decke. Massiger Schädel mit nach unten gezogenen, am Kopf anlehnenden »Büffel«-Hörnern. Die Stirnwaffen des Bullen bilden einen Helm. Auch als Schafochse bekannt. Unterarten: Alaskamoschusochse *(O.m.m.)*, Wagermoschusochse *(O.m. niphoecus)* und Grönlandmoschusochse *(O.m. wardi)*.

Lebensraum: Arktische Tundra

Verbreitungsgebiet: Arktische Inseln Kanadas (ca. 60 000) bis Grönland. In Skandinavien, Spitzbergen, Alaska eingebürgert.

Verhalten: Lebt in Herden. Bullen dominieren. In der Brunft (August) fechten sie heftige Kämpfe um einen Harem aus. In dieser Zeit strenger Moschusgeruch. Nach 8-9 Monaten setzen die Kühe je ein Kalb. Im Sommer äsen sie Flechten und Moose, im Winter schlagen sie Moose, Flechten und Wurzeln des arktischen Trockengrases aus dem Schnee. Gegen den Wolf bilden sie einen Verteidigungsring, Kühe und Kälber in der Mitte. Erst 1860 entdeckt.

Artenschutz: WA entfällt

Jagd: Hege mit der Büchse. Bullen werden aus der »Wagenburg« oder als Einzelgänger gestreckt. Kurze Schußdistanz. Der Angriff eines Bullen ist meist Bluff, trotzdem Vorsicht!

Rekordtrophäe: SCI RBoTA, 1986: Gesamtlänge des Horns über dem Helm gemessen 135,57 cm (1985).

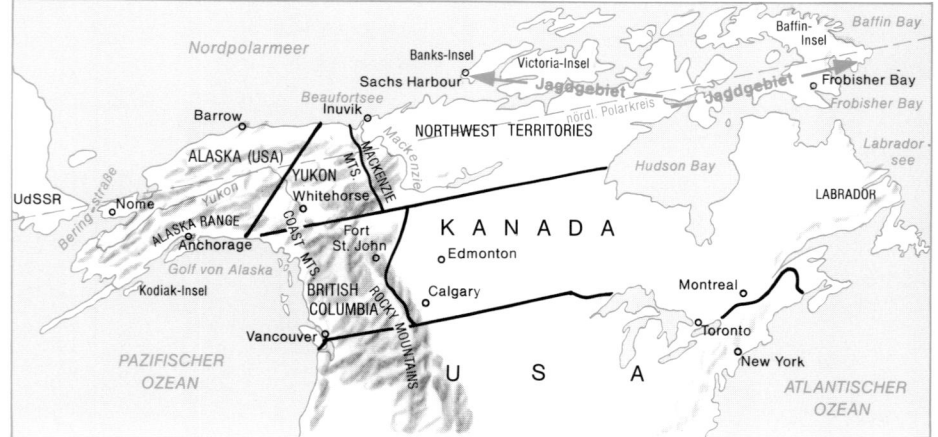

Jagd auf Eisbär und Moschusochse in den Northwest Territories

»Die Grauwale sind frei!«, meldet begeistert der Nachrichtensprecher im Fernsehen, und die Welt jubelt. Die beiden drei Wochen lang nördlich des Polarkreises von meterdickem Eis eingeschlossenen Seesäuger konnten endlich mit Hilfe eines russischen Eisbrechers ihren 15 000 Kilometerweg nach Süden fortsetzen. Das TV zeigt letztmalig Bilder der lachenden Helfer, von Journalisten aus aller Herren Länder und von den um Barrow hausenden, für die Weltöffentlichkeit kurz interessant gewordenen Eskimos. Dazu scheint bei minus 20 Grad Celsius eine dünne, arktische Wintersonne. Jetzt wußte ich, was mich in etwa zwei Wochen bei einer Jagdexpedition auf Peary-Karibu und Moschusochse im 600 km weiter östlich und noch etwas näher am Nordpol gelegenen Banks Island erwarten würde.

Alles geregelt

Glücklicherweise waren mir die Anforderungen einer Arktisexpedition nicht mehr ganz unbekannt. Ich unternahm bereits die zweite Reise ins Polargebiet. Schon vor einigen Jahren, als sich die kanadische Regierung entschloß, ausländischen Gästen die Jagd auf Eisbär im Rahmen der jährlich genehmigten Abschußquote der Eskimos zu erlauben, stellten wir auf Baffin-Island als erste deutsche Jäger erfolgreich dem »König der Arktis« nach. Anhand der seinerzeit gesammelten, teilweise recht bitteren Erfahrungen, hatten dort inzwischen einige Dutzend Grünröcke Waidmannsheil. Die Herausforderung dieser menschenfeindlichen Welt an Kondition und Ausrüstung, an Mut und Hartnäckigkeit des Jägers ist geblieben, das persönliche Risiko allerdings kalkulierbarer geworden. Jagdführer und Gastjäger haben dazugelernt! Die Fülle der offenen Fragen zur Ausrüstung, die mich bei der Vorbereitung der ersten Arktisjagd Anfang der 80er Jahre noch bewegten — welche Kleidung und Verpflegung, welche Überlegungen zur Waffe, zum Fotografieren oder zum Schlafsack sind bei Temperaturen bis möglicherweise minus 30 Grad Celsius anzustellen, wie verhält sich dieses Großraubwild überhaupt, was passiert nach dem Schuß — wurden seinerzeit schon gelöst und beantwortet. Dazu hatte ich die Erfahrungen früherer Polarexpeditionen und die gerade Ende der 70er Jahre hochaktuelle Survival-Literatur zu Rate gezogen. Ansonsten schottete ich mich gegen zuviele »gute Ratschläge« und vorschnelle Panikmache Außenstehender ab. Auch das war wichtig!

»Ayarnamat«

Als ich seinerzeit, Mitte März, im 2000 km nördlich von Montreal gelegenen Iqaluit, wie die Eskimos Frobisher Bay, den kleinen Verwaltungssitz von Baffin-Island nennen, aus der B 737 stieg, war ich eigentlich etwas ernüchtert. Während die Maschine zwischen Holz- und Wellblechhütten, geräumigen Magazinen und riesigen Öltanks der ausgedienten US-Air Force-Base verschwand und mir ein eistrockener, beißender Nordwind ins Gesicht pfiff, roch nichts nach Arktis und Abenteuer. Die großen Namen, wie Alexander Mackenzie oder Martin Frobisher, der schon vor 400 Jahren einen Vorstoß in diese Eiswüste unternahm, oder der berühmte Hudson, schienen inzwischen für eine Legende zu stehen. »Ayarnamat« (Da ist nichts zu ändern!), sagen in ähnlicher Lage die fatalistischen Ureinwohner der Arktis.

»Der Eskimo-Führer ist eine Lebensversicherung«, versicherte der sympathische Wildlife-Officer Lance später im »Inuit-Hotel«. Er kennt die Menschen von Allen Island, mit denen ich jagen werde, persönlich seit vielen Jahren ebensogut wie das Land und die Welt der Polarbären. Der Beamte spricht von einer seit zehn Jahren anwachsenden Eisbärpopulation und rechnet die Erfolgschancen meiner zweiwöchigen Schlittenjagd auf 30 bis 40 Prozent. Eindringlich warnt er vor Sorglosigkeit, Routine und Fahrlässigkeit und erzählt, daß im Vorjahr in seinem Bezirk bei Zwischenfällen mit Menschen 33 Eisbären in Notwehr erlegt werden mußten. Er schwärmt noch eine ganze Zeit von diesem Land, wo die Sonne um den 20. Oktober herum verschwindet und sich erst wieder Anfang März zurückmeldet und hat ehrlichen Respekt vor den freundlichen und harten Menschen draußen in den »Out-Posts«. Die Regierung bemüht sich mit großem Einsatz und gutem Erfolg, den ihrer Identität beraubten Eskimos wieder zu einem traditionsbezogenen und doch modernen Leben in der Arktis zu verhelfen. »Bitte keinen Alkohol!«, fordert der Wildhüter. Mit seiner Begeisterung motiviert er mich erst so richtig für das bevorstehende Erlebnis, in dieser

Das weltvergessene Allen Island. Die Eisbär-Expedition wird vorbereitet.

unwirtlichen Gegend, der die Eskimos seit über 8000 Jahren ein Dasein abtrotzen, im Hundeschlitten einem Eisbären nachzustellen. Nach soviel Vorschußlorbeeren hatte ich vollstes Vertrauen in die »Unbesiegbarkeit« eines Eskimos in seiner Welt. Schließlich war ich wegen der Unbedarftheit meines Jagdführers noch nicht, wie einige Tage später, dem Sensenmann in buchstäblich letzter Sekunde »von der Schaufel gesprungen«. Ich kannte auch noch nicht die Nachricht über zwei andere Eskimojäger, die bei der Verfolgung von drei Polarbären, eine Woche lang auf einer plötzlich vom Sturm losgesprengten Eisscholle hilflos zwischen Baffin-Island und der Nordwestküste Grönlands abtrifteten. Von ihren 29 Schlittenhunden kamen 16 um; sie selbst überlebten nur durch Zufall. Nun, bei der Jägerei ist Begeisterung bereits der halbe Erfolg! Ohne sie käme man gerade bei einer Extremjagd nie über ein ewiges »Wenn und Aber« hinaus. Kurz entschlossen entschied ich mich für »Zweimal Arktis und zurück!« Im nachhinein würde ich mir die Haare raufen, wenn ich meiner Trägheit nachgegeben hätte.

Inuit und Wildtier

Heutzutage bestehen bei der weltweit geschätzten Population von gut 50 000 Eisbären in den Weiten der Arktisregion, von wissenschaftlicher Seite keine ernsthaften Einwendungen mehr gegen die in der Tradition der Eskimos durchzuführende Gastjagd. Sie zählt wieder zu den größten Pirschabenteuern unserer Zeit, nachdem in den 60er Jahren zunächst rigoroser Vollschutz wegen der Bedrohung der Eisbärpopulationen durch Überbejagung für kommerzielle Zwecke beschlossen wurde. Es ist der Konferenz zum Schutz des Polarbären von 1973 zu verdanken — der einzigen internationalen Übereinkunft aller Arktisanlieger einschließlich der UdSSR, die mit einstimmigen Beschlüssen von Ost und West überhaupt jemals erfolgreich war —, daß heute wiederum geregelte und streng kontrollierte Bejagung möglich, von allen Beteiligten akzeptiert und die Eisbärpopulation im Steigen begriffen ist. Die arktischen Ureinwohner Kanadas erhalten aus der Vermarktung ihrer Polarbärabschüsse augenblicklich das Achtfache im Vergleich zum Erlös aus dem Verkauf der Bärendecke nach einer Eigenjagd. Das gleiche gilt für den Moschusochsen. Die Inuits erkannten inzwischen den tatsächlichen Wert der freilebenden Wildtiere, insbesondere des Eisbären, und arbeiten für deren Erhalt. Nach Auskunft der örtlichen Wildschutzbehörden ist dadurch auch die schnelle Wilddieberei, gleichgültig auf welche Weise und in welcher Größe, zurückgegangen. Die Eskimos anerkennen allmählich staatliche Bejagungsrichtlinien. Sie jagen im Rahmen der vorgeschriebenen Trophäen-Mindestgrößen »selektiv«, und haben Spaß an der Arbeit mit Jagdgästen aus aller Welt. Dieser Kontakt in den weltfernen Gegenden der Arktis ist insbesondere für die Jugend wichtig!
Die Inuits, »die Menschen«, wie sich die Eskimos schlicht selbst nennen, sind auf den Vorposten menschlicher Zivilisation heute sogar zu unentbehrlichen Mitstreitern und Helfern des Wildschutzes und der Wildbiologen geworden. Ohne sie hätten auch die beiden Grauwale nicht überlebt! Der in der Westarktis hochangesehene Ian Stirling, einer der größten Eisbärfachleute der Welt, bestätigt dies immer wieder. Wohl auch deshalb sind die Bedenken über die Gastjagd ausgeräumt, das Genehmigungsverfahren zum Trophäenex- und -import weltweit geregelt und die Kontrollen gegen Mißbrauch perfektioniert. Das bewirkt vor allem die amerikanischen Wildschutzbehörde, deren alaskanischer Eisbär seit über einem Jahrzehnt streng geschützt ist. Sie verweigern ihren Jägern selbst die Einfuhr einer kanadischen Eisbärtrophäe.
Die Faszination einer Jagd auf das größte Raubwild der Arktis, die Aussicht, zwei Wochen lang am Rande des Polarmeeres, trotz Kälte und Eis, nach alter Eskimotradition mit Hundeschlitten, Zelt und Iglu jagen zu können, ist allemal stärker als sämtliche klimatischen, behördlichen und organisatorischen Widrigkeiten. Jedes Jahr von Mitte März bis Mai, wenn die Robben, die zu 80 Prozent die Hauptnahrung des Eisbären bilden, in der Packeiszone, am Übergang vom Land zum Meer, ihre Jungen zur Welt bringen und ihn damit vom Treibeis zur Küste locken, zieht es eine kleine Schar von

Fern von seiner »Wagenburg«. Mutig stellt sich der Einzelgänger.

Jägern aus aller Welt in die Eiswelt. Sie stellen sich den Risiken, verzichten auf alle Regreßansprüche, »für den Fall 'that he is eaten by the bear', daß er vom Polarbären gefressen wird, im Eis umkommt, in eine Eisschlucht stürzt, aufs Treibeis gerät oder erfriert«. Das war für die Jagd in der Ostarktis amtlich, klang nicht gerade einladend und wurde auch schnell wieder vergessen: »Seien wir ehrlich, Leben ist immer lebensgefährlich!«. Kam nicht Ende der 70er Jahre einer der größten Schafjäger der Erde in New York zu Fuß auf einem Zebrastreifen um?

Mit »Qamiks« und »Komotik«

Am nächsten Tag, nach einem Flug über die leblose Eiswüste der Hall Peninsula, landete die mit Kufen ausgerüstete Zweimotorige auf dem spiegelglatten Fjord, an dessen Ende die kleine Eskimosiedlung Allen Island lag. Als der Reporter von CBS, der wegen eines Interviews mit »verrückten Jägern« eigens mitflog, sich mit einem »Viel Glück!« verabschiedet hatte und das Flugzeug in Richtung Frobisher verschwand, blieb ich, jetzt auf mich gestellt, etwas verloren auf dem Eis zurück. Um mich ein Berg von eben entladenen Kisten, Säcken voll Zucker, Mehl und Zigaretten, Benzinfässern und Ersatzteilen. Das muß auch einige Zeit reichen! Mit dem Motorschlitten sind es bis zu einer dem Festland vorgelagerten Erdölplattformen immerhin gute 80 Meilen.
Die freundliche, fast wortlose Begrüßung durch »Headman« Akeeshoo — wobei ich sofort wieder die bei den Eskimos bekannte, erstaunlich warme Handinnenfläche fühle — geht im aufgeregten Palaver und lustigen Treiben des Dorfes unter. Die kleinen Menschen mit ihren heiteren, wettergegerbten Mongolengesichtern nicken durchwegs freundlich zu mir herüber. Dazwischen, kunterbunt vermischt mit den Eskimokindern, balgen sich etwa 20 schwarze, weißgelb und grauscheckig gefärbte Huskies, die legendenumwobenen, zentnerschweren Polarhunde. Man schleppt hilfsbereit mein Gepäck, lacht und schwatzt ununterbrochen. Einige englische Brocken schwirren durch die

Gelassen, jeder Schritt »Der König der Arktis«!

Luft, alles ist richtig aufgeregt! Endlich Abwechslung in diesem gottverlassenen Nest! Das erinnert mich an ähnlich begeisterte Aufnahme bei den Limbus in Nepal oder den Murzis im äthiopischen Hochland. Freudenfeste, besonders für die Jugend, die mich, teils in prächtiger Fellkleidung mit Polarfuchsbesatz, andere in Jeans und Anorak, umkreisen wie die Motten das Licht. Sie folgen bis in meine Hütte, einem umgebauten Materialcontainer mit Kanonenofen und Holzpritsche. Ungeniert bedienen sie sich aus meinem Gepäck. »Ich bin ein Cookie-Monster«, lacht der recht gut englisch sprechen-

In diesem ausgedienten Container läßt es sich gut leben.

de Bursche Simonei, und verdrückt meine eiserne Reserve.
Gleich am Nachmittag beginnen im Dorf, einer Ansammlung von Blech- und Holzhütten, selbstgezimmerter Hauszelte und einiger Vorratsbunker aus Eis, umgeben von einer leicht überschneiten Mondlandschaft, die Vorbereitungen für den Abmarsch am nächsten Morgen. Einer der vier Meter langen »Komotiks« wird als Lastschlitten gepackt. Er trägt, gezogen von einem Skidoo, die schwere Expeditionsausrüstung: Brennstoff und Benzinkocher, Zeltausrüstung, Verpflegung für uns und Walroßfleisch für die Hunde, eine Funkausrüstung, meinen Seesack, Karibufelle als Unterlage aufs Eis und vieles andere. Die schußbereit durchgeladenen, im Futteral verstauten Waffen, werden rutschfest verzurrt auf den zweiten, von der Hundemeute gezogenen Jagdschlitten geschnallt. Dann steigt die feierliche Anprobe der eigens für mich maßgeschneiderten, original Eskimo-Karibukleidung. Zuerst ziehe ich, mit dem Haar nach innen, die fein vernähten Karibufellstrümpfe an. Dann kommt die ziemlich geräumige Hose, darüber der sackförmige Parka mit pelzgefaßter Kapuze. Zu guter Letzt die bis unter die Knie reichenden

»Qamiks«, die ungemein leichten und trotzdem strapazierfähigen Fellschuhe, die in der Westarktis auch »Mukluks« heißen. Dieses Anziehritual hat später einige Bedeutung. Trotzdem braucht man meist Hilfe. Besonders geht an den Nerv, wenn man im Schneesturm oder nachts dem »Ruf der Natur« folgen und sich dieses »Kürass« entledigen muß.

Diese von den Eskimofrauen anhand einer alten Hose, eines weiten Hemdes und einer Fußsohlenskizze für mich genähte Karibukleidung ermöglicht übrigens den Menschen der Arktis seit Jahrtausenden das Überleben. Während der hochentwickeltste Daunenmantel leicht feucht wird und im Schneesturm zu Bein erstarrt, nimmt das Karibuhaar mit seiner Hohlraumisolierung viele Tage keine Feuchtigkeit auf, bleibt trocken und warm. Außerdem wiegt diese Fellkleidung höchstens die Hälfte moderner Winterkleidung, was bei den später zum Warmhalten nötigen Bewegungsmärschen vorteilhaft ist.

Es macht Spaß, bei der Arbeit die Betriebsamkeit und gleichzeitige Gelassenheit der Eskimos zu beobachten. Sie haben viel Zeit und beherrschen ihr Handwerk, jeder Griff sitzt. Die Ureinwohner entbehren nichts, und nehmen aus der Natur auch heute was für ihr Leben notwendig ist. Wie seit Urzeiten ermöglichen Walfisch und Eisbär, der Seehund, Karibu und Moschusochse, Schneehase, Polarfuchs und eine reiche Fischwaid das Überleben der Inuits in diesem unwirtlichen »Ende der Welt«. Welch eine Anmaßung, sich vom wohlgedeckten Tisch aus besserwisserisch mit guten Ratschlägen in diesen Kreislauf einzumischen oder durch öffentliche Kampagnen dem Eskimo diese Lebensgrundlage zu entziehen, wie das im Fall der Anti-Robben-Kampagne in beispielloser Weise geschah. Die in den Out-Posts lebenden »Natives« betrachten den Reichtum der Natur zu Recht als ihr Eigentum, sie haben und konnten nie eine Art ernsthaft bedrohen und hatten nie etwas mit Walfängerflotten und Robbenschlägertrupps zu tun! Stephan Hafkwe, der Häuptling der letzten 15 000 Dene-Indianer im Nordwesten Kanadas klagt zu Recht an, wenn er feststellt: »Wir führen seit Jahrtausenden eine vernünftige Jagd, um unseren Bedarf an Kleidung und Nahrung zu decken. Dabei nehmen wir nur das, was uns die Natur hier im Übermaß schenkt. Die Aufrufe der sogenannten Tierschützer in Europa sind eine Beleidigung unserer Völker und Stämme. In der Wildnis, in der wir leben, ist die einzige vom Aussterben bedrohte Art der Mensch«. Erfreulich, daß inzwischen auch Greenpeace »... nichts gegen die Robbenjagd der Eskimos für den Eigenbedarf (hat)«, wie erst kürzlich zu lesen war.

Auf klafterdickem Eis

Nach dreistündigem, mühseligem Schuften am nächsten Morgen ist es endlich so weit: Elf starke, stürmisch ausgreifende Hunde, die vorher mühsam einzeln eingefangen wurden — erstaunlicherweise haben die Eskimos in den Jahrtausenden keinen Appell für ihren wichtigsten Helfer entwickelt! — werfen sich ungestüm ins Geschirr, eine aufregende Fahrt in ein ungewisses Abenteuer beginnt. Die unterschiedlich langen, aus Robbenfell geschnittenen Leinen straffen sich, und unter dem Beifall der Dorfbewohner setzt sich der Jagdschlitten, gefolgt vom skidoogezogenen Lastschlitten, in Bewegung. Vor uns, weit im Osten, wo ich das Packeis und das Meer vermute, schimmert in eigenartig kalten Farben eine blasse Sonne.

Da unser Jagdschlitten nur mit dem Nötigsten bepackt ist, um für die Bärenhatz möglichst schnell zu sein, kommen wir gut voran. Vereinbarungsgemäß folgt der mit der Ausrüstung beladene Motorschlitten, um ja nichts zu vergrämen, in einigen Kilometern Abstand. Die Jagdreise, hinaus in die menschenleere Welt der Northwest Territories, die dreizehnmal so groß sind wie die Bundesrepublik und nur von etwa 60 000 Menschen, davon höchstens 3000 bis 4000 Eskimos, bewohnt werden, nimmt ihren Lauf. Mit seinem monotonen »Husk, Husk!« feuert Paulusi ununterbrochen die aufgefächert an den Leinen laufenden Hunde an und gibt aufmüpfigen Raufbolden oder Faulenzern zielsicher mit der etwa vier Meter langen Peitsche eins hinter die Ohren. Mit den bequemen Trapperschlitten mit Rückenlehne, wie man sie aus Filmen vom Hohen Norden Alaskas kennt, haben die bockharten Holzkufengestelle der Eskimos nichts gemein. Das spürt man nach spätestens fünf Minuten! Während der ersten Etappe von etwa 20 Meilen über das wellig-holprige Eis des Fjords, den auf beiden Seiten einige hundert Meter hohe, von Eis und Schnee bedeckte, wüstenhafte Bergketten einsäumen, begegnet uns kein Zeichen von Leben. Am Abend bin ich wie gerädert. Mein Rücken rebelliert gegen die unsanfte Behandlung, denn der Schlitten sprang während der Fahrt ständig wie ein bockiger Esel auf den festgefrorenen Wellenkämmen aus Eis und Schnee. Ihre hartgeriffelte Oberfläche ähnelt jener der Sandwüste. Diese Schlittenfahrt hat wahrlich nichts mit dem aus Filmen bekannten, sanften Gleiten auf endlos spiegelglattem Schnee zu tun!

In der anbrechenden Dämmerung rückt das Skidoo auf; es wird ein Zelt errichtet. Rohes, tiefgefrorenes Karibufleisch mit vereistem, leicht zerbröckelndem Vollkornbrot, Dosenwurst und etwas Schokolade schmecken zu heißem Tee. Bei minus 25 Grad Celsius im Freien — erfahrungsgemäß ist die Temperatur im Zelt immer um etwa 10 Grad Celsius höher — sind die Innenwände durch die Wärme des Benzinkochers und unseres Atems bald dick vereist. Das Gewehr hängt draußen auf dem Firstpfahl des Zeltes. Damit beschlägt und gefriert es nicht. Hoffentlich besucht uns kein Bär! Schließlich wird jeder achte bis zehnte »Ursus maritimus« nachts vor oder im Camp erlegt! Die erste Nacht auf klafterdickem Eis, über einem unergründbar tiefen Seitenarm des nördlichen Eismeers, ist ein eher wohliges als aufregendes Erlebnis! Draußen weht der trocken-kalte, nie verebbende Wind, der ständig Schneekristalle über die Eisfläche fegt und sie ums Zelt herum auftürmt. Da und dort schreckt mich das peitschende Krachen der im Frost zerberstenden gigantischen Eisflächen auf. Sie schieben sich im Druck des Auf und Ab von Ebbe und Flut gegeneinander, überlagern sich zu chaotisch bizarren Eisgebirgen und hinterlassen oft meterbreite, haushohe

Risse. Das ist echt heimtückisch, wenn sie durch feines Kondenseis geschlossen und von dünnen Schneewehen verdeckt sind! Gelegentlich dringt kurzes Jaulen oder Gekläff eines der inzwischen eingeschneiten Schlittenhunde, die zusammengerollt ums Lager verstreut auf dem Eis ruhen, durch die Stille der arktischen Nacht. Ich dachte, wachsame Hunde seien der beste Schutz gegen den nächtlichen Besuch von Polarbären, bis mir Andy von einem Vorfall im Norden von Banks Island erzählte, wo ein mächtiger Bär, trotz der Hunde — vielleicht durch sie erst angelockt — furchtlos bis ins Lager vordrang und sich an dem dort gelagerten Robbenfleisch verging. Eine Amerikanerin streckte ihn, halb schlaftrunken und im Pyjama, aus 30 Meter Entfernung vom Zelt aus. Der Recke lag im Feuer. Das Maßband ergab später 10 Fuß. Wenn das kein Glück ist! Zwischen Halbschlaf und Wachsein kommt mir in dieser einzigartigen, nur auf Überleben und Tod ausgerichteten Welt, die keine Kompromisse kennt, der Bericht des grönländischen Ethnologen Knud Rasmussen, einem der besten Kenner dieses Landes und seiner Menschen, in den Sinn. Er gibt Erinnerungen alter Eskimos dieser Gegend wieder. »Als mein Vater noch ein junger Mann war«, schilderte einer der Alten, »waren er und seine Mutter wieder einmal dem Hungertod nahe. Die Menschen in der Siedlung starben, der Rest zog weiter, um in einer anderen Siedlung Nahrung zu finden. Sie wanderten und litten. Sie aßen die Hunde, die Seehundriemen und Teile ihrer Kleidung. Als nichts mehr übrig war, sagte meine Großmutter zu meinem Vater 'Jetzt mußt du mich essen. Du bist jung und wirst Kinder haben. Ich bin alt und werde sowieso nicht mehr länger leben'. Man baute ein Iglu. Mein Vater erwürgte seine Mutter und verzehrte sie. So hat mein Vater überlebt«. Vergangenheit, Wahrheiten, Mythen und Legenden eines Volkes, welches seit seinem Rückzug vor den kriegerischen Indianerstämmen des Südens, hier um die nackte Existenz ringt und dennoch seine Heiterkeit nie verlernt hat. Die Eskimosprache kennt keinen Fluch, das Wort »Krieg« ist ihr fremd. Ein Inuit fällt nie aus der Rolle, lästert und tobt nicht, sagt höchstens schicksalsergeben »Ayarnamat« — was dem »Inshallah« der Araber nahekommt, geht seinem Tagwerk nach und wartet ab.

Tödlicher Leichtsinn

Der nächste Tag wird uns beinahe zum Verhängnis. Um den Schlitten noch schneller zu machen und einen plötzlich auftauchenden Bären besser hetzen zu können, lassen wir alles, ausgenommen die Gewehre, auf dem uns wie am Vortag mit mehreren Meilen Abstand folgenden Skidoo-Schlitten zurück. Bei strahlendem Sonnenschein geht es ab, Richtung Packeis. Die Hundemeute ist gut in Form! Ich fühle mich wie der sprichwörtliche »Schneekönig«!

Doch dann, nach etwa zwei Stunden, während wir uns dem offenen Meer nähern und angestrengt nach Fährten suchen, setzt schlagartig, innerhalb weniger Minuten Wind und Schneetreiben ein, wird es am hellichten Tag stockdunkle Nacht! Sturm heult auf — ein Blizzard! Mit der Wucht eines Sandstrahlgebläses fegt der Orkan, nahezu waagerecht, Millionen von Schneekristallen über das Eis. Unser Schlitten wird mit Hunden und Besatzung aus der Fahrtrichtung gedrückt. Wir sehen kaum mehr den Leithund vor uns. Im Nu ist alles mit einer festen Eisglasur überzogen, die »himalayaerprobte« Schneebrille ist völlig untauglich. Der Schlitten verlangsamt sein Tempo erheblich, die Hunde kommen gegen den Sturm kaum mehr an. Wir steigen ab. Ich denke an den Wildlife-Officer und beruhige mich: »Der Eskimo ist eine Lebensversicherung...«. Da fällt mir auf, daß Paulusi immer wieder prüfend in den Himmel schaut. Sucht er die Sonne? In dieser rabenschwarzen Nacht, mitten im Schneetreiben, wird er sich an ihr kaum orientieren können!

Bald darauf ist die Krise da! Der Inuit stellt jetzt ohne ein Zeichen äußerer Anteilnahme oder innerer Erregung lapidar fest: »We are lost!« (Wir haben uns verirrt!) Grandios! Wir sind im Schneesturm gefangen. Am Rande des Eismeeres, im Bruchfeld des Packeises ohne irgendeine Ausrüstung (!). Zelt, Verpflegung, das Funkgerät, alles ist auf dem Lastschlitten, der sich meilenweit hinter uns, vermutlich in ähnlicher Lage befindet. Ein tödlicher Leichtsinn. Wir wollten schneller sein als der Bär! Als ob fünf Kilo Mindestausrüstung viel bedeutet hätten! Im Windschatten haushoch zusammengeschobener Eisbarrieren machen wir

Im Packeis. Zeigt sich am Horizont ein anderes Weiß oder eine Bewegung?

endgültig Halt. Die völlig erschöpften Huskies rollen sich sofort zusammen und lassen sich zuwehen. Mich überkommen erste Zweifel: »Was tun? Sich auf den Eskimo verlassen, der nur verlegen grinst?«. Als er geistreicherweise vorschlägt, auf das Snowmobil zu warten, welches unserer Spur folgen wird und auf meine Erwiderung, daß es bei diesem Schneesturm keine Spuren mehr gibt, nur mit hilflosem Achselzucken reagierte, nehme ich, ohne lange zu fackeln, das Ruder selbst in die Hand.

Da der Sturm, ein totaler »Whiteout«, mit unverminderter Heftigkeit über uns hinwegrast, und ich von mehrtägigen Blizzards weiß, gebe ich mich hinsichtlich unserer Lage keiner Illusion hin. »Wenn der Lastschlitten in einer Stunde nicht eintrifft, kehren wir um, Richtung Norden!«, entscheide ich. Paulusi ist einverstanden und spricht von 12 Stunden Rückmarsch bis Allen Island.

Für mich steht fest: hier, am Rande des Eismeeres, dürfen wir nie bleiben! Da sucht und findet uns kein Mensch mehr. In dieser Situation, ohne Ausrüstung, ohne einen Bissen Verpflegung, vor allen Dingen ohne die bei dieser geringen Luftfeuchtigkeit unentbehrliche Flüssigkeit zum Trinken, kann uns nur der sofortige Rückzug retten — oder ein Wunder! Nach einer Stunde brechen wir auf. Vom Skidoo natürlich keine Spur!

Wir orientieren uns an den am Westufer der Bay gelegentlich schemenhaft durch den Sturm erkennbaren Bergen. An ihnen entlang bewegen wir uns mit einem Abstand von höchstens 100 Metern, da in Ufernähe der Packeis-Wirrwarr unüberwindbar ist.

Die Polarhunde kommen in dem ständig tiefer werdenden Treibschnee und gegen den mit unverminderter Heftigkeit gegen uns peitschenden Eissturm nur noch mühsam voran. Sie sind ausgepumpt, reagieren nicht einmal mehr auf Hiebe und brauchen endlich Rast. Die aber können und dürfen wir ihnen nicht gönnen.

Fünf Stunden später, nachdem wir den Schlitten teilweise selbst getragen, geschoben und ständig über Eisbarrieren gehievt haben, sind auch wir völlig fertig. Die meiste Strecke haben wir zu Fuß zurückgelegt, die Zunge klebt trocken am Gaumen, Hunger verspüre ich nicht. Es wirkt wie ein Keulenschlag, als der gänzlich apathische Eskimo feststellt, daß wir bisher höchstens fünf Meilen geschafft haben! Ein Schneckentempo, trotz aller Schinderei! Das wichtigste ist jedoch, den Küstenstreifen als Orientierung nicht

aus den Augen zu verlieren: Sonst sind wir verloren! Entweder wir marschieren dann im Kreis, oder wir verirren uns in einem der endlosen Seitenfjorde auf Nimmerwiedersehen. Es ist zum Verzweifeln. Mit geht es fast wie Rasmussen, der in ähnlicher Lage schrieb: »Ich habe mich im Schneesturm verirrt, der mich so gewaltsam mit Kälte und Erschöpfung überfiel, daß ich beinahe die Lust und den Willen zum Leben verloren hätte«.

Doch dann packt mich, hin- und hergerissen zwischen Resignation und Ohn-

»Good meat« für den Eskimo. Für den Jäger die Erfüllung eines Traumes.

macht, wieder unbändige Wut. Ich dränge zum Weitermarsch... Dazwischen denke ich kurz an Zuhause, an meine Frau und den Filius, und habe plötzlich wieder neue Kraft: »Hier lasse ich mich nicht umbringen!«. Dann wiederum fluche ich laut in den Sturm hinaus. Nur um wachzubleiben und mich gegen die rundum spürbare Ausweglosigkeit aufzubäumen. Ich wettere drauflos, auch um gegen den erbärmlich hilflosen Eskimo Dampf abzulassen. Das entlockt dem Stoiker höchstens einen erstaunten Blick. »Nur

nicht einschlafen«, rufe ich ständig in mich hinein, »wenn du vom Schlitten fällst, bist nur du ganz alleine schuld!«. War das großzügig, als ich im Jagdvertrag anerkannte: »Nobody is responsible...!«

Der Eisbär, die Traditionsjagd, das große Erlebnis, alles ist inzwischen uninteressant geworden. Wie konnte ich mich nur auf dieses Abenteuer einlassen? Nun hatte ich die Nase als erster im Wind! Allerdings in schärferem als mir lieb war! Irgendeine Hilfe ist jetzt nicht zu erwarten.

Durchhalten oder Draufgehen

Von der trockenen Polarluft ausgebrannt, bin ich kaum noch imstande, auch der Eskimo nicht, einen Schritt vor den anderen zu setzen. Trotzdem bewegen wir uns seit sieben Stunden im Packeis, immer gegen den eisigen Nordwind gestemmt, dorthin, wo Allen Island liegen muß. Meine Waffe ist immer griffbereit, denn Eisbären folgen oft aus Neugier oder, was nach ihrem teilweisen Winterschlaf weit mehr zu befürchten ist, aus Hunger und Jagdinstinkt jeder Bewegung und Spur im Schnee. »Nur ein ferner Bär ist ein guter Bär«, hatte der Wildlife-Beamte in Frobisher gewarnt. »Selbst Helikopter, die auf dem Polareis landen und ihr Triebwerk abstellen, müssen mit einer geladenen Waffe ausgerüstet sein, um die Maschine und deren Begleitmannschaft vor Bärenangriffen zu schützen«, heißt es in der Broschüre »Bears are dangerous« des NWT-Wildlife Service. Außerdem wird darauf hingewiesen, daß man im Packeis immer einer Bärenattacke gewärtig sein muß: »Tragen Sie immer eine geladene Waffe bei sich, Sie sind ein potentielles Opfer«. Meine ganze Hoffnung liegt beim Begleitjäger und seinem Motorschlitten. Auf Paulusi und seine Erfahrung gebe ich keinen Pfifferling mehr, obwohl er mitkämpft. Zum hundertsten Mal schon ist er vom Schlitten gestiegen und schlägt erbarmungslos auf die völlig entkräfteten Hunde ein. Selbst bei Normaleinsatz brauchen sie nach fünf Stunden Arbeit ebensoviel Schlaf! Er erzielt kaum noch Wirkung. Dazwischen kreisen meine Gedanken längst um die Frage des Überlebens bis zum nächsten Morgen. Im Nachhinein klingt das alles ein wenig überzeichnet, in Wirklichkeit liefen die Überlegungen ums Durchhalten und Davonkommen mit größter Selbstverständlichkeit und erstaunlich nüchtern ab: Frei von Angst und Panik. Ich setze klare Prioritäten. Die sogenannten »letzten Gedanken« sind auch in dieser lebensbedrohenden Krise, das habe ich schon mehrmals erlebt, voll aufs Überleben, keinesfalls auf den Abschied von dieser schönen Welt gerichtet. Das erlebte ich bei einem Flugzeugabsturz im Ur-

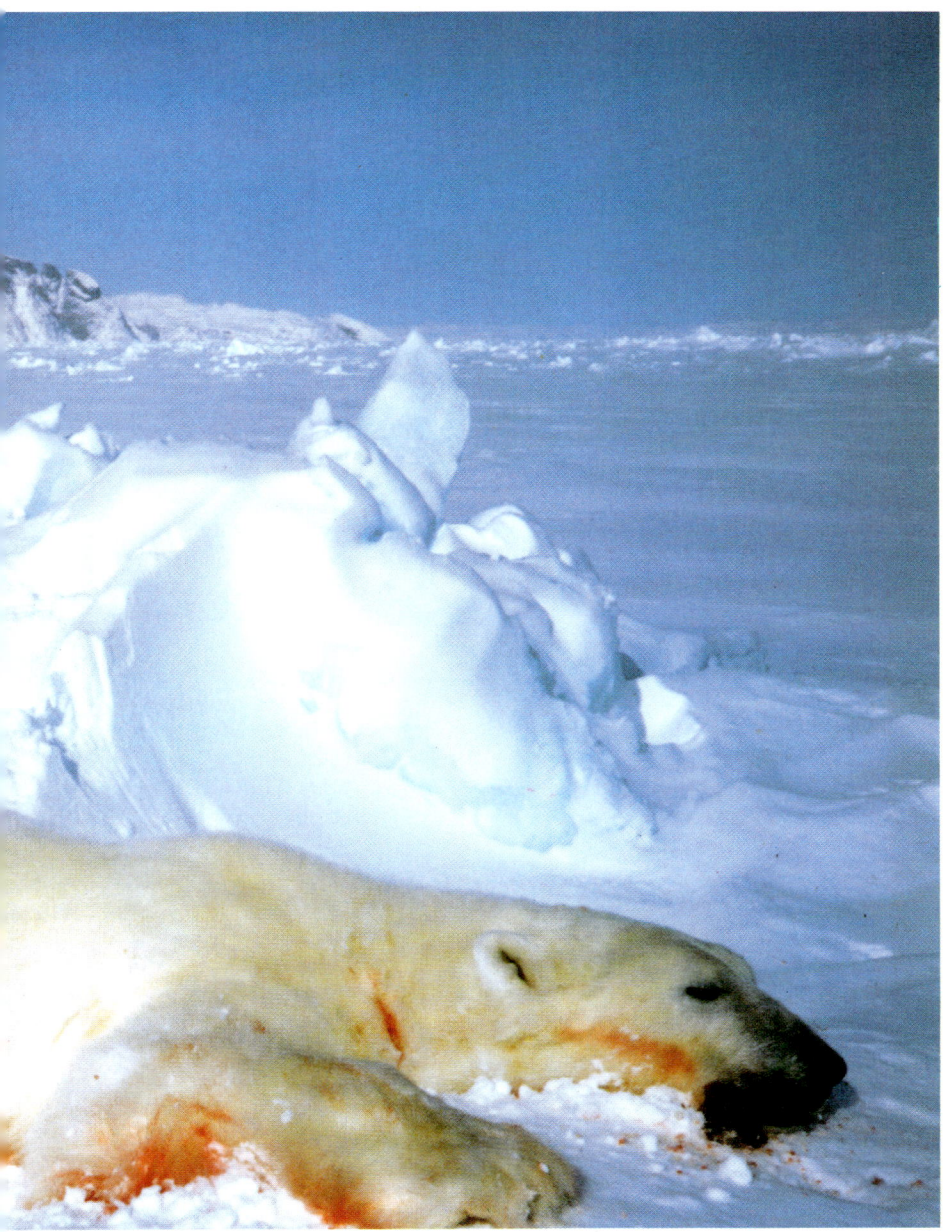

wald von Zaire oder bei einer Elefantenattacke in Äthiopien, der ich nur um Haaresbreite entging, ganz genauso.

Die wichtigsten Fragen lauteten jetzt: Was geschieht, wenn die Hunde endgültig nicht mehr weiter können? Wie verbringen wir die Nacht ohne Zelt und Iglu? Für dessen Bau fehlt der quaderförmig herauszuschneidende, verharschte Schnee auf dem Eis, übrigens auch ein Messer! Für mich stand fest, daß wir mit dem auf die Längsseite gekippten Schlitten und der darübergespannten Sitzverkleidung aus Plastik einen Notunterstand bauen und die Huskies als lebendige Heizung um uns scharen mußten. Hinsichtlich der Verpflegung, vor allem der Flüssigkeit, blieb — sollte es zum Schlimmsten kommen — nur die Möglichkeit, einen der Hunde zu opfern. Munition war vorhanden. So abenteuerlich mir das alles heute erscheint, in der damals hoffnungslosen Lage boten sich diese Auswege wie von selbst an. Ohne Proviant und Trinkwasser, in Verbindung mit der totalen körperlichen Erschöpfung, konnte es in dieser unentrinnbaren Eiswelt schlagartig zur Katastrophe kommen. Obwohl sich Gefühle abgestumpfter Wurstigkeit bereits mehrmals an mich herangepirscht hatten, ließ ich mich keine Minute durch Anwandlungen von Verzweiflung übermannen. Trotz der grenzenlosen Müdigkeit durfte ich vor allem nicht einschlafen! Der Gedanke an Daheim stärkte immer wieder meinen Überlebenswillen, bis hin zum Trotz: »Hier krepiere ich nicht!« Gegen 19 Uhr, inzwischen ist stockdunkle Nacht um uns, läßt urplötzlich der Sturm nach, schlagartig verbessert sich die Sicht. Und dann haben wir — das erflehte Wunder! — Glück. Gleichzeitig mit dem Eskimo entdeckte ich Meilen hinter uns, Richtung Packeis, einen matten, verloren über die Eiswüste tanzenden Lichtkegel. Erste Halluzinationen? Nein, das Snow-Mobil! Hätte ich jetzt nur eine der kleinen Fackeln aus meinem Survival-Kit bei mir und nicht alles auf diesem verdammten Lastschlitten! Ein einziges Signal, und alle Sorgen wären vergessen. Wie aber soll uns der kilometerweit entfernte, in weiten Schleifen die Eiswüste absuchende Inuit, der gottlob

auch annimmt, daß wir nicht in die offene Bay, sondern zurück nach Allen Island unterwegs sind, in diesem bizarren Eisgewirr finden? Hoffentlich macht er weiter, hoffentlich dreht er nicht vorzeitig ab!

Als der Motorschlitten, immer noch eine Ewigkeit von uns entfernt, anzuhalten scheint, steige ich auf den nächsten Eisblock und feuere in kurzem Abstand sechs Schuß der schweren 9,3 × 74 in seine Richtung. Die letzten vier Schuß spare ich auf. Für alle Fälle! Auch nach dem letzten Mündungsfeuer keine Reaktion! Doch das Scheinwerferlicht taucht wieder auf, kommt näher, ist trotzdem unendlich weit! Wind und Schneetreiben sind jetzt völlig erstorben. Der Inuit auf seinem Skidoo sucht weiter! Trotz der Kälte schwitze ich vor Aufregung am ganzen Körper. Der Jagdführer steht wie gelähmt neben mir, zu nichts fähig. Mein Versuch, mit dem Feuerzeug die Plastikplane der Sitzverschnürung zu entzünden, scheitert. Sie ist naßfeucht und steifgefroren, die Feuerzeugflamme zu schwach. Das Scheinwerferlicht entfernt sich wieder, dreht erneut bei. Wie sich nur bemerkbar machen? In der Not zerreiße ich mein Taschentuch, entzünde es und schwenke diese leider viel zu schnell verlodernde Stofffackel in der Luft, während Paulusi, dem unverkennbar auch die Angst im Nacken sitzt, nur starr in Richtung Skidoo blickt. Ein Versuch, der letzte! Wir haben zum zweiten Mal Glück. Der Eskimo hat uns gesehen! Er stoppt und schießt dann kerzengerade auf uns zu. Fünf Minuten später umarmen sich lachend und innerlich befreit drei Männer in der sternklaren arktischen Nacht und schlagen sich immer wieder auf die Schultern. Der Spuk ist vorbei, die Krise gemeistert.

Glück und Zufall haben Regie geführt! Später erfahre ich, daß unser Begleiter, als sein Lastschlitten auf einer Eisplatte abgerutscht und umgekippt war — er mußte ihn alleine mühselig ent- und wieder beladen, in zu großen Abstand geriet, im Eistreiben die Spur verlor und, nachdem er über Funk die Siedlung in Allen Island verständigt hatte, trotz Sturm sofort die Suche aufnahm. Simonei, der Übersetzer, meinte später lakonisch: »We were already worried«,

was bei ihm sicherlich nicht mehr heißt, wie »wir haben uns schon Gedanken gemacht«.

Obwohl ich im ersten Ärger abbrechen wollte, blieb ich natürlich bei der Stange. Ich wechselte von Paulusi zu Akeeshoo als Führer und organisierte dergestalt um, daß sich ein Fiasko wie am Vortag nicht wiederholen konnte. »Alle halbe Stunde Sichtkontakt der beiden Schlitten«, verordnete ich, »Ausrüstung und Verpflegung für drei Tage und das Funkgerät bleiben bei mir!«

Der Eisweltriese kommt

Gegen Mittag des nächsten Tages kreuzen wir die erste, leider schon verwehte Bärenfährte. Suppentellergroß! Wir sind elektrisiert. Trotzdem geben diese imposanten Prankenabdrücke des auf Nahrungssuche täglich bis zu 50 Kilometer herumstromernden Riesen — Eisbären wurden schon 50 Meilen draußen im offenen Meer und ebensoweit im Landesinnern beobachtet — noch beredt Zeugnis von seinem nächtlichen Streifzug und von beachtlichen Körpermaßen. »Neun bis zehn Fuß« sagt der Eskimo ohne Anteilnahme.

Eisbären sind ungesellige Einzelgänger. Selbst zueinander halten sie respektvoll Abstand und vergreifen sich in Notzeiten auch an eigenen Artgenossen. Ian Stirling dokumentiert in seinem aufsehenerregenden neuen Buch über Eisbären, echten Kannibalismus. Ein blutüberströmter Polarbär frißt gerade eine Bärin, während das Junge hundert Meter weiter entfernt hilflos zusieht. Fühlen sich Eisbären überrascht oder überrumpelt, greifen sie unverzüglich an: Mit gesenktem, keilförmig nach vorne geschobenem Haupt, mit Vier- bis Fünfmetersätzen. An Land, ohne natürlichen Gegner, sind sie frei von instinktiver Angst, gleichermaßen neugierig wie selbstbewußt. Ihr einziger Gegner im Wasser, wo sich Eisbären nur langsam aber ungemein ausdauernd fortbewegen, ist das Walroß. Ihre Lieblingsbeute sind Seehunde, die sie nach Auskunft von Wissenschaftlern oft dadurch überlisten, daß sie mit einer Pranke ihre auffällig schwarze, verräterische Nase verdecken.

Der alte Muskox mit dem kostbaren »Quivit«-Wollmantel, entlockt dem Eskimo selbst bei −40° C noch ein Lächeln.

Der brave Ratschlag der Wildschutzbehörden, diesem bis zu 500 Kilogramm schweren und — neben dem Kodiakbären Alaskas —, größten Raubtier der Erde im Falle einer Begegnung auszuweichen und es mit weggeworfenen Gegenständen abzulenken, ist mir zu unverbindlich: Vorsicht ist der bessere Teil der Tapferkeit! Ich bleibe auf der Hut. »Chief« Akeeshoo ist die Ruhe selbst, scheint völlig ungerührt. Dabei bete ich längst zu allen Jagdheiligen. Mögen sie verhindern, daß sich der jetzt erspürte Bär nicht bereits auf ein für uns unerreichbares Treibeisfeld zurückgezogen hat, sich zu nah am offenen Meer aufhält, oder bei einer Verfolgung durch die Hunde dorthin entkommt. Der Gedanke, daß er bei einem schlechten Schuß ins offene Meer entkommen könnte — die Übergangszone des Packeises ist für den Jäger nicht ungefährlich — und dort verendet

oder ganz verlorengeht, ist mir ein Alptraum. Verendet geht er, entgegen anderen Aussagen, im Wasser nicht unter!

Während der Eskimo verbissen die wahllos durch die Landschaft vagabundierende, von mächtigen, fellbekleideten Tatzen hinterlassene Fährte verfolgt und mich noch Zweifel und Hoffnungen quälen, gewahren wir überraschend im Packeis eine sich deutlich vom schneeweißen Himmel abhebende, zitronengelb aufscheinende Bewegung: Ein Eisbär! Der Erste! »The Lord of the Arctic«, zum Greifen nahe!

Während ich vom Anblick noch fasziniert zum Glas greifen will, eröffnet Akeeshoo mit entschlossenen Peitschenhieben die Hatz. Mit wildem Aufheulen der Huskies setzt sich der Schlitten in Fahrt und rast in hohem Tempo auf das Raubwild zu. Gleichzeitig, völlig unerwartet, dreht sich der Bär um und stürmt uns — vermutlich vom Hunger getrieben, er erwartet wohl eine Meute Wölfe und damit schnellen Kill — entgegen. Der Schlitten springt nahezu über die verharsch-

te Fläche und schneidet engste Kurven durchs Eisgebirge. Waghalsig! Aufgeregt und von argem Jagdfieber gebeutelt, habe ich Mühe, die Büchse aus dem Futteral zu ziehen. Es trennen uns höchstens noch 200 Meter! Der Abstand verkürzt sich rasend schnell. Nur mit größter Anstrengung vermag ich mich auf dem holprigen Gefährt zu halten. Meine Aufmerksamkeit gilt gleichzeitig dem Gewehr und dem heranstürmenden Großraubwild. Ich bin sicher, daß der Eskimo versuchen wird, es an seiner linken Flanke anzusteuern, denn nach Auffassung der Polarjäger schlägt der Eisbär aufgerichtet und zu Stand gehetzt, immer mit seiner linken Pranke zu. Das Manöver bringt den Jäger in Vorhand! Als ich gerade überlege, wann der Eskimo wohl die Leinen kappt, um durch einen Angriff der Hundemeute den Bären zu stellen und mir durch Anpirschen einen sicheren Schuß zu ermöglichen, verfängt sich der nur noch schwer lenkbare Schlitten mit einer Kufe in einem Eisblock. Laut krachend bremst das Gefährt, stürzt um und wirft mich mit der Waffe in der Hand gegen eine Eisbarriere. Noch im Fallen sehe ich, daß der Polarbär — von Natur aus mit schlechtem Gesichtssinn versehen — für einen kurzen Augenblick verwirrt verhofft und sekundenlang unschlüssig zu uns hersichert. Dann wendet er sich, vermutlich durch ihm ungewohnte Geräusche und die menschliche Witterung beunruhigt, mißmutig ab und tritt immer schneller werdend, halbschräg von uns weg, den Rückzug an. Ein Bild an Kraft und Ungetüm, wobei sein Fell in allen Schattierungen von weiß bis gelb schillert. Am scharfkantigen Grat eines Eisblocks kniend, tanzt unmittelbar darauf das Fadenkreuz der Doppelbüchse auf dem mit wälzendem Lauf und federndem Körper quer von uns wegziehenden Paßgänger. Ich fühle nicht, wie meine Finger im Frost erstarren und am eisigen Stahl der Büchse kleben. Die Hunde bleiben an den Leinen; ihr Gejaule ist höllisch.

Der Eisbär zögert erneut und äugt zurück. Dabei wird etwas mehr von seiner Breitseite frei. Das ist die Sekunde! Das kalte 19-g-TUG-Geschoß dringt dem Wild schräg von hinten in die Kammer. Die Wucht wirft es aufs Eis. Im nächsten Augenblick erhebt sich der schwerkranke Recke erneut und richtet sich nach ein paar Gängen auf

einem langgezogenen Eisblock, mit drohendem Knurren und Zähneklappern, in voller Größe gegen uns auf. Kaum hundert Meter entfernt. Im Knall der zweiten Kugel durch den Halsansatz sinkt der Eisweltriese bewegungslos in sich zusammen. Langgestreckt auf einem Packeishügel, sein mächtiges Haupt nach unten gerichtet, tritt er seine letzte ferne Reise an. Mit neun Fuß, aufgerichtet gut drei Meter groß und über 300 Kilogramm schwer, ein König!

»Good meat!« (Gutes Fleisch!), grinst Akeeshoo. Mehr hat er dazu nicht zu sagen! Insgeheim wird er, wie seit Jahrtausenden, den Eisbären um Verständnis bitten: »Das Leben ist hart, Todesangst plagt jeden von uns, unser Magen ist geschrumpft und die Schüsseln sind leer«. Anschließend verständigt er über Funk sein Dorf, damit es ein Fest vorbereitet und die freudige Nachricht »Nanook tukungayuk!« (Der Eisbär ist tot!), über das Ende der Jagd verbreitet wird.

»Einmal Arktis und zurück« reicht für ein Leben lang, dachte ich beim Rückflug von Baffin Island nach Toronto. Daß ich den Schwur nicht sonderlich ernst nahm, ergibt sich aus der Entscheidung, diesmal einige tausend Kilometer weiter westlich, auf Banks Island am Rande der Beaufort-See, dem

arktischen Peary-Karibu und dem urweltlichen Moschusochsen nachzustellen.

Anfang November werde ich zum zweiten Mal Arktisluft schnuppern.

Das leidige Gepäck

Edmonton, Alberta. Letzte Station vor dem Flug in die kanadische Arktis. Das läßt sich schon gut an: Mein Gepäck und das Gewehr blieben irgendwo auf der Strecke London-Toronto hängen. Am nächsten Vormittag geht es nach Inuvik, von dort nochmals 350 Meilen weiter in den Norden nach Sachs Harbour, auf Banks Island. »Tagestemperatur -32° C, leicht diesig«, meldet das Radio. Ich brauche unbedingt mein Gepäck! Andererseits muß ich weg, da nur alle drei Tage eine Flugverbindung nach »Sachs« besteht und dort bereits übermorgen Eskimos für die Jagdexpedition ins Landesinnere warten. Ich werde notfalls ohne Gepäck fliegen. Die Einheimischen werden mich schon bis zu dessen Eintreffen über die Runden bringen. Leihwaffen sind allerdings in Kanada, wo man Gewehre bis vor einigen Jahren noch wie Regenschirme kaufen konnte, eigenartigerweise verboten! Hoffentlich geht es mir nicht wie vor zwei Jahren in Calgary. Dort hatte ich großen Ärger mit dem Gepäck. Wegen der acht Stunden Aufenthalt bis zum Rückflug nahm man am Lufthansa-Schalter mein Gepäck und den Gewehrkoffer freundlicherweise bis zum Einchecken in Verwahrung. Das nenne ich Service! Bei meinen endlosen Wanderungen durch den Airport sehe ich immer wieder den orangefarbenen Gewehrbehälter hinter dem Schalter stehen. Etwa eineinhalb Stunden vor Abflug ist der Gewehrkoffer plötzlich weg. Aha, zusätzlicher Service, Sonderverwahrung! Endergebnis: Der Gewehrkoffer wurde der Lufthansa vom Tresen heraus gestohlen und nie wieder gefunden. Den Prozeß in Sachen Schadensersatz gewann die Fluggesellschaft mit der erstaunlichen Begründung des Gerichts: Trotz des mündlichen Verwahrvertrages hatte ich die Pflicht, mit meinem Gepäck 'lückenlos Augenkontakt' zu halten! Wozu dann eine Sonderverwahrung?

Begeistert spielt die Jugend mit dem »Nanook«.

Nun, das ist inzwischen verschmerzt. Mein Lieblingsgewehr, die rasante 7 mm v. Hofe ersetzt, der Ärger über die Lufthansa und die Reisegepäckversicherung, welche sich flugs die Gerichtsbegründung zu eigen machte und sich ebenfalls herausmogelte, ist geblieben. Obwohl Edmonton, ebenso wie Calgary, im schönen Alberta liegt, gibt es dort jedoch bei der Air Canada den engagierten Supervisor Bob Wilson, der die halbe Nacht opferte und eine knappe Stunde vor meinem Abflug nach Innuvik, das irrtümlich in Montreal gelandete Gepäck herbeitelefonierte und mit mir noch aufs Flugzeug brachte.

Nördlich des Polarkreises

Inuvik, ein Ort mit etwa 3000 Einwohnern am Rande des Mackenzie-Deltas und des Arktischen Ozeans, gut hundert Meilen nördlich des Polarkreises gelegen, gilt als »Tor zur West-Arktis«. Es unterscheidet sich wenig von Frobisher, einem der Zentren der kanadischen Ost-Arktis, wobei hier das Leben etwas »amerikanischer« pulst. Eingerahmt von Säcken, Kartons und Kisten, auch zwei nagelneuen Skidoos, geht es in einer Twinotter der »Akaluk Airlines« zwei Stunden lang ins 350 Meilen entfernte Sachs Harbour, der einzigen, knapp 160 Einwohner zählenden Siedlung auf Banks Island. An der Küste zur Beaufort-See endet der vom Mackenzie-Klima beeinflußte, in diesen Breiten noch erstaunlich üppige Buschwald. Die schmalbrüstigen »Black Spruce«-Tannen, deren Zweige höchstens einen Meter vom Stamm abstehen und wie stark vom Rotwild verbissen aussehen, sind hier zu Ende. Wir fliegen nun eine Stunde lang über das acht Monate im Jahr fest zugefrorene, von riesigen Eisfeldern und gewaltigen Rissen durchzogene, arktische Meer. Mit diesem kleinen Flieger unterwegs, ist es mir ganz angenehm, für den Notfall unter uns zumindest eine Landemöglichkeit zu wissen. Die Randgebiete des Polarmeeres sind die Welt des Eisbären, der Robben, des dünnstangigen Peary-Karibus, des Barren-Ground-Grizzly und der urweltlichen Moschusochsen!
»Jetzt, Mitte November, siehst du kei-

nen Fremden mehr in unserer Siedlung«, meint mein Flugbegleiter Andy, »eher schon Polarbären!« Zwei von ihnen wurden heuer bereits Ende Oktober, mitten in »Sachs«, am hellichten Tag gestreckt. Einer war spielenden Kindern schon recht nahe gekommen! Gegen 10 Uhr am nächsten Morgen, fast noch bei Dunkelheit, ging es dann mit dem Jagdführer Roger, der nebenbei Präsident der Trapper Association ist, und seinem Helfer »Roger II«, mit zwei skidoogezogenen Schlittengespannen 40 bis 50 Meilen weit ins Landesinnere. Richtung Osten, wo bis in den frühen Nachmittag hinein ein rot leuchtender Horizont daran erinnert, daß irgendwo weit im Süden die Sonne leuchtet, welche gestern abend eine Viertelstunde lang als dunkelrot glühende Kugel flach über den Horizont huschte. Dort beginnen die Weidegründe der eindrucksvollen Moschusochsen. Die letzten Zählungen für Banks Island erbrachten zwischen 28 000 und 35 000 Tiere. Das ist, ausgenommen die kleinen Herden entlang der Westküste Alaskas, etwa ein Drittel der sonst nur in der Westarktis Kanadas lebenden Bestände. Die Ost-Arktis, etwa Baffin Island, beheimatet den »Schafochsen«, wie Grzimek den Arktisbewohner, halb Schaf, halb Rind, treffend bezeichnet, nicht.
Die Fahrt im kistenförmigen Aufbau des primitiven Holzschlittens, der ohne Rücksicht auf Material und Jagdgast schlingernd und springend über die höchstens schuhtief zugeschneite arktische Grassteppe rumpelt, wird zum Härtetest. Stundenlang den vom Skidoo aufgewirbelten Eisschnee im Gesicht, das bei der Kälte sich kaum verflüchtigende Abgas des Motors in den Lungen und die Schläge des Schlittens auf die Wirbelsäule, ist nicht gerade vergnüglich. Jede Stunde machen wir kurz Halt und vertreten uns die Beine. Obwohl ich längere Zeit zu Fuß über die flache, dünenhafte Hügellandschaft und über die immer noch aus dem Schnee lugenden, längst abgestorbenen Grasbüschel marschiere, stellt sich in meinen Zehen keinerlei Gefühl mehr ein. Bei -38° C habe ich trotz Wollmaske erste leichte Erfrierungen im Gesicht. Heuer ist es extrem kalt. Seit drei Wochen Tieffrost, kaum Schnee!

Der beißende Fahrtwind und die aufgewirbelten Schneekristalle sind stärker als jede Vorsorge. Da werden die Eskimos aktiv! In fünf Minuten steht ein Zelt, blubbert ein Benzinofen und jeder widmet sich mit leichter Massage einem Fuß. Es dauert eine gute halbe Stunde bis in die vor Kälte erstarrten Zehen allmählich wieder Leben kommt. Während Roger heißen Tee serviert, steckt Roger II meine nackten Füße unter seinen Pullover und wärmt sie an seinem Bauch und seiner Brust. »Sorry, I no woman!«, lacht er dabei, und ich bin heilfroh, anschließend wieder in meinen holpernden »Arktis-Sarg« klettern und die Fahrt fortsetzen zu können. Erst jetzt nehme ich die Kälteschutzcreme und eine Salbe gegen Erfrierungen. Gottlob habe ich sie mitgenommen, obwohl sie bei dieser Kälte keine Wunder vollbringen!
Bis zur Halbzeit zeigt mit der Guide mehrmals Ptarmigans, die blütenweißen Schneehühner der Arktis, deren auf der Unterseite schwarze Schwingenenden beim Abschwirren den einzigen Kontrast zur endlosen Schneewüste bilden. Einige Male kreuzen wir dichtbefahrene Pässe der Schneehasen. Irgendwo hinter schützenden Schneewächten scheinen sich die arktischen, mindestens feldhasengroßen Mümmelmänner ein Stelldichein zu geben. Außer gelegentlichen Fuchsspuren bemerkte ich kein anderes Lebewesen. Die Polarwölfe treiben sich jetzt in der Nähe der großen Karibuherden herum, die Polarbären sind draußen auf dem Eis.

Urweltlich — mottenzerfressen

Dann taucht plötzlich, meilenweit entfernt, aber leicht mit freiem Auge erkennbar, auf einem sanft ansteigenden Hügel ein schwarzer Fleck auf: Der erste Moschusochse! Noch dazu ein Einzelgänger! Nachdem in den »Hunting Regulations« der N.W.T. vom 1.07.1988 unter »Grundsätzliche Verbote« klar ausgeführt ist: »Bei einer Muskox-Jagd darf der Jäger nicht näher als 3,25 Kilometer, d.h. zwei Meilen, an den Moschusochsen heranfahren (das gilt einschließlich Schneemobilen, Dreirad-

Eskimo-Friedhof über Sachs Harbour. Dämmerung zur Mittagszeit, minus 30° Celsius.

Fahrzeugen)« war klar, daß wir mit dieser Bedingung nie eine Chance bekämen. Außerdem hatte uns das Wild schon mitbekommen und zog bereits zügig den Hang hoch. »Bull«, stellt Roger sofort ohne Glas fest und bespricht sich dann mit seinem Kollegen.

In meiner Vermummung, angezogen wie der buchstäbliche Eskimo und deshalb unfähig zu einer längeren Pirsch, sehe ich zu Fuß sowieso keine Möglichkeit. Allmählich merke ich, daß meine Zehen wieder Zicken machen und komme mir irgendwie ausgeliefert vor. Es ist zwei Uhr nachmittags, die Eskimos wollen abends wieder zu Hause sein und versuchen ihr Glück mit einer Taktik. In weitem Bogen umfahren sie den Hügel von zwei Seiten und hoffen, daß der Bulle irgendwo für Roger und mich erreichbar aufkreuzt und sich übertölpeln läßt. Als wir zum Manöver starten, gibt der »Umingmak«, der »Bärtige«, wie die Inuits den Moschusochsen nennen, sofort Fersengeld. Im Schnee etwas unbeholfen, in einer Art Pony-Galopp, »mit wehenden Rockschößen«. Ein eigenartig ulkiger und doch faszinierender Anblick: Höchstens so groß wie ein Kalb, mit Rindsklauen in den Ausmaßen eines Kaffernbüffels und der Spurweite eines Jungrindes, mit kräftig überbauten, gebuckelten Schultern wie ein Bison und darüber ein zusätzliches, jetzt vom Schneestaub weiß eingefärbtes Wollcape. Ein »büffeliges« Schafbockgesicht — anders läßt es sich nicht beschreiben — mit Glotzaugen wie ein Zuchtstier und einer imposanten, beinfarbenen Stirnwehr. Seine pummelige Silhouette erinnert an einen »Mini-Büffel« mit Lama-Figur

oder, wie mal gesagt wurde, an einen tücherverkleideten Leichenwagen. Ein sonderbares Geschöpf der arktischen Inseln, erst 1864 von Europäern entdeckt und beschrieben, den Eskimos schon immer ein Teil ihres Lebensunterhaltes. Sein Benehmen wirkt einerseits »schafsköpfig« stur, andererseits aggressiv und durch sein hitziges Temperament ausgesprochen »büffelhaft«. Der Muskox gibt bei Verfolgung schnell auf und bietet dem Gegner mit seinen todbringenden Hörnern die Stirn. Damit hat er insbesondere Erfolg gegen die Wölfe; vor allem im Verband der Herde, die sich sofort zu einer Abwehrphalanx oder einer »Wagenburg« formiert und sich mit blitzschnellen Kopfschlägen gegen jeden Angreifer verteidigt.

Die Taktik meiner Eskimos geht auf. Wir stehen in gutem Wind und kommen um den Hügel herum bis auf zweihundert Meter an den Recken heran. Er starrt zunächst wie gebannt auf den in großer Entfernung wahrgenommenen anderen Skidoo. Als er endlich auch uns entdeckt, stellt er sich sofort kampfbereit und wartet ab. Eine einzigartige, allerdings etwas tragische Verteidigungstechnik dieses für mich zu den schönsten aller Wildtiere zählenden Arktisbewohners.

Er steht jetzt Aug' in Aug' uns gegenüber, scharrt unruhig mit den Hufen und wühlt mit dem Horn im Boden, daß Schnee und Steine fliegen. Wir halten Distanz. Der Bulle läßt uns nicht aus den Augen. Er greift weder an, noch sucht er das Weite! Er erwartet uns mit gesenktem Haupt, spitz, zeigt kein Blatt. Da trickst ihn der Eskimo

aus. Während ich etwa 100 Meter entfernt im Schnee knie und versuche ins Ziel zu kommen, geht Roger langsam nach links, der Bulle folgt der Bewegung — Ende der Jagd!

Entgegen landläufiger Meinung, wird diese Trophäe dem Jäger nicht geschenkt! Die eigentlich große Herausforderung bei dieser Jagd sind die gnadenlose Kälte, arktischer Frost, überraschende Schneestürme sowie die Mühsal des Ansprechens. Als ich bei 38 Grad Kälte das Gewehr aus dem Holster ziehe und in die Hand nehme, »verbrenne« ich mir die nackten Finger am Stahl. Noch Wochen später habe ich kein Gefühl in den Fingerkuppen und Zehenspitzen.

Trotz des kurzen Erlebnisses, Erfolg nach nur sieben Stunden, bin ich echt zufrieden mit der Jagd und meiner Beute. Länge und Hornstärke der Stirnwehr sowie die Ausmaße und Wucht des im Scheitel geschlossenen Helmes können sich sehen lassen! Schnell einige Erinnerungsfotos. Gottlob funktioniert die Kamera noch! Die Eskimos, die ebenfalls von »Very, very cold!« sprechen, freuen sich insgeheim auf ihr warmes Bett zu Hause. Bei völliger Dunkelheit, nachdem das Wild aus der Decke geschlagen und zerwirkt ist, starten wir zur Heimfahrt durch die arktische Nacht. Ich liege fast in der Schlitten-»Kiste«, das schwere Fell des Moschusochsen auf den Füßen. Das bekommt meinen Zehen!

Drei Stunden Skidoofahrt sind eine lange Zeit. Das Tempo der Eskimos war jetzt noch rabiater, die Schläge der Bodenwellen gingen noch tiefer ins Kreuz! Ich hielt mich, so gut es ging, an Rogers wohlmeinenden Rat: »Do thinking!« (Widme dich deinen Gedanken!). Das ging zumindest solange, bis mir nicht der Frost den Rücken hochkroch und mein Denken nicht ausschließlich um nur einen Gedanken kreiste: Hoffentlich tauchen bald die mickrigen Lichter von Sachs Harbour auf! Zweimal Arktis und zurück — jetzt reicht's für einige Zeit!

Zum Sinnieren und »Spekulieren«.

Weißblaue Blattzeit

Es war für die Katz'! Doch dann kam der erste August-Sonntag. Trockene heiße Luft flirrte überm Hügelland. Ein schwüler Sommer- und Blattzeitmorgen: »Der Bock, der liebt die Sonnenglut . . .!« Da platzte mein Freund mitten in ein geruhsames Frühstück: »Dein Bock mit dem krummen G'wichtl treibt es mit einer Geiß, fast beim Dorf unten!«

BAYERN

Freistaat
(Bundesrepublik Deutschland)
Hauptstadt   München
(1 330 000 Einwohner)
Bevölkerung   10 960 000
Fläche   70 549 km²
Sprache   Deutsch
Währung   1 Deutsche Mark
(DM) = 100 Deutsche
Pfenninge

Wildtiere: Rot-, Gams-, Dam-, Muffel-, Reh- und Schwarzwild, Auer-, Birk-, Haselwild, Alpenschneehuhn, Dachs, Fuchs, Iltis, Marder, Wildkatze, Fasan, Feldhase, Kaninchen, Murmeltier, Rebhuhn, Schnepfe, Wildente, Wild-taube.
Landschaft: Im Süden die Alpen mit Zugspitze (2963 m), anschließend Alpenvorland mit Seenplatte, Hügel-land und fruchtbare Donau-Tiefebene. Im Osten der Bayerische Wald, im nördlichen Teil Mittelgebirgsland mit Spessart und Rhön.
Klima: Feuchtgemäßigt, in den Mittel- und Hochgebirgen rauh.
Sehenswürdigkeiten: München mit Alte und Neue Pinakothek, Deutsches Museum, Deutsches Jagd- und Fische-reimusum. Sehenswerte Klöster, Wall-fahrtskirchen, Schlösser der bayri-schen Könige. Nationalpark Bayrischer Wald (120 km²), Königssee (200 km²). Viele mittelalterliche Städte.
Jagd: 6,8 Mill. ha Jagdfläche, der größte Teil Privat- und Gemeinschafts-reviere (13 % Staat). Das durch das deutsche und bayrische Jagdgesetz streng geregelte Reviersystem ist ge-koppelt mit Abschußplanung und He-gepflicht. Trotz der dichten Besiede-lung ein Land mit alter Jagdtradition. Sehr wildreich. In Bayern sind 45 000 Jagdscheininhaber (BRD = 265 000).

Fuchs

Vulpes vulpes

E: Fox
F: Rénard roux
Sp: Raposo

Ansprechen: Eine lange buschige Lunte, pfiffiges Gesicht und spitze Gehöre kennzeichnen den kleinen, zu den Caniden gehörenden Räuber. Der starke Rüde erreicht ein Gewicht von 6-10 kg und eine Schulterhöhe um 38 cm. Gold-, Brand-, Birk- und Kohl-fuchs sind Namen für Farbvarianten des sonst »fuchsroten« Balges mit weißem Kehl- und Brustfleck.
Lebensraum: Selbstgegrabene Erd-baue in Wald- Feld-, Sand- und Heide-böden, auch Betonrohre. Nicht selten haust er zusammen mit dem Dachs in einem Bau.
Verbreitungsgebiet: Ganz Europa, Asien, Nordamerika; verschiedene Unterarten bis in die Arktis und das Hochgebirge.
Verhalten: Der Fuchs gilt als schlau und listig. In besiedelten Gebieten weitgehend Nachtwild. Außerhalb der Aufzuchtperiode und Setzzeit Einzel-gänger. Die Ranz findet im Januar/ Februar statt. Nach 7 1/2 Wochen wölft die Fähe 3-8 Welpen. Anfangs blind, werden die Jungen von der Fähe mit Muttermilch ernährt, später zusätzlich feste Nahrung, die oft auch vom Rüden zugetragen wird. Hauptüber-träger der Tollwut. Mit Impfstoff ver-sehene Köderbrocken führen langsam zum Erfolg. Bei Störung verläßt die Fähe mit Geheck den Bau.
Jagd: Mit Falle oder Bauhunden. Man paßt ihn an seinen Wechseln (»Paß«) ab oder ködert ihn am Luder-platz. Von besonderem Reiz ist der Winteransitz zur Ranz bei Mondlicht. (Lockjagd mit »Hasenklage«.)

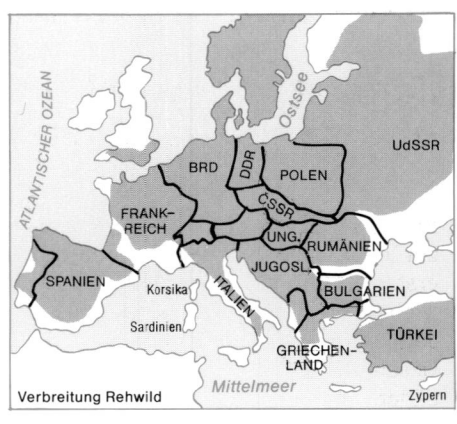
Verbreitung Rehwild

Rehwild

Capreolus capreolus

E: Roe deer
F: Chevreuil
Sp: Corzo

Ansprechen: Der ältere Bock trägt meist ein geperltes Sechsergehörn. Unzählige Variationen der Gehörn-bildung sind möglich. Ricken tragen kein Gehörn. Die Decke ist im Winter grau, im Sommer rotbraun. Schwarze und albinotische bis reinweiße Popula-tionen selten. Schulterhöhe 60-80 cm, Gewicht bis 27 kg (∅ = 18 kg). Sibiri-sche Rehböcke bringen es auf 50 kg.
Lebensraum: Buschreiche Parkland-schaften, Laub- und Mischwälder mit Unterwuchs, Felder, Äcker, Wiesen und Weiden bis in die Mittelgebirge.
Verbreitungsgebiet: Ganz Europa (ausgenommen Irland und Nordskandi-navien) und Asien.
Verhalten: Leben ungesellig. Bilden größere Wintersprünge. Ziehen vom Einstand zur Äsung auf festen Wech-seln. Die Böcke besetzen ihre Reviere im März bis April, markieren sie durch Fegen und Plätzen und verteidigen sie bis zur Brunftzeit Mitte Juli bis Mitte August. Auffallend während der Brunft ist das Treiben (»Hexenringe«). Tragzeit 10 Monate mit einer Winterruhe der Fötusentwicklung. Im Mai/Juni werden 1-2 Kitze gesetzt. Böcke werfen das Gehörn im Spätherbst ab, bilden es im Frühjahr neu. Rehwild äst selektiv Grä-ser, Kräuter, junge Triebe, Getreide-saat und Klee.
Artenschutz: WA entfällt.
Jagd: Bevorzugt auf dem Ansitz, auf der Pirsch oder bei Drück- und Riegel-jagd. Sicheres Zeichen für die Anwesen-heit eines Rehbocks sind Fege- und Plätzstellen. Während der Brunft kann man den Bock durch Blatten über-listen.

Jagd auf Rehbock und Fuchs in Bayern

Kein Zweifel. Kaum sind die Wildtauben zurück und ist der letzte Schnee dem ersten milden Frühlingslüfterl gewichen, da liegt plötzlich, wie jedes Jahr um diese Zeit, eine seltsame Geschäftigkeit über den Revieren der Jäger. Immer wieder vernimmt man verhaltenes Klopfen, Sägen und Nageln. Emsig und heimlichtuerisch, so als würde ein Staatsstreich vorbereitet, rüsten sich die Jäger für die Rehbockjagd ab Mitte Mai. Und — gerade das macht dieses Treiben erst richtig aufregend — wie im Vorjahr steht der kapitale Sechserbock, sicherlich schon längst vom Nachbarn auch mit Stielaugen beobachtet, dummerweise irgendwo an der Reviergrenze. Wie anders ließe es sich erklären, daß mit einem Mal im gegenüberliegenden zwanzigjährigen Fichtenbestand ein neuer Hochsitz steht?

Natürlich ist in diesem kleinen, bayrisch weißblauen Grenzgeplänkel, das sich hier anzubahnen scheint, längst nicht das letzte Wort gesprochen! Ehrlicherweise muß zugegeben werden, daß diese jährliche »Aufrüstung« eigentlich erst so richtig Pfeffer in die Rehbockjagd bringt. Das hat Tradition und bedeutet unter gestandenen Jägern, auch wenn man das selbstverständlich nicht kundtut, keinesfalls offenen Streit. Dieses Rechtkriegen-Wollen ist Teil der persönlichen Selbstachtung und kommt eher einem Fingerhakeln mit ungewissem und gerade deshalb so prickelndem Ausgang gleich. Ein Grenzbock beflügelt erst den sportlichen Ehrgeiz: bei der Hegeschau im nächsten Frühjahr wird sich zeigen, wer die Nase als erster im Ziel hatte und wem der Lauf blank blieb!

Vorbrunft-Kummer

Es wäre eine herbe Enttäuschung, wenn dieser Kapitalbock, der immer schon seinen Einstand bei uns im Pfarrerholz hat und sich im letzten halben Jahrzehnt vom hoffnungsvollen Zukunftssechser zum klobigen Kapitalen entwickelte, den Trophäenschild des Nachbarn schmücken würde. Schließlich wurde der Bock bei uns herangehegt! Deshalb gibt es in der Regel weder Nachsicht noch übergroße nachbarschaftliche Gefühlsduselei. Von keiner Seite! Außerdem, und das kommt hinzu, redete ich mir schon während der Brunft des letzten Jahres gut zu und ließ den Finger gerade, obwohl ich den stattlichen Roten keine 20 Gänge vor mir im Weizenfeld, keuchend und mit vor Erschöpfung geöffnetem Äser, voll im Glas hatte. Er verdankte damals die Verlängerung seiner Flitterwochen vor allem dem Rat meines alten Herrn, der mir schon früh eingebleut hatte: »Beim kleinsten Zweifel über das Alter, laß den Finger gerade. So ein Bock ist mit Sicherheit zu jung!«

Obwohl der »Knickstangler« wie er bald getauft war — vermutlich hatte er sich das rechte Gehörn noch im Bast bei einer Rauferei an der Fütterung kurz über der Rose gestaucht — mit seinem dadurch abstehenden und korbförmig nach oben auslaufenden Hauptschmuck, kaum mehr dem »klassischen« Sechser entsprach, war er durch seine Einzigartigkeit und da er an Masse wenig eingebüßt hatte, doppelt begehrenswert geworden. Diese »Launen der Natur«, Unregelmäßigkeiten und offensichtlich widersinnige Abnormitäten, findet man bei keiner Wildart in solcher Vielfalt wie beim Reh.

Nun, der alte Schlauberger hatte sich des lästigen Bastes schon Ende März, als einer der ersten im Revier, entledigt. Ich vergesse nicht, wie wir uns wahrscheinlich bald nach seinem Verfegen, im blassen Licht einer frostigen Abenddämmerung, nahe der noch schneebedeckten Jungwaldschonung auf knapp 20 Gänge gegenüberstanden. Es bedurfte nicht des Glases, um blitzschnell mit freiem Auge mein verblüfftes Gegenüber zu erfassen: handbreit über den unruhigen Lusern — wer schaut nicht als erstes danach (!) — prangte ein wuchtig ausladender, nicht sonderlich geperlter, aber mit seinen langen Augsprossen sofort beeindruckender, knuffiger Stirnschmuck. Der Grind wirkte dabei im Verhältnis zum kurzgedrungenen, dicken Träger eher klein und unproportioniert. Im Bruchteil von Sekunden war eine »innere Aufnahme« geknipst. Die Trophäe — und von dieser erlaube ich mir noch immer zu sprechen (!) —, war damit verewigt und eine aufregende Hoffnung und Begehrlichkeit für die kommende Bocksaison geboren. Das verärgert polternde, tiefe Schrecken des abspringenden Bocks klang noch Tage später in mir nach. Es entlockte mir nur ein mildes, siegessicheres Lächeln. Die erboste Schelte bestätigte vor allem das Wohlbefinden des

Zur Blattzeit verlieren selbst alte Schlaumeier ihre Heimlichkeit.

Leiterbau. Die Arbeit macht Spaß. Paßt der Standort?

Recken, was vor 150 Jahren schon der Reh-Profi Dietzel wußte: »Herunterge-kommenes Rehwild schreckt nicht!«

Es braucht keine Belehrung

Wäre auch noch schöner! Schließlich wurde ihm und seinem weitverzweigten Familienclan seit Ende Oktober mindestens einmal, bei Frost und geschlossener Schneelage zweimal in der Woche, der Tisch reichlich mit Trocken- und Feuchtfutter gedeckt. Selbst der kritische Kirmeier-Bauer, dessen zweijährige Fichtenanpflanzung zwischen dem Haupteinstand meiner Waldrehe in der Dickung und der im Hochholz stehenden Rehfütterung liegt, hat keine Beschwerden: nicht ein Boschen ist im Gipfel oder Seitentrieb verbissen. Sogar die genäschigen alten Geißen, die durch die ständige Beunruhigung mit ihrem Nachwuchs in die hintersten Bestände abgedrängt werden und bei ungenügender Winterfütterung durchaus einiges Unheil anrichten können, hielten sich zurück. Neben Hafer und Apfeltrester, Runkelrübe, Kleeheu und Salzlecke, knabbern sie hier vor allem noch am Holunder, an Himbeer- und Brombeerblättern. Bleibt zu hoffen, daß trotz der augenblicklich großen Mischwaldeuphorie, in den nächsten Jahren nicht alles, was keine

Nadeln trägt, wieder dem Beil und der Spitzenhacke zum Opfer fällt. So gesehen blicke ich — wie alle mir bekannten Jagdpächter auch — dem angekündigten vegetationskundlichen Gutachten über den Zustand des Jungwaldes gelassen entgegen. Gerade in dieser Frage braucht es wenig Belehrung durch Dritte. Der moderne Jäger läßt sich in seiner Verantwortung für die freilebende Tierwelt und die heimatliche Flur von niemandem übertreffen. Für ihn gibt es trotz der publikumswirksamen Wortspiele, wie »Wald vor Wild«, kein »entweder oder«, sondern nur ein klares Bekenntnis zu Wald und Wild — und tagtägliches Handanlegen.

Im übrigen sorgt der Umstand, daß die Jagdpachtung ausnahmslos von der Zustimmung der Jagdgenossen, und das sind auch die Waldbesitzer, abhängt, eher für Vernunft und Interessenausgleich, als jede noch so mit Ordnungsstrafen bewehrte Vorschrift. Erfreulich ist auch, daß unsere Jagdgenossen in der Regel lieber mal einen Wildschaden hinnehmen, als »daß kein Wild mehr draußen ist«. Die Aufgeregtheit, mit der sich manche dieser Frage annehmen, wird zweifelsfrei durch das gute Einvernehmen der Jäger mit den Landwirten widerlegt! Dem Knickstangenbock und seinem

Bockjagd vor 60 Jahren. Die alte 7 x 64 meines Vaters begleitet mich noch heute.

Anhang jedenfalls scheint diese Problematik nicht unbekannt zu sein, wie ihr rücksichtsvolles Benehmen gegenüber den Jungfichten in diesem Frühjahr beweist.

Wie wenig neu die Erkenntnisse über Verbißschäden durch Rehwild übrigens sind, läßt sich schon im »Lehrbuch für Jäger« von Hartwig aus dem Jahre 1812 nachlesen, wo eindeutig gewarnt wird, »... daß die Rehe, wo sie stark gehegt werden, dem jungen Holze durch ihr Verbeißen noch nachteiliger werden, als das Rotwild«. Und Alfred Brehm, der den Nutzen des Rehwildes verhältnismäßig gering schätzte, warnt bereits in den zwanziger Jahren: »Namentlich in jungen Schlägen haust das Rehwild oft schlimm und vereitelt oft in wenigen Tagen jahrelang sorgsame Arbeiten des Forstmannes«.

Der »Knickstangen-Bock« kam trotz — oder gerade wegen — der Geheimnistuerei schneller als uns lieb war ins Gerede. Dafür sorgte vor allem der gescheitmeierische Häusler Alois schon Wochen vor der Schußzeit mit seiner lauten Frage über zwei Wirtshaustische hinweg, ob ich den »Prügel« Rehbock, mit einem Geweih »wie ein Hirsch«, oben an der Pfarrerwiese schon gesehen hätte? Die umsitzenden Bauern bekamen lange Ohren und die Neuigkeit landete postwendend beim Reviernachbarn. Damit entwickelte sich besagte Gegend schnell zu einem kleinen »Spannungsgebiet«.

Alte Vögel sind schwer zu rupfen

Allmählich zog, nach verregnetem Juni und dem langsam aber sicher die Landschaft überziehenden Maisanbau — wodurch der »Prügelbock« für Wochen noch besser wegtauchen konnte — die Blattzeit heran. Immer wieder hockte ich, mal näher, mal weiter weg, auf einem der Hochsitze des »Grenzlands« und änderte jedes Mal meinen Anmarsch auf den für die zwei Hauptwindrichtungen angelegten, feingekehrten Jägersteigen. Umsonst. Außer frischen Plätz- und Fegestellen kündete nichts vom versteckten Treiben des Nachtschwärmers. Die noch um die Jahrhundertwende gängige Regel, »Je älter und stärker der Bock, desto dicker das Holz das er fegt«, kam in diesem Falle nur wegen der ausladenden Knickstange zum Tragen.

Natürlich war ich schon um diese Lebenszeichen dankbar, wobei mich etwas störte, daß der sonst eigentlich fleißige Nachbar seine Stände nicht mehr bezog. Ich beruhigte mich immer wieder mit dessen fehlendem Sitzfleisch und ließ nicht locker. Die Erfahrung des alten Nimrods Dietzel, »Abendanstand ist sicherer als der Morgen«, bestätigte sich auch nicht. In dieser Lage konnte nur der Zufall, eine gute Portion Glück und steter Fleiß helfen. Daran sollte es nicht fehlen. Auch nicht an Hinterlist.

Erst vor einigen Tagen hatte uns das Schlitzohr am frühen Abend noch ausgetrickst. Dabei unterlief ihm jedoch ein unverzeihlicher Fehler. In Zukunft konnte er nicht mehr unentdeckt zwischen Gerste und Fichtenschonung stehen und seelenruhig schon kilometerweit unser Herannahen beobachten. Er büßte seinen strategischen Vorteil an dem Tage ein, als wir bei Revierarbeiten bemerkten, wie der Heimlichtuer einige hundert Meter entfernt von uns im Gegenhang, mit einer überstürzten Kehrtwendung und in hohen Fluchten, ohne auch nur einmal zu verhoffen, der schützenden Dickung entgegenstürmte: »Alte Vögel sind schwer zu rupfen!«

So hatte er es vermutlich seit Wochen gehalten. Diesmal gingen ihm allerdings etwas zu schnell die Nerven durch. Der wichtigste Trumpf jeder Jagd, das Vorgehen des anderen unentdeckt beobachten zu können und sich darauf einzustellen, war leichtfertig verspielt.

Hegephilosophien

Recht aufregend war einer der ersten Morgenansitze. Ich hatte eben mit Genugtuung festgestellt, daß die in dieser »hinterleitischen« Gegend ständig von Rachenbremsen gequälten Rehe durch die Beimengung eines Wildmedikamentes in die erste Herbstfütterung des vergangenen Jahres, von dieser Plage endlich erlöst waren. Da erregte zwischen Dämmerung und Tag eine auf mich zuschnürende Fuchsfähe meine Aufmerksamkeit. Einige hundert Meter lang tippelte sie über freies Feld — wobei das Fadenkreuz meiner Büchse ständig mitwanderte — haargenau auf meine Leiter zu. Sie verdankte ihr Überleben mit Sicherheit dem Fang voll Mäuse, mit dem sie ihre Mutterpflichten sichtbar unter Beweis stellte.

Ansonsten wird der Fuchs im Niederwildrevier »natürlich« kurz gehalten. Die unselige Fuchsvergiftung ist gottlob wieder verboten!

In den nächsten Tagen änderte ich durch einen kurzen Umweg meinen Anmarsch zum Hochsitz. Am liebsten hätte ich mir, wie früher, die Pirschschuhe noch mit Filzsohlen gedoppelt. Trotz aller Umsicht hatte ich bis zur Brunft den Drückeberger nur noch einmal erspäht.

Getarnt, wie in einem nicht einsehbaren Schützengraben, trieb er sich keine 200 Meter entfernt, in einem Hohlweg herum, der die Grenze bildet. Hie und da gelangweilt rupfend und zupfend oder verspielt fegend und plätzend, wartete er darauf, im Schutz der anbrechenden Nacht unbehelligt in seinen Einstand rückwechseln zu können.

Wäre er aus irgendeiner Richtung während meines Abendansitzes zugestanden, hätte ich ihn mit Sicherheit entdeckt. Überall äste Rehwild: junge Böcke, Schmalrehe, zum Teil noch hochbeschlagene, aber auch schon führende Geißen, die meine Aufmerksamkeit wachhielten. Insbesondere

Blattzeit. Der mittelalte Prachtbock soll sich noch zwei Jahre vererben. Dann ist Erntezeit!

Entschlossenheit ist bei der Jagd alles. Das weiß auch der Fuchs.

beschäftigte mich ein im Wildpret recht ordentlicher Jahrling, dessen kaum lauscherhohe Spieße noch im Bast steckten. Er hätte durch sein aufreizendes Herumtänzeln vor meiner Büchse um ein Haar meinen Grundsatz ins Wanken gebracht, solche »Spätblüher« – trotz ihres Babygesichts – zumindest bis zum Herbst zu pardonieren. Ein Paradebeispiel für Herzog Albrecht von Bayerns Auffassung, »daß die Jahrlinge sowohl im Körperbau als auch in der Gesichtsfärbung recht verschieden sein können. Vor allem verändern sich vom Juni bis zur Brunft Gesichtsfarbe und Ausdruck oft derart, daß man sie kaum wiedererkennt. Aus manchen 'Kindern' sind ernste 'Männer' geworden. Andere bleiben bis in den Herbst hinein infantil«.

Eine besondere Augenweide waren an diesem Abend drei Junghasen, die auf dem an sich erbärmlich ratzekahlen, mit kaum zigarettenschachtelhoher Saat bestückten Maisacker pausenlos um die Wette sprinteten. Der seit Jahren durchgestandene, freiwillige Bejagungsverzicht auf den Flitzer trug sichtbar erste Früchte! Bleibt zu hoffen, daß die Tatarenmeldung über die Vernichtung ganzer Hasenpopulationen durch den von Brüssel verordneten

Anbau des bitterstoffarmen OO-Rapses, der diese ersten zaghaften Fortschritte wieder zunichte machen könnte, nicht zutreffen. Was hilft das Opfer der Jäger an Freizeit und Geld, was bringt die Schaffung zusätzlicher Deckungs- und Äsungsflächen oder unsere Maßnahmen zur Sicherung des Straßenverkehrs zum Schutz des Wildes und des Autofahrers durch Warnreflektoren? Wozu die aufwendigen Bemühungen gegen das jährliche Ausmähen des Jungwildes und ähnliches, wenn verbohrte Umweltpropheten und rigorose Bürokraten das sensible Ökosystem scheibchenweise plattwalzen? Scheinaktivitäten? Wohl kaum! Es gibt kein einziges freilebendes Wildtier – ausgenommen das Großraubwild, dessen man sich bei uns zum Schutz des Weideviehs bereits um 1800 entledigt hatte – das vom Jäger und seiner gern strapazierten »Schießwut« im Bestand gefährdet oder gar ausgerottet worden wäre!

Erholsame Langeweile

Während sich der Jäger in mir trotz Abendstille selbstquälerischen Zweifeln über den gar nicht mehr so ungewis-

sen Ausgang des Wettstreits zwischen Zivilisation und Natur hingibt – wobei, wenn das so weiter geht, die heimische Jagd als erste auf der Strecke bleibt! – wirft plötzlich am »Schützengraben« drüben der Bastspießer auf. Nervös, mit langem Hals und ungelenk auf steifen Läufen respektvoll dorthin sichernd, stakst er im Rückwärtsgang auf mich zu. Fast gleichzeitig steht, mit einem Satz aus der Mulde nach oben geschnellt, ein starkes Stück Wild auf der Grabenkante. Ehe ich es überhaupt richtig ansprechen und ins Fernglas bringen kann, springt es mit abgehacktem, verärgertem »Bö! bö!« – ohne zu verhoffen oder sich um seine gleichfalls abgehende weibliche Sippschaft zu kümmern – über die Reviergrenze hinweg ins Dunkel der Nacht ab. »Wirkliche Anhänglichkeit, hingebende Aufopferung kennt der Rehbock nicht. Bei Gefahr ist er der erste, der sich, nicht ohne bemerkenswerte List und Verschlagenheit davonzumachen sucht«, steht schon in Brehms Erstausgabe. Das war vor zwei Wochen. Da zog er noch, durch die augenfällige Knickstange zum letzten Mal sicher bestätigt, seine irdischen Bahnen. Durch das Gemunkel beim kürzlichen Jägerstammtisch, vergangene Woche sei bei meinem Nachbarn ein ganz kapitaler Rehbock zur Strecke gekommen, lasse ich mich nicht verunsichern. »Gezielte Indiskretion« nennt man in der Diplomatie diese Form bewußter Irreführung des eigenen Vorteils willen. Das ist auch bei der Jagd nichts Neues!

Trotzdem, bis Mitte Juli war der »Knickstangler« verschollen. Ich hatte mir nichts vorzuwerfen. Ich war ihm immer auf den Fersen geblieben. Ausgenommen, um ihn ja nicht zu vergrämen, einige Tage absichtlich eingelegter Pirschpausen. Eingedenk Münchhausen: »Auf denselben Bock zu pürschen, Tag für Tag, ist Narretei; eher lernt er deine Schliche, als die seinen du dabei«.

Inzwischen kannte ich jeden Baum, jeden Erdhügel und nahezu jedes Licht- und Schattenspiel um meine beiden Leitern. Auch die acht bis zehn Singvogelarten – erfreulicherweise war wieder ein Neuntöterpärchen aufgetaucht – die mir fast täglich zur Kurzweil aufspielten. Bei jedem Ansitz wurden neue Phantasiekräfte freigesetzt und abenteuerliche Gedankenspiele durchgehechelt, was nur den verwundert, der selbst nie ein gutes Dutzendmal, stundenlang, umsonst hinter einem Rehbock her war.

Dabei gerät der Kreislauf jedesmal wieder in Wallung, fliegt die Hand ans Glas, wenn irgendwo ein Stück austritt. Und immer hält die Aufregung zumindest einige Minuten vor, auch wenn es sich »nur« um ein Schmalreh handelt, dem bekanntlich der alte Bock in der Regel den Vortritt läßt. Übrigens nicht aus reiner Höflichkeit, denn »vollendete Selbstsucht ist der Grundzug seines Wesens«, beobachtete Brehm.

Endlich meldete ein Jungjäger, daß es ein halbstarker Raufer drüben am Bettelberg handfest und am hellichten Tag mit einer schlanken Schönen im goldgelben Weizenfeld treibt. Blattzeit! Da die Rehdamen höchstens eine Woche in Liebesstimmung sind, wobei der Pascha nicht von ihrer Seite weicht, auch wenn sie sich seinen Annäherungen noch so spröde und im aufregenden Brunftritual der Hexenkreise zu entziehen suchen, war auch für mich »Feuer am Dach«. Schließlich stand mein Jagderfolg in enger Beziehung zur Hochzeitsbereitschaft der vom Knickstangenbock Auserwählten.

Näher ran!

Und dann kam der erste August-Sonntag. Trockene heiße Luft flirrte bereits am Morgen überm Hügelland. Ein schwüler Sommer- und Blattzeittag stand ins Haus: »Der Bock, der liebt die Sonnenglut...!« Mitten in ein geruhsames Frühstück platzte ein Jagdfreund mit der aufregenden Nachricht: »Dein Bock mit dem krummen G'wichtl steht mit einer Geiß fast beim Dorf unten!« Ich hätte also doch an diesem Morgen meine Faulheit überwinden und draußen sein sollen! Aber: »Jungfern, Dürrlaub, Federbetten, manchem Bock das Leben retten«. Die Strafe folgte auf dem Fuße. Weder an diesem Tag, noch an den folgenden wurde der Rumtreiber gesehen. Bestimmt hatte er sich irgendwo zwischen den endlosen Maisfeldern und Feldgehölzen, also

tiefer ins Revierzentrum hinein »verdünnisiert«. Mittlerweile konnte ich der vielgerühmten Anmut des Rehwildes, auch dem schönsten Abendkonzert der Vögel und dem verführerischsten Rucksen des Taubers nichts mehr abgewinnen. Ich geriet in den Zustand eines von Zahnschmerzen Geplagten, der teils zermürbt, teils verbissen, eine Entscheidung sucht, auch wenn es ihn einen Zahn kostet.

Inzwischen kam ein gut achtjähriger, dünnstangiger Blender zur Strecke, dessen Rosen — markstückdünn — kaum den Umfang der Stirnzapfen hatten, mit tiefem Zahnabschliff, wie man ihn meist nur bei alten Ricken findet. Diesen Täuscher richtig angesprochen zu haben verdiente, daß man vor dem Erleger den grünen Filz zog! Zwei Tage später. Den ganzen Tag schon regnete es wie aus Kübeln und

niemand verspürte große Neigung zum Abendansitz. Der Scheibenwischer läuft auf Stufe zwei, als ich lustlos und eher aus Gewohnheit als von großen Erwartungen getrieben, im Schrittempo durchs Revier zuckle. Fast unbewußt Richtung »Knickstangen-Grenze«. Kaum bog ich um die letzte Feldweggabelung, da erspähte ich schon im Gegenhang, fast unter meinem Hochsitz, Grind und Träger eines aufmerksam zu mir sichernden Stücks. So schnell habe ich selten gebremst und gewendet. Voll Zuversicht, »Könnte ja sein...!« — und da wollte ich nicht wie weiland Ludwig Ganghofer, kleinlaut mit einem Verserl dastehen: »Heut die erste Patzerei. Schöner Rehbock. Bautz! Vorbei!« — verließ ich bei fast waagrechtem Regen den Wagen und brachte mich in größerem Bogen in guten Wind. Nach diesem Umkrei-

Erwischt! »Am Ende kommen alle Füchse beim Kürschner zusammen«.

Endlich hat das Katz' und Maus-Spiel ein Ende. Der »Knickstangler« liegt. Die gute »Vesta« läßt ihn nicht aus den Augen.

sungsmanöver von mehr als einem halben Kilometer erreichte ich, bis auf die Schwarte durchnäßt, schnaubend und dampfend, bald ein wie ein tropischer Dschungel triefendes, nicht endenwollendes Maisfeld. Die perfekte Deckung! Auf Knien, verborgen hinter den ersten Pflanzzeilen, versuchte ich einen Blick auf die Bühne. Nicht zu fassen! Mitten im strömenden Regen, etwas abseits vom vorab gesichteten Stück, entdeckte ich am hellichten Nachmittag, bewegungslos, in einem Weidenanflug stur vor sich hindösend, den lange Gesuchten. Gerade so, als wäre es die größte Selbstverständlichkeit, ihn hier anzutreffen!
Näher ran! Gebückt haste ich durch die hinteren Kukuruzreihen dorthin, wo der riesige Maisschlag über eine Hügelkuppe hinweg zum Wald abfällt. Dort müßte ich auf gut achtzig Schritt an den alten Grenzgänger herankommen, von da traue ich mich kniend hinüberlangen. Trotz dieser »Hausmanns-

Entfernung« überkommen mich, wie meist bei der Rehbockjagd, leise Hemmungen: Der Jägererziehung in unseren kleinen Revieren, mit unserem heiligen Respekt vor den Grenzen und dem fast ritualisierten Bejagungsgehabe vor dem Schuß — »Keine Wildbretzerstörung, das Wild muß breitstehen, usw. usw.« — entkommt man nicht. Sofern man sie nicht frühzeitig bewußt abschüttelt!
Es dauert eine Ewigkeit, bis die Optik einigermaßen trockengerieben ist. Vorsichtig wird Blatt für Blatt eine Schießscharte durch die Randstauden des Maises gezupft. Im Schneidersitz rutsche ich auf schmierignassem Lehmboden in bessere Schußposition. Halbspitz mir zugewandt, genießt der rote Schwerenöter noch immer die laue Himmelsdusche. Er bewegt nicht mal die Lauscher, als eine aufgeregte Amsel, trotz Regen laut lärmend, sich über ihm in den alten Kirschbaum flüchtet. Bei solchem Mistwetter, sagen ihm Erfahrung und Instinkt, droht keine Gefahr — und dieser Irrtum wird ihm zum Verhängnis. Halbschräg von vorne durchtrennt ihm die blitzschnelle 5,6 × 61 vom Hofe den Lebensfaden,

und während das Jägerauge noch für Sekunden durchs Zielfernrohr die dicken Wasserperlen des schräghängenden Regenschleiers bestaunt, signalisiert heftiges, doch schnell endendes Schütteln des Weidenbusches das Ende des alten Haudegens.
Trotz des Regens und durchweicht wie ein nasser Karton, bleibe ich noch einige Minuten hocken: »Der Mensch braucht wenig, und an Leben reich ist die Natur«.
Im monoton leichten Trommeln der Tropfen auf den Maisstauden und der ansonst einzigartigen Stille um mich — selbst die vorlaute Amsel vom Kirschbaum verschwieg — wäre ich beinahe ins Grübeln gekommen. Doch der Gedanke, daß die Ernte eines Jägerjahres ehrlich eingebracht war und mir mein Nachbar bei nächster Gelegenheit mit einem augenzwinkernden »Sakra«, ohne Groll und Neid ebenso anerkennend auf die Schulter klopfen wird, wie ich das im umgekehrten Fall täte, läßt für Trübsinn keinen Raum.

Der Beduine kennt jeden Steig durch's schroffe Wüstengebirge.

Ein Privileg des Pharao

Der »Nubier« Ägyptens galt unter Fachleuten als ausgerottet. Durch Zufall begegnete ich Beduinen. Bei der ersten Gastjagd seit Faruks Zeiten in den Wüstengebirgen zwischen Nil und Rotem Meer gaben sie ein Geheimnis preis. Auf schmalen Steinbockpfaden rackerten wir uns durch eine vegetationslose Mondlandschaft. Der Beduine auf nackten Sohlen!

ÄGYPTEN

Präsidialrepublik
Hauptstadt   Kairo (10 Mill. Ein-
              wohner)
Bevölkerung   48 000 000
Fläche   1 001 449 km²
Sprachen   Arabisch
Währung   1 ägypt. Pfund =
              100 Piaster

Wildtiere: Adler, Dorcasgazelle, Falb-
katze, Fennek, Fuchs, Geier, Leopard,
Mähnenspringer, Nilkrokodil, Nubischer
Steinbock, Rebhuhn, Schnepfe, Taube,
Wachtel, Wildente, Wildgans.
Landschaft: An der Nordostecke
Afrikas gelegen, gliedert sich Ägypten
in Tal und Delta des Nil, Libysche und
Arabische Wüste, Sinai-Halbinsel. 95 %
des Landes ist Wüste. Das fruchtbare
Niltal, Ägyptens Kulturland, ist die
größte Flußoasenlandschaft der Erde.
Höchste Erhebung ist der Gebel Kathe-
rina (2639 m) auf der Sinai H.I., die
geographisch bereits zu Asien gehört.
Klima: An den Küsten reichlich Win-
terregen. Sonst trockenes, angenehmes Wüstenklima um + 15° C von Oktober bis April. Die Sommermonate
sind trocken, die Nächte oft kühl.
Sehenswürdigkeiten: Kairo, die
größte Stadt Afrikas, mit den
Pyramiden von Gizeh und dem Ägypt.
Nationalmuseum, ebenfalls die Oasen
Fayoum und Siwa. Einzigartig sind Lu-
xor (Luxortempel, Karnaktempel, The-
ben, Tal der Könige) und Assuan mit
Abu Simbel.
Jagd: Für Ausländer erlaubt. Im
Herbst und Frühjahr werden Wasser-
und Flugwildjagden in den Oasen
und auf dem Nil bis Assuan organisiert. Erstmals seit 1986 wieder Jagd
mit Beduinen in der Arabischen Wüste
auf Nub. Steinbock und Dorcasgazelle
möglich.

Nubischer Steinbock

Capra ibex nubiana

E: Nubian ibex
F: Bouquetin de Nubie
Sp: Ibice de nubia

Ansprechen: Der »Afrikaner« trägt das
formschönste Horn der Steinböcke. Es
schwingt in elegantem Kreisbogen
nach hinten. 90 cm Schulterhöhe, bis
80 kg schwer. Gelblichbraun gefärbte
Decke, dunkle Schulterpartie und dunkler Aalstrich. Die Geißen sind geringer,
das Gehörn kleiner. Der Bock trägt
einen Kehlbart.
Lebensraum: Gebirgsbewohner. Lebt
von Flechten und Kräutern, kann auf
Wasser längere Zeit verzichten.
Verbreitungsgebiet: Das nördliche
Äthiopien, Ostsudan, Ägypten, der
Sinai, Israel (das Judäische Gebirge
und die Negevwüste).
Verhalten: Leben gesellig in Herden,
Böcke bilden »Herrengesellschaften«.
Altböcke meist Einzelgänger, die zur
Brunft zur Herde stoßen. Die Brunft
beginnt im Herbst, nach Einsetzen der
Regenzeit. Nach 150-180 Tagen Trag-
zeit wird meist nur ein Kitz gesetzt.
Artenschutz: WA entfällt
Jagd: Die bodenständige Jagd wurde
mit Hunden betrieben, die das Wild zu
Stand hetzten. Jagd zu Fuß oder mit
dem jagdgewohnten Reitkamel. Der
waidgerechte Jäger geht an bekannten
Wechseln auf Vorpaß. Oftmals tippt
eine Treiberwehr das Wild weiträumig
an. Ansprechen gut möglich, da Steinwild nicht in Panik flüchtet, sondern
seine Fluchtwechsel sorgfältig prüft.
Oft Weitschüsse nötig.
Rekordtrophäe: SCI RBoTA, 1986:
Hornlänge links 118,11 cm, rechts
117,79 cm (Sudan 1968).

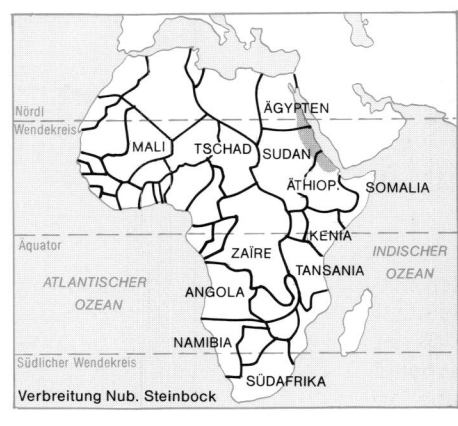

Verbreitung Nub. Steinbock

Dorcasgazelle

Gazella dorcas

E: Dorcas Gazelle
F: Gazelle dorcas
Sp: Gacela dorcas

Ansprechen: Gewicht zwischen
20-25 kg, Schulterhöhe 55-65 cm. Blaß
sandfarbene bis rötlich gelbbraune
Decke mit schwarzen Flankenstreifen.
Gehörn 25-35 cm lang, leierartig,
stark geringelt. S-förmig nach hinten
außen, und oben schwingend. Geißen
kleinerer Kopfschmuck und geringer.
Lebensraum: Steinige, ebene Gebiete.
Halbwüstenbewohner am Rande der
Dornensavannen, in Sanddünen und
Steinwüsten.
Verbreitung: Von Marokko über
Libyen, Tschad, Sudan und Ägypten
zum Roten Meer, teils im Mittleren
Osten.
Verhalten: Dorcasgazellen leben in
kleinen Herden, 20-60 Tiere. Ältere
Böcke sind Einzelgänger, Jungböcke
in Trupps oft bis 50 Tiere. Ertragen
starke Besonnung, legen jahreszeitlich
zur Nahrungssuche weite Entfernun-
gen zurück. Äsen Wüstenpflanzen und
Sukkulenten, mit denen sie ihren Was-
serbedarf decken. Sie verzehren auch
Heuschrecken und deren Larven. Nach
6-7 Monaten Tragzeit setzen Gazellen
knapp zweimal im Jahr, meist ein Kitz.
Artenschutz: WA entfällt.
Jagd: Durch private und staatliche
Organisationen Jagd mit einheimischen Führern. Jagdcamps. Gejagt
wird zu Fuß oder bei Ansitz an Wasserstellen. Der Allrad bringt den Jäger an
die Herden heran. Früher wurden die
Dorcas auch mit jagdfahrenen Reit-
kamelen gejagt.
Rekordtrophäe: SCI RBoTA, 1986:
Hornlänge links 32,70 cm, Hornlänge
rechts 31,65 cm (Tschad 1969).

Jagd auf Dorcas und Nubischen Steinbock in Ägypten

Ich hatte recht behalten! Trotz anderslautender Nachrichten steht nun fest, daß der legendäre Nubische Steinbock, schon zur Zeit der Pharaonen Privileg und Mythos, immer noch in den Wüstengebirgen Ägyptens seine Bahn zieht.

Wie so oft, kam durch Zufall auch hier ein von den Beduinen gehütetes Geheimnis ans Licht. Und das geschah während einer Bootsfahrt auf dem Nil.

Ein Geheimtip

Nach Besichtigung der einzigartigen Kulturdenkmäler Ägyptens in Kairo, bis hinauf zum Oberen Nil, gönnten wir uns in Assuan einige Stunden Jagd und Entspannung auf dem großen Strom. Zwei Dutzend Enten in knapp drei Stunden, das war eine Kostprobe, von der man zu Hause nur träumen kann. Wie mußte das erst zur Zugvogelzeit, vor allem auf die »Wolken« von Gänsen aus dem fernen Transkaukasien, knappe 50 Kilometer weiter südlich, an den Ufern des Nasser-Sees sein?

Einen Vorgeschmack erhielten wir schon bei der nur halbtägigen Tauben- und Schnepfenjagd in der blühenden Oase Fayoum, in der Nähe Kairos. Ägypten, das »schwarze« und »rote« Land mit der dunklen Erde des fruchtbaren Niltals und seinen Sandwüsten sowie Wüstengebirgen, war nicht nur für Flugwildjäger ein Geheimtip. Viel aufregender war, als mir der Fellache Akbar während unserer gemeinsamen Nilfahrt das Geheimnis seiner gelegentlichen mehrtägigen Ausflüge in die Wüstenberge zwischen Nil und Rotem Meer offenbarte. Seit Jahren holt er dort, wie er völlig unschuldig erzählte, »junges, feines Wildziegenfleisch« für seine Familie und das Dorf.

Ein erstes glaubhaftes Lebenszeichen von den seit der englischen Besatzung und den Zeiten König Faruks als ausgestorben geltenden Nubischen Stein-

Für die Wüstensöhne sind die Dorcas immer willkommen. Das merkt man am Fluchtverhalten der Gazellen!

böcken! Das entfachte den Jäger- und Entdeckertrieb in mir. »Nubischer Steinbock in Ägypten vermutlich ausgestorben«, steht im Grzimek ebenso wie im großen SCI-Rekordbuch. Das mußte korrigiert werden, sofern ich den Beweis liefern konnte!

Allmählich wurde klar, daß in den letzten Jahren Beduinen mit Hilfe allradgetriebener Fahrzeuge verstärkt »Dampf« auf dieses einzigartige Steinwild, insbesondere auf die zarten Kitze und Geißen machen, und dadurch natürlich die Zukunft des Bestandes ernsthaft gefährden.

Wie meist in der Dritten Welt, so drohte auch hier, in einem Land, mit über 50 Millionen Menschen, das zu 96 Prozent aus unfruchtbarer Wüste besteht und unter seiner Bevölkerungsexplosion leidet, daß die letzten freilebenden Wildtiere, in diesem Falle die stolzen »Nubier«, dem ständigen Hunger zum Opfer fallen. Ein Jammer, wenn sie wie das Nilpferd, der Löwe und das Krokodil, die großen Papyrusdickichte oder die leuchtenden Teppiche der Lotusblüte nur noch auf altägyptischen Wandgemälden zu bewundern wären!

Als mir Khorshed später die zufällig erbeutete, bisher unbekannte Weltrekordtrophäe seines Steinbocks aus dieser Gegend zeigt, ist eine Jagdexpedition beschlossene Sache.

Ich spürte wieder jene Faszination, die mich schon im Nationalmuseum in Kairo erfaßt hatte, als ich dem mit Goldornamenten und zwei Steinböcken als Galionsfigur geschmückten Modell eines Totenschiffes aus hellem Alabaster und einer türkisfarben bemalten Steinbockfigur aus gleichem Material gegenüberstand. Vor über dreitausend Jahren begleitete sie den früh verstorbenen Pharao Tut-ench-Amun auf seiner langen Reise ins Schattenreich. Letztere ist übrigens durch ein von den Archäologen irrtümlich als »Jung-Steinbockhorn« ausgegebenes Gamskrickel geschmückt, was auf den Tausch von Trophäen im Mittelmeerraum schon vor mehr als drei Jahrtausenden hinweist. Unweit davon entdeckte ich dann »das königliche Vergnügen der Jagd auf den Bocksbärtigen« in einer Szene auf einem vergoldeten Holzkoffer, worin der Doppelbogen des Pharao mit elfenbeinbewehrten Pfeilen verwahrt war.

Der abgebildete Steinbock mit abgezirkeltem Pfeilschaft im Herzen, kündet vom Rang des Steinbocks, dessen Bejagung zum Vorrecht des Pharao zählte. Und irgendwo weit draußen in den ägyptischen Wüstengebirgen zog dieses Wild noch immer seine Bahn! Da gab es kein Zaudern mehr!

Durch die Wüste

Eine gute Woche später verlassen wir bei Morgengrauen Kairo, mit 12 Millionen Einwohnern heute die größte Stadt Afrikas. Ziel ist die Arabische Wüste. Unsere 300 Kilometer-Route findet sich in keinem Reiseführer! Der mit Trinkwasser, Treibstoff, Reserverädern und Expeditionsausrüstung überladene Allrad quält sich mühselig querfeldein durch den Wüstensand. Am Rande einer von Palmen und Eukalyptus umsäumten Oase, stößt mit einem kurzen »Sabàhil kher!« (Guten Morgen!) ein ortskundiger Beduine zu uns. Der Jagdführer. Wir fahren ständig durch monotone, in der trockenen Luft

Gebirge zwischen Nil und Rotem Meer. Nur scheinbar tot. Hier leben neben den Steinböcken viele Tier- und Vogelarten.

flirrende Wüste, Richtung Süden. Die Gewehre sind unterladen, griffbereit. Kein Laut weit und breit. Außer einigen rebhuhngroßen Sandhühnern ist in der Mittagsglut kein Lebewesen unterwegs. Nach mehrstündiger Reise durch den »Backofen« halten wir nach Einbruch der Dunkelheit in einer sanften Dünenmulde an. Nachtlager auf steinigem Fels unter freiem, sternenklarem Himmel, inmitten der Wüste. Viele Quadratmeilen im Umkreis keine Menschenseele. Mich fröstelt im überraschend kalten Wüstenwind. Noch im Einschlafen denke ich an den köstlichen Mangosaft des »Marriot« in Kairo und an den runden ägyptischen Rotwein »Omar Khayyam«. Vom Nachtisch gar nicht zu reden!

Nach dem Frühstück begegnen wir den ersten Dorcas-Gazellen. Sie ziehen trippelnd durch die flirrende Luft der Wüste und gehen sofort auf Distanz. Autos verheißen ihnen nichts Gutes! Innerlich ringe ich mit mir: Wenn ich jetzt auf dieses herrliche Wüstenwild pirsche und durch irgendeinen Umstand Pech habe, verliere ich vielleicht jene Zeit, die später bei der Ibex-Jagd dringend notwendig wäre. Deshalb zunächst Schonzeit für die flinken Renner! Ergibt sich nach dem Steinbock noch eine Möglichkeit, dann werde ich sie nutzen. Kein Zweifel, das Jagderlebnis und die elegante Trophäe der Dorcas sind jeden Einsatz wert. Allerdings bin ich für eine Autohatz nicht zu haben. Bei der Erinnerung an ein Foto, das einen Ägypter vor 36 vom Auto aus gemeuchelten Dorcas zeigt, dreht sich mir jetzt noch der Magen um.

Wenig später taucht in der Ferne, zunächst noch etwas verschwommen, ein bis zu 2000 Meter hochragendes, abweisend schroffes Wüstengebirge auf, welches sich irgendwo in der Weite verliert. Wir sind am Ziel.
Kurzer Check. Ist auch alles für die mehrtägige Wüstentour, ausreichend Verpflegung, das Survival-Kit und mindestens vier Liter Wasser, im Rucksack?
Während des Anstiegs in einem ausgetrockneten, brockenübersäten Flußbett, begegnen wir immer wieder vereinzelt im trostlosen Geröll stehenden Dattelpalmen und Schirmakazien. Hier findet sich noch etwas Feuchtigkeit aus der Regenzeit und der einzige Schatten. Vorsicht, den genießen auch Vipern! Der Beduine kennt das Ziel. Auf schmalen Steinbockpfaden — die zunehmende Zahl von Fährten und Losung zeigt, daß wir auf dem rechten

Weg sind — schinden wir uns in die höhergelegenen Felsregionen. Der Beduine geht über diesen »Rasierklingen-Fels« barfuß! Nach einigen Stunden quer durch Geröllhalden und Schotterhänge stehen wir am Abgrund eines tief vor uns abfallenden, von hohen Steilwänden eingefaßten Bergkessels. Irgendwo weit unten im Talgrund wächst etwas Schilfgras, ein paar Palmen und einige Tamarisken. Wasser inmitten dieser Wüstenhölle. Ein Wunder!

Begegnungen

Am Rande der gigantischen Arena beziehen wir in einer kleinen Höhle Quartier. Ich finde ein Menge alte, vermutlich aus den Wüstenkriegen der 40er-Jahre stammende, englische Militärmunition. Mir dämmert, noch dazu weil mein Jagdführer jetzt verlegen grinst, daß sich hier die Beduinen ihren Steinbockbraten holen!
Meine Begleiter halten erst mal Siesta. Hoch über uns im Äther kreist, neugierig und aufmerksam herabspähend, ein mächtiger, grauschwarzer Adler. Er weiß aus Erfahrung, daß auch für ihn der Tisch gedeckt wird, wenn hier Menschen auftauchen.
Da steht völlig überraschend ein fremder Araber vor mir und versucht wild gestikulierend ein Gespräch. Ein undurchsichtiger Geselle, der vor einigen Jahren — wie ich später erfahre — beim nächtlichen Ritt durch die überall noch im Grenzgebiet verborgenen Minenfelder, ein Bein und zwei Kamele verlor. Seit dieser Zeit treibt er sich hier als Eremit herum. Der Jagdführer tuschelt mit ihm. Er erhält von ihm vermutlich Neuigkeiten über die Steinböcke und ist ausgesprochen belustigt, als uns der Fremde seine aus Holz und Konservendosenblech selbstgebastelte Beinprothese vorführt. Während der Nacht, die schlagartig hereinbricht, behalte ich diesen Burschen lieber im Auge.
Immer wieder gehen in den gegenüberliegenden Steilwänden kleine Steinlawinen ab. Ein Beweis, daß die Steinböcke im Schutz und in der Kühle der Nacht in kleinen Trupps die Gegend durchstreifen. Das dumpfe Poltern des

tief im Talgrund aufschlagenden Gerölls zeigt, wohin bei Unachtsamkeit die Reise gehen kann!
Bei noch völliger Dunkelheit krieche ich auf einen etwas abseits liegenden Felsquader und warte. Bewegungslos, ohne jede Deckung, 200 Meter über einem gähnenden Abgrund. Langsam kriecht die Zeit dahin. Gelegentlich höre ich das langgezogene, dünne Blöken eines Kitzes: Mama ist jetzt im Oktober vermutlich mit einem reifen Herrn unterwegs. Gerade an dem wäre ich ganz persönlich interessiert!
Beim ersten Zwielicht wechselt im Gegenhang überraschend ein Steinbockrudel ein. Perfekt getarnt durch sein schwarzgraues Fellkleid, welches mit dem Gestein nahezu verschmilzt! Leider nur Jugend und einige Geißen, kein alter Bock. Das wäre jetzt die Stunde der Beduinen, denke ich, als das Rudel, für heute unbehelligt, allmählich in der Tiefe der Schlucht verschwindet.
Gerade, als Vorsicht und Konzentration wieder mal nachlassen, zieht langsam, eine gute Büchsenschußweite entfernt,

aus dem noch düsteren Talgrund, wie an einer Perlenschnur aufgefädelt, eine Fünfergruppe alter Steinbock-Recken auf die Bühne. Völlig vertraut. Auffällig sind die weißgebänderten, schlanken Läufe. Die knuffigen Hornschläuche und der kräftige Kinnbart erinnern von weitem an den Alpensteinbock. Bezogen auf ihr Alter und ihre Erfahrung sind sie etwas zu unbekümmert! Arglosigkeit ist in der Wildnis stets lebensgefährlich. Schließlich jagt hier nicht nur der Leopard!
Vorsichtig, wie ein Taschendieb, ziehe ich mein Gewehr an die Schulter und suche das Leben des ältesten Haudegens, der als letzter, mit kurzem Abstand zur Gruppe, aus der Schlucht zieht. — Jagd vorbei!

Dein Fleisch ist so gut

Inzwischen ist alle aufgeregte Gratulation verrauscht. Der schwierige Abstieg zur Bergung der Beute beginnt.
Am nächsten Tag, daheim in der Oase unseres Begleiters, ist Zahltag. Den

Die tiefe Schlucht liegt noch im Dunkel. Über uns ist längst heller Tag.

Omars Familie ist glücklich. Man gratuliert zur Beute und denkt insgeheim an das herrliche Steinbockfleisch und an Papas Trinkgeld.

Beduinen, insbesondere dem einflußreichen Dorfältesten, wird in Anbetracht des dicken Bündels grüner Scheine schnell klar, daß es sich lohnt, dieses Wildvorkommen, vor allem die Muttertiere und den Nachwuchs, als nicht uninteressante Einnahmequelle zu schonen. Diese Haltung deckt sich mit den Vorstellungen des Generaldirektors der FAO (der Welternährungsorganisation der UNO), A.Z. Boerma: »Der Schutz und die Sorge um den Wildbestand trägt zum Fortschritt der Entwicklungsländer bei. Das ist vor allem deshalb wesentlich, weil die Jagdmöglichkeiten den Tourismus fördern, und der Tourismus ist für zahlreiche Länder auch finanziell ein wichtiger Faktor«.
Sie errechnen flink, daß die Führung eines Jagdgastes auf einen reifen

Hornträger — noch dazu, da das Wild pret im Dorf bleibt — wertmäßig zwanzigmal mehr bringt und für wesentlich vollere Kochtöpfe sorgt, als wenn man laufend das Wild aus dem Gebirge holt und dabei allmählich die Population gefährdet. Ob der Beduine allerdings weiß, daß er mit diesen Überlegungen bereits modernen Artenschutz betreibt, wage ich zu bezweifeln. Ich bin jedoch sicher, daß die »Chefs« über die Einhaltung der anschließend getroffenen Vereinbarungen zur begrenzten Bejagung der Steinböcke genau wachen werden und — bei ihrem angeborenen Geschäftssinn — Wilddieberei im Namen des gestrengen Allah zu ahnden wissen.
Für den mit uns zurückgekehrten Beduinen und seine Kinderschar zählt im Augenblick, auch wenn es sich bei diesem alten Steinbock um nicht mehr ganz so zartes Wildpret handelt, nur die Beute. Wenn ich dann in die vor Begeisterung leuchtenden Augen sehe, entdecke ich noch etwas von der Glut

jener frühen Magie des Jagens, die ein alter Papyrus über den Zauber am getöteten Wild trefflich so beschwört: »Verzeih uns, daß wir dich töten, aber dein Fleisch ist so gut«.
An dieser tiefverwurzelten Beziehung zum Wildtier haben auch 5000 Jahre Menschheitsgeschichte nichts geändert. Jagen ist für die Wüstensöhne nach wie vor ein aufregendes Abenteuer, einzigartig und gottgewollt. »Selbst Allah zählt die Tage, die wir auf der Jagd zubringen«, berichten die Alten mit vieldeutigem Augenzwinkern. Und ich weiß genau, was sie meinen!

Die Saigas flogen mit über sechzig Stundenkilometern an mir vorbei! Wie ansprechen oder zu Schuß kommen?

Saiga.
Wie die
Wasser der
Sintflut

Dann kamen sie! Welle auf Welle! Wie ein angreifendes Heer. Plötzlich dreht die Riesenversammlung in Panik ab. Welch ein Anblick! Das goldgelbe Gewoge von zwei bis dreitausend Saigas gleicht einem Flammenmeer! Zwei Minuten später ist der Spuk verschwunden. Wie läßt sich dieser Renner bejagen? Hier hilft nur ein rigoroses Eigenrezept!

KASACHSTAN

Teilrepublik der UdSSR	
Hauptstadt	Alma Ata (ca. 1 000 000 Einwohner)
Bevölkerung	15 000 000
Fläche	2 717 000 km²
Sprachen	Russisch, Kasachisch
Währung	1 Rubel = 100 Kopeken

Wildtiere: Argali, Auerhahn, Birkhahn, Braunbär, Elch, Fasan, Hase, Murmeltier, Rothirsch/Maral, Saigaantilope, Schneeleopard, Sib. Rehbock, Sib. Steinbock, Urial, Wildente, Wildgans, Wildkamel, Wildschwein, Wolf und ca. 400 Vogelarten.
Landschaft: Der größte Teil des Landes ist weites Tiefland, ein Viertel Hügelland und Mittel-, ein Zehntel Hochgebirge. Mehr als 10 000 Flüsse und Seen. Der Balchasch-See liegt mitten in der Steppe. Kasachstan bedeckt ein Achtel der UdSSR, ist zweitgrößte Republik, eine der Kornkammern der UdSSR. 3000 km Ausdehnung von der Wolga und dem Kaspischen Meer bis zum Tien Shan im SO und 2000 km von der Sib. Tiefebene bis Mittelasien.
Klima: Im Süden kaum Schnee und Kälte, im Norden oft bis −50° C.
Sehenswürdigkeiten: Alma Ata (Vater der Äpfel), Museum der Künste, Kunstausstellungen und Messen. 20 km entfernt das Tal Medeo (1700 m hoch) mit großem Eissportkomplex. Dschambul mit Mausoleum des Kara Chan. Karaganda, Zelinograd, Baikonur sind sehenswert.
Jagd: Gastjagd auf alles Wild. Niederwild-, Saigaantilopen-, Auerhahn-, Maral- und Rehbockjagden werden erstmals 1988/1989 (seit 60 Jahren) wieder angeboten.

Saiga-Antilope

Saiga tatarica

E: Saiga
F: Saiga
Sp: Saiga

Ansprechen: Die Saiga wirkt plump wegen ihrer Nasenaufwölbung, die an die Ramsnase des Elchs erinnert. 75-80 cm Schulterhöhe, ca. 45 kg. Im Sommer dünnhaarige, rötlichgelbe Decke, im Winter graubeige. Die Böcke tragen ein steil stehendes Leiergehörn, Geißen sind ohne Gehörn. Zwei Unterarten: Russiche Saiga *(S. tatarica tatarica)* und Mongolische Saiga *(S. tatarica mongolica)*.
Lebensraum: Salz- und Lehmsteppen in Kasachstan und der Mongolei.
Verbreitungsgebiet: Früher ganz Europa, Asien bis Alaska. Heute ca. 1,5 Mio. Tiere in der UdSSR, Restbestände in der Mongolei.
Verhalten: Wenig winterfest. Haben daher weit voneinander entfernte Winter- und Sommerquartiere. Brunftbeginn Ende November. Die Böcke haben Fettpolster auf dem Rücken. Während der Brunft wenig Äsung. Sie tragen schmutzigbraune Halsmähnen. Geschlechterverhältnis 1:50. Bei Gefahr flüchten die oft über tausend Kopf starken Verbände mit 60-70 km/h.
Artenschutz: WA entfällt.
Jagd: Die Saigaantilope, ab 1917 geschont, seit 1945 auf Millionenhöhe gehegt, ist heute auch wichtiger Fleischlieferant. Der waidgerechte Jäger kommt in der deckungslosen Steppe nur schwer (z.B. Ansitz am Wasser) an das Wild heran. Flüchtiges und weites Schießen unabdingbar.
Rekordtrophäe: Bisher keine offiziell bekannte Wertung. Ergebnis Testjagd des Autors (1. Gastjagd seit 60 Jahren): Hornlänge 39,5 cm (1988).

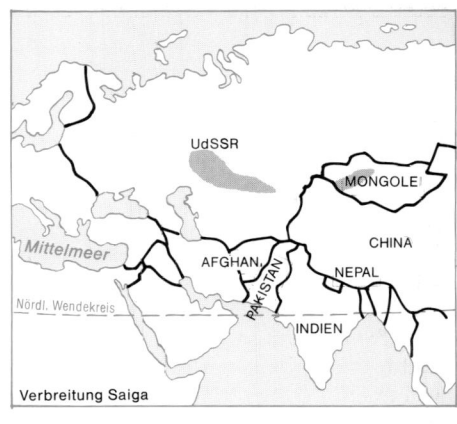

Verbreitung Saiga

Maral

Cervus elaphus maral

E: Maral
F: Maral
Sp: Ciervo del Medio Oriente

Ansprechen: Mit dem europ. Rothirsch und dem amerik. Wapiti verwandt. Mit seinen 350 kg wesentlich stärker als der europäische Vetter. Wenig endenfreudig, Regel ist das 12er-Geweih. Bildet keine Krone, hohes Geweih-Gewicht, sehr starkstangig. Auffällig der schwarze Spiegel und die schwarze Unterseite der Decke. Matte Fleckenreihe beiderseits des Rückgrats. Das Kahlwild ist geweihlos und trägt keine Mähne.
Lebensraum: Der Maral liebt offene Waldgebiete. Wildkräuter, Gräser und Baumrinde sind die Hauptäsung.
Verbreitungsgebiet: Kleinasien, Regionen um das Kaspische Meer (»Kaspischer Edelhirsch«), Afghanistan, Iran, Kasachstan, Tibet, China und Mongolei.
Verhalten: Bereits im Sommer erkämpfen sich die Feisthirsche Harems für die Brunft. Der Rudelhirsch duldet 1-3 Beihirsche. Rivalen, die durch Ruf zueinanderfinden, kämpfen heftig um die Gunst des Kahlwildes. Der Brunftruf gleicht eher dem Schrei eines Esels. Die Brunft ist regional verschieden, Ende August bis Anfang November. Die Tragzeit beträgt 34-36 Wochen.
Artenschutz: WA entfällt.
Jagd: Gejagt wird mit erfahrenen, einheimischen Jägern. Ansitz am Brunftplatz (auch mit dem Hirschruf!) oder Drückjagd.
Rekordtrophäe: SCI RBoTA, 1986: Länge der Hauptstangen l. 95,57 cm, r. 88,58 cm, Rosenumfang l. 24,45 cm, r. 23,81 cm (Iran 1972).

Jagd auf Saiga und Maral in Kasachstan

Eigentlich hatte ich keine rechte Lust. Wo sollte der Reiz einer Jagd auf ein Wild liegen, das in Millionenstärke durch die Steppe zieht?
Schießscheibenjagd, mehr wohl nicht!, dachte ich und sagte letztlich nur zu, weil mich das ferne Kasachstan, seine endlosen Steppen und großen Gebirge, so legendäre Städte wie Karaganda und Alma Alta oder die Große Seidenstraße lockten.
Solchermaßen voreingenommen, bestieg ich die Aeroflot-Tupolew Richtung Moskau, nicht ahnend, daß ich bei meinen Vorbereitungen ein paar winzige, scheinbar nebensächliche Einzelheiten übersehen hatte. Dadurch hätte ich dann auch beinahe mein »Waterloo« erlebt!
Einzige Ausnahme bildete die aktuelle, hintersinnige Novelle des eben erst rehabilitierten kirgisischen Dichters Tshingis Aitmatov. In »Die Träume der Wölfin« beschreibt der Russe ungemein bildhaft und modern den ständigen Kampf der immer gehetzten Saiga gegen die Gier der nimmersatten Leitwölfe Akbara und Taschdschajnar. Aitmatov ist voll Bewunderung für die Saiga, »...die ältesten Paarhufer, so alt wie die Wüste selbst. Wenn diese Herdentiere mit der aufgeworfenen Schnauze, den breiten, rohrförmigen Nüstern ohne Atempause vom Aufgang bis zum Untergang der Sonne rennen, ...da lief die Erde rückwärts davon«.

Unbekanntes Riesenreich

Während des Empfangs durch die für Jagd und Tourismus verantwortlichen Repräsentanten der Republik zeigte sich schnell, wie sehr Gastlichkeit und menschliche Wärme Wesenszüge der Kasachen sind.
Unbefangene Herzlichkeit. Das war Kasachstan, ein bisher selbst vom Waidmann unbeachtetes Wild- und Jagdland, halb so groß wie Westeuropa. Dieses Land mit nur 15 Millionen Menschen kaum besiedelt, begrenzt vom Wolga-Delta im Westen,

dem Westsibirischen Tiefland im Norden, eingerahmt von den mächtigen Massiven des Alai und Tien Shan im Süden und Osten, betrat erstmals die Bühne des internationalen Jagdtourismus.
Kasachstan, wo das kalte Sibirien und das glühendheiße Zentralasien aufeinandertreffen, ein Land, welches durch die Große Seidenstraße mit den ältesten Staaten der Erde und den frühesten Kulturen der Menschheitsgeschichte verwoben ist, hielt seit nunmehr fast sieben Jahrzehnten seine Jagdgründe für Fremde verschlossen. Es schien, als sei mit der Zerstörung der einst blühenden Städte durch Dschingis Khans wilde Horden die Erinnerung an dieses ferne, naturhafte Land erloschen. Dabei erfreut es sich noch heute des einzigartigen Reichtums von mehr als 5000 Pflanzen-, sowie über 150 Säugetier- und fast 400 Vogelarten.
Das Telex aus Moskau war kurz: »Saigajagd in Kasachstan, 9.-14.6.1988, ab Zelinograd Temp. +28° bis +30° C.«
Trotz anfänglicher Skepsis siegten dann doch Neugier und die Aussicht, als erster Gastjäger seit den 20er Jahren auf eines der geheimnisvollsten Wildtiere unseres Planeten waidwerken zu können. Auf ein Wild, welches bereits 1919 (!) — kurz vor seiner Ausrottung — unter Vollschutz gestellt, zwischenzeitlich wieder auf Millionenstärke hochgebracht und volkswirtschaftlich genutzt wird.

Die erste Etappe

Kaum zwei Stunden nach der Landung besteigen wir bereits wieder die Fahrzeuge Richtung »Sari-Arka«, wie die Kasachen ihre Steppe nennen. Mit von der Partie ist auch der zuständige Generaldirektor Asger Kushkumbayev sowie die regionalen Vertreter der Jagdgenossenschaften und des Naturschutzes. Man spürt das Interesse an ihrem Gast und dem Jäger aus Deutschland. Ein uns begleitender Journalist berichtet voll Stolz, daß 12 Prozent der Bevölkerung Kasachstans deutscher Abstammung ist. Selbstverständlich gibt es eine deutsche Zeitung und deutschsprachiges Theater.
Ich erfuhr auch von der Saiga als Wildpretlieferant. »Wir nehmen jährlich aus dem 1,7 Millionen-Heer, das die Steppe augenblicklich bevölkert, vier- bis fünfhunderttausend Tiere« meint Alexandr. Er kämpft öffentlich für einen sinnvollen Ausgleich von Planwirtschaft und Naturerhalt in seiner Heimat, »trotzdem wachsen die Widerstände aus der Getreide- und Weidewirtschaft gegen den Nahrungskonkurrenten Saiga«.
An einem der kilometerlang ausgedehnten, flachen Steppenseen legen wir eine kurze Rast ein. Ich bestaune Hunderte von Flamingos, die majestätisch, eingesäumt von unzählbaren Wildenten und Gänsen — der Bestand wird auf eineinhalb Millionen Enten und eine halbe Million Gänse geschätzt — auf Nahrungssuche die seichten Ufer

»Auto-Buffet«. Die Gastfreundschaft der Kasachen ist unübertroffen.

Im Bazar von Alma-Ata. Es besteht kein Mangel an Obst und Gemüse.

entlangstelzen. Der Weißrusse deutet ganz nebenbei auf zwei gewaltige Steppenadler, die hoch in den Lüften über uns kreisen. »Die Steppe lebt!« Obwohl wir inzwischen zwei Stunden durch endlose Grasebene fahren, begegnete uns bisher wenig, was einen Jäger vom Sitz reißen könnte. Vergeblich halten wir nach Saiga-Antilopen Ausschau, und erstmals dämmert mir, daß in der angeborenen Rastlosigkeit des auch während des Äsens ständig mit fünf bis sechs Stundenkilometern dahintrippelnden Wildes, eine schwierige Hürde dieser Jagd liegen könnte.

Magda Maubayev, Chef der Jagd-Kooperativen, berichtet von 40 000 Wölfen, die sein Land durchstreifen und von einer echten Wolfsplage, der man mit Abschußprämien beizukommen trachtet.

Spät am Nachmittag fällt urplötzlich das endlose, von weißen, pampasgras-ähnlichen Wattebüscheln durchsetzte Land in einen breiten Grabenbruch ab. Langsam und trübe, wie rotbrauner Kakao, zieht einer der vielen namen-

losen Flüsse an uns vorbei. Bei den an einer Flußbiegung aufgebauten Nomadenzelten ist die erste Etappe erreicht. Die größere Jurte wurde mit dickem Bodenfilz ausgelegt, die Wände mit herrlich bunten, selbstgewebten Teppichen, den charakteristischen »Kaschmy« behängt. Die ausgesuchten Tier- und Jagdmotive waren sicherlich als Überraschung gedacht. Man nimmt augenzwinkernd zu Kenntnis, daß wir ebenfalls strumpfsocken an dem in der Mitte des Zeltes stehenden Rundtisch, am kaum kniehohen, voll gedeckten »Dastar K'han« Platz nehmen.

Während wir uns mit der ersten Schale »Kymis«, fein vergorener Stutenmilch, die gut für den Magen und außerdem etwas alkoholhaltig sein soll, zuprosten, organisiert Karaf, von seinen Freunden »Magda« genannt, als Tischältester »Aksakal« den Abend.

Nach Tee, aromatischen Tomaten und kleinen, süßen Äpfeln wird das in großen Stücken zerwirkte Fleisch des zu Ehren des Gastes geschlachteten Lamms in einer bauchigen Schüssel auf den Tisch gestellt. Während sich

jedermann ungeniert bedient, bringt man nach altem Brauch auf einem zweiten Tablett den Kopf des Lamms herein, welcher unter neugierigem Geschau der Runde vor meiner Nase auf dem Tisch landet. Mir schwant nichts Gutes, als Rafael, der eigens für diese Testjagd mitangereiste Repräsentant von Intourist, übersetzt: »Der Gast zerteilt den Kopf und überreicht jedem Anwesenden ein Stück mit einer kurzen Rede«. Nun, nach einer guten Stunde war diese Zeremonie vorüber und die Freundschaft endgültig besiegelt.

Mit zwei weiteren »Auserwählten« verbrachte ich dann die Nacht in der Jurte, während der Rest der Mannschaft in lauer Steppenluft dem Morgen entgegenschnarchte; unentwegt begleitet vom anmutigen Geflöte einiger Nachtigallen, die völlig vertraut auf dem kleinen Strauch zwischen den Jurten zu Ehren des bisher nicht gehabten Besuchs aufspielten.

Gleich einem Flammenmeer

Drei Stunden später saßen wir erneut, diesmal zu sechst, in zwei Wagen. Es ging zügig querfeldein, und als uns die in der zarten Morgendämmerung mattsilbrig schimmernde Unendlichkeit umfing, packte mich mit einem Mal eine von Neugier und Spannung geprägte Jagdbegeisterung. Irgendwann mußten wir jetzt doch bald auf die buckelnasigen Paßgänger stoßen.

Natürlich hatte meine Aufgeregtheit etwas mit der völligen Unbekanntheit des Wildes zu tun. Interessanterweise mußten auch die meisten frühen Asienreisenden passen. Selbst der angesehene Jäger und Asienforscher Ernst Schäfer bekannte, daß er nie die »plumpe, kurzhornige Saiga zu Gesicht bekommen (hatte)«.

Die heute Morgen sicher bevorstehende Begegnung mit dem scheuen Wild war jedenfalls ein jagdhistorisch wie wildbiologisch gleichermaßen aufregendes Ereignis, welches in mir mehr als nur jägerische Begierde entfachte.

Der Tag war schon eine Stunde alt, als der rumpelnde Allrad unvermittelt anhielt. Im Aussteigen gewahrte ich bereits mit bloßem Auge den golden leuchtenden Schimmer einer weit ausgedehnten, langsam dahinziehenden Woge über dem schnurgeraden Strich des Horizonts. Die ersten Saigas! Soweit das Auge reichte! Sie ästen, ähnlich einem Heer roter Ameisen, in weit auseinandergezogenem Halbkreis vor uns. Doch im Handumdrehen kam Leben in die Riesenversammlung! In der nächsten Minute schon hatte sich der Spuk jenseits unseres Gesichtskreises in Luft aufgelöst.

»Mehr Abstand!«, mahnte Magda, und ich wußte nach dieser ersten flüchtigen Begegnung, daß bei einer derart gewaltigen Ansammlung wachsamer Augen und schneller Läufe keineswegs leicht heranzukommen war. Wir waren mindestens zwei Kilometer entfernt gewesen!

Noch vor Jahrzehnten war das alabasterfarbene Gehörn der Saiga als Medizin und Aphrodisiakum hoch geschätzt.

Da die brettebene Steppe mit ihrem spärlichen Grasbewuchs keinerlei Deckung bot, konnte man jeden Versuch des Anpirschens vergessen. Wie aber sollte ich bei einem Wild, das schon in der kleinsten Bewegung Gefahr wittert, es überhaupt anstellen, um zumindest so nahe heranzukommen, daß sicheres Ansprechen möglich wird?

Das Thema »Schießscheibenjagd« war endgültig abgehakt! Es galt, eine wahrhaft harte, jägerische Nuß zu knacken! Kein Zweifel: Hier half nur ein Nachtansitz am Wasser mit einer Chance im Morgengrauen! Oder stundenlanges Anwarten auf eine langsam aus großer Entfernung dem Jäger zustehende, von den Begleitern leicht »angetippte« Herde. Beides mußte erst erprobt werden. Das war echtes Neuland. Hier mußte man sein eigenes Lehrgeld bezahlen!

Alexandr, ein gutmütiger Kumpeltyp, setzte unbeabsichtigt noch eins drauf,

als er mir das nicht gerade begeisternde Geschlechterverhältnis von etwa 1:50 erklärte. Daraus, und durch die Tatsache, daß das weibliche Saigawild, welches in der Regel zwei Kitze setzt, bereits nach sieben Monaten (!) geschlechtsreif wird — im Gegensatz zu den Böcken, die erst im zweiten Lebensjahr mannbar sind — ergibt sich während des Brunftgeschehens im November eine totale Überbeanspruchung der Böcke. Dadurch kommen sie völlig geschwächt in den Winter und verenden dann auf den oft Hunderte von Meilen langen Wanderungen reihenweise oder werden die Beute lauernder Wolfsrudel. So sorgt die Natur auf ihre Weise, daß das in Notzeiten wenige Futter den Geißen und Kitzen, dem Fortbestand der Art, verbleibt!

Bald darauf nähern wir uns einem anderen Großverband. Er ist noch gut einen Kilometer entfernt und stiebt sofort in Panik davon. Welch ein

Anblick! Das goldgelbe Gewoge von schätzungsweise sechs- bis achttausend Steppenbewohnern gleicht einem lodernden Flammenmeer! Zum ersten Mal unterscheide ich Schulterhöhen von 60 bis 80 Zentimetern; die gegen den flimmernden Horizont sich deutlich abzeichnenden Bullen flüchten gedeckt in der Mitte des Getümmels. Jenseits aller Gefährdung verlangsamt sich die »Sintflut«, teilt sich in Einzeltrupps auf und fließt vielarmig, wie ein Flußdelta, ins grüne Meer der Steppe hinaus. Längstens drei Minuten später ist der Spuk in der aufgewirbelten Staubwolke wieder verschwunden.

Ein rigoroses Eigenrezept

Das war erneut etwas Vorgeschmack auf die zu erwartende Jagd! Einmal in Fahrt, nimmt dieses kaum einen Zentner schwere Wild in einer einzigen Minute glatt einen ganzen Kilometer unter die Läufe! Dabei bleiben die Kitze nicht einmal besonders weit zurück! Was wollte ich hier mit meiner 7 mm Remington Magnum, mit vier Schuß im Magazin und einem variablen Zielfernrohr für die angesagten Weiten, überhaupt ausrichten?

Obwohl ich die Hoffnung nicht aufgebe, plötzlich doch noch auf einen kurz freistehenden Bullen Erfolg zu haben, sagt mir mein Jagdverstand, daß hier nur ein rigoroses Eigenrezept helfen kann!

Ich stehe mit dem Rücken zur Wand, wobei die Kasachen sich ihrer Sache völlig sicher sind. Sie haben keine Ahnung, daß ich nicht die nächstbeste Trophäe nehmen werde!

Inzwischen heizte die Sonne tüchtig auf und die wie flüssiges Glas bis hin zum Horizont wabernde heiße Luft inszenierte ein optisches Schauspiel, wie ich es vorher noch nie erlebt hatte. Getragen von Luftspiegelungen, tanzten auf flimmerndem Schleier, verschwommen zwar, doch deutlich als orangebraune Figuren tausendfach abgehoben, endlose Reihen sich langsam fortbewegender Saiga-Antilopen. Hier kam uns die Natur zu Hilfe!

Die Strategie war klar: In einen der eigenwilligen Vegetation angepaßten Armeeoverall gepreßt, bezog ich, flach im Gras auf betonhartem Lehmboden liegend, Stellung und betete, daß die Steppenrenner endlich in Schußnähe kommen mögen.

Erneut ausgetrickst

Dann war ich wieder alleine. Die beiden PKWs umfuhren die Saigas in riesigen Bögen und versuchten, durch langsames Auftauchen und entferntes Anhalten, sie vorsichtig zu mir hin anzustoßen. Bei diesem mickrigen Grasstand, in dem ich mich kaum liegend verbergen konnte, war mir rätselhaft, wie ich das Heranbranden der Riesenherde verfolgen sollte, wenn nicht mal über's Gras hinweggespäht werden durfte. Wie war ein Bock anzusprechen und unter Feuer zu nehmen, wenn man, im Anschlag liegend und auf die Ellbogen gestützt, nicht über das Gräsermeer sieht? Ich beschloß, den Sturm einfach auf mich zukommen zu lassen!

Plötzlich schwebten über dem flirrenden Schauspiel, weit im Rücken der Herde, zwei riesige, wie von Luftwirbeln getragene »Geisterschiffe« heran. Als die beiden Jagdwagen anhielten, setzte sich der aus hellbraunen Wölkchen bestehende Horizont, wie ein Riesenschwarm von Vögeln auf silbernem Teppich, sofort nervös in Bewegung und hielt voll auf mich zu. Dabei wurde die Herde immer schneller und stürmte wie die aus Monumentalfilmen bekannten Heere römischer Legionäre heran. Zigtausende harter Schalen! Das hielt ich nicht aus! In Millimeterarbeit hob ich den Kopf. Damit war es auch schon passiert! Im selben Augenblick hatten mich die der Herde vorauseilenden Geißen weg. Sofort, in einem fast akrobatischen Schwenk, drehte die Versammlung ab. Einige Tiere vollführten Luftsprünge wie afrikanische Impalas und gingen im Abdrehen bei der hohen Geschwindigkeit tief in die Knie. In der nächsten Minute war die »wilde Jagd« gut einen Kilometer entfernt, eine echte Chance vertan!

Bei dieser Fluchtgeschwindigkeit, bei solchen Radaraugen und einer Feinnervigkeit, die kein individuelles Verhalten, nur die kollektive Reaktion des immer wachsamen Großverbandes kennt — ein seit Jahrtausenden entwickelter Schutzmechanismus gegen jede Art von Bedrohung — läßt sich mit schlichtem Jagd-Handwerk kein Blumentopf gewinnen.

Natürlich herrschte nach diesem erneuten Fehlschlag zunächst einmal große Enttäuschung. Man verstand erst allmählich, daß auch ein »Kapitalistengewehr«, trotz variabler Optik, seine Grenzen hat und die Erfolgsaussichten bei einer Hunderte von Metern entfernt vorbeirasenden »Springflut« nahezu null sind.

Nach kaltem Lammfleisch und scharfer Pferdesalami stärkten wir uns mit »Schubat«, einer Schale kühler Kamelmilch, und beschlossen einen für heute letzten Versuch, dieses Wild zu bezwingen.

Da die genügsamen, völlig an die Steppe angepaßten Saiga, die selbst domestiziert Grünfutter dem Wasser vorziehen, eigenartigerweise kaum Gehör und Witterung besitzen, konnte auf Überlegungen zu sonst üblichen Pirschrisiken verzichtet werden. Das erweiterte unseren Spielraum!

Noch ehe sich die Sonne dem Horizont näherte und die irisierenden Luftspiegelungen mitnahm, lag ich etwa fünf Kilometer entfernt — das waren nur fünf kurze Rennminuten für die Saigas! — erneut im Gras.

Auf dem Rücken, schwor ich tausend Eide, diesmal bis zur letzten Sekunde auszuharren, um mich dann ohne lange zu fackeln aufzusetzen — wenn nötig aufzustehen! — und im rasenden Getümmel mein Glück zu versuchen. Da kamen sie schon! Welle auf Welle! In immer schnellerem Trab, wie ein angreifendes Heer. Erde und Luft waren erfüllt von den stampfenden Läufen der Saiga, die eine riesige Staubwolke hinter sich herzogen und — noch dazu voll von der Abendsonne geblendet — diesmal unweigerlich in ihr Verderben laufen mußten.

Durch das Gras spähend und ohne den Kopf zu heben, gewahrte ich einen Pulsschlag später erste schattenhafte Umrisse. Nun mußte ich raus! Die Überrumpelung gelang! Ich saß mit angewinkelten Beinen, das Gewehr im Anschlag, inmitten eines Stromes dahinjagender Saiga-Antilopen, die sich

vor mir, wie die Wasser am Brücken-
pfeiler, trotz der rasenden Geschwindigkeit, voll Entsetzen sofort teilten.
Da ich weder sitzend noch kniend
zurechtkomme und mir jede Übersicht
fehlt, schnelle ich, den Repetierer wie
von selbst in der Schulter, hoch, habe
plötzlich Draufsicht und den ersten
starken Bock im Visier. Er überragt die
hornlosen Geißen und Kitze um gut
zwei Spannen! Vermutlich vertraut der
Kämpe dem Instinkt und dem Schutz
der Herde so blindlings, daß er der
Ursache dieser rasanten Hatz keinerlei
Augenmerk schenkt.
Über die Körper seiner mitstürmenden
Umgebung hinweg, überholt das
Fadenkreuz den ungestümen Raser
»hochblatt« in der eigenen Fluchtbahn
um gut zwei Meter, und im Reflex
berührt mein Finger den Abzug.
Staunend, fast ungläubig überrascht,
sehe ich, daß wie von Geisterhand
gebremst, der Hornträger versteinert
erstarrt, nach rückwärts einbricht und
im nachstürmenden Meer unzähliger
orangeleuchtender Leiber versinkt.

Ja, so sind Träume!

Der Bann war gebrochen! Auf mich
selbst gestellt hatte ich endlich ein
Rezept gefunden. Die Renner waren
kalkulierbar!
Getreu der Erkenntnis, daß Jagd immer »heute« stattfindet, riß mein Blei in
der nächsten Sekunde einen zweiten,
im auseinanderstiebenden Chaos plötzlich freigewordenen Ringhornträger
von den Läufen. Ermutigt vom nun wie
geölt eingefahrenen Ablaufschema —
Ansprechen, eine gute Körperlänge
vorfahren, Krummachen — bannte ich
kurz nacheinander vier Krummnasen-
böcke in die grüne Sari-Arka.
Als meine Begleiter ausschwärmten,
um die Strecke zu bergen, wurde
mir nun erst richtig bewußt, daß ich
während des ganzen Tages vielleicht

20 bis 30 Tausend Saigas gesehen
hatte und trotzdem erst in der allerletzten Minute die Chance hatte, vier
reife Böcke auf die ewige Wanderung
zu schicken.
Nachdem die Beute geborgen, ein Erinnerungsfoto geknipst, die Trophäen
von jedermann betastet und begutachtet waren, lud uns Magda zum
Abschieds-»Dinner«. Als der glühende
Ball der Sonne hinter den Horizont
rutschte, standen wir irgendwo an
einem verlorenen Fleck des endlosen
Graslandes und palaverten gut gelaunt
durcheinander. Als Magda den Reigen
kurzer Abschiedsreden mit einem
Trinkbecher voll Wodka und einem ehrlichen »Spolem! Waidmannsheil unserem deutschen Gast, Glückwunsch zu
seinem Erfolg!« eröffnete, hatte
Alexandr die Lacher auf seiner Seite,

als er mit einem Toast kundtat, daß
man mir nur aus Laune und purer Höflichkeit fünf statt der vereinbarten
zwei Böcke freigegeben hatte. Ich wartete längst auf eine diesbezügliche
»Spitze« und war froh, daß mein wegen
des nicht gerade von Bescheidenheit
geprägten Jagdeifers zunächst etwas
pochendes Gewissen, auf diese sympathische Weise doch noch beruhigt
wurde.
Dann erzählte man mir von demnächst
zu eröffnenden Jagden auf Sibirischen
Rehbock, Schwarzwild, Auer- und Bir-
hahn, auf Bär, Argali (!) und auf einzigartige Vorkommen des Maral. Sie würden denen aus der Mongolei nicht
nachstehen. Der Phantasie waren keine
Grenzen gesetzt! Im nächsten Jahr wissen wir mehr!
Bald umfing uns die tiefe Nacht der

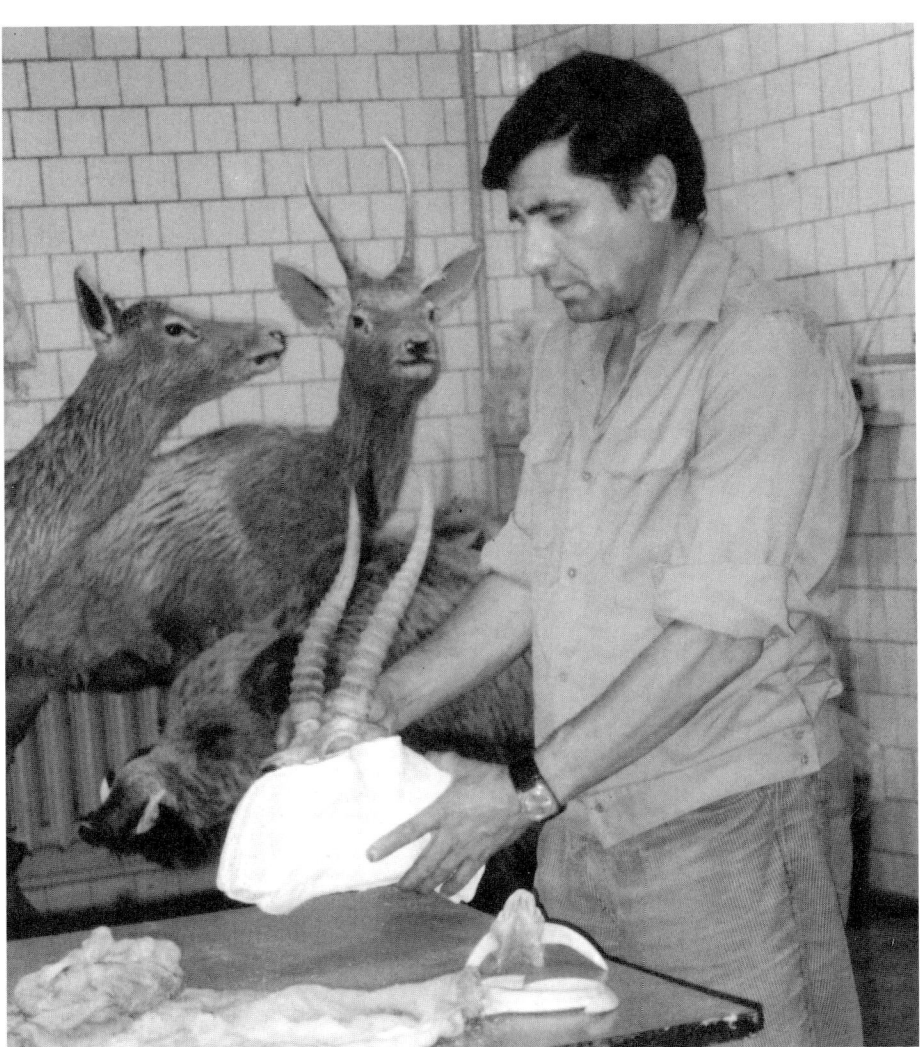

Modern. Der kasachische Präparator arbeitet bereits mit Modellen.

Steppe und die auf der Motorhaube gedeckte »Festtafel« wurde abgeräumt. Währenddessen saß ich bei meinen Trophäen, befühlte die sanft geschwungene, weich geriffelte, fast elegant geschliffene Hornwehr und stellte mit Genugtuung fest, daß zwei der über 30 Zentimeter langen Schlauchpaare, als Zeichen der Reife und des Alters — ähnlich wie beim afrikanischen Springbock — sich in der Spitze nach hinten und einwärts bogen. Dabei hielt ich dieses ungewöhnliche Wild plötzlich — hier erging es mir wie nach der ersten Begegnung mit dem ebenfalls nicht gerade »hübschen« Warzenkeiler — für eines der edelsten Geschöpfe und diese bisher unbekannte Jagd für eine der aufregendsten der Gegenwart.

In der unendlichen Weite dieses fernen Jagdlandes hatte sich ein Traum erfüllt. Ich wußte, welch ein Privileg das war. Bekanntlich entstehen Träume

»...meist in der Phantasie«, bemerkt voll Skepsis der sprachgewaltige Aitmatov, »aber wenn sie wagen zu wachsen, dann brechen sie meist ein wie Blumen und Bäume ohne Wurzeln... Ja, so sind die Träume — und die Tragödie ist: es braucht sie, um Gut und Böse zu erkennen...«.

Das beschreibt auch den Sinn der Jagd, wie wir sie heute verstehen: eine stete Begegnung mit der allmächtigen Natur und ihren Geschöpfen, die uns an einem Tag demütigen und enttäuschen, uns aber am nächsten Morgen bereits wieder wie »die Wasser der Sintflut« mitreißen und unsere Ausdauer belohnen. Auch die Geduld und unseren Wagemut. Selbst in der endlosen Sari-Arka, der letzten großen Heimat der Saigas, die so alt sind wie die Steppe selbst. Die mit dem Mammut und dem Wollnashorn die Eiszeit erlitten und dem Menschen ein Überleben ermöglichten.

Starke Maralhirsche, wie diese aus der Mongolei, leben auch in Kasachstan. Ebenso Sibirische Rehböcke, Urial und Argali.

Ein echter Schnappschuß. Hier leben Zivilisation und Natur noch vertraut nebeneinander. ▶

Schwarze Schatten am Innoko

Am ehesten kriegt man den Bären am Elchkill. Auf Kapitalschaufler sind Hüftstiefel, ein Boot und der harte Guide Paul nötig. Das ist Wildnisjagd, ein echter Jägertraum! Auch ein Musterbeispiel, wie staatlicher Wildschutz und Privatinitiative unter Wirtschafts- und Artenschutzaspekten langfristig sinnvoll und erfolgreich zusammenwirken können.

ALASKA

Bundesstaat der USA
Hauptstadt Juneau
            (19 528 Einwohner)
Bevölkerung 400 481
Fläche   1 518 800 km²
Sprache   Englisch
Währung   1 US-Dollar (US$) =
            100 Cents

Wildtiere: Bison, Braunbär, Dallschaf, Eisbär, Elch , Fuchs, Grizzly, Karibu, Luchs, Moschusochse, Schneeziege, Schwarzbär, Vielfraß, Walroß, Wolf.

Landschaft: Nordamerikas höchster Berg ist der Mt. McKinley (6193 m). Drei Landschaftsformen: im S die Alaskakette, im N die Brookskette, der die arktische Küstenebene vorgelagert ist, sowie die inneren Plateaus des Yukonbeckens. Tundra und Fels bedecken 60 % der Fläche. Der 68. Breitengrad bildet die nördliche Baumgrenze.

Klima: Ein Fünftel Alaskas ist Polarzone. Die umgebenden Gewässer bewahren die Halbinsel großteils vor arktischen Temperaturen.

Sehenswürdigkeiten: Der größte National-Park ist der Denali-N.P. mit dem Mt. McKinley (4000 km²). Ein weiterer Park befindet sich in der Glacierbucht am Pazifik, wo man Robben und viele Vogelarten beobachten kann. Entlang der 1450 km langen Öl-pipeline darf nur mit Pfeil und Bogen gejagt werden.

Jagd: Das Land ist in 26 Jagdbezirke (Units) eingeteilt. Seit 1983 ist die Jagd für Ausländer nur mit registrierten Guides gestattet. Gejagt wird von Camps aus, entweder zu Fuß, mit dem Boot, Geländewagen, Hunde- oder Motorschlitten. Vom Flugzeug angesprochenes Wild darf erst tags darauf bejagt werden. Verstöße gegen die Jagdgesetze werden strengstens bestraft.

Schwarzbär

Ursus americanus americanus

E: Black bear
F: Ours noir
Sp: Oso negro

Ansprechen: Die leuchtend schwarze Decke des auch Baribal genannten Bären ist eine begehrte Jagdtrophäe. Man kennt Farbabweichungen von schwarz bis zimtfarben und von grau bis beige. Der fehlende Widerrist, der kleinere Kopf und die geringere Masse des Körpers unterscheidet den bis 90 cm schulterhohen und bis 225 kg schweren Gesellen von seinem braunen Vetter, dem Grizzly.

Lebensraum: Im Herbst bevorzugt er dichte Wälder, im Frühjahr zieht es ihn an Flüsse, Seen und sonnige Berghänge.

Verbreitungsgebiet: Von Alaska bis Mexiko besiedelt der Baribal die verschiedensten Biotope.

Verhalten: Er hält Winterschlaf. In dieser Zeit setzen die Bärinnen bis zu 3 Junge, die auffallend klein sind. Die Ranzzeit (»Bärzeit«) fällt in die Monate Juni/Juli. Nach 225 Tagen Tragzeit wirft die Bärin; die Jungen bleiben bis zu 1 1/2 Jahren bei ihr. Abgesehen von führenden Bärinnen sind Schwarzbären Einzelgänger.

Artenschutz: WA entfällt.

Jagd: Jagt man den Baribal kurz nach Verlassen des Winterquartiers, bringt er eine herrlich dichte Decke. Der Jäger glast Hänge und Flußufer nach dem Wild ab und pirscht den Petz an. Gute Chancen bestehen im Herbst auch am Luder (Elchgescheide etc.), an Flüssen und beerenbestandenen Berghängen.

Rekordtrophäe: SCI RBoTA, 1986: Schädellänge 35,56 cm, Schädelbreite 20,96 cm (Alaska 1981).

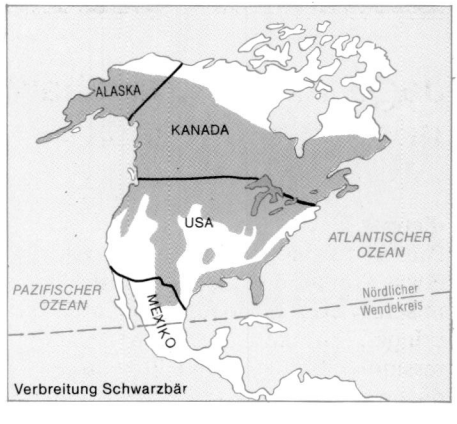

Verbreitung Schwarzbär

Elch

Alces alces

E: Moose
F: Elan
Sp: Alce

Ansprechen: Hochläufig, mit weit spreizbaren Schalen, kann der Elch vorzüglich springen, klettern und Gewässer durchrinnen. Je nach Biotop wiegt er bei Schulterhöhe von 150-210 cm und Körperlänge von 200-280 cm zwischen 200 kg (Europa) und 600 kg (Yukon). Unverkennbar ist die tiefbraune Muffel, der behaarte Kehlsack und das mächtige Schaufelgeweih. Insgesamt 7 Unterarten.

Lebensraum: Morastige Auwälder, Brüche und Vorberge, Wälder (»Timber-Line«) und Moore mit Weichhölzern (Weiden, Aspen, Pappeln).

Verbreitungsgebiet: Finnland, UdSSR, Mongolei, Schweden, Polen. USA, Kanada, Alaska (die stärksten Elche).

Verhalten: Dämmerungs- und nachtaktiv. Äsung aus Laub, Strauch- und Wasserpflanzen, oft weite Wanderungen. Die Hirsche sind Einzelgänger. Tier und Kalb stehen beieinander. Hauptfeinde sind Wolf und Bär. Im November wirft der Hirsch das Geweih ab und bildet es im Sommer neu. Brunft September/Oktober. Nach 250 Tagen wirft das Tier ein Kalb.

Artenschutz: WA entfällt.

Jagd: In Europa gelegentlich noch mit dem Elchhund, sonst Ansitz oder Drückjagd. In Amerika jagt man mit Boot, zu Pferd oder zu Fuß. Der Elch entzieht sich der Verfolgung heimlich, lautlos und schnell. (bis 75 km/h).

Rekordtrophäe: SCI RBoTA, 1986: Schaufellänge links 128,27 cm, rechts 129,86 cm; Weite: Hauptschaufel links 60,33 cm, rechts 58,74 cm; Basisumfang: l. u. r. 33,02 cm (Yukon 1981).

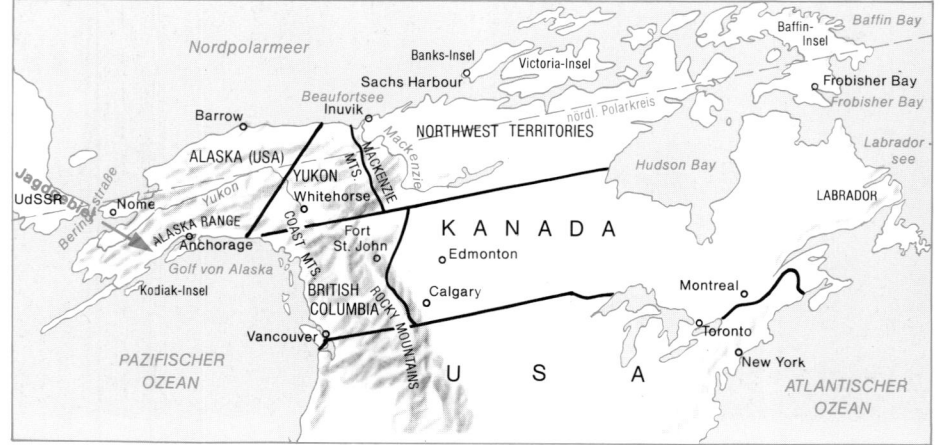

Jagd auf Schwarzbär und Elch in Alaska

»Kennst du den schon?«, meldet sich Paul und versucht mit dieser Frage etwas Stimmung in unsere vom miserablen Wetter gedrückte Laune zu bringen. Und dann erzählt er die hintersinnige Story von den zwei Jägern, die vor einem wütend heranstürmenden Bären Fersengeld geben. Inmitten ihres nicht gerade ehrenwerten Absetzmanövers — so der Kalauer — wundert sich einer der beiden »Helden«, weshalb sein Kumpan sich plötzlich der Schuhe entledigt. Auf die Frage, ob er denn glaube, so dem Bären besser davonlaufen zu können, kommt die trockene Antwort: »Nein! Dem Bären nicht, aber dir!«.

Dieser Jux wirft uns zwar nicht um, bringt jedoch die etwas müde Unterhaltung wieder in Gang. Erwartungsgemäß endet sie beim schlechten Wetter. Es ist wirklich zum Haareraufen, obwohl wir während der letzten Woche, mit viel Schweiß und harter Arbeit, in den ausgedehnten Sümpfen, Lagunen und Flußauen des Stromes drei gewaltige Elchschaufler gestreckt haben. Jagdlich ist dieses abgeschiedene Revier am Innoko, einem gewaltigen Nebenfluß des Yukon, große Klasse. Von der vielgerühmten Farbenpracht des »Indian-summer« und seiner einzigartigen Herbstlaubfärbung kann bei diesem lauen »Aprilwetter«, ohne Frost und zuviel Regen, im Augenblick allerdings keine Rede sein.

Schon während des knapp einstündigen Flugs von Anchorage ins gottverlassene Mc Grawth ging es ausschließlich durch dicke Pazifikwolken. Sie trugen auch Schuld, daß wir erst eineinhalb Tage später als vorgesehen ins Jagdgebiet gelangten. Zähneknirschend lungerten wir, wie alle ortsansässigen «Outpostler« auch, im »Miners-Café« herum, liefen alle zwei Stunden über das aufgelassene Airforce-Flugfeld zur Flugsicherung und erhielten stets die gleich enttäuschende Auskunft: »No visability« (Sichtflug unmöglich)! Bald kannten wir jeden Hillbilly und »Aussteiger«, jeden Indianer und Eskimo der Gegend. Alles prächtige Kumpeltypen, die uns ständig mehr oder weniger nützliche Ratschläge für die kommenden zwei Jagdwochen andienten.

Als Gil, mit arger Verspätung von Fairbanks kommend, endlich sein Wasserflugzeug nahe der Anlegestelle zum Stillstand brachte, auftankte und unsere Ausrüstung verstaut war, gab es gleich die erste Aufregung. Nach dreimaligem erfolglosem Durchstarten mußten wir, jeder in seinen unbequemen »Hip-boots« — wir hatten uns die hüfthohen Gummistiefel noch in Anchorage besorgt —, trotz aller Anstrengung und Vollgas erneut anlanden. »Sie bekommt ihren Hintern nicht hoch!«, flucht der wie wir genervte Pilot.

Seine Einmotorige war, wie immer bei Buschflügen, völlig überladen und konnte mit dem Riesenballast sowie den drei Passagieren einfach nicht abheben.

Wir entschieden uns für zwei Flüge ins Camp. »Wenn wir gut übers Gebirge kommen, ist die nächste Gruppe fünf Stunden später ebenfalls am Innoko«, prophezeit Gil.

Da er, wie sich bald herausstellte, selbst noch nie in dieser Gegend war, klebte er förmlich an seiner Karte und schien wie wir tief erleichtert, als auf halber Strecke der Gebirgszug durchquert war.

Kurz vor der Landung entdeckten wir aus einigen hundert Metern Höhe einen »schwärzer als schwarz« im Zwergweidenbusch aufscheinenden Fleck: Der erste Schwarzbär! Und was für ein Brocken. Der war notiert. Vor dem würden wir weder die Schuhe ausziehen noch sonst Reißaus nehmen! Leider haben wir den Dickwanst, trotz mehrmaliger Anläufe während der folgenden Tage, nicht wieder entdeckt: »Vorsicht ist der bessere Teil der Tapferkeit!«

Ein Outdoor-Profi

Bezüglich des Wetters waren wir vorgewarnt. Schließlich gilt diese Gegend, eingekeilt zwischen Pazifik und den Rocky Mountains, nicht umsonst als eine der wetterwendischsten weit und breit — auch als eine der wildreichsten! Gestern fiel der letzte Elch, bald nachdem ich selbst Waidmannsheil hatte. Ein Mitjäger aus Los Angeles hatte den Einzelgänger vor zwei Tagen, abends rein zufällig beim Abglasen von einem Höhenzug herab, in den Swamp-

Gut versorgt! Die Trophäen und das zentnerschwere Wildpret warten auf den Abtransport.

In den ewigen Jagdgründen. Jetzt beginnt erst die Arbeit.

meadows (Sumpfwiesen) entdeckt, deshalb die Nacht am vermeintlichen Rückwechsel des Bullen verbracht und ihn dort dann tatsächlich im Morgengrauen abgefangen.

Damit war nun die Jagd auf die »Black shadows«, auf die »schwarzen Schatten«, wie Reinhold, der Halbblutindianer mit den stahlblauen Augen, den Schwarzbären bezeichnete, eröffnet. Und er, der als Kundschafter erst gestern mit seiner roten Supercub zu uns stieß, sollte es eigentlich wissen. Reinhold Thiele, knapp 60 Jahre alt, Sproß eines Deutschen, der um die Jahrhundertwende als Tischler und Trapper den Yukon durchstreifte und eine Indianerin zur Frau nahm, war hier heroben bereits eine kleine Legende.

Auch in unserem Camp wurde er schnell seinem Ruf gerecht. Der Outdoor-Profi wußte nicht nur von aufregenden Erlebnissen bei seinen über einhundert (!) Polarbärjagden und von Wildnisjagden auf Wolfsrudel, mutterseelenalleine irgendwo in der von Frost und Schnee erstarrten Winterwildnis Alaskas zu berichten. Er kannte nicht nur jedes Dorf, jeden Eskimo- und Indianer-Chief an der Westküste des Hohen Nordens persönlich, sondern

war auch im Lager ein zupackender Praktiker.

»Sogar im tiefen Winter begegnest du bei etwas Glück einem Schwarzbären«, erzählt er, »da der Petz keinen echten Winterschlaf hält, sondern aus einer Art 'lethargy' immer wieder erwacht und kurzfristig, vor allem bei schönem Wetter sein Lager verläßt, um sich zu lösen und Flüssigkeit aufzunehmen«. Paul, den sie ironisch »Sparky« nennen — durch sein Lagerfeuer fielen einige Tausend Acre Hochwald in Asche! — berichtet, daß die Bären ihre Höhlen ab Mitte Oktober aufsuchen, nachdem sie sich einen dicken Fettspeicher angeludert haben. Die südlichen Vorkommen, bekanntlich breitet sich der *Ursus americanus* über ganz Kanada bis hinunter nach Mexiko in nahezu allen Berg- und Waldgebieten aus, gehen oft erst im Dezember ins Winterlager. Die stärksten Vertreter des »Black bear« ziehen übrigens im Süd-Westen der USA, in Utah und Arizona, ihre Bahn. Interessant ist hierbei, daß mit dem Rückgang der Braunbär- und Grizzlypopulationen die Schwarzbärbestände zunehmen, so daß beispielsweise Alaska heute etwa 20 000 zählt. Obwohl im Vergleich zum Grizzly, von dem im Jahr etwa 900 zur Strecke

kommen — davon alleine 500 in Kanada — viele tausend Schwarzbären jährlich aus der Wildbahn genommen werden, ist diese Wildart in keinster Weise bedroht.

Ohne den »Half-Indian« Reinhold wäre am Flußufer sicherlich nicht das aus dicken Stämmen gezimmerte Balkengerüst entstanden, an dem zwischenzeitlich eineinhalb Tonnen Elchwildpret in der kühlen Luft hängen und auf den Abtransport warten. Unser »Meat-rack«, auf dessen Firstbalken die sorgfältig abgeschlagenen, feinsäuberlich vorpräparierten Elchschaufeln prangen, ist während des ganzen Tages Treffpunkt zur Trophäenbegutachtung und Fachsimpelei.

Auf Kill-Patrouille

Inzwischen sitzen wir erneut auf Kohlen. Wann wirft Reinhold endlich den Motor seines Zweisitzers an, um auf Kontrollflug zu den Elch-Kills der letzten Tage zu gehen? Jeder hofft, am zentnerschweren Gescheide des von ihm gestreckten Schauflers einen möglichst starken Bären anzutreffen.
Da immer nur ein Jäger mitfliegen kann, wird ausgelost. Ich habe Glück und bin, obwohl wir erst heute Morgen das letzte Wildpret meines »Moose« geborgen haben — bekanntlich verlangt dies das knallharte alaskanische Jagdgesetz! — als erster mit von der Partie. Am Spätnachmittag, nach kurzem, kraftvollem Start, schwebt das Kleinflugzeug schnell über dem durch schwere Regenfälle anschwellenden Innoko. »Wenn du einen schwarzen Schatten siehst, schau zweimal hin, meist ist das ein Bär«, mahnte der Pilot, der vor einigen Jahren noch am Steuerknüppel einer großen Vierstrahligen saß.
Zu beiden Seiten des sich träge dahinwälzenden Stromes erstreckt sich kilometerbreit Busch-, Baum- und Auenlandschaft, durchzogen von einem Geflecht meist toter Nebenarme oder langgezogener Flutmulden. Dazwischen immer wieder weit ausgedehnte Inseln dichter Buschwildnis mit lichtem Baumbestand, bis hinauf zu den sanft ansteigenden Hügelketten. Eine unberührte Naturlandschaft, ideal als Le-

bensraum für Elch und Bär.

Seit gut fünf Minuten zockeln wir nun über den dumpf-feuchten, eher unfreundlich abweisenden Landstrich und haben bereits neun aufhabende Elche gezählt. Zwei kapitale. Einer, mit wannengroßen Schaufeln, stand im mannshohen Dürrgras weit draußen in der Ebene. Sichtlich gelangweilt und unbeeindruckt hob er nur sein ramsnasiges Haupt, als wir langsam tiefer gingen. Knapp über ihm zählte ich einmal vier und dann fünf lange Enden an jeder der Vorschaufeln. Der Schaufler hatte noch nicht ganz verfegt, der Bast hing teilweise in großen schweißigen Fetzen an seinem Geweih.

Eine leise Enttäuschung konnte ich nicht unterdrücken: Keine fünf Kilometer vom Camp, nicht einmal eine Meile vom Elchkill des Amerikaners Bob entfernt — an dem sich, obwohl das Gescheide seit Tagen seinen Duft verbreitete, noch kein Bär eingefunden hatte — stand jetzt so ein Riese. Oscar Wilde hat sicherlich recht wenn er sagt: »In dieser Welt gibt es nur zwei Tragödien. Die eine ist, nicht zu bekommen was man möchte, und die andere ist, es zu bekommen!« Wie konnte uns dieser Kapitalelch nur entgehen?

Doch da setzte Reinhold bereits mit gedrosseltem Motor zum Gleitflug an. Im gleichen Augenblick gewahrte auch ich, inmitten einer von hohem Baumbestand umgebenen Lichtung, den auf seinem Hinterteil sitzenden, breitbuckeligen »Blacky«. Eifrig beschäftigte er sich mit dem inzwischen weit auseinandergezogenen Gescheidehaufen. »Wessen Elchplatz ist das?«, schrie ich von rückwärts Reinhold ins Ohr und war völlig aus dem Häuschen, als er mehrmals mit seinem Daumen nach hinten auf mich deutete und echt begeistert »Big, very big« ausrief. Gibt es das wirklich, daß knapp einen halben Tag nach unserem nicht gerade geräuschlosen Rückzug mit dem Wildpret, sich ein Bär einfindet und vom Luder Besitz ergreift? Noch dazu ein so stattlicher Brocken von drei bis vier Zentnern. Aufgerichtet mindestens zwei Meter hoch. »Der hat mit seinen 70 bis 90 Zentimetern Schulterhöhe, auf allen Vieren im mannshohen Gras, alle Vorteile auf seiner Seite«, überlege ich.

Nach den Strapazen des eben erst durchgestandenen Liebeswerbens, ist dem Allesfresser dieser Schmaus auf der Lichtung natürlich eine höchst willkommene Beilage zu seinen anderen, meist vegetarischen Genüssen. Der Bär hat die Gegend um das »Kalte Buffet« bereits arg zertrampelt, Teile des Gescheides in alle Himmelsrichtungen verschleppt und sie vor ungebetenen Mitessern in Sicherheit gebracht. Das wird morgen früh die Pirsch nicht gerade erleichtern!

In der Hoffnung, den einzelgängerischen Schlemmer nicht vergrämt zu haben, drehen wir ab und entdecken zur großen Überraschung beim Weiterflug einen zweiten, nicht minder starken »Schwarzen« am Kill des Amerikaners. Damit war auch Gene morgen früh am Zug! Sicherheitshalber vergewisserte ich mich kurz vor der Landung nochmals bei Reinhold, ob dies vorher tatsächlich auch mein Kill war. Eigenartigerweise war mir, obwohl wir uns während der Elchjagd stundenlang hier rumgetrieben hatten, die Erinnerung an diese Gegend abhanden gekommen. Vielleicht, weil während einer Fußpirsch alle Sinne immer nach vorne und weniger auf das übrige Umfeld gerichtet sind. Vermutlich auch,

weil einem die Landschaft, ist man erst auf warmer Fährte, zunächst gleichgültig ist.

Als die Alu-Schwimmer der Supercup knirschend im Schlamm des Anlegeplatzes auflaufen, erwartet uns bereits die ganze Mannschaft. Zwei starke Bären am Kill, das war eine Sensation! Da am gleichen Tag des Beobachtungsfluges, an dem teilzunehmen einem Jagdführer verboten ist, nicht mehr gejagt werden darf, wurde bei viel Kaffee, Crackers und Peanut-Butter ausführlich der nächste Jagdtag durchgehechelt. Zwei Bären, meilenweit voneinander entfernt am Kill, brachten die Guides, mit nur einem Motorboot im Camp, in echte Bedrängnis.

Nachdem ich den Erkundungsflug »gewonnen« hatte, sollte Gene morgen als erster das Außenbordmotor-Schlauchboot haben. Lief alles wunschgemäß, so konnte ich zwei Stunden später, wenngleich durch den hellen Tag schon etwas benachteiligt, immer noch ausrücken.

Stille Beobachtungen

Bei derart erfreulichen Aussichten für den nächsten Morgen läßt sich trotz

Wochen-Bilanz: Drei Schaufler und zwei Sieben-Fuß-Schwarzbären.

des ungemütlich feuchten Wetters auch am Ufer des Innoko gut sinnieren und abwarten. Während Bill und Paul saftige Elchsteaks bruzzeln, hocke ich am Fluß und glase kilometerweit dessen Ufer ab. Gene, der vor zwei Wochen hoch oben in der Brooks-Range einen kapitalen »Full-curl« — Dallwidder gestreckt hatte, gesellt sich mit einer Bottle »Kentucky Straight« zu mir. Wir genießen das Feuerwasser pur, da in zig Meilen Umkreis von unserem Camp kein Tropfen trinkbares Wasser gefunden werden kann. Der Innoko ist eine reine Schlammbrühe und jedes andere Rinnsal, auch der kleinste Tümpel, stinkt faulig nach verwesenden Pflanzen. Das Wasser ist modrig und ungenießbar. Abgekocht verfärbt es sich sofort schwarz, Kaffee und Tee schauen aus wie Tinte und schmecken auch danach. »Meist habe ich Wasser und keinen Whisky«, kommentiert der Kalifornier sarkastisch, während wir noch einige Schluck zur »Desinfektion« heben.

Wir plaudern über die Erfolgsaussichten des nächsten Tages, sind froh, daß sich am Kill keine führende Bärin einstellte (!), halten uns gegenseitig die Daumen und hoffen, bei gutem Wind an die Bären heranzukommen. Da gewahre ich am jenseitigen Ufer rein zufällig einen recht stattlichen, flußaufwärts »schwimmenden« Busch. »Beaver«, sagt Gene und deutet auf eine kleine Insel hellgrüner, saftiger Zweige am Rande der gegenüberliegenden Flußbiegung. Eine Biberburg, völlig frei und ungeschützt am schlickigen Ufer. Es ist ein Vergnügen, die fleißigen, gut 20 Kilo schweren Kerle schuften zu sehen. Rührend, wie sie, einer Sportlerstaffel ähnlich, ständig etwa 300 Meter flußabwärts rudern, lange zum Ufer hinüber sichern, ehe sie aussteigen und dann unbeholfen zur Uferbebuschung hochwatscheln. Immer auf der Hut vor dort lauernden Wölfen oder Bären. Nach längstens fünf Minuten überquert dann in großer Eile, wie von Geisterhand bewegt, ein Haufen buschiger Zweige die Uferbank und taucht ins rettende Naß. Anschließend — keiner kann erklären, warum das so ist — mühen sich die fleißigen Kerle unverdrossen viele hundert Meter stromaufwärts, die Last zwischen ihren Zähnen

im Schlepp. An der Unterwasserburg angekommen, taucht der Biber plötzlich mit seiner Ladung weg, ein kleiner Wirbel, und der Zweig ist als weiterer Vorrat für die kommenden harten Monate tief unten im grünen Netzwerk verflochten. Minuten später läßt sich der tüchtige Geselle wieder flußabwärts treiben, wobei er meist einem gerade aufwärts rackernden Kollegen begegnet, den er keines Blickes würdigt. Das Spiel beginnt von Neuem.

Das Völkchen schuftet bis in die tiefe Dämmerung hinein. Gerade als wir uns erheben wollen — Paul pfeift bereits mehrmals zum Essen — tritt überraschend, keine 30 Meter von der feuerroten Supercub entfernt — wiederum einem »Schatten« ähnlich(!) — eine Elchkuh ans Wasser, gefolgt von einem quicklebendigen Kalb. Unglaublich! Trotz des Spektakels im Camp, noch dazu in unmittelbarer Nähe eines nicht gerade unauffälligen Flugzeuges — wir beide höchstens 40 Meter entfernt, völlig freistehend und natürlich zu Salzsäulen erstarrt — gibt sich diese bekanntermaßen sonst ungemein scheue Elchmama ein Stelldichein. »Sie hörte bestimmt noch keine Kugel pfeifen, das spricht für die Unberührtheit des Reviers«, denke ich und stehle mich gebückt davon. Ich brauche meine Kamera, um diesen Anblick zu dokumentieren. Zurück, steht das Wild nach wie vor vertraut am Ufer, schöpft, läßt mir Zeit für ein paar Aufnahmen und durchrinnt dann, leicht von der Strömung abgetrieben, den breiten Fluß, ohne jedes Zeichen von Argwohn und Hast. Wenn ich da an die permanente Störung, den ständigen Druck auf Wald und Feld sowie den Streß des Wildes bei uns zu Hause denke, dann möchte ich mit Goethe sagen: »Amerika, du hast es besser als unser Kontinent, der alte«. Während der Pazifikregen erneut ungehemmt aufs Zeltdach trommelt und wir beim heimeligen Gaslicht das langfasrige Elchfleisch mit Dosenbier genießen, fühlt sich jeder, als hätte er das große Los gezogen. Aufgeräumt kriechen wir in unsere Schlafsäcke. Ausgenommen Bob, der morgen Stallwache spielen muß, da der Kill seines Gastes nicht angenommen ist. Da hat er Zeit, weiter die Trophäen zu reinigen!

Nur nicht zu spät kommen

Paul versucht seine Ungeduld zu verbergen. Wir warten jetzt schon seit zweieinhalb Stunden auf die Rückkehr des Bootes. Es ist bereits heller Tag! Sogar die Sonne meint es heute gut mit uns. Bleibt zu hoffen, daß sich auch der schwarze Feinschmecker jenseits der ausgedehnten Uferauen, von ihr, vor allem in der Nähe des Luders, den Pelz trocknen läßt!

Wir hocken abmarschbereit in den unbequemen, für die Pirsch hier aber unentbehrlichen Hüftstiefeln am schwankenden Landungssteg und fluchen leise in uns hinein. Immer wieder dasselbe: Zwei Boote im Programm angeboten, eines davon im Eimer!

Paul tröstet mich: »Der Bär bleibt einige Tage am Fraß!« Vor allem, weil die Beerensträucher in den Südhängen inzwischen abgeerntet sind und die Flüsse, außer dem sowieso schwer zu erbeutenden »Mud-fish«, nur wenig »schnelle« Nahrung bieten.

Der Schwarzbär spielt im Ökosystem seines Lebensraums teilweise die Rolle des Schwarzwildes in Europa, oder der Hyäne, des Schakals und der Geier in Afrika sowie in Asien. Seine traurige Vorliebe für Müllhalden und die peinlichen Jagdgeschichten darüber stehen damit ebenso im Zusammenhang wie die manchmal lebensgefährlichen Begegnungen zwischen bettelnden Bären und ahnungslosen Touristen in Nationalparks. Deshalb bin ich voll Zuversicht. Den Burschen vergrämt so schnell nichts!

Endlich, lange schon in der Ferne als Punkt erkennbar, ohne das Motorengeräusch zu vernehmen, flitzt das Schlauchboot heran. Fast drei Stunden verbummelte Zeit!

Minuten später sind wir mitten im Fluß. Paul fährt gegen den Wind Vollgas, so daß die Gischt der Bugwelle hoch über uns zusammenschlägt. Eine gute halbe Stunde später deutet er auf die Mündung eines kleinen Nebenflusses. Hier gehen wir an Land.

Schlurfend läuft das Boot in der etwa fünf Meter breiten Schlammböschung auf. Jetzt beginnt ein mir inzwischen nicht mehr ganz unbekanntes, schwieriges Unterfangen. Paul schleudert die Ausrüstung ans Ufer, und dann kämpfen wir uns, die Waffe hoch über dem Kopf, durch den wie Leim zähen Schlick. Nach dem Motto der Sieben Schwaben: »Hannemann, geh du voran, du hast die größeren Stiefel an!«, lasse ich dem guten Paul den Vortritt. Die kurze Strecke, teilweise fast bis zum Bauch im schlammigen Morast, der einen bei jedem Schritt schier die Hüftstiefel auszieht, kostet eine gute Viertelstunde.

Das dichte Fährten- und Spurenbild entlang den Ufern zeigt, daß nachts hier einiges auf seinen Schalen und Sohlen unterwegs war. So sehr sich das Wild von den offenen Uferbänken angezogen fühlt, so wenig möchte ich diese nicht ungefährliche Schlammtour alleine, ohne Begleiter unternehmen.

Das Boot wird mit einer langen Leine am Ufer vertäut, die Waffe sofort durchgeladen. Wir verlieren keine Zeit. Nach einigen Metern im Busch geraten wir auf den ersten, stark angenommenen Wildwechsel. Paul, der mit etwa einer Stunde Querfeldein-Pirsch bis zum Elchkill rechnet, bleibt plötzlich vor frischer Losung und den auffälligen Eingriffen einer erwachsenen und einer kleinen Bärentatze stehen. »Eine führende Lady am Luder, Schlimmeres könnte uns nicht passieren«, meint er nachdenklich, als wir, jetzt doppelt vorsichtig, den Weg fortsetzen. Bei dem guten Wind, der uns direkt ins Gesicht steht, ist nicht auszuschließen, daß wir der Dame aus Versehen zu nahe kommen. Das könnte ausgesprochen unangenehm werden!

Wir sind froh, daß die Paßgängerin bald darauf den Pfad verläßt. Sie trottete in einer großen Schleife vermutlich wieder zum Fluß zurück.

Paul verläßt sich auf seinen inneren Kompaß. Die Pirsch über umgestürzte Baumriesen, morsches Astwerk und durch oft dichtesten Buschfilz wird zu einer argen Plackerei. Immer wieder spüren wir Elchwild. Einmal, keine 50 Meter von uns entfernt, poltert ein starker Schaufler in seinem eigenartig schaukelnden Troll durch einen flachen Moorsee ab. Anderem Wild begegnen wir nicht. Dann wird es ernst! Irgendwo dort drüben, inmitten des quer vor uns liegenden Erlenbestandes, haben wir gestern dem Brummer den

Der Uferschlick wird leicht zur Falle. Dann lauern Bär und Wolf.

Tisch gedeckt. Diese Erkenntnis hilft uns im Augenblick aber wenig, da der Bär sich weiß Gott wo in dieser Wildnis herumtreiben kann. Jetzt wäre natürlich Unterstützung aus der Luft, gar mit Walkie-Talkie, hilfreich! Andererseits, wo bliebe dann der Reiz der Unberechenbarkeit, die Herausforderung für den Jäger und die faire Chance für das Wild? Was wäre dieses Abenteuer letztlich ohne das jeden Schritt spürbare Kräftemessen menschlicher Intelligenz mit der durch seine Sinne, durch Instinkt, Erfahrung und Geländekenntnis überlegenen Kreatur? Schon richtig, daß diese Hilfstechnik weltweit verboten ist!

Die Spannung packt selbst den Profi Paul, für den — wie bei allen Jagdführern — die aufgeregte Begeisterung des Gastes in der Regel nur Teil seiner Berufsroutine ist. Das Rennen ist augenblicklich völlig offen! Wir werden es in diesem wilden Verhau und gegen den gerissenen, nicht zu unterschätzenden Gegner nur gewinnen, wenn wir nicht blindlings dem Zufall vertrauen. Zunächst müssen wir tiefer in den Filz hinein, und zwar sofort! Hier helfen weder Warten noch Ansitz. Zögerlichkeit beim Jagen bereut man später immer! Meist ist die Chance dahin! Schulter an Schulter, auf Zehenspitzen, die Waffen im Halbanschlag, rücken wir — bei diesem Unterholz leider nicht ganz geräuschlos — langsam im meterhohen Gras vor. Sicht, unter zwei Meter! Wir vertrauen weitgehend dem Gehör und ersparen uns jeden

Kontrollblick in die Wipfel. Ein reifer Bär, wie der gestern aus der Luft erspähte, klettert, insbesondere mit vollem Wanst, bestimmt nicht mehr zum Vergnügen auf einen Baum. Hoffentlich kommen wir dem Burschen nicht unbeabsichtigt zu nahe. In die Enge getrieben, bar jeder Fluchtmöglichkeit oder verärgert durch einen noch nicht vergessenen Streit mit einem Widersacher, ist ein 150 Kilo-Bär, mit einer Sprungkraft von drei bis vier Metern, ein beachtlicher Widersacher. Ich sehe immer noch die in einer Zeitschrift abgebildeten Überreste der Stiefel eines Piloten vor mir, der vor einigen Wochen auf der Peninsula notlanden mußte und während einer Erkundung in der Nähe seines Flugzeuges einem Schwarzbären zum Opfer fiel. Entgegen landläufiger Laienmeinung ist eine echte Schwarzbärjagd alles andere als ein Spaziergang: »Auf dem eigenen Misthaufen ist jeder Hahn tapfer!«.

Mir war längst klar, daß in diesem dichten, kaum Schußfeld bietenden Verhack, der rundohrige Pelzträger nur bei einer überraschenden Begegnung überrumpelt werden konnte. Vor allem, wenn er durch irgendein Geräusch neugierig geworden, sich in voller Größe aufrichten und seine stattliche Brust zeigen würde. Der Versuch, ihm bei Flucht den Weg abzuschneiden oder ihm in den Busch nachzufolgen, hätte ebensowenig Aussicht auf Erfolg, wie unsere Überlegungen, gegebenenfalls dem Schlemmer bei seiner Rückkehr zum Kill aufzulauern.

Wie ein Senkblei

Inzwischen waren wir am Rande der Lichtung angelangt. Schon stand uns eine Wolke Kadaverluft ins Gesicht. Wohlgeruch für eine Bärennase! Das vor Anspannung gestraffte Gesicht des sonst eher gutmütigen Paul verriet, daß auch er den schwarzen Recken in unmittelbarer Nähe vermutete. War das aufregend! Die Büchse entsichert, den Finger am Abzugbügel, riskierten wir nur noch einen Schritt, darauf noch einen weiteren, und dann noch einen dritten. Unvermeidbar, daß dabei jedesmal irgendein dürrer Zweig oder Halm unter unserem Tritt knackste. Wir wagten einen nächsten Schritt, und dann flog die 9,3 x 74 R in die Schulter! Lautlos, keine 25 Meter entfernt, hoch aufgerichtet, die runden, am dicken Schädel abstehenden Ohren ausgestellt und argwöhnisch zu uns herüberwindend, stand urplötzlich der schwarze Prachtbursche vor uns. Nervös, seinen die Luft nach allen Seiten filternden, rotbraun zur Gesichtsmaske auflaufenden Windfang erregt vorgestreckt, überragt der Bär das braungelbe Riedgras um Haupteslänge. »Der Schuß muß bei dieser Entfernung sitzen!«, ermahne ich mich, als das Absehen der ganz zurückgedrehten Optik für den Bruchteil einer Sekunde am Trägeransatz verharrt. »Jetzt«, durchfährt es mich, und noch im Büchsenknall fällt der große »schwarze Schatten« lautlos wie ein Senkblei zu Boden.

Auf meinen fragenden Blick hin zuckt Paul nur mit den Schultern. Fieberhaft versucht auch er sich einen Reim zu machen. Totenstille! War das Großwild, das ich mit Sicherheit nicht gefehlt hatte, schon verendet oder lauerte es angeschweißt vor uns im hohen Gras auf Revanche? Nach gut fünf Minuten voll Zweifel und bohrender Ungewißheit — ein paar zum Anschuß geschleuderte Holzstücke zeigten keine Wirkung, weder ein Knacksen noch sich bewegendes Gras verrieten Leben — drangen wir konzentriert weiter vor. Bald darauf standen wir vor dem inzwischen im ewigen Bärenhimmel angelangten Kämpen.

»Wie ein Medaillon«, lacht der Guide befreit und deutet auf den abgezirkelten Einschuß auf der Brust des weit über zehnjährigen Bären, dessen mit kurzen scharfen Krallen bewehrte Tatzen gerade mit beiden Handflächen abzudecken sind. Die gelbbraunen, längst heruntergearbeiteten Fänge in den mächtigen Kiefern lassen einiges vom Überlebenskampf des breitschultrigen Haudegens ahnen. Besonders auffällig sind die höchstens schussergroßen, pechschwarzen, für diesen mächtigen Schädel viel zu kleinen Seher und die durch die Jahre besonders ausgeprägte Gesichtsmaske, welche dem gestreckten Großwild gerade jetzt eine eigenartig entrückte Würde und Unnahbar-

Wildpret muß geborgen werden. Da wird Jagdvergnügen zur Kuli-Arbeit. Der staatliche Wildschutz nimmt es genau!

keit verleiht. Und dann sein Pelz! Im matten Sonnenlicht, das nun zur Mittagszeit schnell die regengeschwängerte Landschaft durchdringt und ein schwüles Treibhausklima schafft, glänzt und schimmert das Haar in allen Schattierungen von sanftem Tiefschwarz bis ins blau-schwarze Hochglanz hinein. Eine faszinierende Pracht, welche sich beim Schwarzbären manchmal sogar in Farbvariationen von Zimtbeige bis zum Silbergrau und bis zum Stahlblau des gelegentlich in Alaska vorkommenden »Vermode«-Bären steigert.

»It's a dandy«, grinst Paul anerkennend und macht sich an die Arbeit. Geschickt löst er mit kleiner Klinge, Schnittchen für Schnittchen, die quadratmetergroße Decke von dem in dicken Feist gepackten Wild. Besonders viel Zeit kosten ihn die herrlichen Tatzen, von denen auch er nicht weiß, ob ihr Fleisch tatsächlich eine Delikatesse ist.

Am späten Nachmittag besteigen wir über eine schnell aus Ästen und kleinen Stämmen quer durch den Schlamm gelegte »Gangway« unser Boot, welches der Alaskaner — wie ich in bester Laune — Richtung Camp steuert. Dort erwartet uns nicht nur die Mannschaft, sondern auch das Game

Departement (Wildschutzbehörde) in Person eines Piloten und einer charmanten Beamtin. Sie schauten während eines Routineflugs über ihren 50 000 Quadratkilometer großen Dienstbereich »nur mal schnell auf einen Kaffee« vorbei. Von der sachkundigen Wildbiologin, die sich anschließend »nur so nebenbei« unsere Jagdlizenzen, die Wildursprungsmarken, das Camp und die inzwischen schon gestreckten Trophäen besah, erfuhren wir, daß auch Gene Waidmannsheil hatte. Obwohl das Land eine einzige Wildnis ist, hat der Wildschutz, für den der Staat Alaska jährlich viele Millionen Dollar aufwendet, Bejagung und Wildbestandsentwicklung fest im Griff. Ein Beispiel, wie Staatsaufsicht und Privatinitiative auch unter Wirtschafts- und Artenschutzaspekten erfolgreich zusammenwirken können. Welch ein Unterschied zu uns daheim, wo der Staat ebenfalls lustig Gesetze erläßt, Wild- und Artenschutz in diesem Bereich jedoch seit Jahrzehnten zum Nulltarif von den Jägern — ohne jede Anerkennung — gewährleistet und finanziert werden.

Am Abend, vor den beiden Bärenfellen, die zwischen Pfosten gespannt um die zwei Meter brachten, saßen wir noch geraume Zeit draußen am Fluß. Bald stülpte sich eine sternenklare Nacht über das Land und selbst die fleißigen Biber am jenseitigen Ufer beendeten ihr Tagewerk. Als der kühle Nachtwind aufkam und sich die langen Schatten der Uferbäume auf den murmelnden Wassern des trägen Stromes spiegelten, entstand ein geheimer innerer Pakt zwischen dem Jäger und dieser einsamen Welt, der ein Leben lang hält. »Ich glaube an die Orte, nicht die großen, sondern die kleinen, die unbekannten, im Ausland ebenso wie im Inland... Ich brauche jene Orte... Ich sehne mich nach ihnen«, bekennt Peter Handke. Wer wollte ihm da widersprechen?

Trotz Bambuskulisse, wie in alten Tagen. Bergung des 16-Enders mit dem Pferdefuhrwerk.

Karpatenblut und Andenluft

Hirschbrunft im März, das verlangt Umdenken. Argentinien ist nicht nur Pampa und Tango, Gauchos und Kordilleren, sondern ein kaum bekanntes Jagdland mit großem Wildreichtum. Seine Rothirsche, und die des Nachbarn Chile, nehmen es mit den »Osteuropäern« auf! Der Begleitjäger sagt, daß jetzt, Ende Februar, die Geweihe vereckt und verfegt sind. Mal sehen!

ARGENTINIEN

Republik	
Hauptstadt	Buenos Aires
	(10 900 000 Einwohner)
Bevölkerung	28 430 000
Fläche	2 766 889 km²
Sprachen	Spanisch
Währung	1 argent. Peso =
	100 Centavos

Wildtiere: Affen, Blaubock, Flugwild, Hase, Guanako, Jaguar, Mähnenwolf, Nandu, Nasenbär, Ozelot, Pampashirsch, Pudu, Puma, Rebhuhn, Rothirsch, Sumpfhirsch, Steinbock, Tapir, Wasserbüffel, Wasser-, Wildschwein.

Landschaft: Das zweitgrößte Land Südamerikas gliedert sich in 4 Zonen: Das Tiefland im N (Gran Chaco) und O (Pampa), das Tafel- und Schichtstufenland im S (Patagonien) und das Gebirgsland der Anden (W). Vegetation von N bis S: Trop. Regenwald, Gras- und Parklandschaften bis zu Trockenwald und Savannen. Höchster Berg: Aconcagua 6958 m. Im S Bewaldung.

Klima: N subtropisch, Pampas gemäßigt, Patagonien kühl. Januar/Februar (Sommer) heißeste und Juli/August (Winter) kälteste Monate.

Sehenswürdigkeiten: Interessant die Nationalparks Nahuel Huapi bei Bariloche in den Anden und Lanin bei San Martin de los Andes. Besuchen sollte man den Ausflugsort Tigre, den Wallfahrtsort Lujá, La Plata mit seinem Naturhistorischen Museum. Mar del Plata bietet als Bad Erholungsuchenden Muße; Bariloche Wintersport.

Jagd: Für Ausländer auf Privatgelände, auf oft ausgewildertes europäisches Wild, unter Führung des Eigentümers. Jagd zu Fuß, zu Pferd oder Allrad, meist von Jagdcamps aus. Kapitale Rotwildtrophäen während der Brunft im April.

Rothirsch

Cervus elaphus

E: Red deer
F: Cerf rouge
Sp: Ciervo

Ansprechen: Der eindrucksvolle Kopfschmuck des Hirsches ist der Anlaß, daß sich die Jäger in aller Welt mit großem Eifer diesem Edelwild zuwenden. Das Kahlwild trägt kein Geweih. Das kräftige Stangengeweih, mit oft auffallender Kronenbildung beim kapitalen Hirsch, wird jedes Jahr neu geschoben, nachdem das Vorjährige (in der nördl. Hemisphäre) zwischen Februar und April abgeworfen wurde. Gewichte bis 15 kg und Geweihe mit über 24 Enden kommen vor (Osteuropa). Je nach Lebensraum erreichen Hirsche zwischen 130 und 300 kg, von W nach O zunehmend. Vom Biotop abhängig sind Körperlänge (160-250 cm) und -höhe (105-170 cm). Etwa 30 % geringer ist das Kahlwild. Die jugendlich hellbraune Färbung der Decke verschwindet zugunsten einer braunroten Sommerfärbung, die sich bis zum Winter braun bis braungrau, oft fast schwarzbraun verändert. Dann wird sie dichter und rauher. Dem Kahlwild fehlt die dem Hirsch eigene auffällige Winter-Halsmähne. Trittsiegel und Brunftruf verraten den Einstand des Hirsches. Man kennt weltweit 23 geographische Unterarten verschiedenster Körpergröße, Stangen- und Endenform.

Lebensraum: Mehr und mehr auf unwegsame Waldgebiete und Bergregionen verdrängt, wird das Rotwild zum Nacht- und Dämmerungstier. Heute findet man es vorwiegend in großen Forsten und Auwäldern, in Mittel- und alpinen Hochgebirgen. Das schottische Rotwild bewohnt die waldfreien Highlands.

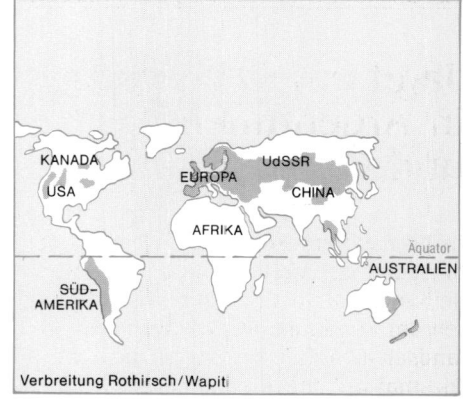

Verbreitung Rothirsch/Wapiti

Verbreitungsgebiet: Verbreitet über Europa und Asien wurde das Rotwild in vielen Ländern, u.a. in Chile, Argentinien, Australien und Neuseeland mit Erfolg eingebürgert.

Verhalten: Das Rotwild lebt in nach Geschlechtern getrennten Rudeln. Kahlwild und Kälber ziehen unter Führung eines erfahrenen Alttiers, die Hirschrudel fährten getrennt. Die »alten Herren« bleiben Einzelgänger bis zur Brunft. Sie dauert von Ende September bis Anfang Oktober (nördliche Hemisphäre), (südliche Hemisphäre, z.B. Argentinien, März-April), findet immer an traditionellen Brunftplätzen statt, wobei der Platzhirsch sein Rudel verteidigt. Nach 8-9 Monaten setzt das Tier meist ein Kalb. Zwillingsgeburten sind selten. Blätter, Gräser, Kräuter, Flechten, Rinden, Nadeln, Pilze, Binsen und Früchte, sowie Heu, das der Heger reicht, sind die Äsung. Mancherorts auch Kraftfutter. Das Rotwild verbeißt junge Forstkulturen, schält Rinde und richtet gelegentlich auch landwirtschaftliche Schäden an. Schadensbegrenzung durch Bestands-Reduktion.

Artenschutz: WA entfällt.

Jagd: Ansitz und Pirsch. Die Rufjagd zur Brunft gilt als Krönung waidmännischer Freuden. Richtiges Ansprechen erfordert große Erfahrung und Revierkenntnis. Neben dem Geweih sind Grandeln und Decke Jagdtrophäen.

Rekordtrophäe: SCI RBoTA, 1986: Länge Hauptsprosse links 77,47 cm, rechts 81,28 cm, Rosenumfang links 19,05 cm, rechts 19,05 cm (England 1973). Länge der Hauptsprosse links 116,21 cm, rechts 107,95 cm, Rosenumfang links 25,72 cm, rechts 26,67 cm (Argentinien 1984). — Nach Endenzahl und Geweihgewicht wesentlich stärker aus Osteuropa. 18,3 kg/Bulgarien 1988 (CIC).

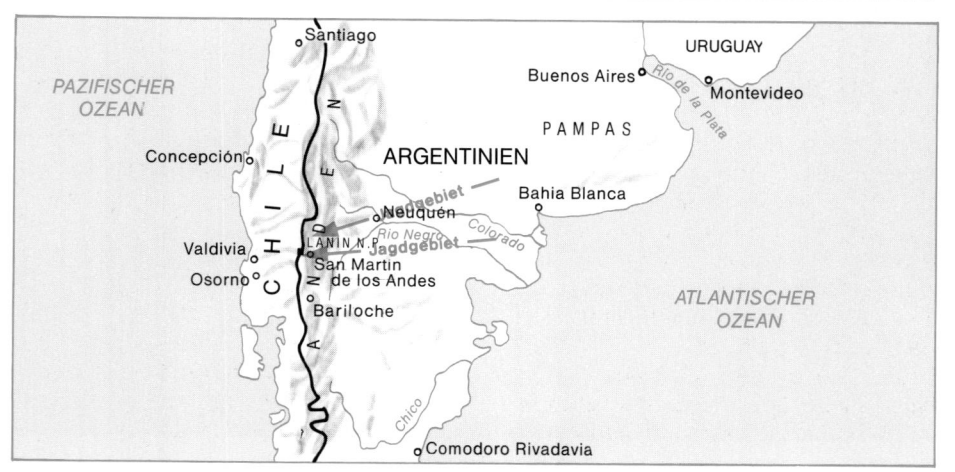

Jagd auf Rothirsch in Argentinien und Chile

Es ist noch stockdunkel. Tiefhängende, blauschwarze Wolken jagen wenig verheißungsvoll vom See herauf. Wir warten am Rande der weitläufigen Parklandschaft aufs erste Morgengrauen. Diesmal wollen wir schlauer sein als gestern abend, als wir, einen Augenblick zu unvorsichtig, in ein Rudel aufmerksamer Alttiere tölpelten. Ihr kurzer Warnruf und das noch minutenlang aus den undurchdringlichen Bambusdickichten vernehmbare Gepolter des wegbrechenden Verbands sind nicht vergessen. Also doppelt aufgepaßt! Mit Sicherheit steht der achtsame Vierzehnender mit seinen unverwechselbaren, lang auslaufenden, nach oben sich fast zu einem Kreis schließenden Endsprossen, wiederum irgendwo abseits vom Rest der »Fünfer-Bande«, wie wir diesen noch kurz vor Brunftbeginn sich rudelnden Herrenclub inzwischen tauften.

Lautlos, wie auf weichem Teppich, pirschen wir entlang dichtem, modrig muffelndem Bambusbusch. Unten am See, in der vor uns ausgebreiteten Auenlandschaft, schreit mehrmals ein Hirsch. Sein herausfordernd harter, in kurzen Stößen abgehackter Sprengruf, signalisiert Schwierigkeiten mit herumlungernden Freiern. Ausgezeichnet! Damit kommt Leben in den jungen Tag, auch wenn sich im Berghang heroben noch nichts rührt. Den verräterischen Nordwind haben wir mit einem strammen Umweg ausgetrickst und damit einen entscheidenden Trumpf im Ärmel. Wir sind auf der Hut. Vor Eifer und innerer Anspannung ständig schluckend, rasten wir kurz im Halbdunkel haushoher Bambusbüsche, am Rande einer flach abfallenden Altgraswiese. Inzwischen breitet sich schon recht brauchbares Büchsenlicht aus. Sollte der »Kreisstangen«-Hirsch auftauchen, vertrödle ich bestimmt keine Zeit für langes Ansprechen!

An Entschlossenheit soll es nicht fehlen. »Man muß ein Schwein sein, um Trüffeln zu finden« sagt Marquis de Sade. Das gilt auch für die Jagd.

So eine Frechheit

Ansonsten herrscht emsige »Frühstücks«-Stimmung. Samtgrün schillernde Kolibris stehen, propellerhaft schwirrend, senkrecht in der Luft und tanken Nektar aus den Blütenwolken der dunkelroten, überall üppig blühenden Wildfuchsien.

Während wir uns über einen lauthals vom Hochmoor herauf und über uns hinweg lärmenden Kiebitzflug wurmen — die graubraun bis weißschwarz gefiederten Luftakrobaten sind wesentlich weniger artistisch als ihre europäischen Vettern — wagt der Jagdführer den ersten entscheidenden Schritt aus dem Dämmer der Dickung. Enttäuscht signalisiert er gerade »Nichts!«, als mir das Blut zu Kopfe schießt: Falsch! Keine 100 Schritt entfernt, am Rande einer schütteren Dornenhecke, verdrückt sich soeben ein starkes Stück Rotwild. Kein Zweifel, der »Kreis«-Geweihträger strebt, flüchtig äsend, seinem Einstand zu! Ein sensibler Racker mit ausgeprägtem »Fledermaus«-Verhalten: Ein Geschöpf der ersten Früh- und Abenddämmerung! »Mach deine Rechnung mit dem Himmel, Vogt!« drohe ich grimmig und robbe auf allen Vieren, wie ein Wehrpflichtiger beim ersten Schliff, leider fast ungedeckt, durch Disteln und Dornen hinter ihm her. Der 7 mm-Repetierer liegt durchgeladen vor mir in den Armen. Ein gelegentlich kurzer Kontrollblick bestätigt, daß ich langsam aufhole, während der Hirsch unaufhaltsam, sichtlich beunruhigt, nur »mit dem Spiegel grüßend«, von mir wegzieht.

»Aber den Schaukelstuhl, den er auf dem Haupte trägt, den konnte ich deutlich sehen«, erzählt in ähnlicher Lage William Faulkner, und auch in meinem Fall funkelte die eben durchblinzelnde Morgensonne »auf den Enden seines Geweihs, so daß er aussah, als hätte er sich einen Kranz aus zwölf brennenden Kerzen auf den Kopf gesteckt«. Der kleine Unterschied: in meinem Falle waren es deren 14, und sie bewegten sich bedauerlicherweise zielstrebig von mir weg!

Jetzt setzte ich alles auf eine Karte. In der Hocke, gebückt und inzwischen arg keuchend, haste ich quer zum Geweihträger in eine Senke, wo ich ihn auf dem Bauch liegend in der nächsten Minute abzufangen hoffe. Der Wind, des Jägers größter Widersacher, hält zu mir. Es müßte klappen!

Da tauchen auch schon die hellen Enden des Kreisgeweihs auf. Gestützt auf die Ellbogen, sitzt die Büchse bereits straff in der Schulter. Verdammt! Da durchkreuzt gellend lautes, keckerndes Gebell in unmittelbarer Nachbarschaft meinen Plan. Keine 30 Meter abseits hockt auf einem Erdhügel ein Graufuchs und belfert penetrant, pausenlos auf mich ein. »So eine Frechheit«, fluche ich und beobachte mit Entsetzen, daß der Hirsch, fast schon in Schußnähe, sofort aufwirft und irritiert verhofft. Das ist zuviel! Einen Geweihträger im Anblick, und im Rücken einen ungehemmt spottenden Fuchs, das gibt es doch nicht! Vor Wut kochend krieche ich in die Mulde zurück und bewerfe den unverschämten Kerl mit dem nächstbesten Erdbrocken, was er mit panikartiger Flucht quittiert. Kaum liege ich nach mühseligem Rückwechsel wieder in Schußposition, froh, daß der Geweihträger noch unschlüssig auf seinem Platz verharrt, da raubt mit erneut geiferndes Fuchsgekläff den Nerv. »Der Fuchs wechselt den Balg, nicht den Charakter«, warnte schon der kluge Vespasian.

Im nächsten Augeblick ist, wie nicht anders zu erwarten, der Platzhirsch von der Bildfläche verschwunden. Nur sein noch längere Zeit vernehmbares Davonbrechen und eine zufällige Nase Brunftwitterung erinnern an das Intermezzo.

Und gerade so, als wollte er mich zum Schluß vollends der Lächerlichkeit preisgeben, verduftet der graue Intrigant mit lässig auf mich weisender Lunte, ohne Hast, im hohen Gras des nahen Windbruchs. Er wußte wohl, daß ich heute bei meinem Handwerk den scharfen Knall der Büchse nicht brauchen konnte.

Im Land der »Machos«

Diese Hirschbrunft hat es in sich! Seit knapp einer Woche hunzt uns — vorher in Argentinien, jetzt jenseits der

Anden, während eines Abstechers in die chilenische Kordillerenwelt —, übellauniges Jägerglück. Das »Suerte, amigo!« (Viel Glück, Freund), mit dem uns bereits am ersten Tag der argentinische Jagdboss ins Revier verabschiedete, blieb bisher ohne Erfolg.

»Dieses ewige bergauf, das ist die eigentlich wahre Gnade der Jagd«, schnaubt Hugo mit süffisantem Unterton und wischt sich grinsend den Schweiß vom Nacken. Dem ist wahrlich nichts hinzuzufügen, nachdem wir bereits seit fünf Tagen vergeblich und ohne uns zu schonen, nach einem der eigentlich überall bestätigten Klotzhirsche fahnden. Aus Termingründen, wohlwissend, daß das ins Auge gehen kann, sind wir knappe zwei Wochen zu früh nach San Martin de los Andes gekommen. Dieses erst jetzt mühselig dem internationalen Jagdtourismus erschlossene, kleine Provinzstädtchen liegt am Fuße der argentinischen Ostanden. Keine Spur von Brunft! Vor Mitte März, ehe nicht der kühle Herbst in diesen Breiten der südlichen Hemisphäre des Kontinents den Sommer endgültig ablöst, läuft eben nichts.

»Der Rehbock liebt die Sonnenglut, der Hirsch die kalte Nacht!« Das gilt auch hier. Das Rotwild der Anden, Nachfahren des vor 80 bis 100 Jahren teils aus den Karpaten und den Alpenregionen, auch aus Schottland eingebürgerten Rotwildes, unterliegt hier ebenfalls den unveränderlichen Gesetzen der Natur: Karpatenblut und Andenluft, zweifelsfrei eine Klassemischung!

Erstaunlich übrigens, wie sich das Rotwild in seiner neuen Heimat entwickelte. 1922 verbrachte der deutschstämmige Argentinier Roberto Hohmann 18 Tiere und vier Rothirsche aus der Pampa, wo sie schon 50 Jahre früher aus Europa eingebürgert worden waren, auf seine Estancia am Fluß Chapelco und in die endlosen Wälder an den Ufern des Lago Lolog. Binnen weniger Jahre vermehrten sie sich so stark, daß sie die Grenzen des nur 78 Hektar-Besitzes überschritten und bald die ganze Region bevölkerten. Heutzutage zählt das Rotwildvorkommen der Provinz Neuquén mit über 20 000 Kopf zum begehrtesten Jagdwild dieser Andenprovinz. Inzwischen sind dort zusätzlich viele 100 Hektar

Land als Naturschutzgebiet ausgewiesen. Auch hier bestätigte sich die erstaunliche Anpassungsfähigkeit des »Königs der Wälder«, der sich immer schon — in jeder Klimazone, Höhenlage und Landschaftsgliederung — verblüffend schnell zu einem eigenen und charakteristischen Typus entwickelte. Dies bezeugen die Hirsche der Karpaten und der Donauebenen, die Berghirsche der Alpen, der Edelhirsch des Kaukasus oder das Rotwild Schottlands und Neuseelands, selbst die sechs Hirscharten Australiens.

Bereits während des Fluges von Frankfurt nach Buenos Aires — von den 16 Stunden haben wir gut die Hälfte »über den Wolken geträumt« — überraschte uns in einer argentinischen Zeitung die Werbung der Provinz Neuquén: »Land der Blumen, der Quellen, der Forellen, der Berge und Ciervos (Hirsche)«. Das gab der Einbildungskraft einen kräftigen ersten Schub. Nachdem um sieben Uhr früh, gleich bei der Ankunft, die Waffeneinfuhr abgehakt und einige Mark in den neuen argentinischen Austral umgetauscht waren, ging es drei Stunden später in einer flotten, düsengetriebenen Fokker ab, Richtung Kordilleren. Schon bald zeigten sich aus der Luft die beiden Gesichter Argentiniens: das nicht endenwollende, wenig charakteristische Buenos Aires und das landschaftlich einzigartige, offene freie Land. Inzwischen sind wir fünf Tage, anfangs im Allrad, später zu Pferd und zu Fuß, unterwegs auf der Suche nach »Machos«, den alten, reifen Hirschen, wobei uns die Mitläufer und Halbstarken, die wir immer wieder inmitten starker Kahlwild-Rudel antrafen, nur beiläufig aufregten. Sie waren jagbar, mehr nicht. Die »Gebieter« (Machos) gammelten noch weit oben im Schatten der nadelbaumverwandten Araukarienwälder herum, die jetzt im Herbst ihre leckeren Früchte feilboten. Dort wuchert auch üppige Gras- und Stauchäsung, locken Blüten und kleine Wildäpfel — knochenharte Sauerlinge,

die sich gegen den Durst teilweise eine halbe Stunde lang wie Gummi kauen lassen — als Dreingabe. Ein allenthalben reich gedeckter Tisch! So gesehen, ist die hervorragende Entwicklung dieses Rotwildvorkommens keinesfalls eine Überraschung. Außer dem schlauen Puma, der sich am liebsten an die Chivos, die quirlig kleinen Ziegen der nomadisierenden Indios, hält oder dem mächtigen Condor, der da und dort ein Kalb schlägt, hat das Rotwild hier keinen natürlichen Feind. Auch nicht Eis oder Frost. Nicht einmal den Menschen, denn von den 30 Millionen Einwohnern Argentiniens lebt gut die Hälfte in der Hauptstadt. Der Rest verliert sich im weiten Land, welches fast zwölfmal die Größe der Bundesrepublik hat, jedoch bis auf die wenigen, dem

Die Strauch- und Distellandschaft der Ostanden. Heimat des Rotwildes. Vor allem ein Hasenparadies.

Tourismus noch nicht erschlossenen Provinzhauptstädte, kaum besiedelt ist. Kein Wunder, daß die Jagd auf Rothirsch in diesem zweitgrößten Land Lateinamerikas in den letzten Jahren eher ein Geheimtip blieb. Inzwischen entwickeln sich in den aus unzähligen Ebenen und Seen, aus einzigartigen Fluß- und Berglandschaften bestehenden, über die weiten Pampagebiete hinweg bis in die Andenvor- und Hochgebirge sich erstreckenden Provinzen erste Anfänge einer allgemeintouristischen, auch einer jagdorganisatorischen Struktur.

Argentinien, dieses durch die spanischen Eroberer von Europa und Nordamerika geprägte Indioland, ist jenseits des Weichbildes der Hauptstadt vom Fremdenverkehr noch nahezu un-

Man lernt nie aus. Vom Pudu, dem kleinsten Hirsch der Erde, hatte ich vorher noch nie gehört.

berührt. Es bietet wenig aufsehenerregende, von Menschenhand geschaffene Sehenswürdigkeiten. Seine Anziehungskraft liegt in der weitgehend unveränderten Landschaft und in den ökologisch kaum belasteten Großräumen. Durch die Ferne zu den europäischen und nordamerikanischen Ballungszentren sowie dem Fehlen kulturhistorisch und archäologisch bedeutender Stätten, ist Argentinien bis heute — und wird es wohl auch in absehbarer Zukunft bleiben — kein Gebiet des Massentourismus. Es bleibt eher ein Ziel des Individualreisenden; vor allem ein aufregendes, bisher kaum entdecktes Jagdparadies — mit dem Vorzug einer ganzjährigen Bejagung.

Nandu, Pudu, Huemul

In den Ebenen, selbst in den Bergen, begegneten uns unzählige Arten an Niederwild, vor allem Enten, Wildtauben, Gänse und Rebhühner. Insbesondere Feldhasen, diese buchstäblich »auf Schritt und Tritt«. Daß man in den Weiten der Pampa und im Süden des patagonischen Andenvorlandes auch auf Pampas- und Axishirsch, in den Randgebieten der Pampa sowie im Süden von Buenos Aires und im Zweistromland »Mesopotamia Argentina« auch auf Puma, auf Schwarzwild und die herrliche »Black-Buck-Antilope« (Hirschziegen-Antilope) jagen kann, konnten wir aus Zeitgründen nur zur Kenntnis nehmen. Letztere wurde 1918 von einem deutschen Kavalleriehauptmann aus Indien eingeführt. Die Alpensteinböcke des Gran Paradiso Italiens bürgerte man um 1960 ebenso ein, wie die aggressiven Wasserbüffel in den nördlichen Dschungelgebieten des Landes.

Argentinien ist ein unberührtes Wild- und Jagdland wie es nur noch wenige auf diesem Planeten gibt! Neben den einheimischen Wildtieren, wie dem scheuen Huemul (Sumpfhirsch), dessen Bestand auf etwa 800 Tiere geschätzt wird, und dem nur rehkitzgroßen Pudu,

dem kleinsten Hirsch der Erde, zieht in den Berg- und Waldlandschaften des Nordens immer noch der »Yaguareté«, der absolut geschützte Jaguar, seine heimliche Bahn. Zu den bekanntesten Bewohnern der Randzone der Pampa zählt vor allem der kleinere Straußenvetter, der Nandu. In den Anden weidet das dem Kamel verwandte Guanako, in den Dchungelgebieten haust der einzelgängerische Tapir und das wehrhafte Wasserschwein. Neben zahlreichen Greifen und Singvogelarten, die uns allerorts begeisterten, bewunderten wir immer wieder, verloren im Azur, den Herrscher dieser Lüfte, den mächtigen Condor.

Überall gibt es ausreichend Wasser, unzählige Flüsse und Quellen. Auch hier in den Bergen, obwohl es drei Monate keinen Tropfen regnete. Paradiesische Inseln, ideale Lebensbedingungen für die freilebende Tierwelt. Da können diese Kapitalgeweihe heranreifen, deren Fotos in jüngster Zeit um die Welt gingen.

Und die konnte ich teilweise im Original bewundern! Zunächst im Jagdhaus unseres Gastgebers, dessen Trophäenhalle es sicherlich mit der jedes Texaners aufnimmt.

Hugo, mein Freund und der Revierinhaber, ist ein Hirschfanatiker. Ein Profi in Theorie und Praxis, wie er mir bisher kaum begegnete. Ihm ist übrigens — und darum zählt seine Hirschleidenschaft für mich doppelt — auch die Jagd auf das meiste Wild der übrigen Welt nicht fremd. Natürlich hat er seine ureigenste Hirsch-Philosophie.

Im zehntausend Einwohner-Städtchen San Martin de los Andes, knapp 200 Kilometer nördlich des inzwischen zum internationalen Skitummelplatz aufgerückten Bariloche, in einer Welt von Bergen und Seen, schöpft er aus dem Vollen. Der 400 000 Hektar große Naturschutzpark Lanin, im Westen der Provinz gelegen und nach dem gleichnamigen 3900 m hohen Vulkan benannt, ist das Herzstück.

Selbst für einen von den Waldgebieten Osteuropas verwöhnten Jäger sind die Ausdehnungen der gewaltigen Urwaldgebiete der Andenregion kaum vorstellbar. Sie ziehen sich, wie bespielsweise entlang der »Route de los siete Lagos« (Straße der sieben Seen), bis hinauf in die höchsten Gebirgsregionen. Sie umrahmen die Seen- und Berglandschaft, ohne eine Spur von Tourismus. An das dort beheimatete Hirschwild ist aufgrund unüberwindbarer Landschaftsbarrieren teilweise bis heute noch nicht heranzukommen. Von seiner Existenz kündet nur das Echo gewaltigen Brunftgeorgels.

Am ersten Abend sind wir zu einem spanischen, mehrstündigen Essen in den großen Salon der Jagdvilla geladen. Unvergleichlich der vom peruanischen Butler servierte »asado creole«, ein gemischter Grillspieß mit gigantischen Fleischportionen verschiedenster Provenienz, dazu in Armagnac eingelegte Pflaumen und süßes Apfelmus — unvergeßliche Köstlichkeiten! Gleichzeitig genießen wir Rotwein aus Mendoza, sowie selbstgezogene Williamsbirnen und Pfirsiche, sofern man nach all dem Vorabgereichten, etwa der »Empanada« (Fleischpastete) oder dem Zwischengericht »Locro«, einer leckeren Kürbissuppe mit Fleischwurst, Mais und Bohnen, überhaupt noch »einsatzfähig« ist.

Spätabends wird noch umgepackt, um dann hundemüde, aber in bester Stimmung, ins luxuriöse Bett zu fallen. Das ist ab morgen sicherlich anders!

»No braman!«

Unser Camp, schon vor Tagen in den Bergen errichtet, wird von einem Pferdeburschen bewacht. Auf breiten, staubigen Überlandstraßen, sie erinnern mich an die 50er Jahre bei uns zu Hause, klettern wir immer höher die karstige, zu Beginn des Herbstes jetzt vegetationslos wirkende Bergwelt hinauf. Der alte Ford zieht eine kilometerlange Staubfahne hinter sich her. Nur gut, daß es hier kaum Verkehr hat. Das Land, sonst um diese Zeit durch erste schwere Regenfälle grün und üppig, ist noch braun verdorrt. Die weiten Berghänge, verwitterter Fels, sind von Schotter bedeckt. Monatelang gab es keinen Regen, Mensch und Tier stöhnen bereits unter der Hitze. Eine schwarze, unheimliche Wolkenwand weiter drüben im Osten, wo die Waldgebiete in die Pampa übergehen, kündet von gewaltigen, seit Wochen tobenden Bränden. Viele Quadratmeilen groß, kommt dort längst kein Sonnenstrahl mehr zur Erde durch.

Bereits in Buenos Aires stieg um die Mittagszeit das Thermometer auf plus 36° Celsius. Bei zusätzlich 82 Prozent Luftfeuchtigkeit wagt sich hier niemand mehr, außer ihn zwingen Geschäfte, auf die Straße. Nur »airconditioned« ist jetzt das Leben in diesem »Schmelztiegel Südamerikas« noch einigermaßen erträglich. »Buenos Aires«, ein Name, den die ersten Seefahrer diesem Ort als Dank für die günstigen Winde gaben, macht seinem Ruf augenblicklich keine Ehre! Das ganze Land leidet unter der lähmenden Hitze. Während des Fluges lag auch die mittelargentinische Pampa, mit ihrem Getreideanbau und der Viehzucht wirtschaftlich die wichtigste Provinz Argentiniens, wie ausgelaugt unter uns. Sogar die bedürfnislosen Schafe stehen bewegungslos in der Mittagsglut, die Köpfe in einem Halbkreis gegen die Sonne zu einem schattigen Mittelpunkt zusammengesteckt. Die auf müden Gäulen vom Markt nach Hause trottenden Indios, die hier nur Pferdefleisch essen, wirken unter ihren flach breitkrempigen Filzhüten, trotz der malerisch bunten Schulterschals, wie die Ritter von der traurigen Gestalt. Nur den über gepflegtem Spielfeld auf Rassepferden polospielenden »Caballeros« scheint die Hitze nichts anzuhaben.

Die entlang der Hauptstraße zu beobachtenden Greifvögel wurden mit Sicherheit durch die während der Nacht von Überlandtrucks totgefahrenen Feldhasen angezogen. Buchstäblich alle paar hundert Meter liegt ein zermatschter Lampe auf der Straße, ein Hinweis auf das auch später bestätigte, unvorstellbare Hasenvorkommen. Während meiner Bergpirsch flitzte unter jedem Tritt ein Krummbeiniger aus den kniehohen, die Andenvorberge wie Strandkörbe überziehenden Hartgras- und Dornstrauchkugeln. Der büschelbildende Bewuchs ist typisches Merkmal dieser Monte-Vegetation und natürlich ein idealer Lebensraum für Rebhuhn und Feldhase, der ebenfalls erst 1888 aus Europa eingeführt und schon 1908 zum Schadwild erklärt wurde. Von letzteren habe ich am zweiten Tag, mit einer alten spanischen

Hahnflinte, innerhalb einer knappen Stunde ein halbes Dutzend für den Kochtopf besorgt. Es wäre gewiß eine einzigartige Erinnerung an vergangene Zeiten, wenn man hier einmal mit sechs bis acht Jägern in Streife auf Hasen Dampf machen würde. Bei durchschnittlich hundert Hasen und mehr je 10 Hektar Flur, wahrhaft eine Verlockung!

Aber jetzt gilt es dem Rothirsch. Sofern nicht ein Wunder geschieht, was bei dieser außergewöhnlich milden Witterung, wo es einem sogar hoch oben im Gebirge mit einer Decke im Zelt noch zu warm ist, immer fragwürdiger erscheint, bleiben wir Schneider.

Nur ein paar kalte, trockene Herbstnächte, dazu einige Sonnentage, und das Brunftgeschehen würde sofort in Gang kommen! Kristy, der Begleitjäger, ist überzeugt, daß jetzt, Ende Februar, die Geweihe fertig vereckt und verfegt sind, deutet jedoch immer wieder hilflos und resigniert in die höheren, deckungslosen Bergregionen hinauf. Dort vermutet er die alten Herren. Abends, nach stundenlangem Ritt durch die mit zähem Dickbusch bestandenen Bergschluchten, hocken wir mißgelaunt vor dem Zelt und lauschen in die sternklare Nacht hinaus: »No braman!« Nirgends auch nur der Ansatz eines Röhrens oder Trensens! Natürlich hatten wir über die Berghänge verstreut Hirschrudel mit insgesamt gut 60 Stück Kahlwild, teils bis auf 100 Gänge nahe, im Anblick, aber außer einigen Spießern und jungen Sechsern war da weit und breit kein reifer Hirsch. Da ich auf einen »Schneider«, auch wenn das sehr erwünscht gewesen wäre, nicht krumm machen wollte, fiel mir »Feuerdisziplin« nicht schwer.

Am nächsten Morgen schwand die letzte Hoffnung. Nirgends spürte sich ein liebestoller Geweihträger. Weit und breit keine von Sehnsucht oder Argwohn bestimmte Stimme eines respektheischenden Platzhirsches.

Inzwischen hatten wir ein riesiges Gebiet unter die Hufe genommen und somit gute Übersicht. Doch außer einigen — zugegebenermaßen »muy grandes« • — Trittsiegeln auf staubigem Wildwechsel, konnten wir trotz sorgfältigem Abglasen weder auf den Hochalmen noch in den Flußtälern einen Kapitalhirsch entdecken.

Dabei war jede der Pirschen von oft überraschenden Begegnungen begleitet. Kamen wir zufällig einem Rudel zu nahe, dann sanken wir lautlos nach vorne und verschmolzen so mit dem Hals unserer Gäule. Damit überlisteten wir die aufmerksamsten Alttiere, da ihnen der Anblick halbverwilderter Pferde nichts Ungewohntes war. Die geduldigen Vierbeiner machten instinktiv alles mit und gestalteten die schwierigsten Ausritte auch für den Nichtreiter zu einem angenehmen Erlebnis.

Am Abend des dritten Tages, als die letzten Sonnenstrahlen den gewaltigen, zinnenbewehrten Felskoloß »Piedra de Pilolil« in dunkle Schatten hüllten, während wir am offenen Lagerfeuer hockten und hoch über uns dem keilförmigen Geschwader laut schnatternder Magellan-Gänse zusahen — die durch

die kalte Nacht, hinweg über die hohen Bergketten der Westkordillern, Richtung Pazifik zogen — fiel die Entscheidung: Abbruch der Jagd und Verlegung der Pirsch ins nachbarliche Chile. Das gab Sinn und bedeutete gleichzeitig eine neue, aufregende Ergänzung des Jagdprogramms.

Hirschbrunft in Chile

Früh am nächsten Tag verlassen wir San Martin in südwestlicher Richtung. Nach mehrstündiger Fahrt durch die langgezogenen, trogförmigen Täler der Südkordillern, teils über enge, meist unbefestigte Paßstraßen, durch eine Landschaft, die mit ihren scharfen Bergkämmen, ihren dichtbewaldeten Schluchten und Kahlschlägen, mit den schmucken Einzelgehöften inmitten der Sonnenhänge den Alpen ähnlich ist, erreichten wir den chilenischen Schlagbaum. Kaum 50 Kilometer Luftlinie weiter westlich, auf der Pazifikseite der Anden, welche die meisten Niederschläge der Westwinde abfängt, herrscht ein völlig anderes, fast subtropisches Landschaftsbild. Wir fuhren bisher durch die endlosen Nire-Wälder

Von den Hirschvorkommen in diesen Bergtälern kündet oft nur das Brunftgeorgel.

Ostargentiniens. Dieser dominierende Hartholzbaum, bis zu 40 Meter hoch, verfärbt sich jetzt gerade herbstlich rot und erinnert mich mit seinen filigranartigen Etagendächern an die Schirmakazie Afrikas. Ein ferner Hinweis an die Kontinentalverschiebung, an das Auseinandertriften von Amerika und Afrika vor über 50 Millionen Jahren! In Chile durchqueren wir feuchtschwüle, mit dichtem Bambus verfilzte, urwaldhafte Ulmowälder, die bis hinauf in die höchsten Bergregionen vom tiefsatten Grün üppig wuchernder Lianen überzogen sind. Ähnliches war mir zuletzt in den Bergwäldern der Provinz Kaffa in Äthiopien begegnet!

Gleich beim ersten Disput im Jagdhaus klagt der deutschsprechende Revierinhaber, Sproß einer seit fünf Generationen in dieser Gegend Chiles ansässigen Familie, über die ungewöhnliche Hitze und den überfälligen Regen. Doch vereinzelt schreien schon Hirsche! Etwas zaghaft, aber immerhin! Knapp vor Einbruch der Dämmerung,

im Verlauf einer kleinen »Schnupper«-Pirsch entlang einer von meterhohen Bambusdickungen umgebenen Feldflur, erhalten wir einen ersten Eindruck: gepflegte Pirschwege, vorbildliche Kanzeln und — wie bestellt — eine Begegnung mit sage und schreibe fünf, vielleicht 350 Meter entfernt äsenden, einander immer wieder anrempelnden Rothirschen. Etwas abseits davon der bereits erwähnte »Kreisstangenhirsch«, den mir zwei Tage später dieser unverschämte Graufuchs so gründlich verprellte. Immerhin, das ließ sich gut an! Später, als der vollgesichtige Mond eine fast »japanische« Stimmung über den 80 Kilometer langen Rupanco-See zaubert, der sich zwischen dem Jagdrevier und dem davor hoch aufragenden, eisgepanzerten Vulkan Osorno erstreckt, genießen wir noch lange die Gemütlichkeit des Jagdhauses, jeder mit seiner Phantasie, seinen Träumen — und natürlich mit den Geweihten dieser Gegend beschäftigt.

Vorher schon, beim Studium des

Auf einem Hochplateau der Ostanden. Gewitterstimmung während eines Pirschrittes.

Berges alter Abwurfstangen aus dem vergangenen Jahr, stockte mir der Atem. Da waren zwar keine 30-Ender dabei, wie die der berühmten Ehrbacher oder Arco'schen Kollektionen bei uns zu Hause, auch kein 24-Ender mit knapp 20 Kilogramm, wie sie der stärkste, vor etwa 200 Jahren (!) erlegte Hirsch der weltberühmten Moritzburger Trophäensammlung noch heute aufweist, immerhin aber eine Unmenge klotziger 18- und 20-Ender mit Sprossenmaßen und Auslagen, die sich vor den Weltklasse-Matadoren Osteuropas nicht zu verstecken brauchen. Vielleicht fehlt einiges an Geweihgewicht — was die Fachleute auf mangelnde Mineralien zurückführen — vermutlich aber auch etwas Lebensreife.

Ich meine überhaupt, daß die noch vor einem guten Jahrzehnt gängige Auffas-

sung, der Rothirsch sei zwischen dem 12. bis 15. Kopf auf dem Höhepunkt seiner Lebensbahn, weltweit heute immer seltener in die Praxis umgesetzt wird. Wie sonst konnte bereits im Jahre 1975 mein ungarischer Brunfthirsch mit 16 Lebensjahren, nachzulesen im staatlichen Trophäenbuch, als der älteste erlegte Rothirsch des Jahres gelten? Die bittere Erfahrung, daß allzuoft eine ausgeprägte Brunftmähne und überzogenes Paschagehabe, zusammen mit einem kiloschwer über dem Ziemer prahlenden Geweih, das Nervenkostüm des Jägers vorschnell überzeugt und aufgeregte Begeisterung allzuleicht die Büchse an die Backe führt, ist nicht von der Hand zu weisen. Doch wer wirft den ersten Stein? Mein Gastrevier konnte sich jedenfalls mit seiner Rotwildhege sehen lassen: von den etwa 200 Kopf Hirschwild waren auf dem gut 1500 Hektar-Revier sicher 50 Aufhabende. Jährlich werden 10 bis 15 Geweihte aller Alters- und Güteklassen gestreckt. Allerdings auch in den umliegenden Revieren, wie eine Reihe wuchtiger Abwurfstangen beweisen, deren Träger meist nach der Brunft nicht mehr auftauchten.
Das chilenische Hirschvorkommen stammt aus Einbürgerungen argentinischen Rotwildes. Es weist sowohl den kronenbildenden »hipalophiden«, wie auch den endenarmen »wapitoiden« Hirsch auf. Die Körpergewichte liegen über denen des europäischen Hirsches, die Geweihgewichte bei 10 bis 12 Kilogramm. Es wurde in den Jahren 1928 bis 1930, insbesondere aber zwischen 1948 und 1952 in Südchile ausgesetzt und in zum Teil bestgehegten, selektiv bejagten Revieren, zu einer vier- bis fünftausend Häupter starken Population hochgebracht. Klima und Lebensraum, insgesamt etwa 240 000 Hektar Hirschgebiete, sind ideal, fast »österreichisch-ungarisch«. Nichts, außer dem gelegentlich noch vorkommenden Puma und einigen nach wie vor expansiven Viehzüchtern, die im Rotwild einen Nahrungskonkurrenten sehen, beeinträchtigt diese erfreuliche Entwicklung.

Wer sich auf diese »Schornstein«-Kanzeln traut, hat sich eine gute Trophäe verdient.

Pardoniert!

Begleitet vom monotonen Ruf des Turteltaubers, begeben wir uns zum Abendansitz. Unten am See, eine bequeme Stunde Fußpirsch entfernt, röhrte heute morgen mehrmals recht beindruckend ein Hirsch. Meine gerade geäußerte Frage, ob wir in dieser

Gegend von »bellenden« Füchsen ungeschoren bleiben, wird nicht mehr beantwortet, da wir bereits vor der Kanzel stehen und in unmittelbarer Nähe zwei »Hembras« (weibliches Wild), das Alttier besonders neugierig und mit langem Hals, herübersichern. Dieses Baumhaus ist wenigstens nicht so schwindelerregend hoch wie das von heute morgen, welches mit gut 15 Metern, noch dazu auf einem nach vorne überhängenden Baum und nur über in den Stamm geschlagene Eisenbügel ersteigbar, nicht nur meiner Frau Knieschlottern verursachte. Das ist jetzt nur ein Kinderspiel!

Kaum haben wir Platz genommen, da schiebt sich schon mit kräftigem, langgezogenem Röhren der Platzhirsch aus dem Schutz des Dickichts auf die noch leere Bühne. Jung oder alt? Der Hirsch steht gut im Feist, sein Brunftkragen ist mittelstark, sein Geweih mit zwei edlen Kronenkörben entspricht der Vorstellung des klassischen 16-Enders. Da schreit er wieder! Hell oder dunkel, ein bereits tiefer Baß? Kann man unseren Altvorderen trauen, die vor 200 Jahren schon behaupteten: »Starke Hirsche schreyen stärker und in tieferem Ton als geringe, und es läßt sich daher aus dem Tone die Stärke des Hirsches beurteilen«? Wir sind uns schnell einig: Ein braver, durchaus jagdbarer Hirsch, mehr nicht. Dennoch wird der Bursche zur Nervensäge. Er versammelt inzwischen ein vielköpfiges Rudel Kahlwild um sich und stolziert ununterbrochen, 80 bis 150 Meter vor uns, auf einer teilweise umgepflügten Altheuwiese hin und her. Die leibhaftige Versuchung! Bisher nur erfolglose Pirschen, nur noch zwei Jagdtage und jetzt in Steinwurfweite, bei hellem Tageslicht ein Geweihträger, der sich fast hausbacken vertraut mit seinem Harem beschäftigt. So viel Glück widerfährt mir sicher so schnell nicht wieder! Einerseits. Andererseits ist mir dies alles zu wenig Jägerei. Es fehlt der Reiz einer Herausforderung, wobei es mir nicht um den alten, überflüssigen Streit »Brunftjagd, ja oder nein?« geht. Hier teile ich Graf Palffeys Meinung, daß die »Entrüstung der Nichtjäger, den hilflosen Hirsch während seiner Paarungszeit auf ›gemeine Weise‹ zu töten, eine Humanitätsduselei der Jagdanalphabeten (ist)«. Was mir widerstrebt, ist die banale »Schießscheiben«-Situation! Deshalb: der Hirsch wird pardoniert, zum Leidwesen meiner Jagdbegleiter! Übrigens zur Freude meiner Frau, die später beichtete, daß sie insgeheim wünschte, der Hirsch würde sich endlich zurückziehen und bei Büchsenlicht nicht

mehr »zur Exekution« antreten. Da außer einigen Beihirschen wenig Aufregendes mehr zu erwarten ist, baumen wir lange vor der Dämmerung ab und nehmen uns Zeit für die Heimpirsch.

Da passierte es

Zum wiederholten Male hatten wir soeben Wiesen, Heckenstreifen und Dickungsränder abgeglast, als ich, fast aus dem toten Blickwinkel heraus, in einer Schneise eine Bewegung mitbekam. Keine Frage, das war ein starker, sich lautlos absetzender Aufhabender gewesen. Vielleicht die letzte Chance! Sofort schickte mich der Jagdleiter alleine — während er mit den Begleitern scheinbar unbeteiligt seinen Weg fortsetzte, in der Hoffnung, der Hirsch würde das auch richtig verstehen — auf eine etwa 150 Gänge an einem Feldknick stehende Kanzel. Noch eine knappe Viertelstunde Büchsenlicht: »Nur der Jäger Unverdrossen hat schon manchen Hirsch geschossen!«

Kaum sitze ich vor Aufregung und Anspannung schwitzend in luftiger Höhe — der Boden ist voll von leeren Nußschalen, die bei der leisesten Bewegung wie Knallerbsen krachen — und schon vermeldet der Hirsch halbschräg, völlig gedeckt, hinter einer breiten Waldschneise. Er hatte sich schneller als gedacht verdrückt, das Absetzmanöver meiner Begleitung aber nicht honoriert. Die Zeit verrinnt. Immer wieder höre ich den mehrmals kurz trensenden Burschen, der jetzt, für mich nicht einsehbar, entlang einem riesigen Buschverhau hinter mir auf und ab patrouilliert. »Wenn ihm doch irgendein Nebenbuhler in die Quere käme und ihm Beine machte«, flehe ich innerlich und bin sicher, daß man den Recken mit der Muschel vor die Büchse rufen könnte. »Ja, könnte...«, sinniere ich noch, als mich von unten leises Klopfen ruft. Für heute ist »Jagd vorbei«. Der hinreißende Liebesakt eines schwarzweiß gekleideten Stinktierpärchens mitten auf dem Pirschpfad motiviert uns für den nächsten Morgen: »Wer nicht wagt, gewinnt nicht!« Schneller als daheim, fällt bald darauf die Nacht über uns.

Beim Kirchgang

Trotz Zweifel am Erfolg eines Frühansitzes auf der Kanzel des Vorabends — ich hatte keinerlei Kahlwild gesehen und konnte nach diesem flüchtigen Anblick den Hirsch keinesfalls als jagbar bestätigen — reizt mich dieser Heimlichtuer.

Bei völliger Dunkelheit, auch auf die Gefahr hin, etwas zu vertreten, was in der Brunft nicht gar so folgenschwer zu sein braucht, klettern meine Frau und ich strumpfsocken in die Kanzel. Durch feuchtkalten Frühnebel, der hüfthoch, weich wie Watte über der Erde liegt, gelangen wir ohne viel Tamtam in den Ausguck. Ich habe das untrügliche Gefühl, daß der Geweihte von gestern abend mir heute bei seinem »Kirchgang«, irgendwo in dieser zum Morgenbummel förmlich einladenden Auenlandschaft, vor die Büchse kommt. Warum sollte mich Hubertus gerade jetzt im Stich lassen? »Nur die Lumpe sind bescheiden«, sagte schon der kluge Goethe.

Ein ruhiger, bleischwerer Morgen zieht herauf. Noch scheint die Erde tief Luft zu holen für den neuen Tag. Später, am Ende des fast einstündigen, zermürbenden Wartens, ziehen plötzlich, noch schemenhaft verhüllt vom Morgendunst, vier Rotwilddamen mit Nachwuchs, gefolgt von zwei Junghirschen, in die Arena. Wo ist der Nachtrab und der üblicherweise mit viel Pathos zum Verband tretende »Macho«?

Doch der »Chef« läßt sich Zeit, tut keinen Schnaufer. Sein Selbstbewußtsein fürchtet keinen Widersacher. Inzwischen orten wir bereits eine Handvoll kräftig orgelnder Hirsche um uns. Allerdings keinen in unmittelbarer Nähe. Mißfällt dem Haudegen, der irgendwo im nahen Busch steckt, etwa doch die Störung vom gestrigen Abend?

Abwarten! Das sind dann jene Minuten und Stunden, die jedem Jäger im Gedächtnis bleiben, die Herz und Geist für die leisen Stimmen der Natur und die in ihr verborgenen Kräfte empfänglich machen. Sie beflügeln unsere Phantasie, ziehen hinauf bis zu der von Geheimnissen umgebenen Andenwelt, hin nach San Juan, wo erst vor einigen Jahren in 6200 Meter Höhe (!) die gut

400 Jahre von Frost und Eis umfangene, mumifizierte Leiche eines Indio-Jägers entdeckt wurde. Wem die Rothaut wohl in dieser Höhe nachstellte? Hatte er sich überschätzt, voll Anmaßung die Götter herausgefordert? Jagd hat immer auch mit Demut und Respekt vor der Allmacht der Natur zu tun. Wehe, wenn dies der Mensch vergißt!

Da reißt mich kurzes, gleich darauf langgezogenes, heiseres Röhren hoch. Und endlich, keine 250 Gänge entfernt, stolziert mit weitausholenden Schritten der »Herr des Hauses«, Windfang und Haupt mit der beachtlichen Stirnwehr gebieterisch erhoben, mitten in sein Rudel. Gleichzeitig, während ich mit dem Glas Haupt und Körper abtaste, hastig Stangenstärke, Endenzahl, Auslage und Benehmen des imposanten Burschen studiere, rutsche ich in die gegenüberliegende Ecke der Kanzel. Jetzt paßt's! Dort steht »mein« Südamerika-Hirsch: ein ungerader 16-Ender, 10. bis 12. Kopf! Gestern abend selbst entdeckt und heute früh bestätigt — hier gibt's eigentlich nicht mehr viel zu überlegen!

All das ist kaum zu Ende gedacht, da prescht der Kapitalhirsch, mit dem Recht des Stärkeren, auf einige abseits stehende, immer wieder ängstlich zu ihm hinsichernde Beihirsche los und zeigt ihnen, wo es lang geht. Die Bürschlein sollen von Anfang an wissen, wer auf der obersten Sprosse der Leiter steht!

Anschließend zieht der Platzhirsch majestätisch den Hang hoch. Am liebsten hätte ich, wie einst unsere Altvorderen, gerufen: »Tago, tago! Juché, ein Hirsch!« Der Geweihte läßt mir wenig Zeit maßzunehmen. Er ist ständig in Bewegung, wird gelegentlich kurz frei, ist dann wieder von seiner Damenriege gedeckt. Keine Hast!, sage ich mir vor und genieße das wilde Hin und Her. Bei dieser Übersicht, »von neun bis vier im Uhrzeigersinn«, wird er mir kaum entwischen! Gerade will ich meinem Weib, die das einzigartige Naturschauspiel begeistert verfolgt, etwas vom Aber-

Diese ebenmäßigen Geweihe nehmen es nach Endenfreudigkeit, Sprossenmaß und Gewicht mit den »Osteuropäern« auf.

glauben der höfischen Jagd zuflüstern, wo man fest annahm, daß Hirsche, um ihren Aufenthalt zu verheimlichen, »…sich zuweilen auf einen vier bis sechs Fuß hohen, von Ausschlägen umwachsenen, dicken Stock setzen und den Jäger oder die Treiberleute ganz nahe an sich vorbeigehen lassen«, als sich die Versammlung überraschend, spitz auf mich zu, in Bewegung setzt. Der Gebieter, mit hocherhobenem Haupt, schnurstracks hinterdrein. Verflixt, jetzt pressiert's! Breit aufgefächert, ist das Rudel beinahe schon unter meiner Kanzel. Der Hirsch bildet, teilweise immer wieder durch überhängenden Randbusch gedeckt, keine 70 Meter mehr entfernt und ständig von Geäst verschluckt, die Nachhut. Steil nach unten — ich hänge fast aus der Kanzel — halb freihändig, flattert der Stachel auf dem ruhelos bewegten Blatt des inzwischen recht flott antrollenden Hirsches. Da zerschlitzt der hellscharfe Knall meiner 7 mm Remington Magnum die Morgenstille. Noch im Schuß faltet sich der Hirsch zusammen. Zu Ende ist aller Traum von Macht und

Unbesiegbarkeit. Das Rudel, »seine ganze Freud und Lust«, äugt eine zeitlang noch neugierig, eher unbeteiligt, zu ihm herüber und zieht dann langsam über den Hang hinweg. Lüstern beobachtet von einem jener Heißsporne, dem der Gestreckte vor wenigen Minuten noch Mores lehrte.
Während ich Wache halte und das »Suerte, amigo« (Waidmannsheil, Freund), Schulterklopfen und Händedruck meiner Begleiter entgegennehme, überkommt mich allmählich das behagliche Gefühl jeder »gestandenen« Jagd. Um die halbe Welt nur eines »schlichten« Hirsches wegen? Jawohl, liebe Freunde! Und es freut mich besonders, weil diese Trophäe mich schon morgen über den Ozean begleiten wird. Sie kehrt in die Welt ihrer Vorfahren zurück und erinnert mich — was die heiteren Indios, die mit der stolzen Beute auf ihrem Pferdefuhrwerk bald unseren Blicken entschwinden, wenig bekümmert —, daß alles Leben eben nur ein winziger Schatten ist, »der über das Gras huscht und sich im Sonnenuntergang verliert«.

Aufregend. Der Indio hat alle Hände voll zu tun. »Muchas gracias, amigo!«

Spätnachmittag. Jetzt begibt sich das Wild auf seinen abendlichen Äsungsbummel. ▶

Im Kudu- und Oryxland

Im »Klick« des Rückstechers verläßt die 9,3 x 74R den Lauf und bohrt sich, vielleicht eine Handbreit zu hoch, todbringend zwischen Vorderschulter und Trägeransatz in den Wildkörper. Im Kugelschlag wendet der Kudu, bricht weg und ist im nächsten Augenblick, ohne zu zeichnen, im Felsgewirr verschwunden. Verflucht! Das kann Ärger bedeuten!

NAMIBIA

Mandatsgebiet Südafrikas	
Hauptstadt	Windhoek
	(88 700 Einwohner)
Bevölkerung	1 100 000
Fläche	823 168 km²
Sprachen	Englisch, Afrikaans,
	Deutsch, Bantu
Währung	1 südafrik. Rand
	(R) = 100 Cents

Wildtiere: Bleßbock, Eland, Elefant, Gepard, Giraffe, Gnu, Hartebeest, Honigdachs, Kudu, Leopard, Löwe, Nashorn, Niederwild, Oryx, Pavian, Rotluchs, Schabrackenhyäne, Schakal, Springbock, Stachelschwein, Steinböckchen, Warzenschwein, Strauß, Berg- und Steppenzebra.

Landschaft: Namibia besteht aus einem Hochland (1000-1800 m), fällt im O zur Kalahari sanft und nach W zur Wüste Namib steil ab. Von lichtem Trockenwald, Dornbusch, offener Graslandschaft und Halbwüste im S geht die Vegetation zu Baumgrassteppen im N über.

Klima: In der sich an der Atlantikküste erstreckenden Wüste Namib (»älteste Wüste der Welt«), fällt kein, sonst nur geringer Regen. Im Innern des Landes heißes Festlandsklima mit großen Temperaturschwankungen.

Sehenswürdigkeiten: Etosha-Wildpark. Interessante Stationen, z.B. Fort Namutoni. Übernachtung vorher reservieren. Erwähnenswert ist auch der 1700 m hoch gelegene, 40 km² große Daan-Viljoen-Wildpark, sowie Cap Cross nördlich von Swakopmund mit einer großen Anzahl Bärenrobben.

Jagd: Idealer Einstieg in die Afrikajagd. Ausländer können mit meist deutschsprachigen Guides auf privatem Farmland oder auf staatlichem Konzessionsland jagen.

Kudu

Tragelaphus strepsiceros

E: Greater Kudu
F: Grand Koudou
Sp: Gran Kudu

Ansprechen: Der große Kudu hat eine Schulterhöhe bis 160 cm, bis zu 300 kg Gewicht, der kleine Kudu etwa 100 cm und ca. 100 kg. Das reife Gehörn ist in drei offen spiraligen Windungen gedreht und erreicht durchschnittlich 130 cm. Die Decke ist blaugrau bis rötlichbraun, mit weißen Streifen an den Flanken. Weiße Stirn- und Wangenbänder erzeugen gute Tarnung. Die Kühe sind geringer und tragen keinen Kopfschmuck.

Lebensraum: Bergig-felsiges Gelände und Ebenen mit Strauch- und Baumgruppen. Der kleine Kudu bevorzugt Dornbuschsteppen und Flußuferdickichte in Ebene und Bergland.

Verbreitungsgebiet: Äthiopien, Tansania, Mozambique, Zimbawe, Botsuana, Namibia, Südafrika (ohne Kapprovinz), Zambia, Sudan, R.C.A. Kleiner Kudu in Somalia, Sudan, Äthiopien, Uganda, Kenia und Tansania.

Verhalten: Die alten Bullen sondern sich ab, Kühe, Kälber und Jungbullen leben gesellig. Nach 6-8 Monaten setzt die Kuh meistens ein Kalb, selten zwei. Die heiße Tageszeit verbringt der große Kudu stehend im Schatten der Bäume, der kleine Kudu im dichten Gebüsch. Große Kudus springen bis zu 3 m Höhe.

Artenschutz: WA entfällt.

Jagd: Pirsch am frühen Morgen und Ansitz. Beim Ansprechen auf Ansatz der dritten Drehung des Gehörns achten.

Rekordtrophäe: SCI RBoTA, 1986: Hornlänge links 162,24 cm, rechts 161,61 cm (Zimbabwe 1983).

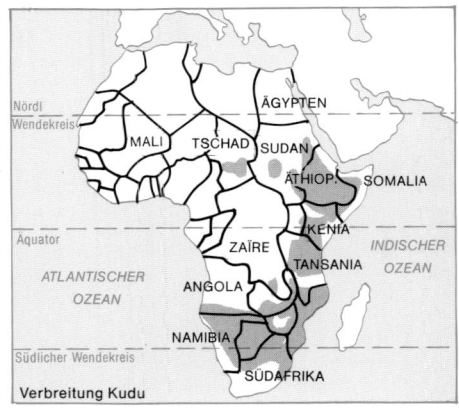

Verbreitung Kudu

Oryx

Oryx gazella

E: Oryx, Gemsbok
F: Oryx, Gemsbok
Sp: Orix gris

Ansprechen: Der Gems- oder Spießbock, wie man die Oryx auch nennt, besitzt eine fahlbraune Decke mit weißer Bauchseite und einen Wedel mit buschig schwarzer Endquaste. Drei weiße und drei schwarze Streifen bilden die Gesichtsmaske. Die sagenhafte Weiße Oryx *(O.g. leucoryx)* ist nur noch in einer kleinen Herde (streng geschützt) in N-Afrika und (wieder!) in Jordanien vorhanden. Schulterhöhe 85-130 cm je nach Biotop und Art, Gewicht von 120-225 kg. Kühe tragen dünnere Stirnwaffen.

Lebensraum: Wüstengebiete, Steppen und Dornbuschsavannen.

Verbreitungsgebiet: Mehrere Unterarten, von N-Afrika bis Arabien, im Senegal, in Äthiopien und Namibia.

Verhalten: Dämmerungsaktiv. Verbringen die heiße Tageszeit im Schatten, sind standorttreu, ohne klares Territorialverhalten. Auf der Suche nach Nahrung ziehen sie weit umher. Spießböcke äsen Gras und schlagen Wurzeln aus dem Boden. Böcke sind oft Einzelgänger. Die Brunft ist nicht saisonal gebunden. Nach 260-300 Tagen Tragzeit setzt die Kuh 1-2 Kälber.

Artenschutz: WA A I Weiße Oryx; WA sonst entfällt.

Jagd: Oryx sind ein sehr mutiges Wild. Bei Lebensgefahr stellen sie sich, gehen sonst flüchtig ab. Um den stärksten Trophäenträger herauszufinden, möglichst nahe heranpirschen. Ein hartes, aufmerksames Wild.

Rekordtrophäen: SCI RBoTA, 1986: Hornlänge links 121,29 cm, rechts 120,33 cm (Namibia 1983).

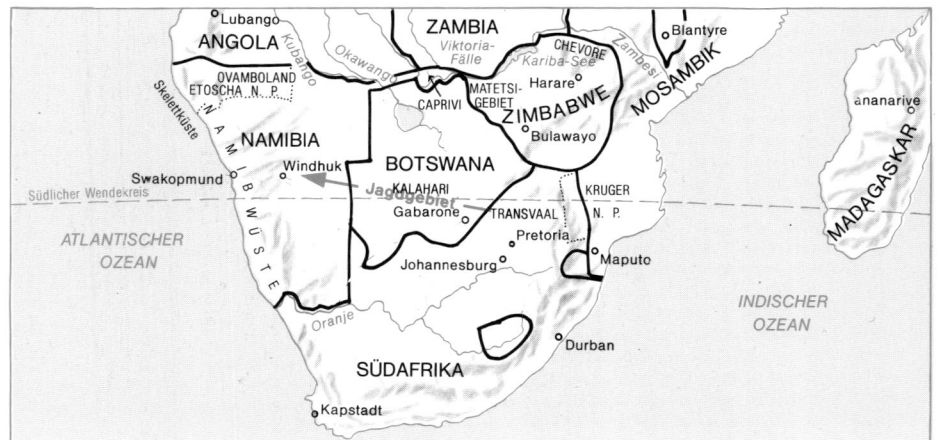

Jagd auf Kudu und Oryx in Namibia

»Kack«, entfuhr es dem sonst eher zurückhaltenden Paul. Doch da war es schon passiert: »Ist die Kugel aus dem Lauf, hält kein Teufel sie mehr auf!« Die Sonne stand bereits im Mittagshoch und brannte voll in den offenen Geländewagen. Wir rumpelten auf gebirgigen Schotterpfaden talwärts, Richtung Farmhaus. Den halben Vormittag lang hingen wir einem Altherren-Club starker Kudu-Bullen nach, hartnäckig darauf versessen, in besseren Wind zu kommen. Umsonst. Trotzdem sollten uns die schon vom Tal aus beobachteten, gemächlich von der einzigen Wasserstelle dieser karstigen Berglandschaft in die entlegenen Gebirgsschluchten rückwechselnden Spiralhornträger — insbesondere ein alter, ungewöhnlich weit ausgelegter Bulle hatte es uns angetan — nicht so leicht entwischen. Anblick macht sinnlich! Bereits während der kurzen Kaffeebegrüßung auf der von exotischen Bougainvillea und leuchtenden Sonnenblumen eingerahmten Veranda des Gutshauses, erwähnte der Farmer diesen Burschen.

Später, nach einer knappen Stunde Fahrt durch den 10 000 Hektar Privatbesitz, das entspricht immerhin 10 bis 15 Gemeinschaftsrevieren zu Hause, hatten wir dann ersten, überraschenden Anblick. Das Revier entsprach den geheimsten Safariwünschen eines Gastjägers. Die Rinderhaltung wurde während der letzten Jahre zugunsten der in Namibia vorkommenden Wildtiere — fast aller Groß- und Kleinantilopen, der Berg- und Steppenzebras ebenso wie der Leoparden und der Geparde — zurückgeschraubt und der schonenderen jagdwirtschaftlichen Nutzung zugeführt. Alles, ohne das Wild letztlich zu gattern oder einzuzäunen! In stotterndem Schrittempo kroch der Allrad über Stock und Stein. Es ging laufend durch ausgetrocknete Flußtäler, in denen sich während der beiden Regenzeiten im November sowie im Januar und Februar beachtliche Wassermassen aus den Berghängen zu Tal wälzen. Im Geröll dieser Mondland-

schaft entdeckten wir dann überraschend einen aufmerksam aus dem Gegenhang zu uns herabsichernden Viererbtrupp reifer Kudus. Sie hatten uns in der leblosen, nur gelegentlich vom melodischen Ruf der Frankoline unterbrochenen Stille, längst mitbekommen.

Eine böse Schlappe

Außer dem Bullen mit dem auffällig ausladenden Gehörn, konnten wir in diesem Verband keinen anderen Kudu als »kapital« ansprechen: Durchschnitt, mehr nicht! Dennoch blieben Zweifel. Die Entfernung von mindestens zwei Kilometern, noch dazu bei dem in der heißen Spätvormittagsluft unvorstellbaren Gleißen und Flimmern über der Landschaft, wo sich immer wieder alle Konturen und Fixpunkte vermischen, war zu groß. Jetzt bräuchte ich mein Spektiv! Wer hätte gedacht, hat je davon gesprochen, daß das »Ausziehbare« bei einer Antilopen- und Gazellenjagd in Südwestafrika, noch dazu in der vegetationsarmen Winterzeit Ende August/Anfang September ebenso unentbehrlich ist wie bei einer Bergjagd?

Da auch hier Zufall und Laune die Welt regieren, beschließen wir auf Verdacht eine weit ausholende »Querbergein«-Pirsch, um das Rudel von Osten her zu übersteigen.

Eile ist geboten, der Wind paßt. Schon beim letzten Sichtkontakt beunruhigt uns, daß die Kudus im Ziehen nur noch gelegentlich äsen und ihr Tempo beschleunigen. »Bei unserem schlauen Plan nützt euch das wenig!«, dachten wir siegessicher.

Nach einer gemächlichen Stunde Aufstieg und einem ersten Blick in das von Dickbusch-Inseln und Bergakazien durchsetzte Gewirr von Schluchten und Quergängen, über ein Panorama, in dem nach unserer Berechnung das Rudel jetzt seinen Einstand haben müßte, werden wir herb enttäuscht. Auf fast allen Berggipfeln verteilt sitzen bewegungslos, wie schwarze Gesteinsbrocken, ein halbes Dutzend Paviane, die bei jeder unserer Bewegungen aufgeregt bellend ihren Clan warnen. Diese Kerle erspähten uns bereits zu Beginn des Aufstiegs und brachten mit ihrem Gekeife natürlich auch die scheuen Kudus auf Trab. Die verstanden diese Signale sofort und verdrückten sich.

Sonnendurchglühtes Land. Namib, die älteste Wüste der Erde.

Das 1903 von den Deutschen erbaute Fort Namutoni inmitten des Etosha-Nationalparks.

Verfolgung sinnlos! Da bräuchte man schon Ausdauer und Sinne des schnellen Geparden.

Die kurze Rast und der herrliche Ausblick über die in der Mittagshitze flirrende wilde Bergwelt, die sich bis heute dem Menschen zu widersetzen scheint, versöhnen uns bald wieder mit der kurz vorher kassierten Schlappe. Auf diesem entrückten Fleckchen Erde offenbarte sich einmal mehr die alte Erkenntnis, daß die Welt einem Buch gleicht, von dem man nur die erste Seite gelesen hat, wenn man nichts anderes als seine engere Heimat kennt. Siesta! Gelegenheit, sich zu trösten: »Dies war der zehnte Tag, an dem wir auf Große Kudus Jagd machten«, schrieb irgendwo Ernest Hemingway, »und ich hatte noch keinen ausgewachsenen Bock gesehen«. Da ging es uns bisher besser! Nach einer Weile saßen wir wieder im Geländewagen und hatten plötzlich jenes Glück, welches Jagd für den Nimrod zur aufregendsten Angelegenheit der Welt macht. Zumindest für denjenigen, der sich schinden mag, der das Ärgern, das Wegstecken-Können und auch das Staunen nicht verlernte.

Es war der Wachsamkeit des schwarzen Stephanus zu verdanken, daß wir im Gegenhang bewegungslos und farblich verschmolzen mit Geröll und dürrem Busch, einen beachtlichen Kudubullen entdeckten.

Wohl ebenso überrascht wie wir, äugte er aufmerksam und neugierig herüber. Keine 150 Meter entfernt!

Ein vorsichtiger Geselle, mit prächtigem, voll ausgedrehtem, knuffigem Spiralgehörn, die blanken, helleuchtenden Enden seiner Stirnwehr mit freiem Auge erkennbar! Waagrecht wie Schalltüten, stehen seine großen Lauscher: Alle Sinne auf Empfang gestellt! Ein würdiger Vertreter Südwestafrikas, welches früher nicht umsonst »Kuduland« genannt wurde.

Es bedarf keiner Absprache, als Paul und ich, so schnell es eben geht, uns auf der Fahrerseite aus dem Wagen winden, die Bockdoppelbüchse in der einen Hand, das Fernglas in der anderen und im Hals vor Aufregung einen dicken »Knödel«. Der Guide, ein junger Berufsjäger, den seine Abenteuerlust von Dänemark nach Südwest verschlug, ist ein vertrauenerweckender Bursche, dem man bedenkenlos einen Gebrauchtwagen abkaufen würde. Aufgeregt zischt er: »Schießen! Schnell! Schieß!«. Es vergehen nur Sekunden zwischen Ansprechen und Anhalten. Ich glaube nicht an einen Erfolg. Unvorstellbar, daß diese scheue Groß-

antilope das quietschende Bremsen, unsere Aussteigehast und die in ihren Umrissen nicht übersehbare Autobesatzung, auch nur einen Hauch länger als die übliche Schrecksekunde hinnimmt! Während ich eigentlich die blitzartige Flucht des Wildes in die hinter ihm abfallende, offene Senke erwarte, taucht bereits das Fadenkreuz ins Blatt des halbspitz gegenüberstehenden, hirschgroßen Wildkörpers. Gleichzeitig erfaßt mich der »Blitz der Gelegenheit«, wie Ortega y Gasset das fiebrige Gefühl einmal beschrieb, welches immer dann hochkommt, wenn man ahnt, daß sich jetzt die beste, vielleicht einzige Chance des Tages oder einer ganzen Reise bietet. Lautlos rastet der Stecher ein, der Zeigefinger krümmt sich.

Fehlschüsse und Nachsuchen

»Unser Wild ist verflucht hart, es braucht akkurate Schüsse«, hatte noch am Morgen der Farmer gewarnt, der von ergebnislosen, tagelangen Nachsuchen ein Lied zu singen wußte. Meist übrigens dann, wenn sich alles so einfach anläßt.

Der Berufsjäger, der im Jahr einige hundert Trophäen mit Jagdgästen streckt und Erfahrung hat, erklärt den nicht seltenen Verlust afrikanischen Wildes damit, daß der Jagdgast oftmals meint, ein Tier, »so groß wie ein Scheunentor« sei gar nicht zu verpudeln, »noch dazu bei 'meinem' Kaliber!«. Dieser Fehleinschätzung folgt dann meist schnell eine tiefe Enttäuschung. Natürlich trifft man den fast pferdegroßen Kudu — aber wie, wo genau?

Die Gründe für Fehlschüsse und das Anschweißen afrikanischen Wildes sind ebenso vielfältig, wie die Erklärungsversuche zu gescheiterten Nachsuchen. Da sind zunächst die notwendigerweise oft weiten, für den europäischen Jäger leicht ungewohnten, freihändigen »Off-hand«-Schüsse. Insbesondere auf ziehendes oder flott abgehendes Wild und ohne die gewohnt feste Auflage. Hier fehlt einfach Übung und Erfahrung! Hinzu kommt der Zwang zu blitzschnellem Ansprechen eines Trophäenträgers, der meist von Busch und Blättern verdeckt wird oder inmitten eines oft vielköpfigen Rudels steht, welches noch dazu ständig in Bewegung ist.

Afrikanisches Wild läßt wegen der Allgegenwart von Raubkatzen seine Umgebung und den meist schon frühzeitig entdeckten Jäger nie aus den Augen. Es registriert jede kleinste Veränderung, die es meist unverzüglich mit Vergrößerung der Fluchtdistanz beantwortet. Ungemein aufmerksam ist weibliches, besonders führendes Wild, das zum Schutz seines Nachwuchses vor Räubern, im Gegensatz zu unserem Wild, unentwegt auf der Hut sein muß. Jeder ungewohnte Laut, schon der plötzliche Schrei eines erschreckt abschwirrenden Vogels oder ein versehentlich abrollender Stein, bringt das ständig in Alarmbereitschaft stehende afrikanische Wild auf Trab. Deshalb ist bei der Jagd immer Eile geboten. Der erfahrene Jäger stellt sich darauf ein. Er weiß außerdem, daß der erste Schuß entscheidend ist. Nachsuchen sind auch in Afrika meist langwierig und gerade bei Hitze kein Spaziergang. Nur selten hat man Ausschuß und Schweiß. Beim fast vier Zentner schweren Kudu oder einem 150 Kilo Oryxbullen meist keines von beiden. Schweiß aus der Einschußwunde ist gering, trocknet oft schnell auf der Decke ein. Rotfährten verlieren sich deshalb leicht im Fels oder in der üppigen Vegetation. Trittsiegel und Eingriffe beschossenen Wildes — für den europäischen Jäger ein wichtiges Indiz — sind bei den in den jeweiligen Äsungsgründen ungemein hohen Wilddichten nur mit großen Mühen herauszufiltern und höchstens von erfahrenen Einheimischen zu halten.

Entgegen landläufiger Meinung ist Wild auf dem Schwarzen Erdteil gar nicht so leicht zu strecken. Auch deshalb, weil die Schockwirkung der gebräuchlichen Geschosse auf Gewebe und Nervensystem, wegen des geringen Wassergehaltes im Gesamtorganismus afrikanischen Wildes, besonders in Hitzegebieten, geringer ist als anderswo.

Gepard. Der schnellste Hetzjäger der Erde kehrt nie zum Riß zurück. Das unterscheidet ihn von allen Großkatzen.

Zufall, Irrtum, Pleite

Schluß mit Theorien! Jetzt zählt die Wirklichkeit. Der Kudu wartet!

Fast im »Klick« des Rückstechers verläßt die 9,3 x 74 R den Lauf und bohrt sich, vielleicht eine Handbreit zu hoch, todbringend zwischen Vorderschulter und Trägeransatz in den Wildkörper. Im Kugelschlag wendet der Bulle, bricht weg und ist im nächsten Augenblick — ohne wirklich nachhaltig zu zeichnen — im Felsgewirr verschwunden. Sofort kommen Zweifel auf. Verflucht! Das kann Ärger bedeuten! Paul und die schwarzen Tracker sind sich ihrer Sache sicher und vermuten den verendenden Bullen nicht weit vom Anschuß: »Come, let's pick him up!«

Wie so oft bei der Jagd, wenn alles gar so geschmiert läuft, ergeben sich dann hintendrauf unvorhergesehene, meist aufregende Überraschungen. So auch jetzt!

Ohne meine Zustimmung und völlig überhastet, stürmt der schwarze Tracker, kaum daß das Echo des Schusses verhallt ist, durch die Schlucht. Wir, notgedrungen hinterdrein. Auf dem Gegenhang, bereits über dem Anschuß, sind zunächst weder der Afrikaner noch der beschossene Kudu zu sehen. Instinktiv laufen wir querfeldein zu einer tieferliegenden, dicht bebuschten Schlucht. Da! Tatsächlich! Keine 100 Meter entfernt im Dornbusch, halbschräg unter uns, genau in Richtung der vermuteten Flucht des Hornträgers, erfasse ich eher zufällig eine verräterische Bewegung: Der Kudu-Bulle sichert, den Windfang hoch erhoben, die Hornwehr zurückgelegt, starr zu uns herüber. »Den hat der übereifrige Tracker aufgemüdet«, fährt es mir durch den Sinn und versuche, hinter der Blattschaufel des vom Strauchwerk stark verdeckten Wildes ins Ziel zu kommen. Freihändig! Während mir der Guide aufgeregt zunickt, lasse ich fliegen. Getreu der

Springböcke. Bullen drehen mit zunehmendem Alter die Hornenden nach hinten.

Die Säbeldolche der wüstenerprobten Oryx fürchtet sogar der Löwe. Vorsicht bei Nachsuchen!

Maxime meines alten Herrn: »Wenn dein Wild nicht im Feuer liegt, dann schieße sofort und solange du ein Haar oder eine Feder siehst — das spart dir Kummer!« Auf bloßen Verdacht hin, hoffe ich, insbesondere um zu einem schnellen Abschluß zu kommen, durch den Blätterwald einen Fangschuß anbringen zu können.

Pauls heiserer Zuruf: »Stop! Nicht schießen!« kommt dann allerdings für den Bruchteil eines Herzschlages zu spät. Der Finger hatte sich bereits gekrümmt, wobei sich auch mir der verhängnisvolle Irrtum sofort offenbarte. Während, zu unser aller Entsetzen, der gerade von mir beschossene Kudu-Bulle hinter der Deckung austritt, leicht wankt und gänzlich frei wird — ich will ihm gerade die Kugel ins Leben setzen — steht urplötzlich, vielleicht 50 Meter links im steinigen Ver-

witterungsschutt, der zuerst bejagte, vom übereifrigen Tracker voreilig aufgemüdete Kudu. Er bricht im selben Augenblick vorne ein und versammelt sich mit leisem Zittern bei seiner Spiralhornträger-Sippe im ewigen Kuduhimmel. Inzwischen ist der irrtümlich beschossene Bulle im Schutz des Dickichts untergetaucht.

Das geht an die Nieren! Unglaublich! In einem Bannkreis von knapp 200 Metern um den Anschuß vollzieht sich eine derart unheilvolle Verkettung von Zufall und Irrtum. In der kurzen Spanne von nur fünf Minuten liegen Aufregung, Jagderfolg und Enttäuschung so haarscharf nebeneinander! Paul wettert eine Zeitlang über unser Mißgeschick. Ich möchte ihm keinen Vorwurf machen. Die beiden etwa achtjährigen Kudus gleichen sich, wie wir später immer wieder kopfschüttelnd feststellen, in Hornmaß und Auslage wie ein Ei dem anderen. Unser Pech war, daß zu Anfang niemand den zweiten Burschen erspähte. Sicherlich erlagen wir auch etwas dem Phänomen

jenes leicht aufkommenden Zweckoptimismus und jener Leichtgläubigkeit, der man bei Nachsuchen allzu gerne freien Lauf läßt, wenn befunktes Wild nicht sofort zur Strecke kommt. Vor allem wenn Ungewißheit aufkeimt!

Dem Glücklichen schlägt kein Gewissen

Aber bekanntlich ist immer schlauer, wer vom Rathaus kommt.

Die Gewissensqualen eines Jägers versteht sowieso nur, wer Verzweiflung und Aufregung nach einem unsicheren Schuß schon selbst am eigenen Leib verspürte! Der Rest der Geschichte? Da bezüglich der tödlichen Wirkung meines irrtümlichen »Fang«-Schusses kein Zweifel bestand und die Kugel, wenn nicht abgelenkt durch den dichten Busch, hinter dem Blatt saß — der krumme Rücken signalisierte Leberschuß — und ich andererseits um die gediegene Arbeit des 19,1-g-TM-Geschosses wußte, genehmigten wir uns nur eine kurze Rast. Auch deshalb, weil ich es für Jägerspflicht halte, verendendem Wild möglichst den Anblick seines Todfeindes Mensch zu ersparen und es andrerseits unverzüglich von möglichen Qualen zu erlösen ist. Hinter der nächsten Bergkuppe, nach einem Fangschuß auf den Träger, hielt ich kurz darauf dem zweiten Kudu die letzte Wache.

Immer wieder glitten meine Hände über die prächtige Hornwehr der Kudus, der wohl malerischsten Antilope Afrikas. Der Gedanke, daß Wild glücklicherweise nicht in der Lage ist, den Tod und seine Unabänderlichkeit zu erkennen, beruhigte allmählich Puls

Meine Zufallsdoublette zeigt, wie leicht man in Teufels Küche geraten kann.

und Gewissen. Je öfter ich die voll ausgedrehten drei Windungen bis hin zur alabasterfarbenen Spitze der Schraubengehörne hochstrich, desto mehr wurde mir mein unglaubliches Jagdglück bewußt. »Dem Glücklichen schlägt kein Gewissen«, hätte Wilhelm Busch geschmunzelt.

Zunächst meuterte die Mannschaft, als sie den ersten, mit viel Mühe auf das Fahrzeug gehievten, fast vier Zentner schweren Bullen wieder abladen und für ein Erinnerungsfoto neben den zuletzt Gestreckten legen mußte. Sie mußte! Schließlich schießt man nicht alle Tage eine Kudu-Doublette, noch dazu unter so aufregenden Umständen! »Kack«, dachte der tüchtige Profi Paul wohl noch geraume Zeit, um sich dann aber bald über den unerwarteten Erfolg und auf den nächsten Tag zu freuen. Da stand »Oryx« auf der Karte!

Denn erstens kommt es anders

Von einem der »Koppies«, dieser wie von Riesenhand in die hügelige Buschlandschaft geworfenen Rundberge, erspähten wir noch im letzten Abendlicht einen ziehenden Gemsbock, wie die Südwester die Oryx-Antilope nennen. Ein vorsichtiger Bursche. In dieser ausgedorrten Umgebung nicht einmal auf Indianersohlen anzupirschen!

Schon gar nicht, wenn diese unverschämten, gut birkhahngroßen Gackeltrappen ständig mit rauhem »Krrrackerkrrrracker« hysterisch über uns in der Luft herumschreien und meinen, sie müßten ihr Territorium gegen uns verteidigen. Ihre Unverfrorenheit kostete uns später vermutlich eine Supertrophäe! Die Oryx war plötzlich verschwunden.

Das steil aufgerichtete, bis über die Mitte hinauf tiefgeriffelte, schwarze Degenhorn dieses Oryx-Bullen, das von der Seite betrachtet immer wieder an das Einhorn aus der frühchristlichen Mythologie erinnert, war ungewöhnlich eng gestellt gewesen und deshalb doppelt interessant. Noch während der Heimfahrt sah ich vor meinem Auge die markant gezeichnete, schwarzweiße Gesichtsmaske des alten Kämpen aufblitzen. Jungbullen tragen graue Stirnwaffen! Ein wehrhaftes, hartes Wild, das sich mutig gegen jeden Verfolger stellt und selbst dem Jäger gefährlich wird. Die afrikanischste aller Antilopen! Mit etwa drei Zentnern Lebendgewicht steht einiges an Stoßkraft hinter den oft über einen Meter langen Hornspießen, vor denen auch Löwen Respekt haben!

Auf dem Rückweg im kalten, bei herabgeklappter Frontscheibe doppelt beißendem Nachtwind ins »Schlaraffenland«, anders kann man die fürsorgliche Betreuung unserer Gastgeber auf »Ongoro Gotjari« nicht bezeichnen, planen wir den nächsten Tag.

Wie immer wurde es spät. Es gibt Neuigkeiten aus Europa und viel Unbekanntes aus diesem herrlichen Land zu berichten. Dennoch hocken wir, pünktlich beim ersten Morgengrauen, im Allrad. Eingehüllt in dicke Parkas, die wir uns noch schnell bei der Ankunft in Windhoek besorgten. Die landläufige Meinung, »in Afrika ist es doch nicht kalt!« hatte sich wieder mal als falsch erwiesen.

Das Fahrzeug bleibt, eine gute Wegstrecke vom engeren Jagdgebiet entfernt, zurück. »Pirschjagd« war meine ausschließliche Bedingung, und nicht nur, weil wir nach den üppigen Mahlzeiten dringend Auslauf nötig hatten. Langsam tuckern wir in den herrlichen Morgen. Beidseits des Weges begegnen wir einige Male dem legendären, starengroßen Reichsvogel, der mit seiner Schwarz-Weiß-Rot-Bänderung an die frühere Schutztruppen-Vergangenheit der Deutschen in Südwest erinnert. Besonders faszinierend ist die akrobatische Morgengymnastik des schwarzen Büffelwebers, der mit seinen weißen Schwingen minutenlang, schwirrend wie ein zum Gleitflug ansetzender Hubschrauber, in der Luft steht.

Als wir uns gerade mit einer deutlich im Sand eingegrabenen Leopardenspur beschäftigen — der Heimlichtuer läßt sich in dieser felsigen und wildreichen Gegend sicherlich so leicht »keine Schnurrhaare ziehen« — überraschen wir einen gelbbraun gestreiften Erdwolf, den der nächtliche Streifzug wohl etwas zu weit von seinem Bau geführt hatte. Eine echte Sensation! Der fuchsgroße Hyänenvetter protestierte dann auch mit entsetztem Fauchen gegen die unerwartete Belästigung und preschte im Zickzack-Kurs davon, wobei er in groteskem Imponiergehabe seine lange Nackenmähne wie ein peitschendes Segel aufstellte.

Langsam pirschen wir durch die offene, teils dicht bebuschte, von kleinen Schluchten und Geröllfalten durchzogene Jagdarena. Gerade glasen wir wieder die Bühne ab, als am Horizont ein Reiter auftaucht. Der Nachbarfarmer kontrolliert den Grenzzaun, der, nebenbei bemerkt, mit seinen fünf bis sieben Spanndrähten für die freilebenden Wildtiere keinerlei Hindernis darstellt. Auch nicht für den Jäger der ihm kaum begegnet. Das Wild wechselt, je nach Nahrungsangebot, von einem Gebiet ins andere. Je weniger von Viehzucht belästigt und je besser von den mit viel Aufwand angelegten Wasserstellen versorgt, desto standorttreuer ist es. Vor etwa 150 Jahren gab es hier, bei ständigem Wassermangel und ohne Farmbewirtschaftung, wesentlich weniger Wild als heutzutage, wobei nachweislich hier früher noch Elefanten und Löwen vorkamen.

Bald ist der Reiter aus unserem Gesichtsfeld verschwunden. Gleichzeitig entdeckten wir eine direkt auf uns zutreibende, im Wind aufwirbelnde und schnell wieder verwehte Staubwolke: Vom Nachbarn in Fahrt gebrachte Bergzebras!

Tantalusqualen

Also doch! Unser Gastgeber hatte schon mehrmals von den bis zu 20 Kopf starken Herden der oft über 350 Kilo schweren, geselligen und ungemein aufmerksamen Felsbewohner gesprochen — ich war skeptisch geblieben.

»Wir haben ein Bergzebra-Permit auf der Lizenz!«, flüstert aufgeregt der Jagdführer, »bist du interessiert?« Da tauchen die Wildpferde auch schon spitz vor uns auf. Keine 200 Meter mehr. Acht bis zehn Tiere. Voraus eine Stute, am Schluß der Kohorte drei Hengste, der letzte der stärkste. Das Gewehr im Halbanschlag suche ich eine Lücke: Strauch, Zebra, Busch, Zebra... wer kennt es nicht, dieses nervenfressende Szenario, das keinen Plan zuläßt, sondern instinktive, blitzschnelle Entscheidungen verlangt? Die Gestreiften sind inzwischen in einen schärferen Trab übergegangen, die Abstände von Strauch, Wild, Busch, Wild, sind dadurch noch enger geworden. Am Ende der Kavalkade suche ich den Hengst, der die anderen fast um eine halbe Haupteslänge überragt.

Jetzt haben uns die Zebras weg! In ungestümem Galopp versuchen sie über den Bergrücken zu entkommen. Da, die Schneise! Die letzte Möglichkeit! »Das sind gut 100 Meter — Vorhalten!«, hämmere ich mir ein, dann bricht der Schuß. Der Hengst quittiert die Teilmantel mit einer abrupten Wende nach rechts, trennt sich von der in wilder Flucht davonstürmenden Herde und wird — bald darauf hinter einer Bergkuppe verschwindend — merklich langsamer.

Wir können es nicht fassen. Bergzebra! Die Oryx ist vergessen. Eine Überraschungsbeute ist gestreckt, dachten wir und warten zunächst einige Minuten voll aufgeregter Spannung. Paul legt die Linie fest: »Bergzebras haben wesentlich größere Lungen als andere Wildtiere. Angeschweißt ziehen sie erfahrungsgemäß bergauf und suchen mit allen Mitteln Anschluß zu ihrem Verband«. Er muß es wissen!

Weit gefächert gehen wir in Streife durch teils enge und tiefe Schluchten, immer durch dichten Busch, den Hang hoch. Hinter jedem Strauch kann sich das todkranke Wild verklüftet haben. Also Augen auf!

Inzwischen warte ich, verunsichert und leicht nervös — die Tatsache, daß Paul die Wirkung meines Schusses genauso beurteilt wie ich, ist etwas Labsal — auf den befreienden, alle Zweifel beseitigenden Ruf: »Hierher!« Nichts dergleichen. Eine Stunde verrinnt. Oben, am Scheitelpunkt des Bergkammes angekommen, entdecken wir kilometerweit entfernt die Zebraherde, die immer wieder verhofft und nach ihrem vermutlich inzwischen verendeten Anführer zurückblickt. Vom beschossenen Hengst keine Spur. »...ziehen bergauf!«, hatte Paul prophezeit. Meine Zweifel in diese Theorie wachsen. Sollten sie sich bestätigen, haben wir das Zebra längst übergangen, womöglich aufgemüdet und irgendwo in diesem gottverdammten Dornbusch bergab gedrückt! Durch das Schicksal zunächst besiegt, zwingt uns die bleischwere Hitze nach einer weiteren Stunde zum Rückzug. Mittagspause. Ich leide Tantalusqualen! »Wir hätten talwärts suchen müssen«, denke ich immer wieder und dränge zum Aufbruch. Nach kurzer Fahrt bereits fuchtelt der schwarze Kundschafter aufgeregt in den wolkenlosen Horizont. Für uns nur mit dem Glas als kleiner dunkler Punkt erkennbar, kreist unbeirrt, lautlos, und ohne Flügelschlag ein Weißrückengeier im Äther. Unsere Vermutungen werden schnell zur Gewißheit: »Genau dort haben wir heute früh das Zebra bejagt!« Bald sind ein halbes Dutzend, in unterschiedlicher Höhe gestaffelt kreisende »Todesvögel« in der Luft versammelt. Geht das schnell! Geier, die »Hennen der Pharaonen«, die im alten Ägypten eigenartigerweise als Sinnbild der Elternliebe verehrt wurden, diese unentbehrlichen Saubermänner der Natur, signalisieren ihrer weit verzweigt angesiedelten Sippschaft ein blutiges Mahl. Jetzt aber vorwärts! Der Geländewagen springt über das Geröll. Uns trennen noch einige Kilometer. »Tempo«, drängt der Farmer, »in einer halben Stunde finden wir nur noch das Gerippe«. Inzwischen wurde aus dem kleinen Schwarm der Luftpiraten eine bedrohliche Flotte, aus der sich bald, immer tiefer und schneller kreisend, ein Vogel nach dem anderen auf den so willkommenen Fraß fallen läßt. Schon springen die Afrikaner vom Jeep und hetzen, teilweise von den mitgeführten Hunden überholt und von uns gefolgt, in die Schlucht hinab. Als sich kurz darauf eine plumpe Wolke dunkelbrauner Schwingen und nackter Hälse in die Lüfte erhebt, weiß ich, daß der atem-

Trockenheit. Jetzt sind die Wasserstellen des Farmers gefragt.

beraubende Wettlauf gewonnen ist. Der Zebrahengst lag talwärts, keine 100 Meter vom Anschuß, am Rande mannshoher Kudubüsche, an denen ich am Vormittag, eine Steinwurfweite entfernt, Richtung Bergspitze vorbeigesucht hatte! Immerhin war die herrliche Trophäe gerettet und unsere schwarzen Begleiter grinsten — zu Recht wie ich meine — ausgesprochen stolz über ihren unbestritten hervorragenden Beitrag zu diesem Erfolg. Ich aber schwor, wie schon so oft in meinem Jägerleben, nie wieder blindlings formelhafter Erfahrung zu vertrauen. »Beschossene Bergzebras können, sie müssen nicht bergauf ziehen!« dachte ich, an die Adresse des guten Paul gerichtet. Bei diesem dramatischen Finale hätte blinde Gutgläubigkeit fast zum Fiasko und zum Verlust einer der schönsten Trophäen des Schwarzen Kontinents geführt. Glück gehabt! Bei der Heimfahrt hatte mich plötzlich der Teufel in den Klauen: Statt St. Hubertus für den glücklichen Ausgang der heutigen Jagd zu danken und sich der Abendstimmung und dem erlebten Glück hinzugeben, war in mir wieder der Beutejäger erwacht. Es lagen nur

noch zwei Jagdtage vor mir, und ohne Oryx wollte ich nicht nach Hause fahre. Zugegeben, ich hatte bereits Tage vorher recht ordentlich »Schwarz-weiß-Maskierte« im Anblick. Aber immer, wenn zuviel geboten ist, wird man heikel und hofft in seiner Vermessenheit auf noch besseres Glück.

Ein Zauderer

Und ich hatte es! Die letzten Strahlen der im Atlantik versinkenden Sonnenscheibe lagen noch rotgolden auf den die Vegetation überragenden Tambuti-Bäumen, da griff ich dem Fahrer ins Lenkrad: »Stop!«. Lautlos schoben wir uns im »Donkey-walk« (Eselsmarsch) auf die von mir gerade entdeckte, hinter einer Mopanebusch-Insel äsende Oryx zu. Der Bulle steht jetzt höchstens eine Büchsenschußweite entfernt, sofern er noch da ist! Wir verständigen uns ohne Worte und ich bedeute dem Guide, daß dies ein Gemsbock mit mindestens einem Meter Lanzenmaß ist. Der Wind paßt. In dieser Lage ist richtiges Ansprechen und schnelles Schießen fast das gleiche! Schritt für Schritt nähern

wir uns der grünen Wand, hinter der ich irgendwo die Oryx vermute. Ob das so klappt?

Vorsichtig, während der Professional auf dem Bauch liegt und versucht, durch die lichtere Bodenbedeckung Einsicht zu gewinnen, rutsche ich auf den Knien bis an den Rand des Mopane. Immer wieder knacken dürre Zweige. Die spitzen Steine spüre ich schon nicht mehr. Da! Keine 100 Meter entfernt steht, im schwindenden Licht noch gut erkennbar, der Maskenträger und sichert aufgeregt prustend herüber. Ich sehe nur noch sein Haupt sowie die weiß gezeichneten Läufe und versuche krampfhaft, inzwischen auf den Hosenboden zurückgesunken, einen letzten bestätigenden Blick auf die Stirnwaffen.

Bedrängt durch Atemnot, Ungewißheit und Aufregung übermannt mich plötzlich das Jagdfieber und es ist höchste Eisenbahn, daß mir Paul, der bessere

Sicht hat, zuraunt: »Super! Schnell, schieß!«

Der Bulle wirkt unschlüssig. Da ziehe ich die Büchse, über den angezogenen Knien aufgelegt, sozusagen im statisch »Goldenen Schnitt des Schießens« verankert, in die Schulter. Spitz von vorne faßt die 9,3 x 74 den Zauderer und zwingt ihn auf den für ihn endgültig letzten Flecken strohgelber Savanne. Ungerührt verdrückt sich aus dem nahen Unterholz ein aus seinem »Jahrtausendschlaf« aufgeschreckter, meterlanger Waran, dessen silbrig schimmernder Echsenpanzer schnell in der Dämmerung verschwindet. Orangefarben, durchwoben von graublauen Wolkenbänken, versinkt die Dämmerung im Zauber der afrikanischen Nacht. Sie scheint von der kleinen Jagdgesellschaft, die sich gerade eigenmächtig in den ewigen Kreislauf von Kommen und Gehen, von Werden und Vergehen eingemischt hatte, keine Notiz zu nehmen.

Sonnenuntergang in Namibia. In letzter Minute wurde die Oryx überlistet.

Lange noch saßen wir an dieser herrlichen Beute und sprachen, wie so oft in letzter Zeit, über Sinn und Notwendigkeit des Jagens. Nach geraumer Zeit, verstrickt im Widerspruch schwieriger Argumente und Gegengründe, erinnerten uns die Schwarzafrikaner dezent, indem sie einfach aufstanden und uns erwartungsvoll anblickten, daß das schwere Wild noch versorgt werden muß und ihr Arbeitstag eigentlich schon zu Ende sei. Der Fortschrittsgeist, mit seinen Freiheiten und Zwängen, mit all seinen Pflichten und Rechten hatte uns wieder eingeholt. Auch Afrika verändert sich!

Aufbruch. Mit dem Packzug geht es für einige Tage in die Wildnis.

Eine starke Dosis Yukon-Fieber

»Der die Zeit erschuf, machte eine Menge davon«, sagen die Dene-Indianer. Wie wahr, dachte ich etwas geschafft aber zufrieden beim ersten freien Blick in die Felswände. Geduld und Mühsal hatten sich gelohnt. Knapp zwei Kilometer entfernt ruhten, im Spektiv als wuchtige Schneckenträger im Gestein deutlich anzusprechen, zwei schneeweiße Dallwidder!

YUKON TERRITORY

Kanadische Provinz	
Hauptstadt	Whitehorse
	(13 000 Einwohner)
Bevölkerung	22 000
Fläche	536 327 km²
Sprache	Englisch
Währung	1 kanad. Dollar
	(Can$) = 100 Cents

Wildtiere: Bison, Dallschaf, Elch, Grizzly, Karibu, Luchs, Moschusochse, Schneeziege, Schwarzbär, Vielfraß, Walroß, Wapiti, Wolf.

Landschaft: Der größte Teil ist Bergland und Tundra. Im N umgeben sumpfige Ebenen zwischen dem Polarkreis und dem Beaufort-Meer die Siedlung Old-Crow und den Porcupine-River. Im S begrenzen die St. Elias-Mountains mit dem höchsten Berg Kanadas, (Mt. Logan 5951 m) das waldreiche Territory. Im O sind es die Selwyn-, im W die Ogilvie-Mountains. Das Flußsystem des Yukon entwässert den S, der Porcupine River mit dem Peel- und Liard-River den N.

Klima: Im S milder Sommer, bis + 23° C. In Whitehorse Wintertemperaturen von −15 bis −20° C, im arktischen N bis −50° C.

Sehenswürdigkeiten: Kluane-Nationalpark im SW (22 000 km²), zur Hälfte mit Schnee und Eis bedeckt. Der »galoppierende Gletscher« drang 1966 in einem Monat 550 m vor. Sehenswert ist die Icefield Range mit Fünftausendern: Mt. St. Elias, Mt. Logan, Mt. Lucania.

Jagd: Yukon ist in 22 Jagdgebiete eingeteilt. Jagd für Ausländer nur mit einheimischen lizenzierten Jagdführern. Der N Yukons ist für die stärksten Elche der Welt bekannt.

Dallschaf

Ovis dalli dalli

E: Dallsheep
F: Mouflon du Canada
Sp: Carnero de Dall

Ansprechen: Die Decke des Dallschafes zeigt reines Weiß. Die an der Basis eng zusammenstehenden Schnecken drehen nach oben seitwärts und hinten, wieder nach vorne und außen. Beim reifen Widder drehen sie bis in Höhe der Lichter hoch (»Vollkreis«). Basis-Umfang ca. 30 cm, Hornlängen bis über 1 m. Geißen tragen nur 25 cm aufragende Hörner. 95 cm Schulterhöhe. Ausgewachsene Widder wiegen bis zu 80 kg.

Lebensraum: Randzonen/Hochalmen der Hochgebirge mit ihren Schnee- und Gletscherregionen. Im Winter ziehen sie in tiefere Lagen, nur selten in ganz schneefreie Zonen.

Verbreitungsgebiet: Dallschafe findet man in Alaska, Kanada und Sibirien.

Verhalten: Geißen und Lämmer leben gesellig. Die Widder bilden »Herrengesellschaften« und stoßen erst im Oktober/November zur Brunft zu den Herden. Sie führen meist nur Ritualkämpfe aus. Nach 6-8 Monaten setzt die Geiß meist ein Lamm. Das Wild ist äußerst scharfsichtig; vergrämt, unternimmt es weite Fluchten.

Artenschutz: WA A II.

Jagd: Die lizenzierte Jagd auf den Widder erfordert bergsteigerisches Können und körperliche Fitneß. Unter Jagddruck ziehen sich die weißen Schafe in unwegsame Gegenden zurück. Früher Aufstieg, Übersteigen des Wildes versprechen Erfolg. Für Amerikaner die beliebteste Trophäe.

Rekordtrophäe: SCI RBoTA, 1986: Hornlänge links 121,60 cm, rechts 116,21 cm (Alaska/Wrangell 1984).

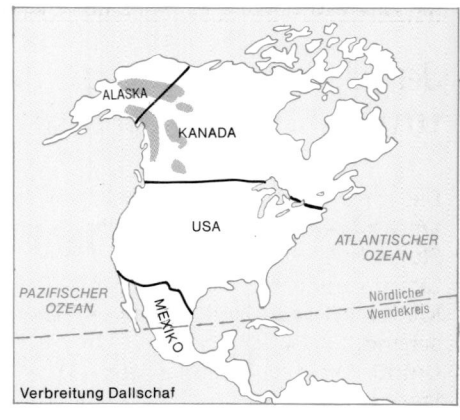

Verbreitung Dallschaf

Karibu

Rangifer tarandus

E: Caribou
F: Renne d'Amérique
Sp: Caribu

Ansprechen: Karibus erreichen eine Schulterhöhe bis 150 cm, Gewicht bis 320 kg. Beide Geschlechter tragen ein Geweih, das Tier ein wesentlich geringeres. Die Decke zeigt eis- bis dunkelgraue Färbung. Der Kopfschmuck ist vielendig, die schaufelartig ausgebildeten Augsprossen sind charakteristisch für den Hirsch, ebenso wie die Halsmähne zur Brunft.

Lebensraum: Tundren und Taiga, Bergmatten und lichte Wälder des Hohen Nordens.

Verbreitungsgebiet: Alaska, Kanada, Grönland, N-Schweden, NO der UdSSR. Karibus verschiedenster Unterarten (Nordamerika: Peary-, Barrenground-, Mountain-, Woodland-Karibu) besiedeln die Länder um den Polarkreis.

Verhalten: Im Gegensatz zum Winter, im Sommer nur kleine Herden. Die Hirsche sind Einzelgänger. Hauptnahrung sind Flechten, außerdem verbeißen Karibus Blüten und Jungholz. Zur Brunft, August bis Anfang November (je nach Biotop und Region) erkämpft sich der Hirsch sein Brunftrudel. Nach ca. 9 Monaten wird das Kalb gesetzt.

Artenschutz: WA entfällt.

Jagd: Indianer und Eskimos jagten an den Hauptwechseln auf Vorpaß liegend. Die Trophäenjagd im September/Oktober wird heute zu Fuß, zu Pferd, mit Allrad oder Skidoo betrieben.

Rekordtrophäe: SCI RBoTA, 1986: Barren-Ground Länge Hauptspr. links 134,62 cm; rechts 137,16 cm (Alaska 1974); Mountain-C. Länge Hauptspr. links 129,22 cm rechts 136,53 cm (Yukon 1982).

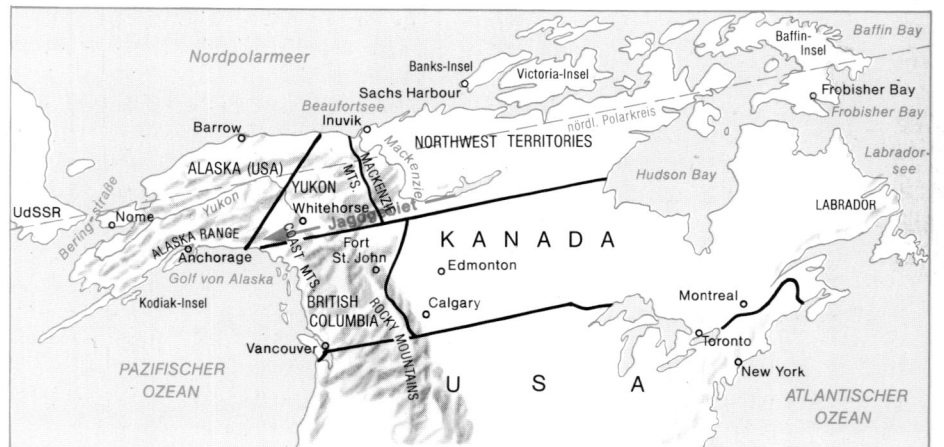

Jagd auf Dallschaf und Karibu in Yukon

Die Tage im wildromantischen Camp am White-River vergingen wie im Fluge. Nach vier vergeblichen, mehrtägigen Außencamps und einer Reihe kräftezehrender, immer wieder enttäuschender Bergpirschen hatte Stan, der Outfitter meiner zweiwöchigen Yukonjagd, endlich eine gute Nachricht. Unsere Pferde waren kaum abgesattelt und trockengerieben, als er seinem Guide Daniel nach dieser ersten, erfolglosen Woche den Auftrag gab, in den mindestens zehn Reitstunden entfernten Vorbergen des Klutlan-Gletschers ein Lager einzurichten. Dort hatte er bei seinem heutigen Erkundungsflug in etwa 2500 Metern Höhe ein acht- bis zehnköpfiges Rudel Dallschafe erspäht, darunter zwei »verflucht gute Full-curl Rams«, wie die Nordamerikaner die reifen Schneewidder mit voller Hornkreis-Schnecke nennen.

Ritt ins Außencamp

Während des für einen Reitmuffel anfangs nicht immer ganz angenehmen Ritts am nächsten Tag, quer durch wild dahinschießende Gebirgsflüsse, stundenlang über lockeres Geröll, auf Wildwechseln entlang bergiger Steilhänge, erinnerte ich mich der Worte eines Alaskaners im Flugzeug, der etwas keck gemeint hatte:
»Die Wildschafe sollte man eigentlich bis zu seinem 35. Lebensjahr erlegt haben!«. Er machte mir damit erneut klar, daß bei der Jagd auf Dallsheep, dieser besonders bei den amerikanischen Jägern gefragtesten Trophäe Alaskas und Kanadas, einiges an Schinderei verlangt wird. Wobei Enttäuschung und Glück — schaut man in die Statistik — meist ganz nahe beieinander liegen.
Mein Flugbegleiter, selbst Jäger, hatte Zahlen parat. Er beklagte, daß insbesondere in Alaska seit 1979 knapp die Hälfte der 40 Tausend weißen Schafe in den zu »National Monuments« erklärten Schutzgebieten der Bejagung entzogen wurden. »Blackout«, nennt er

Ende August brechen die Karibus zu den südlichen Weidegründen auf.

diese rigorose Schutzpolitik der Carter-Administration und fürchtet für die Zukunft Schlimmeres. »Aber wir werden die Leute bekämpfen und sie zur Vernunft bringen«, setzt er nach und erinnert an die staatenweite Kampagne erst vor einem Jahr.
Dabei wurde die geplante Waffenregistrierung in den USA durch die 20 Millionen Mitglieder der »US-Rifle-Association« abgeschmettert. Meinen Einwand, daß der Einfluß der 6,5 Millionen Jäger innerhalb der EG Europas schon längst nichts mehr im Sinne von Mitgestaltung und Initiative auf dem Gebiet Jagd- und Wildschutz bewirkt, stößt bei ihm nur auf Kopfschütteln.
Inzwischen zeigt die US-Wildschutzpolitik Wirkung. Erfolgssichere Schaf-Reviere mit Aussicht auf reife Trophäen sind rarer, die guten jagbaren Bestände noch besser geworden.
Streckten bis Ende der siebziger Jahre jährlich etwa 3000 Jäger in Alaska 1250 Schneewidder, kamen früher auf einen Grünrock 15 Schafe im Vergleich zu heute nur noch neun, so verschlechterte die gleichzeitig verordnete Erhöhung der Schneckenlängen-Vorschrift von Dreiviertel des Hornkreises auf Sieben-Achtel-Kreisbogen — teilweise auf Vollkreis! —, die Chancen zusätzlich. Schon bei gleichbleibendem Bejagungsdruck ergab sich rein statistisch unter dem Strich für den einzel-

nen Jäger nur noch ein »halber« jagbarer Widder. Das war eine schwere Hypothek dieser Jagdreise und gleichzeitig eine Herausforderung im Vergleich zu den Jahren 1979 und früher, mit den seinerzeit noch »eineinhalb« Widdern pro Jäger und einer nachweislichen Erfolgsquote von knapp 40 Prozent.
Nun, Statistiken sind zwar harte, meist aber auch stark hingebogene Wahrheiten! Außerdem, wer läßt sich schon von einer Statistik zum Statisten degradieren? »Vor allem, wenn es um die Erfüllung eines lang gehegten Traumes geht«, wehre ich innerlich ab, als ich nun auf der 20jährigen Pferdedame »Juwel« gedankenverloren dem aus sieben Pferden bestehenden »Packstring« (Packzug) folge.
Außerdem sprach ja auch Stan, mit seinen 60 Jahren ein energischer und erfahrener Outfitter, von »Full-curl« (voller Schnecke). Er ist kein Schönfärber und schien mir beim Abschied voll Zuversicht. Schließlich hütet er seinen Dallschafbestand wie den eigenen Augapfel. Nur äußerst behutsam greift er »selektiv«, ausschließlich im Rahmen der genehmigten Lizenzen, ein.
Inzwischen ist das öffentlich-politische Hickhack verdaut und es besteht eine aus Vernunft und Sachverstand bestimmte Zusammenarbeit aller Beteiligten. Von ihr profitieren Staat und Be

völkerung, Jäger und Jagdwirtschaft ebenso wie die freilebenden Tiere und deren Lebensraum.

»Indian-summer«

Daniel, ein echt sympathischer, gegen sich und seinen Gast nicht gerade nachsichtiger Bursche, mit Galgenhumor und ausgeprägtem Jagdinstinkt, ritt mit zwei weiteren Pferden dem Konvoi voraus. Auf den zu einem Packzug »verkoppelten« Tragpferden waren Zelte, Verpflegung und alle sonst notwendige Ausrüstung für eine Woche Außencamp fachgerecht verzurrt. Er drückte auf Tempo! Als Pferde- und Campbetreuer folgten Robin und Karen, ein Studentenehepaar aus Kalifornien, »Jung-Aussteiger«, die sich für einige Monate in die Wildnis verdingten — ich bildete auf der sittsamen »Juwel« meist die Nachhut. Da ich seit meiner Schulzeit auf keinem Pferd mehr saß, hatte ich zunächst etwas Bammel vor dem Reiten. Doch Daniel unterwies mich schnell wieder in den paar Kniffen, um die fügsame Stute zu lenken: »Aufsteigen, indem man sich gut am Mähnenansatz verkrallt! Leichter Zügelschlag, um nach links und rechts abzudrehen, Druck mit den Schenkeln oder dem Stiefelabsatz, um die Gangart zu steuern!« Das klang einfach und bewährte sich auch in der Praxis. Vor allem, weil die gute »Juwel« ihrem Namen alle Ehre machte!
Es ist Ende August. Viele Kilometer im Umkreis keine Menschenseele. Im Westen, hoch über den noch offenen Berghängen, stehen die von ewigem Schnee bedeckten Gipfel des Klutlan und am fernen Horizont leuchten die kalt-grünen Gletschermassive der alaskanischen Wrangells in der hellen Mittagsonne. Sie sind Teil jener Kordillerenregion, die zu den größten Gebirgssystemen der Welt zählt. In ihr finden sich fünf der acht Landschafts- und Vegetationszonen Kanadas wieder, von den Wald-, Busch- und lawinenbedroh-

Über Nacht hat sich das Laub verfärbt. Der Grizzly ist jetzt den ganzen Tag auf Nahrungssuche.

ten Schneegebieten bis hin zu den Tundren im Norden.

Dazwischen fortwährend gesteinübersäte Berge und Schluchten, zerbröckelnder Basalt und Granit, durchzogen von unzählbaren kleinen Rinnsalen, die im Sommer, zur Schneeschmelze, zu unüberwindbaren, reißenden Flüssen anschwellen.

Bis zu Höhen um etwa 1200 Meter ist jetzt die Landschaft von einer in allen Herbstfarben leuchtenden Laubfärbung und der nirgends sonstwo erreichten, den Jäger immer wieder tief beeindruckenden, unendlichen Stille eingehüllt: »Indian-summer«. Die frühen Fröste haben bereits vor Tagen dem Laub einen ersten Todesstoß versetzt. Es entfaltet jetzt seine kurze, einzigartige Pracht.

Allmählich verengt sich die breite Creek-Mündung zur Schlucht. Aufmerksam und höchst konzentriert überqueren wir, teilweise die Beine waagrecht bis zum Hals des Pferdes hochgezogen, den eiskalten, in gefährlichen Untiefen und reißenden Schnellen sich durch das oft enge Tal zwängenden Gletscherfluß. Immer darauf bedacht, daß weder die Waffe im Holster noch die längst steif gewordenen Beine mit dem Wasser Bekanntschaft machen. Vor allem, wenn die Pferde akrobatisch die vom Wasser überspülten Gesteinsbrocken auf ihren Stand hin abtasten, um dann mit schlafwandlerischer Sicherheit darüber hinwegzutänzeln. Ohne abzurutschen und mit ihrer Last zu stürzen oder gar in einen der lauernden Strudel zu geraten.

Ein Christbaum

Am späten Vormittag, als sich die Morgensonne mühsam ihren Weg in die unwirklich zerklüftete, teilweise einige tausend Meter hohe und nur noch mit spärlichen Flechten sowie Zwergsträuchern besetzte Felsenwelt bahnt, reißt mich ein zufällig erfaßtes, kurzes Aufblitzen aus meinen Tagträumen. Kein Zweifel, irgendetwas in den oberen Buschregionen des quer vor uns liegenden Gebirgszugs reflektierte eben das Sonnenlicht! Das war keine Sinnestäuschung! Eine Glasscheibe, ein Spiegel? Unsinn!

Alaskas Hochgebirge und Bergseen. Die Heimat der weißen Schafe.

Neugierig geworden, reite ich zu Daniel vor. Ein kurzer Blick durchs Glas bestätigt: Karibus! Schon jetzt um diese Jahreszeit, in dieser Gegend?

Der Guide gerät, wie jeder Amerikaner beim Anblick dieses Tundrenwildes, völlig aus dem Häuschen. »Let's go!«, ruft er und gibt den beiden Helfern Anweisung für den Weiterritt mit dem Packzug. Er übersieht bewußt, daß mich diese Jagd, jetzt auf halbem Weg zu meinem lang erträumten Schneewidder, eigentlich nicht sonderlich reizt. Der Draufgänger legt noch nach, indem er das kurze Aufscheinen als Lichtreflex der silbrig-grauen Decke oder der schneeweißen Halsmähne eines alten Einzelgängers erklärt. Vielleicht sogar als Aufleuchten breitgeplatteter, blankgefegter Geweihstangen — was auch ich nicht ausschließe. »Nur mal rüberschauen«, flötet er, »du kannst dann immer noch entscheiden!«. Warum eigentlich nicht? Schließlich wußte ich aus dem Vorjahr, daß diese anpassungsfähigen Geweihträger, die von Nordamerika über Skandinavien bis nach Asien vorkommen, für den Jäger eine immer wieder aufregende Herausforderung darstellen. Sie haben

mit dem domestizierten Rentier der Lappen so wenig zu tun, wie ein braves Hausschwein mit einem grimmen Keiler! Von dieser laienhaften Vorstellung war ich durch eigene Erfahrung längst kuriert.

Als Daniel am Fuße des Höhenzugs vom Pferd steigt, rechne ich mit einer guten Stunde Fußmarsch und bin mit einem Mal so richtig aufgemöbelt. Nach knapp zehn Minuten vorsichtiger Pirsch durch zäh verfilztes Bergweidengestrüpp, gehen wir blitzartig in die Knie. Unmittelbar vor uns bewegt sich, der Körper nahezu völlig vom Buschwerk verdeckt — wie ein Korken im unruhigen Wasser, einmal mehr, dann wieder weniger sichtbar — ein Karibubulle. Gewaltig! Ein echtes »Christbaum«-Geweih!

Das Woodland-Karibu — die Barren-, Ground- und Peary-Karibus des Hohen Nordens haben diese Gegend noch keinesfalls erreicht! — trottet zügig über einen fast baumlosen Windbruch und führt sich gierig die letzten saftigen Gräser und Blätter zu Gemüte. Seine grauweiße Halsmähne schimmert gelegentlich durch die Zweige und, vermutlich weil bisher alles zu einfach ging, lasse ich mir sträflich viel Zeit. Solange, bis der Hirsch in einer Bodenfalte verschwindet. Daniel wird sauer: »Hast du denn die beiden Vorschaufeln nicht gesehen?« Ich schlucke zweimal und bekenne kleinlaut, daß ich, obwohl jeder Anfänger weiß, daß von 5000 Karibu-Bullen höchstens einer davon zwei dieser über den Rosen vorstehenden, gezahnten Kampfblätter besitzt, darauf überhaupt nicht geachtet habe. Ich verstehe Daniels Ärger. Einige Minuten vorher hätte ich den Burschen geschenkt haben können, jetzt ist wiederum alles offen!

Da! Knackendes Holz, unmittelbar vor uns! Der Vielendige hat bei diesem Fallwind von seinen Verfolgern also noch nichts mitbekommen. Den Repetierer entsichert in beiden Händen, erwarte ich ihn aufgeregt und ungeduldig — leises Brechen verrät, daß das Wild der freien Lichtung über uns zustrebt — in der nächsten Sekunde. Jetzt! Wie von magischen Kräften auf die grüne Arena gezogen, erscheint das Haupt mit dem bizarren, im Hauptast sichelförmig von hinten nach vorne gebogenen, endenfreudigen Geweih. In Zeitlupe werden Träger und Blattschaufel frei — da bricht der Schuß! »Unverhofft kommt oft«, lache ich mir eins und zähle, noch halb im Jagdfieber, die Sprossen des vielendigen Hauptschmucks: 33 an der Zahl, teilweise über 15 Zentimeter lang. Eine kleine Sensation sind natürlich die beiden Vorschaufeln! Waidmannsdank, lieber Daniel! Zur »Zwiesprache« bleibt wenig Zeit. Wir müssen Robin und

Karen einholen. Es wäre ein zu hoher Preis, wenn sie versehentlich die bestätigten Widder auf Trab brächten. Erfahrungsgemäß verhofft so ein Rudel erst wieder »hinter den Sieben Bergen«. Nach gut einer Stunde ist das Wild versorgt. Sein Haupt mit dem prächtigen Schmuck wird abgeschärft und gemeinsam mit dem »geviertelten« Wildpret von »Juwel« an einem langen Seil auf einem Baum gezogen. In luftiger Höhe wird beides gegen unliebsame Besucher sorgfältig verblendet. Bei diesem Klima bekommt das sogar den Steaks! »In zwei, drei Tagen sind wir hier zurück«, meint Daniel selbstbewußt. Ich stimme ihm zu, denn länger dauert keine Dallschaf-Jagd. Entweder wir finden die Widder und kommen an sie heran, oder sie sind verschussel und über alle Berge!

Wo sind die »Rams«

Weit im Westen, woher der Fluß kommt, liegt der Gletscher inzwischen im Halbschatten des Nachmittagslichtes, noch gute zwei Reitstunden entfernt. Wir sputen uns, um den Vortrupp einzuholen. Auch jetzt schaut der Guide, 40 Jahre alt und seit fünf Jahren spezialisiert auf Sheephunts, nicht einmal nach mir um. »Es ist deine Jagd, reiß' dich am Riemen«, sagen seine Gesten. Immer wieder leuchtet er die weit über uns in den steilen Hängen eingesprengten Hochalmen ab. Auf diesen spärlichen Matten äst sich jetzt während des ganzen

Tages das Dallwild Feist für die harten Monate an.

Völlig unerwartet deutet der Guide nach oben. Mit freiem Auge erkennbar, ziehen dort im letzten matten Sonnenlicht zunächst fünf, dann acht weitere weiße Punkte bergwärts: die ersten Dalls! Ein Großverband führender Mutterschafe in schwindelnder Höhe. Es geht weiter. Der Packzug kam doch schneller voran als wir dachten. Wenig später winkt Daniel erneut. Einen guten Büchsenschuß entfernt, beschäftigt sich gerade ein faßrunder, wuchtiger Grizzly — einzigartig sein silbergrauer Pelz über dem mächtigen Widerrist — mit dem Abstreifen johannisbeergroßer, roter Beeren. Ohne Scheu äugt er von der gegenüberliegenden, Seite des Creek zu uns herüber und ahnt nicht, daß so ein Brocken immer wieder mein Jagdfieber entfacht. Für heute retten ihn die hoffentlich nicht allzu entfernt herumziehenden Schafe, denen wir auf den Fersen sind. Beim Weiterritt begegnet uns jetzt immer häufiger weibliches Dallwild mit Nachwuchs. Das ist echtes »Sheepcountry«!

Kurz vor dem Basislager erwarten uns die beiden Helfer. Am Zeltplatz, nahe einer ausgeschwemmten Uferböschung, gibt ihnen Daniel noch schnell einige Anweisungen. Dann hangelt er meinen Repetierer aus dem Halfter und schon stehen wir am Berg. Hier, irgendwo in diesen Südhängen, vermutet er das gestern von Stan erspähte Rudel, vor allem die zwei Klotzwidder. Nach den ersten Minuten scharfen Anstiegs bin ich bereits ohne Luft. Die nächsten paar hundert Meter kommen wir nur mühselig voran. Zwei Schritt im steilen Schotter voraus, ein Schritt im Geröll zurück, so geht es eine gute Stunde nach oben. Für solche Jagden muß man zu Hause etwas mehr für die Kondition tun! Zumindest sich vier Wochen vorher mit täglich zweimal 25 Kniebeugen etwas auf Vordermann bringen!

Endlich der erste freie Blick in die Felswände. Während ich schnaubend wie ein Packpferd nach Luft ringe, liegt der Kanadier schon auf dem Bauch. Sorgfältig sucht er mit dem Spektiv Runse für Runse, Schlucht für Schlucht ab. Nach einiger Zeit winkt er mich zu

Die rauhe Welt der Dallschafe und Grizzlies.

seinem auf kurzem, dreibeinigem Stativ stehenden Fernrohr heran. Es schwingt leicht im inzwischen heftiger gewordenen, eiskalten Gletscherwind und zerstreut meine Befürchtungen: dort drüben, in etwa zwei Kilometern Entfernung ruhen, als weiße Flecken im grauen Fels gut erkennbar, die beiden Schneewidder!

Sie liegen in respektvollem Abstand zueinander, jeder auf einem kleinen Felsvorsprung, von wo sie aufmerksam und mit größter Übersicht ins Tal hinabsichern können. Eine Vorsichtsmaßnahme gegenüber den Wölfen und Bären, deren Spuren wir vorher mehrmals entlang den Flußufern begegnet waren. »Kapital, aber schwer ranzukommen!«, flucht Daniel, während ich, von den bisher erfolglosen Versuchen bereits etwas demoralisiert, meine, gegen die Schafe sei in dieser Lage überhaupt nichts zu machen. Daniel verläßt sich auf seinen Instinkt. Er will dem Bergwild morgen, noch bei Dunkelheit, in den Rücken kommen und sie dann übersteigen. Mit diesem Plan bricht er die Jagd ab.

Spät kommen wir ins Lager. Die Pferde grasen inzwischen, die Vorderbeine gehobbelt, im Weidengebüsch des Flußlaufes. Nur ihr gelegentliches Prusten und das Gurgeln des Wassers unterbrechen die unendliche Stille. Trotz des hervorragend zubereiteten Karibu-Bratens kommt keine rechte Stimmung auf. Weder ein Becher Whisky noch eine gemütliche Pfeife am Lagerfeuer, das erst bei völliger Dunkelheit entzündet wurde, damit sein Rauch uns nicht den Widdern verrät, heben meine von den bisher schlechten Erfahrungen schon etwas angefressene Laune. 8000 Kilometer Anreise, drei Wochen Urlaub, schlechter werdendes Wetter und jetzt wiederum die mit guten Erfolgsaussichten kaum angehbaren Schafe — nicht gerade rosige Aussichten. »Man sollte tatsächlich bis zu seinem 35. Lebensjahr...!« denke ich noch im Schlafsack. Irgendwie graust mir vor dem nächsten Tag, insbesondere vor der Vielzahl möglicher Unwägbarkeiten. Beispielsweise vor einer nicht mehr ganz kalkulierbaren Schußentfernung über eher 400 als 300 Meter, von der ich mehrmals gehört und gelesen habe. Doch trotz des inneren

Gemeckers hat mich — überhaupt so kurz davor! — dieses einzigartige Wild längst »am Wickel«.

Ohne Wecker bin ich um halb fünf Uhr gerichtet. Daniel prüft den Wind, zeigt auf den völlig wolkenlosen, sternenklaren Frühhimmel und scheint zufrieden: »Come on!«

Über den Schafen

Die nächste Stunde talab und bergauf ist weniger aufregend als anstrengend. Doch beim ersten »Checkpoint«, mit nur einem »halben Auge« über den Kamm spähend, entdecken wir bereits die zwei Widder. »Lucky again« (Schon wieder Glück), grinst der Guide und mir fällt eine Last von der Seele. Die Rams und ihr Gefolge zogen während der Nacht einige hundert Meter tiefer in ein abwindiges, gute Weide bietendes Seitental. Ob sich unsere Lage dadurch verbessert hat, muß sich erst zeigen, da auf halber Höhe uns nun zusätzlich ein Rudel von mindestens 25 aufmerksamen Schafen und Lämmern gegenübersteht. Weitverstreut, auf den mit rot-orange leuchtenden Zwergerlen besetzten Bergmatten — die knorrigen, kniehohen Büsche sollen über hundert Jahre alt sein — bummelt, in ihrer Anmut durchaus vergleichbar mit am Himmel treibenden »Schäfchen«-Wolken, eine ganze Sippschaft schneeweißer Wildschafe. Eigentlich ist dieser Anblick schon den schwierigen Aufstieg wert!

Jetzt nehme ich dem Outfitter ab — bekanntlich ist bei der Jagd eine gewisse Skepsis gegenüber oft etwas eigennützigen Selbstauskünften der beste Schutz vor bitteren Erfahrungen —, daß in seinem Jagdgebiet von über 25 Meilen Breite und doppelter Länge, etwa 400 bis 500 Dallschafe stehen, davon 20 bis 30 jagbare Widder. Die stärksten sollen hier heroben, in den Vorbergen des Klutlan-Glacier beheimatet sein. Im Jahr werden höchstens zehn Lizenzen erteilt, die Hälfte meist nur »eingelöst«. Dies bestätigte auch Cliff, seines Zeichens Senator aus Nebraska, der mit seiner kleinen Zweimotorigen seit Jahren hier herauf zur Schafjagd kommt. Er kennt die Gegend und den Wildbestand, auch das Vor-

kommen an Elchen, Schneeziegen und Grizzlies. An ihn, der einmal zwei volle Nächte in Schnee und Eis mit seinem Sohn im Gletscher verbrachte, weil eine Mure ihm plötzlich den Rückzug zum Außencamp verwehrte, mußte ich jetzt denken. Vor ein paar Tagen noch tröstete er mich für den Fall eines Mißerfolges mit dem Eingeständnis, daß er selbst schon zwei starke Trophäen verpudelt habe. Späterer Erfolg sei aber gerade dann »very, very sweet«!

Für langatmiges Philosophieren bleibt jetzt allerdings keine Zeit. Daniel entscheidet: Zurück ins Tal! Anschließend erneuter Aufstieg durch eine Querrinne, links von den Schafen.

Zwei lange Stunden später sind die Schafe umstiegen. Das kraftlose Licht der Herbstsonne steht inzwischen hoch im Vormittag. Vermutlich sind wir noch immer erst unterhalb des Rudels. Erfahrungsgemäß läßt sich, wie so oft bei der Bergjagd, ohne Sichtvergleich der eigene Standort zum Wild nur ganz schwer einordnen.

Ob das Herrenrudel aushielt? Noch dazu in nächster Nähe zu dem erst während des Liebeswerbens im November interessanten Weiber- und Kindsvolk? Die Luft ist, inzwischen gute 2300 Meter über dem Meeresspiegel, merklich dünner, und auch der Gewehrriemen drückt stärker auf Schulter und Hals. Trotzdem gönnen wir uns keine Rast. »Die wahren Gefahren liegen in den Pausen«, gesteht der große Karajan, »wenn man aufhört und wieder neu beginnen muß, das sind die Situationen in denen starker Streß entsteht«. Nicht nur Streß! Man verliert meist auch den Anschluß!

Die nächste Wegstrecke kostet Kraft. Die Verschnaufpausen werden länger. Daniel, dieser weiße Indianer mit rotem Stirnband, sieht sich immer wieder nach mir um: »Beeile dich«, sagt sein Blick. Dabei räumt er laufend größere Brocken, die mit Getöse abrollen und Steinlawinen auslösen könnten, aus dem Weg. Wir müssen aus dieser Querrinne heraus! Sie verwehrt jeden Blick in die Jagdarena. Ich wage überhaupt nicht daran zu denken, daß die Widder weitergezogen sein könnten! Das wäre für heute das »Aus«. Die letzten Stunden haben mir, das merke ich in den Beinen, schon arg zugesetzt!

Nach mühseliger Steigerei, bei Tagesanbruch, waren wir auf Schußnähe heran.

Sein Glas am Auge, liegt der Jagdführer bereits flach auf dem Boden, als ich nach einer bangen Viertelstunde den Scheitelpunkt erreiche. Jetzt aber fix! Daniel drängt: Fertig machen! Größte Vorsicht! Robbend, wie ein Rekrut bei der Grundausbildung, schiebe ich mich über den Kamm, den Parka als Auflage zusammengerollt in der einen Hand, den Repetierer in der anderen. Obwohl ich kein Haar eines »Ovis dalli« sehe, folge ich dem Guide, eine Ewigkeit von 200 Metern auf dem Bauch kriechend, schicksalsergeben bis zu einem flach auslaufenden Sattel. Ausgepumpt und genarrt von beträchtlichem Jagdfieber, rutschen wir in eine seichte Mulde: etwa 200 Meter unter uns ziehen im Gegenhang die beiden Widder. Ganz alleine und ohne jeden Anhang, schräg von uns weg, bergauf. Daniels »Shoot!« und sein »Der Linke!« kreuzen sich in dieser Sekunde mit allen zwar überflüssigen, dennoch unausrottbaren Ballistikrezepten. »Schuß nach unten, halt drauf!«, jagt es mir durch den Kopf, als ich mich einrichte. »Nur jetzt, nach dieser Plackerei und endlich am Wild, nicht fehlen!«, be-

schwöre ich mich selbst und hole tief Luft. Die Auflage paßt nicht, ich bin viel zu tief und bringe um nichts in der Welt den Stachel ins Ziel! »Shoot«, flüstert es neben mir immer wieder. Unvermittelt, sichtlich nervöser geworden, äugen die Widder jetzt zu uns herüber und beginnen flott zu werden. Mit Ellbogen und linker Hand drücke ich das Visier nach oben, der Repetierer rutscht mir fast aus der Schulter. Jetzt! Die 7 mm Super Expreß vom Hofe tut ihre Pflicht. Noch im Kugelschlag krümmt sich der Widder. Das zweite Geschoß faßt ihn tiefblatt. Nach kurzer Talflucht geht der Recke auf dem bunten Herbstteppich unvermittelt in die Knie und sinkt zur Seite. Daniel springt auf. »Jetzt bist du ein Sheep-Hunter!«, schreit er begeistert, reicht mir eine Zigarette und sein verschwitztes Taschentuch.
Ich fühle weder das abrutschende Geröll, als wir zum Wild eilen, noch den »Schweiß« aus dem Schnitt des Zielfernrohrs über meinem rechten Auge. Ich habe meinen »Full-curl«-Widder und umfasse seine eckig-feingeriffelten, beinfarbenen Schnecken mit jenem tiefen

Gefühl der Begeisterung und Freude, wie es vermutlich nur von einem Jäger nachempfunden werden kann. Dann zähle ich acht, vielleicht neun Jahresringe, während Daniel das Wild hochhievt. 80 Kilogramm, also doppelt so schwer wie eine gute Gams! Die Pracht der schneeweißen, im Reich der Wildtiere einzigartigen, kurzhaarigen Decke, die Maße der herrlichen Schnecken und ihre mit zwei Händen kaum zu umfassende Basis, lassen — wie immer nach erfolgreichem Waidwerk — schnell alle Strapazen vergessen.
Sicher gibt es wesentlich stärkere »Prince of the Peak«, wie die Amerikaner schwärmerisch und voll Respekt ihr schwieriges und begehrtestes Bergwild nennen. Nach diesem großartigen Erlebnis ist mir das jedoch jetzt und bestimmt in der Zukunft völlig egal. Auch deshalb, weil der Senator mit seinem »It is very, very sweet« recht behielt, und die »Man sollte bis zu seinem 35. Lebensjahr...«-Theorie in diesem Augenblick ins Reich des amerikanischen Jägerlateins verwiesen ist, sofern es dort so etwas gibt.
Einige Stunden später, als mir Karen im Camp das inzwischen dickgeschwollene, sich allmählich schwarz verfärbende Auge verbindet und die tiefe Schnittwunde pflastert, geht Daniel nochmals in die Vollen. Er gratuliert mir feierlich zur großen »Black- and White-hunt« und läßt mich grinsend wissen, daß dies seine erste Sheephunt sei, die mit einem weißen Widder und einem schwarzen Auge endete. Die »Black and White-hunt« ist inzwischen Legende. Stan, der alte Masterguide, genießt seit kurzem seinen Ruhestand. Und Daniel, dessen mir zum Abschied verehrte Gürtelschnalle aus einer Kariburose mit kleinem, kunstvoll aufgesetztem Messingwidder mich schon bei so mancher Jagd an diesen großartigen »Indian-Summer« erinnerte, habe ich aus den Augen verloren. Leider!

Der Herr mit dem »dicken Kopfe«. Majestätisch. Kein Lebewesen, das Mensch und Tier so beeindruckt.

Dann flattert das Herz wie ein gefangener Vogel

Mit »Daktari« hat diese Löwenjagd nichts zu tun! Trotz Erfahrung gerät alles zum Abenteuer. Völlig unvorbereitet stoßen wir am hellen Vormittag, die Waffe wie einen Regenschirm geschultert, auf einen strammen Mähnenlöwen. Er liegt, keine dreißig Schritt von uns entfernt, an seinem Kill und schlägt sich den Wanst voll. Er hat uns sofort weg!

SÜDAFRIKA

Republik	
Hauptstadt	Pretoria (Regierung)
	Kapstadt (Parlament)
Bevölkerung	29 290 000
Fläche	1 124 548 km²
Sprachen	Englisch, Afrikaans
Währung	1 Rand (R) = 100 Cents

Wildtiere: Bleßbock, Büffel, Buntbock, Eland, Elefant, Flußpferd, Gepard, Giraffe, Gnu, Impala, Klippspringer, Kudu, Lechwe, Leopard, Löwe, Nashorn, Nyala, Oryx, Rappenantilope, Riedbock, Schakal, Springbock, Steinböckchen, Waran, Warzenschwein, Wasserbock, Zebra.
Landschaft: Weite Plateaulandschaft (Hochveld), das zum Kalaharibecken sanft abfällt. Von der atlantischen und pazifischen Küstenebene ist dieses Hochveld durch eine markante Steilstufe (u.a. Drakensberge) getrennt. Das Kapgebirge bildet als Faltengebirge eine Ausnahme. Vorwiegend abwechslungsreiche Busch- und Baumsavanne.
Klima: Subtropisches Klima. Sommer angenehm, milde Winter. Regenmengen von Ost nach West immer geringer. Im Kapland herrscht Mittelmeerklima.
Sehenswürdigkeiten: Neben dem Krüger-Nationalpark (20 700 km²) zahlreiche Reservate und N. Parks, z.B. Giants Castle (20 000 ha) oder Kalahari-Gemsbock N.P. (9452 km²), sowie der 60 km² große Addo-Elefantenpark. Diamantenminen, Badestrände.
Jagd: Für Ausländer ist die Jagd auf Regierungs- und Farmland erlaubt. Einheimische Berufsjäger übernehmen die Jagdführung. Gejagt wird per Pirsch und mit dem Allrad. Südafrika ist im Moment das einzige Jagdland auf »Big Five«.

Löwe

Panthera leo

E: Lion
F: Lion
Sp: León

Ansprechen: Der majestätische männliche Löwe gilt als »König der Tiere«. Die fahlfarbene Großkatze erreicht eine Schulterhöhe bis zu einem Meter und mehr, ein Gewicht bis 250 kg. Die Mähne des Löwen (fehlt bei Löwinnen) geht von hellblond bis schwarz. Die Quaste der bis zu einem Meter langen Rute ist schwarz.
Lebensraum: Weite Savannen- und Buschregionen. Ebenen bis hinauf zu Höhen von 3000 m; nicht in dichten Wäldern und trockenen Wüsten.
Verbreitungsgebiet: Früher war er über ganz Afrika und Asien verbreitet, heute finden wir ihn nur noch südlich des Äquators in Afrika und einen kleinen Restbestand im Gir-Reservat in Indien.
Verhalten: Lebt in Großfamilien aus mehreren Löwen, Löwinnen mit Nachwuchs und zweijährigen Löwen. Junglöwen ab 4. Jahr bilden eigene Trupps. Die Brunft ist zeitlich unbegrenzt. Meist betreiben Löwinnen, die bis 80 km/h hetzen, die Jagd. Das Gebrüll des Löwen ist einzigartig und kilometerweit zu hören.
Artenschutz: WA A I Persischer Löwe; WA sonst entfällt.
Jagd: Ansitz oder Pirsch. Anködern durch anbrüchiges Wild. In Afrika sind auf »Big Five« (Löwe) nur Kaliber über 9,5 mm zugelassen. Aufgebaumte Geier verraten oft den Ruhe- und Killplatz des Löwen. Ein sicherer Schuß ist notwendig.
Rekordtrophäe: SCI RBoTA, 1986: Schädellänge 42,86 cm, Schädelbreite 29,53 cm (Namibia 1983).

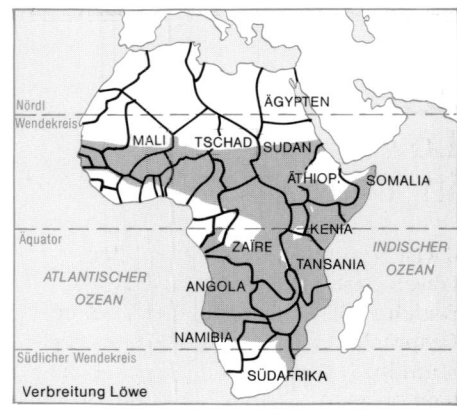

Verbreitung Löwe

Leopard

Panthera pardus

E: Leopard
F: Leopard
Sp: Leopardo

Ansprechen: Starke Leoparden erreichen eine Schulterhöhe zwischen 50-60 cm, sowie ein Gewicht bis 80 kg. Die Färbung der rosetten-getupften Decke ist unterschiedlich, in feuchten Gegenden ist sie dunkler, manchmal sogar ganz schwarz. Eleganz und Geschmeidigkeit machen ihn zu einer Persönlichkeit unter den Raubkatzen. Man zählt ihn zu den »Big Five«.
Lebensraum: Seine große Anpassungsfähigkeit gestattet ihm, in den verschiedensten Biotopen heimisch zu sein. Selbst Wüsten und Gebirgsregionen bieten ihm Lebensraum.
Verbreitungsgebiet: In 24 Unterarten ist er von der Türkei über ganz Asien, in Afrika von der Sahara bis zum Kapland und auf Sinai verbreitet.
Verhalten: Die Beute des geschickten Jägers reicht vom Kleinsäuger bis zum Strauß. Affen (Paviane!) sind seine liebste Nahrung. Abgesehen von der Ranzzeit, lebt er als Einzelgänger. Vorwiegend nachts durchstreift er auf oft gleichen Wechsel sein Revier. Ruht meist in Bäumen. Die Aufzucht besorgen die Eltern.
Artenschutz: WA A I
Jagd: Auskundschaften der Wechsel, Wasserstellen und Ruheplätze. Der Ansitz am Köder ist recht erfolgreich. Insbesondere an ausgetrocknetem Fluß- und Bachlauf (»Donga«). Erscheint meist in der letzten Dämmerung. Man muß genau schießen. Angeschweißt greift er mit großer Schnelligkeit und Wucht an.
Rekordtrophäe: SCI RBoTA, 1986: Schädellänge 27,94 cm, Schädelbreite 20,32 cm (Südafrika 1982).

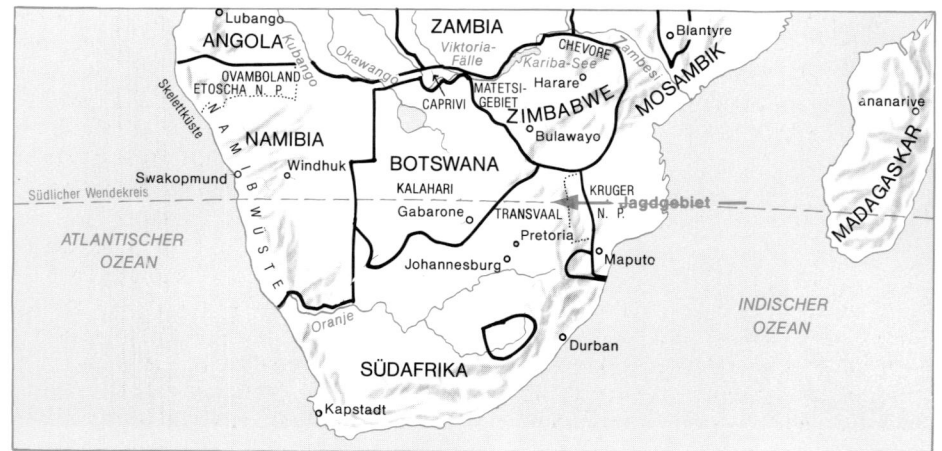

Jagd auf Löwe und Leopard in Transvaal

»Zwischen uns Menschen und dem Löwen besteht eine fast mystische Beziehung«, sinniert Piet beim ersten Gespräch auf der Veranda seiner verloren im Lowveld des östlichen Transvaal gelegenen Lodge. Über uns wölbt sich der einzigartige afrikanische Sternenhimmel, in seiner Leuchtkraft höchstens noch von dem des südlichen Mittelmeerraumes erreicht.

Natürlich plaudern wir nur über die bevorstehende Löwensafari. Ich habe schnell das Gefühl, diesmal — nach zwei vergeblichen Versuchen während der letzten Jahre in anderen afrikanischen Jagdländern — einem mit allen Salben geschmierten Profi gegenüberzusitzen. Erfolgreiche Jagd auf die, neben dem Bengaltiger, größte Raubkatze der Erde war nie ein Spaziergang. Der fast schon legendäre White-Hunter Ernst Alexander Zwilling benötigte beinahe sechs Jahre, um seinen ersten »King of the Beasts« zu strecken.

Eine schaurige Nachtmusik

Plötzlich reißt uns, so als wäre es Teil einer gutgeführten Regie, das lang dahinsterbende Brüllen eines Löwen aus der Beschaulichkeit. Fast eine Viertelstunde lang ertönt am jenseitigen Ufer des Timbavati, mit kurzen Unterbrechungen, das schaurig imposante, wie durch ein Stahlrohr gepreßte »niaah...niaah«. Ein Gebrüll, daß die Erde dröhnt. Die Dunkelheit ist von Vibrationen erfüllt, und wie erlöst lauscht die übrige Tierwelt dieser schaurigen Nachtmusik: für heute ist Ruhe, es hat einen anderen erwischt! Irgendwo zwischen Busch und Savanne wurde ein unvorsichtiges Warzenschwein oder eine schlafmützige Antilope das Opfer scharfer Zähne und Krallen: »Schmerz ist ein Grundton der Natur«.

Piet, Gastgeber und Herr über ein fast 5000 Hektar großes »Private Nature Reserve«, kennt dieses Nomadenrudel, welches aus einer Handvoll vagabun-

Tausend Jahre alt, von zehn Mann kaum zu umfassen. Der Baobab, das ist Afrika.

dierender, reifer Herren besteht. Sie beehren ihn fortwährend mit mehrtägigen Besuchen. Kein Wunder, denn einfacher als in diesem nur knapp 20 Kilometer vom Krüger-Nationalpark entfernt gelegenen, dicht besetzten Game-Reserve, mit Tausenden von Impalas, Gnus, Zebras, Warzenschweinen und Wasserböcken, läßt sich vermutlich nirgends schnelle Beute schlagen. Den Druck kennt auch die Wildlife-Behörde, die dem Game-Rancher anstandslos jährlich einige Löwen-Abschüsse genehmigt.

Bis tief in die Nacht sitzen wir in der nach allen Seiten offenen, riedgrasgedeckten »Lapa«, die frei unter prächtigen Jackalberry-Bäumen steht, nur gelegentlich von dicken Leuchtkäfern und Nachtschwärmern belästigt, die uns um die Nase schwirren.

Keine Bestandsgefährdung

Natürlich hat sich Piet längst mit meinem Wunsch befaßt, während der zwei Wochen Safari einen ordentlichen »N'shumba« zu strecken, wie die eingeborenen Shangaan den Löwen nennen. Seine jahrzehntelangen Erfahrungen

mit diesem Großraubwild, sein klares Bekenntnis zu »Fair chase«, sozusagen zur »Waffengleichheit« zwischen Jäger und Gejagtem — ohne die leider oft üblichen akustischen und optischen Hilfsmittel — klingen recht überzeugend.

Die für den Jäger immer wichtige Frage: »Ist diese Jagd mit meiner Mitverantwortung für den Erhalt der Arten vereinbar?«, stellte sich diesmal nicht. Ich kannte alle gesetzlichen, insbesondere die internationalen Schutzbestimmungen genau. Jagd und Einfuhr der Löwentrophäe sind möglich. Die Notwendigkeit zur selektiven Reduktion des etwa 1500 Kopf starken und damit ungefährdeten Bestandes des Transvaal-Löwen *(Panthera leo krugeri)* im Krüger-Park und den umliegenden Gebieten ist bekannt. Schließlich hatte sogar der kritische Bernhard Grzimek erklärt, daß der Löwe die am wenigsten bedrohte Großkatze sei. Dies ist nicht nur mit den fehlenden Zwängen aus der Mode, sondern vor allem durch die hohe Reproduktionsquote des Löwen erklärbar, wie die aufschlußreichen Forschungsergebnisse des südafrikanischen Wildbiologen und Löwenexperten Jan Smuts erst jüngst wieder bestätigten. Alleine hier im Gebiet zwischen Crocodile- und Olifant-River, wo zu Beginn des Jahrhunderts nur noch etwa 30 Löwen hausten, leben heute über 800. Diesem gesicherten Vorkommen stehen nach neuesten Erhebungen im Krüger-Nationalpark etwa 25 000 Büffel, 8000 Wildebeests, 22 000 Zebras und etwa 100 000 Impalas gegenüber.

Zum Erhalt der Pflanzenfresser und zum Schutz der Rinder ist gezielte Löwenbejagung, insbesondere im Park-Außenbereich längst als notwendig erkannt und in Fachkreisen unstrittig. Man weiß, daß Löwen aufgrund ihres Territorialverhaltens bereits besetzte Gebiete meiden und für sich und ihren Harem immer ein eigenes, neues Jagdgebiet beanspruchen. Bei einer Ausdehnung von 20 bis 400 Quadratkilometern geraten sie zwangsläufig in bisher »löwenfreie« Regionen. Ein erwachsener, vier- bis fünfjähriger Löwe — ab dann wächst dem »Herrn« die stolze Mähne — schlägt jährlich etwa 20 Wildebeests zu je 400 Pfund oder

Der Leopardenköder ist vom Schirm aus gut gegen den Himmel sichtbar.

die adäquate Menge anderer Wildtiere. Sein Speisezettel nach dem Motto »je leichter die Beute, desto besser der Appetit«, reicht vom Stachelschwein über Antilopen, vom Gnu und Zebra bis zum Büffel. Eine kontrollierte Bestandssteuerung mittels übergeordneter Hege- und Wildschutzmaßnahmen ist daher unumgänglich.

Als meine Frau unsere Aufmerksamkeit auf ein langanhaltendes, diesmal wesentlich entfernteres, dumpfes Löwengrollen lenkt, meint Piet: »Das zweite Rudel! Das sehen wir uns morgen mal an!« Löwen fressen bekanntlich nur im Intervall von drei bis vier Tagen — manchmal bis zu 60 Kilometer von ihrem Einstand entfernt. Meine Befürchtung, daß sich dort vermutlich die Katzen gerade volludern und damit die nächsten Tage Funkstille sein wird, wischt er vom Tisch: »Abwarten! Morgen abend seid ihr vielleicht näher an diesem Rudel, als euch lieb ist!« Er berichtet, daß wegen der jetzt im Spätsommer (Feb./März) schweren Regenfälle, das Gras leider oft meterhoch ist und den Großkatzen beste Deckung bietet. Neben den beiden ständig hier jagenden Rudeln treiben sich deshalb auch zwei ältere Einzelgänger auf diesem Territorium herum. Erst vor einigen Tagen fiel ihnen am hellen Nachmittag der Esel eines Skinners zum Opfer, der sich unvorsichtigerweise zu weit von den Behausungen der farbigen Arbeiter entfernt hatte. Zu guter Letzt, nach einigen Erzählungen über nächtliche Besuche der Löwen zwischen den Wohngebäuden, bin ich recht froh, als wir — nur heute ohne Taschenlampe! — in unserer abseits im Busch gelegenen Hütte angelangt sind. Bei der Verabschiedung wurde der Abmarsch auf fünf Uhr früh festgesetzt. Verbunden mit dem sarkastischen Hinweis, daß man nichts dagegen habe, wenn jemand später aus den Federn kommt, denn Whisky sei billiger als Diesel!

In der ersten Afrikanacht, fernab ausgetretener Touristenpfade, umgeben von unzähligen geheimnisvollen Stimmen, mehrmals aufgeschreckt vom schrillen Warnschrei der wachsamen Paviane, die sich damit erst recht dem anschleichenden Leoparden verraten, kriege ich kein Auge zu. Die Nachtluft trägt angenehme Kühle durchs offene Fenster. Unterbrochen vom hysterischen Schrei streunender Hyänen und dem Kichern des Schakals, kreisen die Gedanken im Halbschlaf um die nächsten Tage.

Doch sie ließen sich gar nicht so gut an. Einmal versuchten wir, einen im Süden vermuteten und sogar von Geiern bestätigen Riß zu finden. Vergeblich. Ein andermal warteten wir fast umsonst bis tief in die Nacht hinein in einer aus Zweigen errichteten »Boma«, die bedauerlicherweise nicht, wie die Schirme des großen Löwenjägers J.A. Hunter um die Jahrhundertwende, aus undurchdringlichem Dornbusch gebaut war. Dies hätte ich nicht nur wegen meiner Frau gewünscht, die neben mir, keine 20 Meter von einem übel zugerichteten Zebra-Kill entfernt, auf dem Boden saß. Uns umkreisten, teilweise nicht weiter als fünf Meter entfernt, wie wir am nächsten Tag feststellten, fast eine Stunde lang ein halbes Dutzend Löwinnen. In völliger Dunkelheit »unterhielten« sie sich vor uns mit eigenartig gutturalem, stoßweisem Knurren und genossen ihr schauriges Mahl. Hätte sich eines der verspielten Löwenjungen in unsere Boma verirrt, dann Gute Nacht!

Bei einem Routine-Check, am nächsten Morgen, faszinierten uns nicht nur die Eindrücke der großen Löwinnentatzen, sondern auch die um die blutige Walstatt verstreuten, wie von Dampfscheren zersplitterten Röhrenknochen. Sichtbarer Beweis, daß das keifende Winseln und irre Lachen während des Löwenmahls von hungrig abseitsstehenden Tüpfelhyänen stammte, welche nach dem Rückzug der »Königlichen« die übriggebliebenen Knochen knackten, um gierig das Mark herauszulutschen. Wenn die »Feiglinge« wüßten, welch ungeheure Kraft in ihren scharfen Kiefern steckt!

Alles Nervensache

Dann war da auch die Geschichte mit dem weißen Rhinobullen, der plötzlich, keine 50 Fuß entfernt, geräuschlos aus dichtem Busch heraus auf uns stieß, während wir die Reste eines verblichenen Elefantenskeletts bestaunten. Es war nicht erkennbar, ob er abdrehen oder bei dieser kurzen Distanz uns nicht sofort annehmen würde. Wie heikel die Situation war, bestätigte Piet, der beim Auftauchen des im Vergleich zum kleineren Spitzmaulnashorn zwar nicht ganz so aggressiven, aber ebenfalls unberechenbaren Breitmaulnashorns, sofort nach der einzig verfügbaren Waffe, meiner guten 9,3 × 74 rief. In einer echten Krise hätten wir hier vermutlich nicht gut ausgesehen! Gottlob konnte der Bure den über zwei Tonnen schweren Koloß mit wilden Gesten und lautem Geschrei zum Rückzug bewegen. »Close shave!« (Verdammt knapp!) hätte mein alter Alaska-Freund Bob Daniels gesagt und ebenfalls tief durchgeatmet. Später fanden wir neben unserem Fahrzeug frische Losung des Dickhäuters. Die Rhinos verstreuen, im Gegensatz zu den Elefanten, cholerisch ihren Mist in alle Winde. Das hat, wie die Afrikaner erzählen, guten Grund: Das Nashorn sucht auf diese Weise, nachdem es sich in grauer Vorzeit vom Stachelschwein einen Spieß auslieh um eine Verletzung zu nähen und diesen aus Versehen verschluckt hatte, wutschnaubend nach dieser »Nadel«. Bisher leider vergeblich!

Der kleine Zwischenfall war ebenso Nervensache, wie die viel unglaublichere Geschichte mit unserem Leopardenköder auf einem Tambuti-Baum. Bei einer der vielen Pirschen durch ausgetrocknete »Dongas« hatten wir am zweiten Tag überraschend eine beachtliche Leopardenspur entdeckt. Die Eingriffe der handflächengroßen Tatzen dieses heimlichen Schleichers im feinen Sand des Flußbetts waren buchstäblich »taufrisch«, höchstens zwei Stunden alt. Ich wurde mit Piet sofort handelseinig und sattelte kurzentschlossen zur Löwenjagd noch eine Leoparden-Safari drauf. Zwei Stunden später hing ein herrlicher Impalabulle auf einem sich gegen den hellen Himmel abzeichnenden Baum. Einer solchen Verlockung konnte der schlaueste Heimlichtuer nicht widerstehen!, sagten wir uns, wohl wissend, daß eine Leopardenpirsch immer eine »If«- (Wenn-) Jagd mit tausend Fragezeichen ist, und höchstens jede vierte zu Erfolg führt. Einen Schirm wollten wir erst bauen, wenn der Köder am nächsten Morgen bei der Kontrolle angenommen war. Und dann die Überraschung: Der Impala war nicht nur angenommen, er war sogar aus der Astgabel verschwunden! Der Leopard traute dem Frieden wohl

nicht und verschleppte den Braten. 40 Kilogramm Beute sind für die kraftstrotzende Katze ebenso eine Spielerei, wie unsere Aufgabe, jetzt ihr Versteck auszuführten. »Am Ende kommen alle Füchse beim Kürschner zusammen«, dachten wir siegesgewiß.

Am Baum angelangt, erfaßte uns dann allerdings die große Sprachlosigkeit. Wir entdeckten weder die Eingriffe scharfer Krallen am Stamm, noch irgendeine Schleifspur im Umkreis von 50 Metern. Eine Zeitlang stehen wir vor einem Rätsel. Endlich pfeift ein Tracker vielsagend durch die Zähne: Das Geheimnis war gelüftet! Nach langem Palaver tippte Damas immer wieder auf eine eigenartig langgestreckte, leicht-

gewölbte Spur im Sand des Bachlaufs. Piet fluchte: »Der herrliche, frischgestreckte Impala ist uns aus dem Baum gestohlen worden!« Man ist in Afrika eben nie unbeobachtet, nicht einmal auf der eigenen Farm. Hier hatten Profi-Wilderer zugeschlagen!

Piet stieg die Galle hoch, als ich ihm etwas sarkastisch ausmalte, mit welcher Begeisterung uns die Strolche wohl beobachtet und dann, als das Motorengeräusch verstummt war, sich grinsend des saftigen Wildprets bemächtigt hatten. Sie gingen mit großer Sorgfalt zu Werke. Die nackten Fußsohlen hatten sie sich mit Blättern umwickelt.

Die Strafe erfolgte postwendend. Der er-

Ohne Mühe bringt die Raubkatze ihre Beute in Sicherheit.

fahrene Farmer ahnte, daß die Wilddiebe nach diesem Erfolg in einigen Tagen wieder aufkreuzen würden. Er verordnete seinen Arbeitern nach Dienstschluß Sonderwachen entlang der ausgedehnten Farmgrenzen und wußte, daß die nun zweifach beschäftigten Einheimischen ihre Wut an den Gaunern doppelt begeistert mit der Peitsche kühlen würden. Drei Tage später hatten die Arbeiter ihre »Sonderschicht« beendet, zwei Burschen aus dem benachbarten Dorf war wahrscheinlich für immer der Spaß an Impala- und sonstigem Braten verdorben. Wilddiebe haben es eben nirgends leicht!

Geier führen uns

Der fünfte Jagdtag war ein Tag mit Ereignissen, die aufregender nicht sein konnten. Etwa drei Kilometer vom Hauptcamp entfernt, stoppt der Landrover im hüfthohen, noch taunassen Savannengras. Irgendwo im Übergang zum Dornbusch, in der »Gnu- und Zebra-Kammer« des Reviers, sahen wir von weitem einen Pulk gefiederter »Müllmänner« in schneller Reihenfolge, wie Luftlandetruppen, vom Himmel fallen. Geier, ein sicheres Zeichen für Fallwild!

Etwas abseits von uns, durchsetzt mit Steppenzebras, sichert gerade eine starke Herde Wildebeest herüber. Vom aufgeregten Blasen und Prusten des Leitbullen in Bewegung gesetzt, prescht sie in rasanten Galoppsprüngen davon. Mit tiefgesenktem Haupt und peitschendem Schweif bietet das Wild ein beeindruckendes Bild, das überhaupt nicht zur völligen Wehrlosigkeit dieser Löwen-»Spezialität« paßt. Ob die Zebras, offenbar ohne die Führung eines erfahrenen Hengstes — bei Löwenangriffen verteidigen sie ihre Herde leidenschaftlich und werden oft selbst das Opfer — vorübergehend in diesem Verband Schutz suchen?

Der Tracker Lukas hockt, wie immer beim »Spuren-Check«, vorne über der Stoßstange und zeigt uns die im Sand nur noch schlecht erkennbare Spur einer Wildhundmeute. »Wo Wild ist, findest du alles, was raubt und frißt«, meint Piet und überlegt, welche Rich-

tung diese rundohrigen Jäger wohl eingeschlagen haben. Sie werden von ihm schon lange nicht mehr bejagt. Selbst im Krüger-Park vermutet man höchstens noch 250 dieser heimlichen, als Regulator unentbehrlichen Räuber. Der schrille Schrei eines mächtigen Fischadlers, unbestritten der König der afrikanischen Lüfte, lenkt unseren Blick erneut auf über den Baumkronen kreisende Cape-Geier, die in Südafrika ganzjährig geschützt sind.

Ist dort, wo sie sich fast senkrecht, mit steil nach unten gespreizten Ständern, wie Fallschirmjäger, zur Erde fallen lassen, der gesuchte Löwen-Kill? Vorsichtig, unmittelbar hinter dem Tracker, pirschen wir durchs Dickicht. Auf einer Blöße tummeln sich mehr als ein Dutzend Geier, überragt von einem langschnabeligen, etwas abseits hin- und herschreitenden Marabu, der wohl erst später zum Zuge kommt. Umständlich holzt die ganze Bagage davon, als wir aus dem Buschwerk treten. Der Jagdführer zeigt auf den von der Bauchseite her stark angeschnittenen Riß eines Duiker: »Gepard! So schlägt und völlert nur der Hetzjäger. Im Gegensatz zum Leoparden oder Löwen kehrt er hierher nicht mehr zurück«. Patschnaß vom morgendlichen Tau erreichen wir den Allrad. Dabei begleitet uns das schwermütig traurige Flöten des Regenkuckucks: »Mein Vater ist tot, meine Mutter ist tot, alle meine Brüder und Schwestern sind tot, und mein Herz weint«. Über unseren Köpfen, im Geäst einer weitausladenden Akazie, bastelt eine Kolonne geschäftiger Webervögel an ihren luftigen Wohnkugeln, und plötzlich bin ich versucht, dem jagdbegeisterten Theodore Roosevelt zuzustimmen: »Das ist Afrika, mit all seinen goldenen Freuden!« Keine Meile später, dort wo der breite Riedgürtel des Timbavati in den niedrigen dichten Mopane-Busch übergeht, haben wir erneut Glück. Sitzt heute Diana auf meiner Schulter? Der zweite Tracker, Richard, entdeckt im Halbschatten einer sumpfigen Einsprengung frische Hyänen-Spuren und unmittelbar darauf die satten Eingriffe einer wuchtigen Löwentatze. Hatten wir in dieser Gegend vorgestern nachts nicht das dumpfe Gebrüll eines Löwen geortet?

Da passiert, was der erfahrene, schwarze Scout Philamon mir längst prophezeite: »Wenn du die Spur eines Löwen entdeckst, seinem Blick begegnest oder nach seinem Leben zielst, dann flattert dein Herz wie ein gefangener Vogel«. Wie recht er hatte!

Der Alte vom Timbavati

Was anschließend geschieht, ist so ungewöhnlich, daß man sich sträubt, es mit dem Anspruch, glaubwürdig zu bleiben, niederzuschreiben. Selbst Piet, der wieder mal keine Waffe mit sich führt und meine 9,3 x 74 für ausreichend hält, selbst er, der 30 Jahre Großwild jagt und an seinem rechten Arm tiefe Narben aus einer hautnahen Begegnung mit einer Löwin trägt, wird völlig überrascht.

Bekanntlich lassen sich die in freier Wildbahn vorwiegend dämmerungs- und nachtaktiven Großkatzen, das haben die Forschungen von Smuts erneut bestätigt, tagsüber nur höchst zufällig blicken. Der berühmte Frederick Selous hat im Verlaufe seines fast 40-jährigen Jägerlebens in Afrika zwar gut zwei Dutzend Löwen, meist durch Zufall oder bei deren Angriff, jedoch nur selten einen am Tage gestreckt. Auch Zwilling bestätigt, daß »seit den Zeiten der Erforschung des dunklen Erdteils durch die europäischen Forschungsreisenden diese nur selten einen Löwen gesichtet, geschweige denn erlegt haben«.

Vor diesem Hintergrund hätten wir unglaubliches Glück gehabt, wenn..., ja wenn!

Völlig unvorbereitet stoßen wir am hellichten Vormittag, die Waffe wie einen Regenschirm geschultert, auf einen gewaltigen Mähnenlöwen, der keine 30 Schritt von uns entfernt, am Kill der Nacht liegt und sich gerade den Wanst vollschlägt. Obwohl wir sofort lautlos in die Knie sinken, wird das Muskelpaket ruckartig hoch, äugt für einen Augenblick zu uns herüber — wahrhaft »der Herr mit dem dicken Kopfe« — und zieht sich mit verärgertem Grollen unverzüglich, quer über eine kleine Blöße, Richtung Timbavati zurück. Ohne eine Spur von Furcht oder Panik! Es war wie ein Spuk. Piets verbissenes

Gesicht und seine mahlenden Kiefer sagen mehr als tausend Worte. Vormittags um 11 Uhr, bei strahlendem Sonnenlicht und bestem Wind, vertölpeln wir wie Anfänger eine solche Gelegenheit! Der Bursche hatte uns bestimmt früher gesehen als wir ihn und war dadurch im Vorteil. Mein reflexhafter Sprung zur Seite, um Schußfeld zu haben, kam bereits zu spät. Ich war ohne jede Chance, denn der »Alte vom Timbavati«, als den ihn Piet sofort identifizierte, hatte mich immer selbst bei seinem Rückzug, noch im Auge. Es bestand keine Gelegenheit, ihm einen Schuß nachzuwerfen. Überhaupt nicht durch dieses Gestrüpp. Wenn sich hier eine Kugel unheilvoll verschlägt, dann braucht's die Hilfe von Hubertus und all seiner afrikanischen Verbündeten! Trotz unserer Enttäuschung und stillen Wut — so eine Möglichkeit bietet sich so schnell wohl nicht mehr — versöhnt mich das großartige Erlebnis bald mit unserem Mißgeschick. Der innere Film ist belichtet! Welch ein Bild an Kraft und Gelassenheit. Und dieser gewaltige Schädel! Da nimmt sich der übrige Körper eher zierlich aus. Beeindruckend war vor allem die vom Dornbusch zerzauste Mähne. »Ein Herrschermantel«, wie Alfred Brehm schrieb. Kein Wunder, daß die stolzen Moran, die speertragenden Massai-Krieger, zum Zeichen ihrer Furchtlosigkeit die Mähne eines selbst getöteten Löwen als Kopfschmuck tragen.

Von blond nach schwarz wechselnd, über Haupt und Nacken bis zum Rücken verlaufend, vergrößert die Mähne die Wucht dieses breitknochigen, mit dicken Muskeln wattierten Hauptes ins schier Unwirkliche.

Das also war meine erste, für mich auch nervlich wichtige Begegnung mit der größten Raubkatze Afrikas in freier Natur. Und mein Herz flatterte wie ein gefangener Vogel! Wenn ich an den federnden Gang, die hochgezogenen Schulterblätter und die Muskelstränge, die diesen durchhängenden Rücken tragen, dachte, hatte ich eine Ahnung von der Wucht eines Löwenangriffs. Welch eine Sprunggewalt steckt dahinter, wenn sich diese Sehnen, einmal auf Start programmiert, wie Stahldrähte spannen und mit einer Spurtgeschwindigkeit von über 60 Stunden-

Löwen! Dem Wildebeest wurde mit schnellem Griff das Genick gebrochen.

kilometern auf ein Opfer zuschießen! Der Angriff eines erwachsenen, vier bis fünf Zentner schweren, bis zum Rutenende oft drei Meter langen Löwen zeigt auch beim Abgebrühtesten Wirkung. Ein Angriff, vorgetragen im Zick-Zack-Kurs, mit offenem Rachen und funkelnden, bernsteinfarbenen Augen sowie einem über den Boden peitschenden Schweif, wird meist von wütendem Grollen und Brüllen begleitet, welches von keinem Tier sonst erreicht wird. Da bleiben die Erfahrungsberichte Livingstones oder des Südafrikaners Wolhuter — auch Piets —, die alle einen Löwenangriff überlebten und dabei weder Schmerz noch Todesangst, höchstens lähmende Gefühle »wie bei einer Narkose« empfanden, nur ein schwacher Trost. Nach einer Zigarettenpause haben wir uns wieder gefangen. Nahe am Riß finden wir breiig schwarze Losung, unverkennbares Siegel der Fleischfresser. Vor uns, ins Dickicht gezerrt, liegt eine durch die Hinterviertel bereits stark ausgewaidete Wildebeest-Kuh. Am Kampfplatz finden sich überall Spuren des verzweifelt um sein Leben kämpfenden Gnus, sowie die scharf markierten Furchen des mit ausgefahrenen Krallen attackierenden Löwen. Als wir den am Rumpf baumelnden, im Genick

um seine halbe Achse gedrehten Schädel des Opfers untersuchen, meint Piet: »Mit dem Burschen hast du heute Abend ein Rendezvous!«

Immer der Jagdführer

Er sagt es mit der größten Selbstverständlichkeit, während sich die Schwarzafrikaner für den Kochtopf die noch frischen Filets aus dem Opfer schneiden.

Ich habe diesmal keine Zweifel an Piet und vertraue seinen Plänen. Wie überall auf der Welt, und es gibt wahrhaft begabte, aber ebensoviel unfähige Jagdführer, ist auch hier der Guide bereits »die halbe Zeche«. Schon nach den ersten Minuten des persönlichen »Abtastens« am Airport, beim Zoll oder auf der Fahrt ins Hotel und zum Camp, wissen meist beide Seiten, wie sie's während der kommenden Tage und Wochen miteinander können. Hier spielt zweifellos der Zufall eine große Rolle. Da läßt sich schwer etwas vorausplanen.

Die Gefahr, daß der Guide den Ankömmling unterschätzt, ihn für ein Greenhorn hält, während der Gast vom Jagdführer wahre Wunder erwartet — der quasi nur nachzudenken braucht, um ihn dorthin zu führen, wo das gewünschte Wild steht — ist groß und wird zur Schicksalsfrage jeder Jagd. Obwohl es stimmt, daß kein Jäger und kein Jagdführer dem anderen gleicht, zu unterschiedlich sind Herkunft, Ausbildung und Erfahrung, Begabung, Charakter und Instinkt, lassen sich doch drei Grundtypen von Jagdführern — und in gleicher Weise an Jägern — herausfiltern.

Da ist zunächst der »Forschling«. Etwas ehrgeizig und rücksichtslos, ein »Was-kostet-die-Welt«-Typ, ein Rechthaber, der oft fehlende Eigenerfahrung mit jener von Dritten verwechselt. Ein »Crocodile-Dundee«-Verschnitt, mit meist wenig Phantasie, ein Draufgänger. Vor und während der Jagd erklärt er wenig, gibt sich geheimnisvoll und lebt von den Überraschungen des Jagdtags. Er erzählt viel von anderen Jagdgästen und den Fehlern seiner Kollegen, hat keine Fragen und deshalb kaum Antworten. Er ist ein »Macho mit Frontantrieb«, gerät er in Treibsand, macht er nicht immer die beste Figur. Dabei bemüht er sich, jedermanns »Darling« zu sein, ist höflich und sagt »Entschuldigung« wenn er niest, schiebt Pannen und Fehler aber grundsätzlich anderen in die Schuhe.

Er will unbedingt schnellen Erfolg, überschätzt leicht Technik und Organisation bei der Jagd und nutzt rigoros den letzten Spielraum für seine Führung. Der »Forschling« trinkt und raucht eigenartigerweise überhaupt nicht, oder aber in einem solchen Ausmaß, daß man um seine und die eigene Gesundheit bangt. Über Ökologie und Verhaltensforschung, Artenschutz und Zollbestimmungen weiß er Bescheid, wobei sie ihn nur insoweit interessieren, daß er damit durch den Alltag kommt. Von der kommerziellen Seite der Gastjagd spricht er ebenso unbefangen wie über die Güte seiner Jagdgäste. In Sachen Ballistik kann ihm keiner ans Zeug. Gegenüber Geld ist er abgebrüht; es spielt keine Rolle, da nicht vorhanden! Später, wenn er selbst Outfitter und Jagdveranstalter ist, wonach er von Anfang an mit viel Geschick, wenn nötig mit Ellbogen strebt und Pluspunkte sammelt, wird der »Forschling« dann automatisch — sofern er nicht vorher das Handtuch wirft — allmählich zum zweiten Grundtypus eines Guides, zum »Geläuterten«. Von den Begegnungen mit Jägern schon etwas gebürstet, ernüchtert von der Romantik des Jagdgeschäfts, erscheint er nun als Autorität, wirkt

überlegen und ruhig, überzeugt durch Aussagen und Auftreten, scheint es zu etwas gebracht zu haben. Für ihn gibt es keine Geheimnisse mehr. Er informiert den Gast umfassend, beteiligt ihn an allen Entscheidungen und sichert sich damit gleich gegen Mißerfolg ab. Der »Geläuterte« gibt sich kaltschnäuzig und weiß längst wann er aufhört, wobei er den Termin von Jahr zu Jahr verschiebt. Zu guter Letzt läuft er Gefahr, sich für das Wildnisleben eine flotte Freundin zuzulegen, die mehr Geld, Kraft und Konzentration kostet als dem Outfit gut tut. Nebenbei rackert er sich enorm ab, weiß den Gast zu nehmen und die Vorzüge seines Reviers immer richtig zu verpacken. Der »Geläuterte« spricht trotzdem wenig, erweckt nur behutsam Hoffnungen und kümmert sich, ganz im Gegensatz zum »Forschling«, buchstäblich um alles selbst. Verständlich, denn er muß auch alles bezahlen! Er ist illusionslos, geduldig und hartnäckig bei der Sache und weiß längst, daß das Interesse an seiner Person nach der Jagd in der Regel auf das Niveau einer geschäftlichen Beziehung abfällt. Deshalb nimmt er auch jede spontane Einladung eines Jagdgastes zu einem Besuch in Texas oder Ingolstadt gelassen als Teil eines eingefahrenen Rituals hin. Er ist ein jagdlicher Routinier geworden. Sein Einsatz ist berechnet, er hat die Pokale schon im Schrank! Persönliches erzählt er nur auf Anfrage, und nur so, wie wenn man einer Hausfrau nach einem guten Mahl das Rezept herausquetschen will. Er wickelt großzügig ab, ist pünktlich und jeder Handgriff sitzt. Er weiß, Erfolg und Erlebnis zählen. Der Gast wird ernstgenommen, er gibt ihm recht und tut, was er für richtig findet.

Genau zwischen diesen beiden Jagdführer-Typen steht der »Ideale«... — den es allerdings nicht gibt. Zumindest nicht für jedermann! Ihn findet man aus Zufall, biegt ihn sich zurecht, rauft sich mit ihm zusammen — oder träumt von ihm bis ans Ende eines Jägerlebens. Er ist der Jagdführer, der gut zuhört, alles weiß und wenig gängelt. Der »Ideale« hat mal mehr oder weniger Zweifel an sich, an seinem Gast und an der aktuellen Jagdsituation. Der »Ideale« ist entweder Asket, völlig verdorben

Die gefiederten Müllmänner leisten ganze Arbeit. Der Marabu muß warten.

oder ein wahrer Engel. Er liest in jedem Augenblick die geheimsten Gedanken des Jagdgastes, ist Draufgänger und Amme in einer Person und liefert den »maßgeschneiderten« Erfolg. Genau jenen, auf den man sich zu Hause im Freundeskreis bereits festgelegt hat. Hier schließt sich der Kreis, der Zufall regiert!

Eines ist gewiß: Man hat Spaß und Erfolg mit jedem der drei Typen, entkommt auf die Dauer keinem und stellt eines Tages resigniert fest, daß der Guide letztlich das Produkt aus Zufall und Jagdgast ist. Diese Erkenntnis ist wichtig. Denn dann wartet man nicht, bis einem die Hand gereicht wird, sondern streckt sie aus. Vertraut nicht blindlings, sondern ist hellwach mit bei der Sache und erliegt nicht der Versuchung, sich in der Wildnis stur auf sein Geld, auf Verträge und Empfehlungen Dritter zu verlassen. Gespür, Geduld und Stehvermögen waren, neben dem Vertrauen auf etwas Glück, schon immer die Schlüssel zum Jagderfolg — auch zum Jagdführer! Man ist gut beraten, das alles schon daheim zu bedenken. Das befreit und schützt vor Illusionen und Enttäuschungen.

Aug' in Aug'

Zu fünft ziehen wir die Wildebeest-Karkasse in die Mitte der kleinen Lichtung, etwa 25 Gänge vom dichten Busch entfernt, aus dem die Helfer in kürzester Zeit eine gut verblendete »Boma« bauen. »Ebenerdig, Aug' in Aug'! Einverstanden«, frage ich unsicher, »aber warum so nahe?« Piet, der mir eine Auflage sowie den schmalen Ausguck auf das gegen den Besuch der Geier mit Zweigen abgedeckte, gut 250 Pfund schwere »Löwen-Menü« persönlich schneidert, winkt ab »Der Löwe weiß, daß wir hier sind! Während der Dämmerung und nachts hat er vor nichts Angst. Nähe bedeutet Sicherheit und die Garantie für einen exakten Schuß!«

Den Buren kümmert deshalb auch die Hauptwindrichtung nicht. Unsere Witterung steht voll auf dem Riß. Da der Anmarsch des Löwen unbestimmt und nicht nur aus sicherer Deckung oder auf festem Wechsel erfolgt, erscheint

Die tiefen Eingriffe der großen Löwentatzen machten uns neugierig.

mir das, entgegen meiner Jagderfahrung, dann ebenfalls ohne Belang. Als die Mittagssonne hoch im gelbblau flirrenden Himmel steht und uns »Nordlichtern« den Pelz wärmt, genehmigen wir uns ein kühles Bier. Das Wild sucht den kühlen Schatten des mit ausladenden Akazien und Baobab durchsetzten Mopane-Busches auf. Vom nahen Tambuti-Baum krächzt, wie so oft bei einer Afrika-Safari, ein grauer Loerie, der Markwart Afrikas, sein aufreizendes »Go-away!« (Verschwindet!), das uns aber nicht weiter beeindruckt.

Auf der Heimfahrt durchs offene Grasland begegnen uns überall die zunächst immer etwas nervös tänzelnden, dann in eleganten Ballerinasprüngen sich schnell in Sicherheit bringenden, oft über hundert Kopf starken Herden der Impalas. An anderer Stelle schaut eine neugierige Netzgiraffe, buchstäblich von oben herab, in den offenen Landrover. Piet hält ruckartig an und deutet auf eine daumendicke, vom Rücken zur Hinterhand verlaufende Verletzung. »Lion«, meint er, und fährt wegen meiner Skepsis bei Hautrissen in einer Höhe von drei bis vier Metern fort: »Löwen scheuen die knallharten Hufe der Giraffe. Sie jagen den schlaksigen Läufer lieber so lange

durch den Busch, bis er irgendwann stolpert. Im selben Moment sitzen ihm dann 200 Kilo Muskel, Zähne und Nägel am Hals!«. Diesmal ging die Strategie der meist nur bis zu 100 Meter hetzenden Löwen vermutlich daneben. Der Sprung einer Löwen-Lady war wohl falsch kalkuliert und zu kurz gewesen.

Nachsuche — kein Honiglecken

Nach der Mittagspause sitzen wir beim Tee. Nachdem sich der zufällig vorbeigekommene Wildlife-Officer wieder verabschiedete — er berichtete, daß in den vergangenen Wochen, weiter westlich, wieder einige Löwen als »Cattle-killer« (Viehräuber) von Rinderzüchtern getötet wurden — geht es bei uns ans »Eingemachte«. Piet warnt: »Der erste Schuß entscheidet alles. Es ist deine Verantwortung und dein Löwe. Eine Nachsuche wird kein Honiglecken!« Das hatte ich schon beim erfahrenen Selous gelesen: »Gereizt oder angeschweißt, neigen Löwen mehr zum Angriff als jedes andere Tier. Kein Wild,

Ohne das geringste Geräusch stand uns plötzlich der Nashornbulle gegenüber. Wie ist er gelaunt?

das sich so verbergen und sich auf seine Beute so blitzschnell werfen kann!« Wenn auch die Beobachtungen anderer Großwildjäger, die von Löwensprüngen von mehr als zehn Metern berichten, etwas übertrieben sind, so scheinen die Schutzgräben von acht und mehr Metern Breite um die Freigehege der Großkatzen in unseren Zoos doch einen Grund zu haben.

Mit der Verantwortung für den Schuß und seine Folgen hatte ich auch die Entscheidung über den Ablauf des Schlußaktes übernommen. Der »Professional« war gegen die Kugel auf Träger oder Haupt, da sie, verzerrt durch die Mähne, nur ungenau angetragen, oder wegen der fliehenden Schädelstruktur glatt abgleiten und den Löwen höchstens gefährlich anschweißen kann. Unsere Hauptsorge war: Hoffentlich kommt der »Vormittags-Löwe« wieder, und zwar als erster seines Rudels. Möglichst alleine und noch bei Büchsenlicht! Unangenehm, wenn er einer Löwin, gar mit Jungem, den Vortritt ließe. Für diesen Fall hatte Piet, außer schnellem Rückzug, auch kein Rezept im Ärmel. Meine Frau entschied sich, nachdem sie sich alles ruhig mit angehört hatte, für den Abend mit uns.

Auf der Pirschfahrt wird wenig gesprochen. Uns interessieren weder die orangegelben Impalas, noch die blaugrau gestriepten Wildebeests längs des Weges. Auch ein fetter, schwarzglänzender Honigdachs mit weißleuchtender Haupt- und Rückenschabracke, der mit wälzendem Spurt von der Sandfahrt zu kommen trachtet, erregt kaum unsere Aufmerksamkeit. Jeder hängt seinen Gedanken nach.

Die Karkasse ist weg

Die Sonne hängt bereits hinter dem Lowveld. Einige hundert Meter von der Jagdarena entfernt, unter einem ausladenden Marula-Baum, in dem ein Natal-Robin, ein kleiner, unsichtbarer Stimmen- und Tarnungsakrobat sein virtuoses Konzert gibt, steigen wir aus. Jetzt ist auch Piets schwere .416 Rigby-Doppelbüchse mit von der Partie. Diesmal durchqueren wir den hohen Halmenwald der Savanne wesentlich vorsichtiger und nähern uns lautlos

dem Dickichtsaum. Könnte ja sein...! Aber eigentlich glaubt niemand an eine Wiederholung der Chance des Vormittags. Schulter an Schulter, meine Frau zwischen Piet und mir, erreichen wir den Schirm. Ich richte die Büchse ein. Der Jagdführer schickt den Tracker auf die Lichtung hinaus, um den Kill abzudecken und die Zweige aus dem Schußfeld zu ziehen.

Da trifft es uns wie ein Schlag: Die Karkasse ist weg! Aufgeregt fuchtelt der Schwarze in Richtung Timbavati-River. Äußerst unfreundlich, wenn der »Dickköpfige«, der vermutlich zurückkam, nachdem wir heute vormittag das Feld geräumt hatten, sein Eigentum ins undurchdringliche Ried verschleppt hat! »Damned! Let's go!«, wettert Piet und springt aus der Boma. Eine breite Schleifspur führt ins nahe Dornendickicht. Löwen schleppen ihre Beute nahezu immer. Der Tracker bleibt zurück. Meine Frau geht zwischen uns beiden. Wir dringen Schulter an Schulter, mit angeschlagenen, entsicherten Büchsen, Schritt für Schritt eines Angriffs gewärtig, in die undurchdringliche Wand aus Zweigen und Dornen ein. Es grenzt fast an Zynismus, als mir in dieser prickelnden Situation der große

Erfolg ist in Afrika nie leicht zu haben. Der Bleßbock kostete viel Schweiß

Aristoteles einfällt: »So ist der Löwe während des Fraßes sehr bös und gefährlich, wenn er aber gefressen hat, ganz sanftmütig«.

Wir müssen tiefer in die vor uns liegenden Büsche. Nirgends ein Laut! Mir schlägt das Herz bis zur Gurgel. Auch Piet schluckt fortwährend und läßt mir galant den Vortritt: »Es ist dein Löwe!« Meine beiden Hände umklammern die Büchse. Nach einigen Metern wird es etwas lichter. Gebückt versuche ich, im Unterholz Durchsicht zu gewinnen. Durch den Aasgestank aufmerksam geworden, entdecke ich plötzlich, keine fünf Meter von uns, die Karkasse. Vom Löwen — der Himmel sei gepriesen! — keine Spur. Vermutlich hatte er sich bei unserem Annäherungsmanöver vorsichtshalber ins sichere Ried des nahen Timbavati verdrückt. »Dahinein«, sagt Piet, »wären wir nicht!«

»Ich sowieso nicht!«, dachte ich. Gemeinsam mit den beiden Helfern ziehen wir den schon arg zugerichteten Kill zum zweiten Mal auf den bereits am Vormittag ausgewählten Platz zurück. Eine eigentlich makaber-lustige Geschichte, wenn es nicht streckenweise ganz schön aufregend gewesen wäre! Allmählich schwindet das Tageslicht. Was wäre passiert, wenn vorher Löwinnen, vielleicht mit Jungen, am Riß gewesen wären? Oder wenn der »Chef«, durch unsere erneute Störung verärgert, im Halbdunkel auf uns im Busch gewartet hätte, um sich, wie der erfahrene Murray-Smith berichtet, wie ein aus der Koppel entlassener Windhund auf uns zu stürzen? Couragiert ist diese Raubkatze schließlich immer schon gewesen. Das weiß man nicht erst seit dem Bau der Uganda-Bahn im letzten Jahrhundert, wo ein alter Raubritter nach und nach 14 braune Burschen mitten aus dem Lager holte, bis ihn endlich nach langen Nächten ein White-Hunter für 100 Pfund Staatsprämie in die ewigen Jagdgründe beförderte. Diese Geschichte erzählen sich die Einheimischen noch heute. Die beiden Tracker kauerten hinter uns am Boden. Piet schärfte mir nochmals ein, mich ja nicht vom schauerlich wutentbrannten Gebrüll des beschossenen Löwen irritieren zu lassen. Dieses furchterregende Toben sei ein Spektakel ohnegleichen und richte sich gegen den unsichtbaren Rivalen, von dem sich der Getroffene angegriffen und geschlagen wähnt.

Der Löwe nähert sich

Immer schneller fällt die Nacht in die Boma. Gespannt lauschen wir auf die Stimmen um uns. Wie gebannt starre ich durch das Sehloch auf den Wildkadaver. Wie lange reicht, trotz Zielfernrohr, noch das Büchsenlicht? Fünf Minuten? Ob der Recke rechtzeitig, ob er überhaupt noch kommt? Ist er vergrämt? Pennt er faul und vollgeludert im Ried, oder verbirgt er sich, bis es völlig dunkel ist? Zweifel kommen auf. Jetzt verbleiben nur noch ein paar Minuten!

Doch — auf Hubertus ist Verlaß! — im selben Augenblick nähert sich, halbschräg von links, ein leises, zunächst unbestimmtes, dann deutlich vernehmbares, fast asthmatisches Schnaufen. »Lion!« flüstert Piet. Er sieht ebensowenig wie wir. Das gleichmäßig röchelnde, unheimliche Seufzen und Stöhnen zieht langsam, für unsere Nerven viel zu langsam, keine 10 Gänge entfernt, zwischen uns und dem Luder vorbei und verstummt. Stille! Was jetzt? Wir spüren das starke Wild förmlich in unserer Nähe. Kurz darauf zersplittern krachend Knochen. Da! Der Löwe steht keine Steinwurfweite entfernt, spitz uns zugewandt, mißtrauisch und unschlüssig über dem Riß. Jetzt oder nie!

Ich habe das sichere Gefühl, der Bursche weiß genau, daß wir vor ihm in der Boma kauern! Als Piet aufgeregt haucht: »Ist er's? Kannst du schießen?«, füllt bereits das massige Löwenhaupt das Sehfeld des auf das Zweifache herabgedrehten Zielfernrohrs... und mein Herz flattert!

»Ruhig Blut«, mahnt mein Jägergewissen. Für einen Augenblick glaube ich die mißmutigen Züge seiner wie zu abgesteppten Falten zusammengekniffenen Gesichtsmaske zu erkennen. Während die längst gestochene Bockdoppelbüchse, mit dem auf diesem dunklen Hintergrund gerade noch erkennbaren Absehen, über die zu Schlitzen verengten Seher wandert, wendet sich der Mähnenträger mit einem kurzen Schritt nach rechts, nicht ohne seinen Blick von unserem Schirm zu lassen.

An der Stelle, wo das Leben sitzt, kommt der Stachel zu Ruhe. Der Schuß flammt krachend durch die jetzt beinahe pechschwarze Nacht. Die Kugel, völlig ruhig auf das Blatt gesetzt — und ich habe in dieser Sekunde wie auch später keinen Zweifel, bestens abgekommen zu sein, vermutlich war ich noch nie so konzentriert — wird ihm, wenn sie dort sitzt, wo sie hingehört, den Lebensfaden durchtrennen. Noch im Mündungsfeuer und mit einem nie gehörten Urgebrüll schnellt die Katze, tobend wie ein Berserker, vorne hoch und stürmt in unsere Richtung. Das ist das letzte, was ich, durch den Kugelblitz geblendet, erkennen und orten kann. Was in den nächsten Sekunden tatsächlich passierte, wird von uns erst später rekonstruiert und wie ein Puzzle zu einem Bild gefügt.

Mit dem Schuß umgibt uns die schwarze Nacht. Die Luft vibriert vom Gebrüll des schwer getroffenen Löwen, der jetzt halbrechts, vielleicht 20 Schritt von uns entfernt, einige Sekunden (oder Minuten?) brüllend auf einem Fleck verharrt und dann plötzlich mit rollendem Gurgeln verschweigt. Schlagartig Totenstille. Plant der rasende Bursche seine Revanche? Lauert er todkrank draußen auf uns, oder setzt er gerade zum verderbenbringenden Sprung in die Boma an? »Es ist dein Schuß, deine Verantwortung«, hämmert es unablässig in meinem Gehirn. In der Boma herrscht totale Verwirrung. Alles ist aufgesprungen, wir behindern uns gegenseitig. Ein Tracker steht mit einem Fuß sprungbereit in einer Astgabel, und Piet versucht krampfhaft, seine Stablampe einzuschalten, die einzig wirksame Waffe gegen eine nachts annehmende Großkatze. Künstliches Licht scheint ihren empfindlichen Sehern Schmerzen zu bereiten und soll sie stoppen. In diesem allgemeinen Wirrwarr verdrücke ich mich mit meiner Frau, deren kleine Taschenlampe einwandfrei funktioniert, aus der wie zu Dunkelhaft verurteilten Lage. Mein Gewehr im Halbanschlag, das sofort nach dem Schuß abgenommene Zielfernrohr im offenen Hemd.

Unmittelbar danach verziehen wir uns langsam aber zielstrebig, in jeden Busch leuchtend, aus der jetzt ungemütlichen Umgebung. Am Jeep beginnen die Fragen. Piet läßt sich mehrmals den Schuß beschreiben. Meine Meinung, die Katze sei nach dem Knall halbsteil nach vorne geschnellt, und die letzten gurgelnden Laute sowie das darauffolgende Verschweigen seien Hinweise auf ihr Verenden, ist ihm zu unsicher für ein endgültiges Urteil. Wir beschließen, eine Stunde zu warten, um dann im Schutz des Wagens und der starken Scheinwerfer den Tatort nochmals aufzusuchen. Plötzlich dringt laut und deutlich ein Schmatzen und Krachen vom etwa 300 Meter··· tfernten Luder herüber. »Dein Löwe· meint Piet unsicher und bleibt bei sei·en Zweifeln auch dann noch, als ich eigensinnig entgegne: »Aber nein! Das ist der Rest der räuberischen Bande!« Immer wieder lasse ich den »geistigen Film« ablaufen. Von Mal zu Mal steigt die Gewißheit: Der Mähnenträger erhielt die Kugel genau durch die Schulter ins Leben. Weshalb also diese Zweifel? Im übrigen, erlegte nicht der bekannte Berliner Afrikajäger C.G. Schillings innerhalb weniger Minuten gleich drei Löwen ohne große Komplikationen? Und die Geschichte Roosevelts über einen Schwarzen, der in seiner Gegenwart einen Löwen, nur mit einem Speer bewaffnet, ins Herz traf und tötete, zeigt schließlich auch, daß der »König der Tiere« nicht das ewige Leben gepachtet hat!

Der Schlußakt ist noch offen

Zäh wie Kafferbier verrinnt die Zeit. Mit vollem Scheinwerfer, jede Sekunde einen Angriff erwartend — auch von einer Löwin, die bekanntlich angriffslustiger und weniger berechenbar als Löwen sind — fahren wir in den Busch. Der Allrad schiebt mit seinem Rammgitter eine schmale Schneise, wobei der Lichtschein, ohne daß etwas geschieht oder zusammengezogene Seher im Scheinwerferlicht aufblitzen, bald auf die Karkasse fällt, die schon wieder einige Meter verschleppt ist. Wenn man jetzt den Anschuß untersuchen könnte! Aussteigen ist in dieser Situation jedoch undenkbar. Mit aufgeblendeten

Wir hatten nicht umsonst gewartet. Der »Alte vom Timbavati« kam beim allerletzten Schuß-
licht. »Siehst du ihn?«, flüsterte Piet aufgeregt.

Scheinwerfern, die Büchse fast an der Backe, bewegen wir uns im Schrittempo in Richtung der von uns vermuteten Flucht des Löwen. Nervös leuchten die Tracker mit den Handlampen links und rechts in jedes Gebüsch. Nichts! Kein Schweiß, kein umgedrückter Ast, kein Hinweis auf das gestreckte Wild. Allmählich wird Piet diese Nachsuche, bei der ein angeschweißter Löwe, noch dazu bei seiner Schnelligkeit und diesem Geschick zur Tarnung, uns eindeutig überlegen ist, unangenehm. Er dreht ab.

Nach einigen Minuten liegt der Schauplatz eines wahrhaft aufregenden Geschehens hinter uns. Wir sind voll von teilweise an Gewißheit grenzender Zuversicht, andererseits auch von bohrendem Zweifel gequält. Der Schlußakt ist noch nicht geschrieben! Die Spannung bleibt, ist unerträglich.

Die Nacht in der Lodge wird lang. Statt Löwengebrüll höre ich mehrmals das unregelmäßige, an eine von Holzfällern gezogene Säge erinnernde, knurrende Schnarren eines im sandi-

gen Bachbett einer Donga schnürenden Leoparden. Ein Einzeljäger, der — höchstens ein Fünftel des Gewichts eines Löwen — nicht wie dieser der Unterstützung eines Rudels bedarf, um Beute zu schlagen.

Im ersten frühen Dämmerlicht sitzen wir erneut im Geländewagen. Über den Sandwegen gespannt sind quadratmetergroße Fangnetze fünfmarkstück-großer, buntgestreifter, teilweise giftiger Spinnen, die von den wachsamen schwarzen Begleitern aus dem Weg geräumt werden. Dies geschieht vor allem auf energisches Betreiben meiner Frau. Richard, unser Tracker, entdeckt überall Spuren der letzten Nacht. Wir passieren äsende Impalas und Wildebeests, sowie einen Trupp pechschwarzer Büffel, die bewegungslos an ihren Weidegründen stehen. Kudus und Wasserböcke gehen lieber auf Distanz. Sie bleiben heute ebenso unbehelligt wie manch übervorsichtiger Warzenkeiler, der sich beim geringsten Zeichen von Gefahr sowieso mit steil erhobener »Antenne« aus dem Staube macht.

Der Wagen wird an der gleichen Stelle wie am Vorabend abgestellt. Mit großer Vorsicht nähern wir uns dem Riß. Seit gestern Nacht war kein Besucher mehr an ihm. Ein Wunder, daß ihn die nackthalsigen Luftpiraten noch nicht entdeckten.

Am Anschuß finde ich sofort Schweiß und Eingriffe, die tief durch die Grasnarbe gingen. Die voll ausgefahrenen Krallen der getroffenen Raubkatze hinterließen beim letzten Spurt wie von stählernen Spikes aufgewühlte, leicht verfolgbare Spuren. Plötzlich stößt Piet, für mich einen Ton zu aufgeregt, hervor: »Der Löwe!« Im Drehen sehe ich, keine zehn Schritt von mir, unter tief herabhängenden Zweigen die schwarze Quaste einer ausgestreckt am Boden liegenden, braunbeigen Rute. Ein alter Kämpe, mit vernarbtem Gesicht und einer für dieses dornenreiche Buschland noch recht ordentlichen Mähne. Er hatte nach dem Schuß, physisch bereits am Ende seiner Erdenbahn angelangt, aber von letzten Reserven seines Lebensmotors in Bewegung gehalten, noch fast 40 Meter gemeistert. Im Sturz brach er ein armdickes Gehölz, dessen Stumpf sich durch seine linke Backe bohrte. Wie abgezirkelt drang der Tod in Gestalt des 18,5-g-Teilmantel-Rundkopf-Geschosses genau auf der Blattschaufel in den Wildkörper, bis es schließlich auf der Gegenseite in der zähen Lederdecke seine Energie verbraucht hatte.

Die Gratulation meiner Frau und ihr befreites Lächeln, was wohl besagen sollte: »Das war allerhand für's erste Mal!«, sowie die gemeinsame Freude der Begleiter machten die nächsten Stunden zu einem Erlebnis ganz besonderer Art. Sogar der über uns scheltende »Go-away-bird« entlockte uns nur noch ein müdes Lächeln. Das war Afrika mit all seinen Freuden.

Fast ein Triumph! Limbujäger mit meinen Rekord-Blauschafen aus dem Himalaya.

Dünne Luft und dicke Schnecken

Bei Gott! Diese Jagd ist weit mehr eine Frage der Kondition und der Selbstdisziplin, als die des Zasters. Ich halte sie, neben der Pirsch auf die klotzigen Ture des Kaukasus, für eine der härtesten der Erde. Hier erlebt der Jäger hautnah die ständige Herausforderung des eigenen Innenlebens durch eine kompromißlose Außenwelt. Solche »Siege« zählen doppelt!

NEPAL

Königreich
Hauptstadt	Katmandu
	(170 400 Einwohner)
Bevölkerung	15 700 000
Fläche	140 797 km²
Sprachen	Nepali, Tibetisch
Währung	1 nepal. Rupie
	(NR) = 100 Paisa

Wildtiere: Asiatischer Hirsch, Blaubock, Blauschaf, Elefant, Goral, Kleiner Panda, Krokodil, Leopard, Lippenbär, Muntjak, Nashorn, Schneeleopard, Serau, Tahr, Tiger, Wolf.
Landschaft: Das Land wird im N vom gewaltigen Hochhimalaya (mit Mt. Everest, Kanchenjunga) begrenzt. 1/3 der Fläche ist Wald, 2/3 des Landes liegt über 1000 m. Der Niederhimalaya mit dem fruchtbaren Katmandutal ist das Hauptsiedlungsgebiet. Im S liegen die Siwalikberge (bis 4000 m) und das teils sumpfige Tiefland mit seinen Dschungeln, der »Terai«.
Klima: Wechselt vom arktischen Klima im Hochhimalaya bis zum tropischen Monsunklima im Terai. April bis August sind sehr heiß, der Aufenthalt im Tiefland ist beschwerlich. Beste Reisemonate sind Oktober/November, Februar/März.
Sehenswürdigkeiten: Katmandu, die Pagoden von Bhatgaon, Patan mit Königspalast und Tempeln, das Kloster Thyanboche, Residenz des Rimpotsche Lama und der Meghaudi-Nationalpark südlich Barathpur.
Jagd: Für Ausländer möglich. Bei Waffen-Einfuhr gelten Sonderbestimmungen. Halbstaatliche und private Veranstalter, ohne die nicht gejagt werden darf. Vorwiegend Hochgebirgsjagd zu Fuß und zu Pferd (bis 4500 m). Einflug mit STOL-Flugzeug oder Helicopter.

Blauschaf

Pseudois nayaur

E: Blue sheep/Bharal
F: Bous bleu/Bharal
Sp: Carnero azul

Ansprechen: Trugschaf (halb Ziege, halb Schaf). 3 Unterarten: Himalaya-Blauschaf *(P.n. nayaur)*, China-Blauschaf *(P.n. szetchuanensis)*, Zwergblauschaf *(P.n. schaeferi)*. Nur das erste Winterkleid zeigt die »bläuliche« Färbung, ansonsten herrscht grauweiß vor, das zum Unterbauch hin in weiß übergeht. Widdergehörne haben ca. 80 cm Länge. An der Basis dicht nebeneinander, schwingt es kreisförmig nach hinten. Schafe tragen kleine, steile Hörner. Je nach Einstand 40-80 kg schwer, Schulterhöhe 70-90 cm.
Lebensraum: Offene Hochalmen der Hochgebirge jenseits der Buschgrenze. Im Winter tiefere Regionen.
Verbreitungsgebiet: Nepal, Sikkim und China, sowie Teile der UdSSR, in Höhen von 3500 bis 5500 m.
Verhalten: Leben gesellig in größeren Verbänden, Widder in eigenen Gesellschaften. Äußerst aufmerksam. Bei Gefahr bleiben sie regungslos stehen. Im Oktober/November Brunft. Die Widder kämpfen nach Ziegenart. Nach 5-6 Monaten setzen Schafe ein Lamm, das ein halbes Jahr gesäugt wird und sofort nach der Geburt der Mutter folgt.
Artenschutz: WA A II
Jagd: Die Jagd geht von hochgelegenen Jagdcamps aus und beginnt mit der Suche in den weiten, steilen Hängen. Körperliche Fitneß, Bergerfahrung und überlegte Ausrüstung nötig. Vorsorge gegen Höhenkrankheit! Oft sind Weitschüsse erforderlich.
Rekordtrophäe: SCI RBoTA, 1986: Hornlänge links 72,20 cm, rechts 76,20 cm (Nepal 1979).

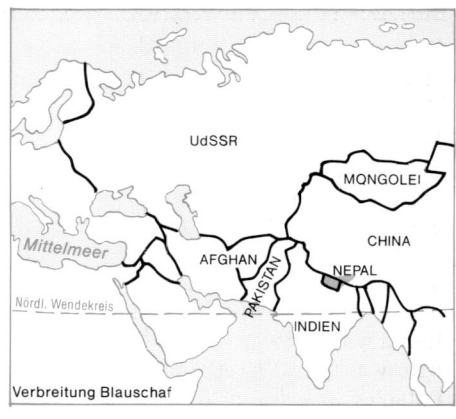
Verbreitung Blauschaf

Goral

Nemorhaedus goral

E: Goral
F: Goral
Sp: Goral

Ansprechen: Der mit den Gemsen verwandte Goral hat eine Schulterhöhe zwischen 50 und 70 cm und ein Gewicht von etwa 35 kg. Im Winter aschgrau bis schwarzbraun, im Sommer hellbraune Farbe. Das bis 18 cm hohe Gehörn tragen beide Geschlechter. Es ist mäßig gebogen (nicht gehakelt), hat Jahresringe. Der reinweiße bis gelblichweiße Kehlfleck ist ein gutes Erkennungsmerkmal. Man unterscheidet eine ostsibirische und chinesische Unterart.
Lebensraum: Ausgesprochenes Gebirgswild. Bewohnt steile Wald- und Fels-Regionen von 1500-3500 m.
Verbreitungsgebiet: Taiga Sibiriens und Gebirge von Nepal, Tibet, Sikkim, China, Korea.
Verhalten: Bei Schneefall harrt der Goral hinter Felsüberhängen oft tagelang aus, bis die Schneedecke fest ist. Geißen und Jungwild führen ein geselliges Leben. Äsung sind Flechten, Früchte, Nüsse und Eicheln. In der Brunft, September/Oktober, stoßen die Böcke zum Scharwild. Tragzeit 6 Monate. Die Geiß setzt ein Kitz, das der Mutter sofort folgt.
Artenschutz: WA A I
Jagd: Die rauhen Klimazonen, in denen der Goral lebt, erfordern Bergerfahrung, Fitneß und überlegte Ausrüstung. Wegen der Gefahr der Höhenkrankheit sich langsam an Höhenlagen anpassen! Das Wild flüchtet sofort. Vorsichtige Fußpirsch. Weite Schüsse sind die Regel.
Recordtrophäe: SCI RBoTA, 1986: Hornlänge links 17,46 cm, rechts 17,78 cm (Nepal 1974).

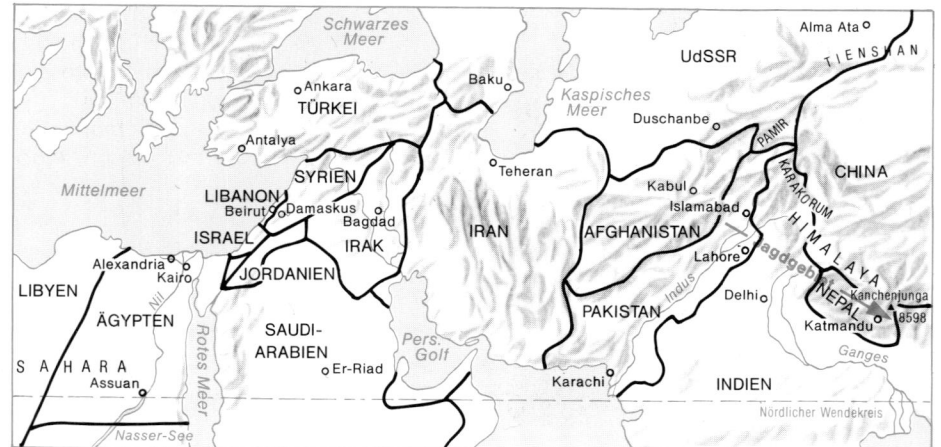

Jagd auf Blauschaf und Goral in Nepal

Sollten wir, sollten wir nicht? Die dünne Nachricht, in einem bisher unbejagten, kaum erschlossenen Gebiet Ostnepals als erste Ausländer auf Himalaya-Blauschaf pirschen zu können, war natürlich faszinierend. Unsere Entscheidung fiel deshalb auch ziemlich schnell und ohne viel »Wenn und Aber«. Zu dritt, ein echter »Fünfziger-Club«, gingen wir im Frühjahr des tibetischen Jahres 2113 (1986) diese aufregende Herausforderung an. Entgegen den eindringlichen Ermahnungen des erleuchteten Buddha, der seine Jünger schon zweitausend Jahre früher vor dem Himalaya warnte, da es ein Gebiet sei, »das rauh und schwer zu durchqueren ist, ein Land weder für Affen noch für Menschen«.

Eine Bergjagd im Vorfeld der eisgepanzerten Gebirge des östlichen Himalaya, mit seinen unzähligen Gipfeln und namenlosen Massiven und zum großen Teil noch unbezwungen, knapp einen Tagesmarsch von Chinas Tibet und dem Königreich Sikkim entfernt, verhieß mehr als nur erlebnisreiche Pirschtage. Das kam einem kleinen Wagnis gleich. Davon konnte ich schon ein Lied singen!

Rückblicke

Bereits im vergangenen Jahr hatte ich im gleichen Gebiet, in einer für mich unerreichbaren Höhe von 5500 Metern, ein Rudel respektabler Blauschafwidder im Spektiv. Unvergeßlich ihre im letzten Abendlicht aufscheinenden Hornkreise. Sie verfolgten mich noch im Traum. Ich hatte geschworen zurückzukommen. Nun war es soweit! Es galt auch eine Rechnung zu begleichen! Zunächst freute ich mich auf die wilden Berge, ihre stolzen Menschen und meine Begleiter, die während der ersten Jagdexpedition meine Freunde geworden waren. Das Zusammenleben mit ihnen und ihrer fremden Kultur, in einem fast mittelalterlichen Alltag, waren mir unauslöschlich in Erinnerung.

Auch diesmal würden wir wieder mit diesen Hirten, Viehhaltern und Kartoffelbauern aus dem Volk der Limbu jagen, Angehörige eines altnepalesischen Tibeto-Volkes, das im Sommer schmucke Holzhäuser bis in Höhen von 3500 bis 4000 Metern bewohnt und erst im Winter mit seinen Yakherden in die tieferliegenden, milderen Gegenden zieht. Ob der sangesfreudige Lakpar, »das Adlerauge« und seine Freunde, wohl schon auf uns warteten? Oder verdienten sie sich gerade im Karawanenhandel dieser Grenzregion, auf einer wochenlangen Salz- und Reis-Tour, als Lastenträger ein Zubrot? Geschäftstüchtig sind die Burschen ja. Wir verpaßten ihnen allerdings einen bösen Dämpfer, als sie uns einen mit Stroh ausgestopften Kleinen Pandabären — absolut geschützt und kurz vor der Ausrottung! — als »Souvenir« zum Kauf anbieten wollten. Unsere entschiedene Ablehnung und die anschließende, ihnen zunächst unverständliche Aufklärung über die Bedeutung aller freilebenden Wildtiere für Einheimische wie für Besucher, hat sicherlich einiges für das Überleben dieser herrlichen,

Scheinbar mühelos schleppen unsere Träger die zentnerschweren Lastkörbe ins Hauptlager auf 3600 m Höhe.

gut fuchsgroßen, orangefarbenen Kleinbären, zumindest in dieser Gegend, bewirkt. Jedenfalls mehr als strenge Gesetze und Verbote oder wortreiche Schwärmerei über die einzigartige Schönheit dieser Geschöpfe. Warum sollten die Männer in Zukunft erneut unter großen Mühen offensichtlich »wertlose« Tiere wildern, wenn sie nicht in klingende Münze umzusetzen waren? Ihr Sinn fürs Praktische, das Rechtsempfinden dieser vom Trekking-Boom noch unberührten Ost-Nepalesen, der sprichtwörtlich »offene und gute Charakter der Nepali«, wie der vorzügliche Kenner des Königreiches, Toni Hagen, feststellt, sprechen für diese Annahme: »Diebstahl, Raub und andere Verbrechen sind in Nepal nahezu unbekannt, groß ist daher die allgemeine Sicherheit«. Das stimmt, zumindest auf dem flachen Land!

Für die Zukunft des Wildes und der Jagd ist dies eine Chance. Ebenso wie der Umstand, daß die Heimat des Limbu-Volkes, zwischen dem Fluß Arun und Sikkim im östlichsten Teil Nepals gelegen, für die großen Trekking-Ströme bisher zu entfernt und zu wenig erschlossen ist. Während man sich, wie ein Kenner überspitzt formulierte, entlang der großen Wanderstrecken zum Annapurna, Dhaulagiri und Mount Everest — dessen Besteigungsrouten inzwischen bis 1995 ausgebucht sind — »nur am Toilettenpapier längs der Wanderwege orientieren müsse«, ist Ostnepal gottlob hiervon noch weitgehend verschont. Insbesondere auch das Jagdgebiet um Ghunza, das nur mit aufwendigem Helikopter- bzw. STOL-Flug oder mit einem kräftezehrenden Fünftagemarsch von Taplejung aus erreichbar ist. Dieses Vergnügen hatte ich im vergangenen Jahr mit meinem Freund Wolfgang bis zur Neige »genossen«. Wahnwitzig, wenn man kräftemäßig angeschlagen, anschließend mit der Jagd beginnen soll!

Teures Lehrgeld

Das zu den ärmsten Ländern der Erde zählende Nepal deckt mit etwa 300 000 ausländischen Touristen pro Jahr über 40 Prozent seines Staatshaushaltes aus den Einnahmen des Fremdenverkehrs. Der Rest seines Devisenaufkommens stammt aus der Tabak- und Zuckerrohrproduktion sowie dem Sold der in ausländischen Diensten stehenden Gurkha-Söldner. Der internationale Jagdtourismus mit jährlich etwa zwei bis drei Dutzend Gastjägern aus aller Welt, die entweder im Frühjahr (März/April) oder im Herbst (Oktober/November) in Nepal ihr Glück versuchen, ist noch unterentwickelt und kaum kommerzialisiert. Nepaljagden sind noch immer echte »Do-it-yourself«-Jagden!

Das für viele Jäger magische Wort »Wild-Sheep« bedeutete für die Nepali aus Ghunza nichts anderes, als sich gelegentlich aus den Bergen mit Fleisch für die Familie und das Dorf zu versorgen. Was diese rigorose Nutzung nach den »Selektionsprinzipien des Kochtopfes« und der »schnellen Beute« für einen Wildbestand bedeutet, braucht wenig Phantasie. Daß dabei die alten, trophäenmäßig wuchtigen und schlauen Hornträger übrigbleiben, ist nur ein schwacher Trost. Es bedurfte hartnäckiger Belehrungen am abendlichen Lagerfeuer, um unsere Begleiter mit Gesten und Zeichnungen so weit zu bringen, daß ihnen der Unterschied zwischen Schaf (»Na«) und Widder (»Nabu«) in den Schädel ging. Alle Beteuerungen, wir und alle zukünftigen Gastjäger seien nur an Widdern mit »Chendi« (starkem Gehörn) interessiert, wobei uns das Wildpret nichts bedeute, entlockte ihnen nur verständnisloses Kopfschütteln: »Saubere Jäger, die nicht wissen, daß die alten Böcke am höchsten in den Bergen stehen, am schwierigsten zu erbeuten sind und das zäheste Fleisch haben!«

An dieser jagdlichen Unbedarftheit, und nicht nur daran, war im vergangenen Jahr letztlich auch die erste Bharal-Jagd fast gescheitert. Es fehlten Landkarten, Entfernungs- und Zeitangaben. Zwar waren die Schafgebiete im Vorjahr durch Flugbeobachtung — wohl mehr zufällig als flächendeckend — erfaßt worden, aber selbst die renommiertesten Reisebücher schwiegen sich mit ein paar allgemeinen Informationen über den äußersten Osten des »Dachs der Welt« diskret aus. Der vom Veranstalter auf drei Tage festgesetzte, 60 Kilometer lange Anmarsch — Luftlinie! — von Taplejung nach Ghunza dauerte schließlich fünf Tage — obwohl wir Tagespensum und Tempo laufend gesteigert hatten und die Träger bereits aufmuckten! Dadurch gingen zwei wertvolle Jagdtage verloren. Diesmal waren wir besser vorbereitet und konnten auf eigene Erfahrungen, sowie auf die eines weiteren Jägers zurückgreifen, der noch im Herbst, unmittelbar nach unserer Rückkehr, sich mit seinem tapferen Weib hierher begeben und auch Erfolg auf Blauschaf gehabt hatte.

Die aus Zufällen, Fehlinformationen und Mißverständnissen bestehende Fast-Niederlage des Vorjahres sollte sich nicht wiederholen. Auch nicht die Enttäuschung des letzten Jagdtages, als ich in gut 4500 Metern Höhe, ein von übereifrigen Helfern unnötig in Schwung gebrachtes Rudel auf über 300 Meter flüchtig befunken mußte.

Zum Greifen nahe, dennoch unerreichbar. Die Widder ziehen in die von Nebel umhüllten Hochregionen hinauf.

Wobei ich den anfangs als vorbeigeschossen angesprochenen Widder — wegen aus Zeitmangel unterbliebener Nachsuche — Tage später in Katmandu dann doch als gestreckt und zu Tal verbracht gemeldet bekam. Meine lange gehegten Zweifel an dieser Trophäe waren endgültig erst letzte Woche beseitigt, als mir der kleine Gundga voll Stolz das nicht gerade fachmännisch abgeschlagene Gehörn überreichte. Hornmaß sowie Alter gaben mir dann schnell die Gewißheit, den geschossenen Widder des Vorjahres tatsächlich in Händen zu halten. Das war hartes Lehrgeld! Auch deshalb entschieden wir uns diesmal für den dreistündigen Helikopterflug von Katmandu ins 3200 Meter hoch gelegene Ghunza. Dieses letzte Dorf vor der chinesischen Grenze war Basislager und Ausgangspunkt unseres Jagdabenteuers.

Eine zweiwöchige Hochgebirgsjagd auf das Blauschaf — ein Trugschaf, halb Schaf halb Ziege, ähnlich dem Mähnenspringer und dem Tahr — verlangt intensive Vorbereitungen in Bezug auf Kondition und Ausrüstung. Vor allem sparsames Haushalten mit der eigenen Kraft. In Höhen von 3500 bis gut 5500 Metern droht vor allem die Höhenkrankheit mit ihren Risiken. Sie zwingt zu besonderen Vorkehrungen, insbesondere zur ausreichenden Wasserversorgung des Körpers, um der in diesen Höhen gefährlichen Dehydration und Bluteindickung vorzubeugen. Neben dem richtigen Schuhwerk, Grödeleisen, Mineraldrinks, Vollwertkost, einem kleinen Survival-Kit und Medikamenten im Tagespirsch-Rucksack, würde ich heute die bislang als unsportlich verpönten Ergonom-Teleskopstöcke mitnehmen. Sie entlasten bei langer Bergsteigerei Kniegelenke und Beine ganz erheblich. Interessanterweise zählte bereits im Jahre 1574 der Bergsteiger Josias Simmler in seinem Werk »De Alpius«, solche Alpenstöcke *(baculi, quos alpini nominant)* zum kompletten Rüstzeug für Bergsteiger!

Täglich schwere Bergpirschen oder ein anstrengender Mehrtagemarsch, beispielsweise auf dem steilen, inzwischen weitgehend verfallenen, nepalesisch-tibetanischen Trägersteig, zehren unglaublich an den Reserven. Sie fehlen dann bei der »Endrunde«. Für falschen

Ehrgeiz oder Hauruck-Aktionen ist vor allem bei extremen Bergjagden kein Platz. Sie fordern den ganzen Mann, das wußte ich nur zu gut.

Wer eine Meile zu Fuß geht

Am Morgen des ersten Tages, nach einem Abschiedsessen im »Yak + Yeti« und einem letzten Besuch in Boris' Bar, knattern wir im weißen Alouette-Hubschrauber zunächst über das fruchtbare, dichtbesiedelte, mit seinen mehr als 2500 Kunstdenkmälern einzigartige Katmandu-Tal, Richtung Süden. Es geht am üppigen Dschungel des Terai entlang, wo heute noch — unter stärkstem Schutz! — Panzernashörner, Krokodile, Elefanten und Tiger ihre Bahn ziehen. Der Blaubock, verschiedene Hirscharten und der aggressive Lippenbär sind begrenzt jagbar. Nach einem Zwischenstop im subtropisch-heißen Biratnagar, landen wir eine Stunde später auf der abenteuerlichen Hochplateau-Piste in Taplejung (2500 m), ehe wir endgültig Kurs auf den Zentral-Himalaya nehmen. Weit unter uns erkenne ich immer wieder den sich entlang der steil abfallenden Gebirgsschluchten dahinschlängelnden Steig, der mich vergangenes Frühjahr die letzte Kraft kostete. Dort unten hausen, auch heute kaum bejagt, Leoparden und Himalaya-Braunbären, der heimliche Muntjak und der scheue Tahr.

Major Romero, durch seine waghalsigen Rettungsflüge für in Not geratene Bergsteiger inzwischen eine kleine Legende im Land und entsprechend selbstbewußt, steuert die als verlorenes Pünktchen durch diese gigantische Landschaft schnurrende »Propeller-Hummel« in 3000 bis 5500 Meter Höhe, lässig und routiniert durch teilweise bis in unsere Flughöhe hinauf bewaldete Canyons.

Heinz und Hubert, meine beiden Begleiter, genießen den Flug und die einzigartige Schönheit dieser kontrastreichen Landschaft: hier unberührter Zedernwald bis hinauf zu karstigen Hochalmen, dort, weit über uns, schroffe Steilwände, Katarakte und ewiges Eis. Kirschrot blühende, obstbaumgroße Rhododendren säumen, oft

Kleidung und Silberschmuck der Limbu-Mädchen verraten die Nähe Tibets.

keine 50 Meter neben dem Hubschrauber, wie Signalfeuer die Bahn. Im Sonnenlicht der Südhänge stehen in schwindelnder Höhe immer wieder stein- und holzgebaute Einzelgehöfte, umgeben von mühselig in vielen Stufen trassierten Feldern. 92 Prozent der 16 Millionen Nepali leben noch auf dem Lande. Sie leiden keinen Hunger. Im Gegensatz zu den in den Slums der größeren Siedlungen oft dahinvegetierenden Menschen, denen meist sogar sauberes Wasser fehlt, wo die Lebenserwartung bei kaum 45 Jahren liegt und nur jedes zweite Kind das fünfte Lebensjahr erreicht. Die Faszination der großen Städte, eine damit verbundene Landflucht, mit kultureller Isolation und sozialer Verelendung, stellen dieses noch stark stammesbezogene fast feudalistische Königreich, in jüngster Zeit vor immer größere Aufgaben.

Flugreisen, auch in der gläsernen Kuppel eines Hubschraubers, haben den Nachteil, daß sie Eindrücke nur im Zeitraffertempo vermitteln. »Wer eine Meile zu Fuß geht, sieht mehr, als wer tausend Meilen mit der Kutsche fährt«, sagen zu Recht die Chinesen.

»Mayday«! Notlandung im Sturzflug aus 800 m Höhe. Wir landeten mit geplatzter Öldruckleitung mitten in der Wüste. Zehn Minuten vorher, teilweise 5000 Meter hoch, wäre das unangenehm gewesen!

Eben noch entlang der subtropischen Terai-Ebene mit ihren Orangen- und Bananenplantagen, und schon geht es über die landwirtschaftlich bis zur letzten Anhöhe hinauf intensiv genutzten Berge des Mid-Himalaya; überall eine auffällig dichte Streubesiedelung. Es ist 10 Uhr morgens, Landeanflug auf Ghunza. Später am Tag ist ein An- und Abflug wegen der dann gefährlichen Windböen nicht mehr möglich. Sie sind Teil des oft unberechenbaren Hochgebirgsklimas, das jetzt im Frühling Tagestemperaturen bis + 25° C und nachts Kälte und Frost bis − 10° C bringt. Oft genug auch unvermittelt einsetzenden Schneefall und Eisregen! Bedauerlicherweise!
»His Majesty's Helicopter« setzt nach einer eleganten Schleife bald darauf am Rande des Bergdorfes auf. Nebenbei bemerkt, nicht ganz so unsanft und schlagartig wie zehn Tage später beim Rückflug, wo wir nach einem mehrfach aufgeregten »Mayday, mayday!« aus 800 Metern Höhe, mit geplatzter Hauptölleitung in Sekundenschnelle herabschossen und notlandeten. Anschließend hatte nicht nur der flotte Major Romero weiche Knie!

Für Ghunza, das verlorene Nest im Kanchenjunga-Himal, war das ein Fest! Im Nu ist die Maschine von lachenden, meist staunenden Menschen umringt. Auffallend besonders die Frauen und Mädchen, die in den buntgewirkten Kleidern ausnehmend hübsch anzusehen sind. Die feinziselierten Gürtelschnallen aus Silber verraten die Handschrift der grenznahen tibetanischen Silberschmiede. Diese Farbenpracht, solch lebensfrohe, oft von menschenfeindlicher Natur gezeichnete Gesichter, sind uns von den Hochebenen Perus oder aus Indianerreservaten Neumexikos bekannt. Die Verwandtschaft dieser Menschen und ihrer Kultur mit den vor etwa 20 000 Jahren, auf der damals noch festen Verbindung von Asien über die Behringstraße nach Amerika Eingewanderten, ist offensichtlich.
Ich treffe alte Bekannte. Auch das hübsche Mädchen, welches uns damals frisch herausgeputzt, mit seiner zu einem Bündel verschnürten Habe — auf ausdrücklichen Wunsch ihres Vaters, der damit eine Esserin weniger gehabt hätte — nach Katmandu, wenn gewünscht auch weiter, begleiten wollte, taucht auf. Inzwischen ist sie mit

ihrem Schicksal wieder versöhnt, und stolze Mama, wie sie uns sagt.
Nach einer Stunde Aufenthalt, während der man uns die ersten »Pick-up«-Hörner »verendeter« Blauschafe zeigt, stellen wir fest, daß uns die 3200 Meter Höhe keinerlei Beklemmung oder Beschwerden verursacht. Das vorsorglich mitgebrachte, handliche Sauerstoffgerät haben wir weder hier noch später gebraucht. Es hatte eher die Wirkung einer Beruhigungspille, und damit seine Aufgabe bestens erfüllt. Wir beschließen, gemeinsam mit der 16köpfigen Träger-Crew, die von Katmandu kommend, mit unserer Expeditionsausrüstung nach einem Zwölftagesmarsch (!) bereits am Vortag in Ghunza eintraf, sofort zum fünf Stunden entfernten, 3600 Meter hoch gelegenen Hauptlager aufzubrechen. Unser auf zehn Kilo Fluggewicht reduziertes Gepäck ist bald in den oft über einen Zentner schwer beladenen, meist hoch über den Träger hinausragenden Bambuskörben verstaut. Die Repetierer obenauf! Inzwischen ist auch die Jagdkleidung, ein Parka mit ausknöpfbarem Futter, Pullover, bequeme Hosen mit Hosenträgern, eingelaufene Wollsocken und mittelschwere Bergschuhe mit gutem Profil, angezogen. Fernglas, Munition und Kamera, Handschuhe, etwas Trockenobst und Eukalyptus, sowie ein faltbarer kleiner Plastikbecher zum »Schöpfen« während des Marsches — Vorsorge gegen die Höhenkrankheit — sind in den Taschen meiner Montur verstaut.
Mohan, der verantwortliche Outfitter und einer der vier »Professional-Hunters« des Königreichs, organisiert Bergstecken zum hangseitigen Einsatz auf dem oft Hunderte von Metern steil abfallenden Steig. Hoffentlich, denke ich, brauche ich den Stock bald als Zielhilfe! Dann zieht der Convoi langsam aber stetig, den Labu-River entlang, Richtung Norden. Gegen drei Uhr nachmittags liegt das weit im Tal verstreute Ghunza bereits tief unter uns

im Schatten der Sechs- bis Siebentausender, die es »hautnah« umstehen. Auf halbem Wege schießen wir die Gewehre ein. Das hebt das Selbstvertrauen. Wahrscheinlich müssen wir ziemlich weit »hinlangen«.

»Om mani padme hum«

Da die Luft spürbar dünner und die gemütliche Unterhaltung immer schwieriger wird, sprechen wir kaum noch ein Wort. Jetzt kommt's zum Schwur! Jeder horcht in sich hinein. Ich stelle von Rast zu Rast beruhigt fest, daß sich der »innere Motor« recht gut einläuft. Während kurzer Verschnaufpausen glasen wir die teilweise senkrecht vor uns aufragenden Wände ab. Außer einigen langwolligen, schwarzen, auch gescheckten Yaks, die mit bunten Wollbüscheln im Ohr markiert sind und nach alten Limbu-Gesetzen den Bewohnern eines Dorfes gemeinsam gehören, begegnen wir zunächst keiner Kreatur. Es wäre auch ein Wunder!
Die Träger des Vorjahres, der verschmitzte Rana, und Lakpar mit dem breiten Chinesengesicht, weichen nicht von meiner Seite. Sie genießen die ihnen spendierten Zigaretten trotz dünner Luft und körperlicher Anstrengung. Kurz vor der Dämmerung erreichen wir den mir schon bekannten Lagerplatz am Rande eines Wasserfalls, wo das im Eilmarsch vorausgestapfte Küchenteam bereits die Zelte errichtet und heißen Tee sowie das Abendessen vorbereitet hat.
Meine erste Nacht im Zelt. Gut, daß ich meinen dicksten Schlafsack, den mit Doppelreißverschluß und Kältebrücke, dabei habe. Im Einschlafen schmunzle ich noch über den mir vom alten Gundga mit feierlichem Ernst gegebenen Rat, bei einer zufälligen Begegnung mit dem in etwa 5000 Meter Höhe hausenden Schneemenschen »Yeti«, schnellstens den nächsten, am besten den steilsten Abhang hinabzulaufen. Dabei fällt diesem geheimnisvollen Tiermenschen dann die Kopfmähne über die Augen, meint der Alte, er stürzt den Abgrund hinab und verzichtet auf weitere Verfolgung. Andernfalls, so Gundga hintergründig, bleibt nur das Khukari, das gefürchtete

Krummesser, welches jeder Nepalese, und natürlich auch er, stolz im Gürtel trägt. Als ich, statt zu erwidern, nur auf meine Mauser 66 deute, lacht er und die ganze Runde etwas unsicher. Trotz Digitaluhr, Kofferradio und Benzinkocher, sitzen Aberglaube und Geisterkult noch tief in den Herzen dieser nach wie vor den alten Naturreligionen und Kultmythen verhafteten Menschen, die Krankheiten auch heute viel lieber vom Geisterbeschwörer und Quacksalber kurieren lassen, als vom Arzt. Ich vertraue in dieser vergessenen Gegend lieber der von meiner Frau sorgfältig zusammengestellten Reiseapotheke!
Interessanterweise trägt fast jeder Bewohner des Tales eine Anstecknadel mit dem Konterfei des Dalai-Lama an der Joppe. Ein Zeichen, daß in den Bergregionen der Einfluß des Buddhismus und des tibetischen Lamaismus noch ungebrochen ist, auch wenn sich 80 Prozent der Nepali zur Staatsreligion des Hinduismus bekennen. Der Glaube an ihre Wiedergeburt erklärt auch die Heiterkeit und innere Gelassenheit dieser nicht gerade vom Schicksal und der Natur verwöhnten Menschen!
Am nächsten Morgen zelebriert unser an sich aufgeklärter »Professional-Hunter« ein Kultopfer für den Erfolg der bevorstehenden Jagd. Ehrfürchtig, wie ein entrückter Lama-Priester, beträufelt er mit dem Blut eines getöteten Hahns eine kleine Kultstätte und betupft unsere Gewehre mit einem gemurmelten »Om mani padme hum« (Auf daß uns der Erleuchtete gnädig sei!). Der Ernst dieser Handlung und ihre Gläubigkeit beeindruckten sogar uns abgebrühte Konsumchristen, denen Waffenweihe, moderne Sekten und Astrologie-Rummel zu Hause ja auch nichts Unbekanntes sind.
Die Nacht im Schlafsack war wegen des bei Ruhestellung in dieser Höhe verminderten Pulsschlags und der deshalb gelegentlich spürbaren Atemnot etwas unruhig. Dagegen half kurzes Sich-Aufrichten und einige Becher Tee; um nichts in der Welt ließ ich mich zu tibetischem Buttertee verführen. »Montezumas Rache« käme in dieser Höhe dem Abbruch der Jagd gleich! Ich zwang mich, ohne Panik weiterzuatmen, und kroch beim allerersten Morgenlicht aus dem von Eiskristallen starr gefrorenen Mumiensack. Hemd, Unterwäsche und Socken waren im Schlafsack schön warm geblieben, die beinharten Schuhe gaben sich. Bald darauf brachte Lakbar heißen Tee, Eier und Speck. Wir waren gerüstet und voll Erwartung. Was die nächsten Tage wohl bringen werden? Die Chancen standen 50:50.

In der »Stadtschneiderei« herrscht kein Auftragsmangel.

Very good, very big!

Hubert zieht gleich in der Frühe mit seiner Begleitmannschaft einen halben Tagesmarsch weiter nach Norden, um in einem anderen Seitental des Kanchenjunga sein Glück auf Blauschaf zu versuchen.

Dieses Bergwild verdankt übrigens seinen Namen der Rosa-Blaufärbung der Schafe im zweiten Jugendkleid, genauer gesagt dem ersten Winterfell der Jährlinge. Wissenschaftlich ist inzwischen geklärt, daß auch die Blauschafpopulation im Nordosten Nepals, dem von uns bejagten Himalaya-Blauschaf *(pseudois nayaur)* und nicht der Tibet- (oder China-) Blauschafspezies *(pseudois nayaur szechuanensis)* zuzuordnen ist. Neben dem Himalaya- und dem Zwergblauschaf, welches am oberen Jangtsekiang vorkommt und im Gegensatz zu den übrigen Blauschafen, die Tagtiere sind, dämmerungsaktiv ist und erst 1934 von dem deutschen Asienforscher und Jäger Ernst Schäfer entdeckt wurde, ist das Tibet-Blauschaf eine eigene, dritte Unterart. Es wird erstmals wieder seit 1986 von China aus bejagt und unterscheidet sich von den beiden anderen Arten vor allem durch einen am Hornende nach oben auslaufenden kleinen Bogenschwung sowie durch etwa ein Fünftel geringere Schneckenlänge und Basisumfang.

Doch das ist Spezialisten-Mathematik! Während wir am prasselnden Feuer heißen Tee schlürfen — drei Liter Flüssigkeit am Tag sind die beste Medizin gegen die Höhenkrankheit, es muß »plätschern« — halten bereits seit frühestem Morgen zwei Limbu-Jäger, hoch oben, jenseits der Vegetationsgrenze, Ausschau nach den Widdern. Die Stunden verrinnen, ohne daß wir uns langweilen. Wir wollen es langsam anlaufen lassen.

Unser Müßiggang läßt Zeit für Fragen und Reflexionen: Was trieb uns eigentlich in diese entlegene, unwirtliche Gegend? Abenteuerlust? Der Drang, unserer überorganisierten Welt und aller routinierten Geschäftigkeit zu entfliehen? Nur der Wunsch, in anderer Tradition, mit anderen Menschen, in bisher unbekannter Umgebung seltenes, fremdes Wild zu erbeuten? Trophäengier, Jagdleidenschaft?

Das Jagdgebiet am Kanchenjunga (8400 m).

Schwer zu sagen. Sicherlich von allem etwas. Vorrangig beflügelte uns wohl die Illusion, sich wieder einmal einer ernsthaften Herausforderung an die persönliche Leistungsfähigkeit und dem Test des jägerischen Könnens zu stellen, sich an die eigenen »Drehzahlgrenzen« heranzutasten. Tapetenwechsel, ein Weg zur Selbsterkenntnis oder zur Selbsttäuschung? Mal sehen!

Und dann steht Gundga, der kurzbeinige, alte Bergschrat mit dem strähnigen Wuschelkopf, aufgeregt gestikulierend vor uns. Gute zwei Stunden vom Camp rudeln sich Schafe! Lakpar behält sie dort oben weiter im Auge. Die Frage nach Stückzahl und Hornmaß beantwortet der kleine Mann unentwegt mit »Very big, very good!« Das kenne ich! Wer kann die Enttäuschung beschreiben, als wir dann gegen Mittag — der Höhenmesser bestätigt uns 4400 Meter — nach hartem Aufstieg, in einigen 100 Schritt Entfernung im Gegenhang nur friedlich äsende Schafe und Lämmer im Glas haben? Abseits drei kindische Springinsfeld, von reifen Widdern keine Spur! Das dienstbeflissene »Gaya, gaya!« (Vorsicht!) der Helfer läßt mich kalt.

So eine Pleite! Was kümmert es mich, daß die Boys schmollen, weil ich, nach ihrem Jagdverständnis doch nahe am Rudel und in guter Schußposition, den Finger gerade ließ und nichts für ihren Suppentopf schoß. Sechs Stunden Schinderei für die Katz'! Aber es war ein gutes Training zur Anpassung. Diese Erkenntnis behalte ich allerdings für mich.

Am Abend ist Jagdgericht auf nepalesisch! Während die Mannschaft schmatzend Berge von Reis, verkocht mit Grünzeug und Hühnerbrühe, mit bloßen Händen schaufelt, wird ihr erneut eingetrichtert: Die ein Drittel kleineren Schafe mit ihren 20 Zentimeter V-förmig nach oben stehenden Hörnchen sind »Females«! Alte Widder — und nur dafür gibt es die versprochenen Rupien — haben breite, an der Basis massive, kreisförmig seitab und nach hinten stehende, wulstige Schnecken, mindestens 50 bis 80 Zentimeter lang! Kapiert? Alles klar? Kopfnicken.

Morgen früh werden jedenfalls unabhängig voneinander, zwei Spähtrupps in die Kumbakarna-Berge steigen, wie die Einheimischen dieses Massiv nennen.

Da kommt Hubert zurück. Noch am gleichen Abend! Er wird gefeiert wie ein Held und erzählt immer wieder von seinem beispiellosen Glück. Die Begleiter hatten noch nicht einmal das Zelt aufgeschlagen, als der Vortrupp, ausgerüstet mit seinem handlichen 8 × 40-Glas, schon die Nachricht brachte, daß am jenseitigen Steilhang ein mit Schafen und Widdern vermischtes Rudel äse. Blauschafe oder Bharale, wie die Engländer sagen, sind während des ganzen Tages auf den Läufen! Solange sie unbehelligt bleiben, hat der Jäger viel Zeit.

Huberts auf drei Personen verringerte, handverlesene Jagdtruppe kam nach einer Stunde Anstieg, bei bestem Wind, tatsächlich bis auf 300 Meter, allerdings keinen Schritt weiter, an das Rudel heran. Nach sorgfältigem Ansprechen, Vergleichen, Hornmaß-Schätzen, holte er dann den Rudel-Boß mit einem 300-Meter-»Sonntagsschuß« aus dem Fels. »Kandi chunso!« (Gratulation!), lachen die Nepalesen und lassen sich den Whisky und die Camel-Filter schmecken, während unser Glückspilz im Geheimen bereits die nächsten Jagdtage plant.

Einen strammen Tagesmarsch weiter südlich, im tiefer gelegenen Gabla, wo jetzt Seidelbast und Rhododendren blühen, Mahonien und Bambus sprießen, wird er auf Tahr, Muntjak und Serow, zuerst aber auf den knapp gemsengroßen, ruppig braunfelligen Goral pirschen. Er hat aufregende Tage vor sich. Da man diesen Felsenbewohner für den geschicktesten Kletterer hält, verspricht nicht nur die Jagd, sondern auch die Bergung der Beute einiges an Mühsal und Aufregung. Weite Schüsse auf den meist in der Steilwand stehenden Bock, der ein schwarzes, bis 20 Zentimeter langes, spitz nach hinten geneigtes Schlauchgehörn trägt, das dem der allerdings dreimal so schweren amerikanischen Schneeziege ähnlich ist, sind unvermeidbar. Mit dem frommen Wunsch, ja nicht morgen auch mit dieser Trophäe schon zurückzusein und uns noch mehr zu reizen, verläßt unser »Hans im Glück« das Basislager und lacht sich eins. Mit dem Hauptwild im Rucksack läßt sich natürlich entspannt und bester Laune weiterjagen. Wer hätte so ein Massel auf Blauschaf heute früh für möglich gehalten?

Harte Bandagen

Jetzt packt meine Crew der Ehrgeiz. Schon um acht Uhr früh sind die Späher mit froher Kunde zurück. In mehrstündigem Aufstieg, zunächst entlang den von Yaks quer in die Steilhänge getretenen Äsungspfaden, teilweise »direttissima«, geht es nach oben. Mehrmals schwirren vor uns Steinhühner ab. Außer zwei über uns kreisenden Kolkraben gibt es nichts anderes zu sehen, wie leblosen Fels und erfrorenes, rutschiges Gras. Gegenüber, in unmittelbarer Nachbarschaft, leuchten jetzt die mächtigen Eis- und Lawinenhänge namenloser Bergriesen türkisgrün und blaukalt in der Mittagssonne auf. Dumpfer Donner und lautes Kra-

Der Goral liebt gebirgige Schluchten. Die Jagd ist schwierig, die Bergung fast ein Abenteuer.

chen erfüllt immer wieder die Luft, wenn ganze Lawinenfelder abstürzen oder das Gletschereis zerbirst.

Auf uns brennt eine unbarmherzige Sonne herab. Zum ersten Mal im Leben habe ich Sonnenbrand »total«, sogar an den Händen und Ohren. Die Schutzcreme taugt nicht viel. Da ein Bart nicht nur der beste Schutz gegen Moskitos, sondern auch gegen Sonne ist, verzichten wir von Anfang an — ein echtes Privileg in der Wildnis — aufs Rasieren.

Bei einer kurzen Rast taucht plötzlich Lakpar auf. Ich höre kaum zu, als er, ebenfalls tief enttäuscht, erzählt, daß »unser« Rudel sich vor einer halben Stunde ohne jeden Grund, auf die 6000 Meter hoch liegenden Schneefelder zurückgezogen habe und jetzt verschwunden sei.

»Hubert hat's gut!«, denke ich und beobachte mit Sorge die drohend im Westen aufgetürmte, schwarze Wolkenwand: Möglicherweise Neuschnee! Wenigstens habe ich die Grödeleisen dabei, tröste ich mich und kaue noch eine Zeitlang an meiner Verärgerung. Bei Gott! Diese Jagd ist weit mehr eine Frage der Kondition und der Selbstdisziplin, als die des Zasters. Ich halte sie nach wie vor, neben der Pirsch auf die klotzigen Ture des Kaukasus, für eine

der härtesten und nervenfressendsten der Erde! Solche »Siege« zählen doppelt! Während des Abstiegs steht uns der um den frühen Nachmittag immer kräftig durch die Schluchten blasende, eiskalte Talwind ins Gesicht. Natürlich! Die Talluft hatte uns den Schafen verraten, obwohl wir mindestens einen Kilometer von ihnen entfernt waren. Teufel, hat dieses Wild Sinne! Aber auch wir lernen dazu, und die Nächte im kleinen Zelt sind lang! Beste Gelegenheit, Pläne zu schmieden und neue Strategien durchzuspielen. Morgen früh übernehme ich selbst das Ruder! Do it yourself! Schließlich verkauft auch ein Jägerleben keine Rückfahrkarten! Hier braucht's harte Bandagen!

Nach zwei Tagen fiel uns die Steigerei wesentlich leichter. Trotzdem war es wie verhext! Die Schafe hatten sich in andere, ruhigere Seitentäler verkrümelt — am dritten Tag wechselten wir die Gegend.

Auf dem Abmarsch, »mit Sack und Pack« und in der Stimmung eines versprengten Häufleins geschlagener Krieger, hält unser Trupp plötzlich an. Sollte der pfiffige Tibeter, der gestern abend überraschend im Lager auftauchte und auf dessen Tip hin wir — trotz starker Zweifel — heute schon lange vor Sonnenaufgang loszogen,

doch nicht geschummelt haben? Wendet sich das Blatt?

Die Könige des Himalaya

Himaljunga, von mir zum »Oberspäher« ernannt, reißt mir fast den Arm aus und fuchtelt damit beschwörend in den Gegenhang, pfeilgerade nach oben. »Dreh nur nicht durch«, wehre ich ab, suche aber trotzdem oberhalb der Baumgrenze nach den Schafen. Vergebens! Die Boys gestikulieren inzwischen alle in die gleiche Richtung und stoßen immer aufgeregter ihr »Big, big!« hervor. Das gibt es doch nicht! Auch Heinz entdeckt nichts. Wir stehen gut gedeckt, auf etwa 3800 Meter Höhe am Fuße der Bergriesen, mitten im Zedernwald. Zwischen uns und dem Gegenhang, in dem das Blauschafrudel stehen soll, das ich nicht um die Burg ins Doppelglas bekomme, stürzt ein eiskalter Gletscherfluß zu Tal. Stunden später, als längst alles vorbei ist, wird mir klar, daß hier nur ein mit dieser Mischung aus Fels, Schatten und Licht vertrautes Auge zurecht kommt. Und auch dann nur, wenn es sich an verräterischen Körperlinien und Umrissen verfängt und nicht verbissen versucht, Grau aus Grau zu filtern. Bewegungslos, verwandelt sich dieses Wildschaf buchstäblich zu Stein und Fels.

Jetzt stand ich inmitten jener Hölle, die man sich als Jäger allzuoft selber heizt! Die Nepali wären mit mir am liebsten sofort auf und davon. Schnurstracks durch den teilweise hüfthohen Gebirgsfluß, senkrecht bergauf zu den Widdern. Vor Begeisterung wollte mir einer auf der Stelle Schuhe und Socken ausziehen, während Lakpa bereits einen »Brückenkopf« suchte, über den, von Brocken zu Brocken springend, heil das jenseitige Ufer zu erreichen war. Konnte man bei dieser Begeisterung überhaupt noch skeptisch sein? Trotzdem blieb ich stur, wollte die Schafe zuerst selbst im Spektiv haben. Dann allerdings war ich anhand der von den Nepali aufgetürmten, genau in Richtung Wild weisenden, kleinen Steinpyramiden plötzlich voll drauf! Langsam auf dieser vorgegebenen Linie nach oben glasend, entdeckte ich endlich, spitz uns zugewandt und trotz der Entfernung bereits wachsam herabsichernd, drei kapitale Blauschafwidder. Aufregend! Ihre gewaltige Hornwehr schimmert immer wieder im letzten Licht der Nachmittagssonne auf: Die Könige des Himalaya! In knapp 5000 Meter Höhe!
Selten hatte ich meine Stiefel so schnell von den Füßen. Es war mir auch egal, daß ich am anderen Ufer wieder mit patschnassen Socken in die Bergschuhe mußte.

Neben Himaljunga, dessen augenzwinkernde, kaum bremsbare Begeisterung mich zusätzlich beflügelte, waren der im Vorjahr von mir schon »abgeführte«, immer auf Übersicht bedachte Rána und der jagdlich recht brauchbare Dolmetscher mit von der Partie. Heinz blieb mit dem Rest der Mannschaft auf dem Steig im Gegenhang zurück und beobachtete, vom Talgrund aus, Jäger und Gejagte. Meine Rolle war diesbezüglich noch offen, während er einen bequemen Logenplatz in einem teilweise dramatischen Schauspiel hatte. Uraufgeführt in einem gigantischen Amphitheater, wobei Fortuna und seine »Majestät der Zufall« — nicht zu vergessen die Jagdgöttin Durga, die hier sicherlich ein Wörtchen mitsprechen wollte — virtuos Regie führten. Bekanntlich wird der Kampf der Geschicklichkeiten während der Pirsch nicht alleine durch Muskeln entschieden. Ausschlaggebend sind letztlich »Gespür«, Hartnäckigkeit und eine gute Dosis Geduld.
Trotzdem: Wenn man Wild angeht und es ständig, insbesondere im Auf und Ab des Gebirges aus den Augen verliert, wenn die eigene Strategie zu wackeln beginnt und nach einigen Stunden das Steigen von Meter zu Meter schwerer fällt, dann braucht es mehr als nur »ein großes Herz«.
Nach eineinhalb Stunden Strapazen glaube ich mich auf gleicher Höhe mit den Widdern. Die Begleiter hatten vom Tal aus — wie sie später erzählen — eine Gesellschaft von fünf Häuptern gezählt. Langsam, alle Sinne auf Empfang geschaltet und hautnah zu einem Kader aufgerückt — vier pirschende Jäger bedeuten die vierfache Gefahr entdeckt zu werden! —, achten wir auf jede Kleinigkeit.
Ist nicht eben über uns ein Steinchen abgerollt? Bietet das vor uns liegende Kar genügend Deckung? Läßt es sich weiter oben vielleicht weniger riskant durchqueren oder vergrämen wir dort viel eher? Die kleinste Unachtsamkeit, und die wachsamen Recken nehmen — mit viel schärferen Sinnen ausgestattet

Die Blauschafe Ost-Nepals sind erst seit 1985 für Jagdgäste frei. Weltklasse-Widder aus dem Grenzgebiet zu China und Sikkim.

Auf dem alten nepalesisch-chinesischen Handelsweg ging es mühselig nach oben. Fünf Tage lang!

als der Mensch, ihm trotz dessen Intelligenz haushoch überlegen — unweigerlich Reißaus.

Warum schießt er nicht

Immer wieder schaue ich auf die Uhr. Bekanntlich bestimmt der langsamste Dampfer die Geschwindigkeit des Geleitzugs. Der Höhenmesser zeigt jetzt 4800 Meter an. Meine Lungen rackern zufriedenstellend. Heinz wird mir später von höchst aufregenden Beobachtungen berichten. Etwa davon, daß er mit großer Sorge verfolgte, wie die Widder immer weiter nach oben zogen, während wir nur mühselig den Abstand zu ihnen verringerten. Einmal waren wir ihnen jedoch so nahe, daß er Widder und Jäger gemeinsam im Feldstecher hatte und vor Aufregung nur noch vor sich hinmurmelte: »Warum schießt er denn nicht?« Davon hatte ich gottlob keine Ahnung! Inzwischen bewegen wir uns, teilweise auf allen Vieren, durch höchstens hüfthohes Heidekraut auf eine querlaufende, deckungslose Schlucht zu. Meinen Repetierer trage ich längst selbst. Ansonsten bezähme ich bei Extremtouren diesen Eifer. Gar nicht so sehr aus Be-

quemlichkeit, vielmehr aus der Erkenntnis, mehr für die Waidgerechtigkeit zu tun, wenn ich bei derart anstrengenden Pirschen nicht völlig ausgepumpt, sondern mit einem gut und ruhig angetragenen Schuß eher zu einem glücklichen Abschluß komme. Das Finale bahnt sich an. Auf dem Bauch winde ich mich die letzten, ziemlich steilen, zehn Meter den Grat hoch. Die Begleiter sind mit leisem, energischen Zischen »abgelegt«. Mein Instinkt sagt mir, daß hier die Entscheidung fällt. Irgendwo, im Übergang von den letzten spärlichen Büschen ins Trümmerfeld von Fels und Brocken, müßten sich die steingrauen Gesellen herumtreiben. Sofern sie nicht — Hubertus laß' das nicht zu! — längst wieder in unerreichbar hohe Steilhänge abgingen. Tief unten im Tal zitterte Heinz mit mir. Auch er ahnte, erzählte er am Abend, daß jetzt unausweichlich über Erfolg und Nichterfolg entschieden wird und die Würfel gefallen sind. Er fürchtet vor allem den nachhängenden, immer wieder mißtrauisch verhoffenden, alten Widder, der merkt, daß etwas nicht in Ordnung ist. Er spürt, seinem Trupp droht eine noch nicht genau identifizierte Gefahr. Wer sollte

ihn aber auf den ihm völlig vertrauten Hochflächen überlisten? Kein Wolf, kein Irbis und kein Bär!
Und dennoch straffte sich kurz darauf sein Rücken den Bruchteil einer Sekunde zu spät. Der Daumen hatte sich bereits gesenkt. Sein Zaudern wurde ihm kurz darauf zum Verhängnis.
Das heftige Hämmern des Pulses erinnert mich, daß ich jetzt in meinem Grenzbereich operiere. Ruhig Blut! Dieses Rudel wird mir nicht entkommen! Mit grimmiger Entschlossenheit, fast kaltschnäuzig — Angst vor der Niederlage? — gehe ich in die Endrunde. Liegend, die Kapuze tief ins Gesicht gezogen, schiebe ich mich zentimeterweise durch die Stauden und sehe im nächsten Augenblick, keine 150 Schritt vor mir am Absturz des Gegenhangs, den alten Widder, der mich sofort weghat. Jetzt oder nie! Da ich auf dem Bauch nicht durch das Gebüsch schießen kann und zum Anstreichen keinerlei Zielhilfe finde, entschließe ich mich mit dem Mut der Verzweiflung — das hatte ich mir in meinem Jägerdasein nur selten zugetraut! — alles auf eine Karte zu setzen. Es geht nur freihändig! Also, raus aus der Deckung! Wenn ich jetzt patze, war alles umsonst! Leise rastet der Stecher ein. Ich

hole tief Luft, vier 7 mm Remington-Magnum Patronen sind in der Kammer. Hubertus hilf!

Das »höchste« Schaf der Erde

Mein Freund, der mich ständig gemeinsam mit dem Widder im Glas hatte, hielt mein abruptes Hochwerden für Schwachsinn. Wie konnte man, so nahe am Wild, mit angeschlagener Büchse einfach aufspringen? Seine kritischen Überlegungen endeten jäh, als der für eine Sekunde zu Stein erstarrte, sichtlich überraschte Hornträger plötzlich, sich mehrmals überschlagend, wie von Geisterhand aus dem Fels geschleudert wurde und sich regungslos in den Felsquadern verfing.

Weit unten im Tal vernahmen die Begleiter Büchsenknall und Kugelschlag erst Sekunden später. Die beiden weiteren Schüsse, mit denen ich einen zweiten, wesentlich stärkeren Recken der in Panik nach oben davonstürmenden »Bergkönige« von den Läufen holte, gingen im Freudengeschrei der Nepali unter.

Eine Blauschaf-Doublette im Himalaya! Das Blauschaf — neben dem Marco Polo-Schaf, das allerdings im Sommer aus dem Hochgebirge auch in tiefere Regionen zieht —, das »höchste« Wildschaf der Erde, ist beim zweiten Anlauf endlich gestreckt! Zwei alte Haudegen! Ihre von Kampf, Frost und Stürzen schwer mitgenommene Hornwehr weist einmal neun und dann 13 Schmuckwülste auf: Weltklasse-Trophäen, die mir die Sprache verschlagen.

Unbändige Freude macht fassungslos! Als aus dem Höllenspektakel begeisterter Schreie und wahlloser Pfiffe plötzlich vom Talgrund ein etwas verunglückter, gerade deshalb so einzigartiger Jodler herauftönte, löste sich die fast verkrampfte Spannung in einem ausgelassenen Jubel: Wir gratulierten uns gegenseitig, bestaunten immer wieder den mächtigen Hauptschmuck und redeten unentwegt aufeinander ein, obwohl keiner die Sprache des anderen verstand.

Schnell ging der Tag zu Ende. Uns stand ein langer, gefährlicher Abstieg bevor.

Bezeichnend für die durch eine Serie von glückhaften Zufällen erfolgreiche Jagd war, daß wir die schwere Beute mit Felssplittern aufschärfen mußten. Keiner hatte beim aufgeregten Durcheinander während des überraschenden Aufbruchs an ein Messer gedacht! Gleiches galt für meine Kamera, vor allem aber für Seile zur Bergung des Wildes. Gottlob wußten sich die Nepali zu helfen. Zunächst vernähten sie die geöffneten Wildkörper mit Darm, dann verknoteten sie jeweils Hinter- und Vorderläufe mit Schuhbändern zu einem Tragrahmen. Anschließend schleppten sie, mehr als zwei Stunden lang, die eineinhalb Zentner schweren Bergschafe, teilweise durch teuflisch steile 70-Grad-Hänge, zu Tal. »Wer die Last trägt«, sagen nicht umsonst die Sherpa, »weiß wo sie drückt«. Meine zwei Begleiter, jeder nur dünne, selbstgefertigte Latschen ohne Halt und Tritt am Fuß, leisteten Unvorstellbares. Trotzdem lachten sie bei jeder Rast und entlasteten so mein etwas schlechtes Gewissen. Ihnen waren zwei Schafe sowieso lieber! Sie waren froh, daß ich bei der Dunkelheit den Berg alleine hinabkam und für mich selbst sorgte. Als Nachhut, immer den Blick auf die von den Nepalesen am eigenen Hals eingehakten Trophäen geheftet, war für mich der Abstieg die reinste Lust. Diese Beute war ehrlich erkämpft worden!

Tief in der Nacht am Lagerfeuer, bei ausgiebig Whisky, Bier und duftenden Zigarren, welche bekanntlich die Jägergemütlichkeit erst voll zur Entfaltung bringen, tanzten die Jagdhelfer dann ihre monotonen Stampfrhythmen zu alten Jäger- und Hirtenliedern aus Tibet und dem großen Himalaya. Sie sangen vom Kanchenjunga-Himal, von ihren Göttern und auch vom Blauschaf. Da und dort glaubte ich Verse über alte starke Widder und die magischen Worte »Very, very big!« herauszuhören. Vielleicht spielte mir aber auch nur der kalte Nachtwind einen Streich.

Elchbrunft aus der Vogelperspektive. Drei Tage später hatten wir den Freier wieder entdeckt.

»Indian Summer«. Auf Buff und »Billy«

Die Rettung des Bison ist der erste große Sieg menschlicher Vernunft über Gedankenlosigkeit und Profitgier. Ein hochaktuelles Beispiel und Vorbild. Die Bisonjagd zeigt, daß sich Ökonomie langfristig rechnet, wenn sich in der Wildwirtschaft Ökologie und Artenschutz auch mitentwickeln. Dem Indianer Matt ist dies allerdings egal!

KANADA

Bundesstaat im Commonwealth
Hauptstadt   Ottawa
              (693 300 Einwohner)
Bevölkerung   25 400 000
Fläche   9 976 139 km²
Sprachen   Englisch, Französisch
Währung   1 Can. Dollar
              (Can$) = 100 Cents

Wildtiere: Bighornschaf, Bison, Braunbär, Dallschaf, Eisbär, Elch, Grizzly, Karibu, Luchs, Maultier-, Weißwedelhirsch, Moschusochse, Puma, Schneeziege, Schwarzbär, Stoneschaf, Vielfraß, Walroß, Wapiti, Wolf.

Landschaft: Zweitgrößtes Land der Erde. Wird fast zur Hälfte vom Kanadischen Schild eingenommen. Die inneren Ebenen, große Flüsse, Mittelgebirge und die Großen Seen prägen die Landschaft. Im W das fruchtbare Prärie-Tafelland, dann folgen die Rocky- und Coast Mountains (Mt. Logan 5951 m) bis zum Pazifik. Im N bis in den O starker Tundrengürtel und der arktische Archipel (von Banks- bis Baffin-Island).

Klima: Großteils arktisch mit langen, strengen Wintern und kurzen, kühlen Sommern. Im Süden milder und angenehm.

Sehenswürdigkeiten: 129 000 km² der großartigen Natur Kanadas stehen in 28 Nationalparks (z.B. Banff-, Jasper-, Elk-Island, Woodland-NP mit 45 000 km²) unter Naturschutz. Städte wie Montreal, Ottawa, Toronto, Vancouver geben Einblick in die Geschichte. Einzigartige Landschaften.

Jagd: Ausländische Jäger benötigen in allen Provinzen und für jede Jagd einen Führer, staatliche Lizenz und Abschußerlaubnis. Jagd zu Fuß, zu Pferd, mit Allrad, Boot oder Skidoo, je nach Gegebenheiten und Wildart.

Bison

Bison bison

E: Bison
F: Bison américain
Sp: Bisonte

Ansprechen: Bis 190 cm hoch, wiegt der »Indianerbüffel« fast eine Tonne. Kühe sind geringer. Überhöhter Vorderkörper, »kopflastig«. Decke im Vorderteil dicht behaart, Kopfmähne schwarz und zottig. Es gibt braune, schwarze und graue Tiere. 2 Unterarten: Präriebison *(B.b. bison)* und der größere Waldbison *(B.b. athabascae)*. Beide Geschlechter tragen seitlich nach oben gebogene runde, schwarze Hörner.

Lebensraum: Die Prärien des »Wilden Westens«. Der Waldbison bevorzugt offenes, auch bergiges Waldland.

Verbreitungsgebiet: West- und Nordkanada, USA. Große Reservate, Privatherden.

Verhalten: Erfahrene Kühe führen die Herde während der Äsung am Morgen und Abend. Flüchtig, erreichen Büffel 50 km/h. Brunft von Mai bis September. Ihr kehlig-grollendes Brüllen ist weit vernehmbar. Nach 9 Monaten setzt die Kuh ein rotbraunes Kalb, das ein Jahr lang gesäugt und im Alter von 2-3 Jahren geschlechtsreif wird. Bison werden ca. 25 Jahre alt.

Artenschutz: WA A I Waldbison; entfällt sonst.

Jagd: Fuß- und Pferdpirsch. Erkennt der Bulle einen Angreifer, Vorsicht! Vor allem bei der Nachsuche. Große Kaliber mit Stoppwirkung verwenden. Pirsch auf den Bison heute nur in Gebieten der großen konzessionierten Wildfarmen im W USA und Kanadas.

Rekordtrophäe: SCI RBoTA, 1986: Hornlänge links 56,20 cm, rechts 53,98 cm (USA 1981).

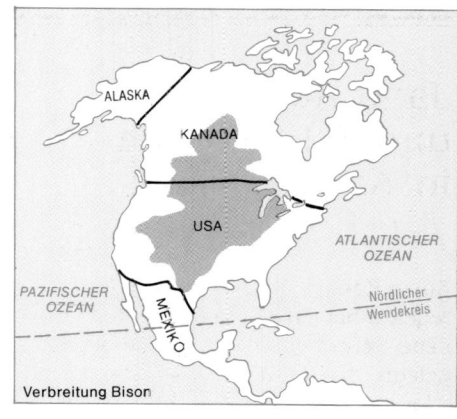

Verbreitung Bison

Schneeziege

Oreamnos americanus

E: Mountain goat
F: Chèvre des Montagnes Rocheuses
Sp: Cabra de las Rocosas

Ansprechen: Ganzjährig weiße Decke. Nur Nasenspiegel, Gehörn und Schalen sind dunkel. Körperlänge bis 170 cm, Schulterhöhe bis 105 cm, bis 130 kg Gewicht. Körper dicht behaart, vor allem im Winter. Üppig breiter Ziegenbart. Die Geißen sind geringer, haben ebenfalls Gehörne.

Lebensraum: Hoch- u. Felsengebirge im Hohen Norden Amerikas.

Verbreitungsgebiet: Dakota (USA), B.C. und Yukon (Kanada) bis Alaska.

Verhalten: Schneeziegen leben in kleinen Herden oberhalb der Baumgrenze und ziehen im Winter in tiefere Regionen. Sie sind morgen- und dämmerungsaktiv und äsen wieder am späten Nachmittag, manchmal auch nachts. Im Sommer und Herbst ziehen Böcke meist einzeln. Reviertreu, anspruchslos und wetterfest, halten sie sich lange auf relativ kleinen Äsungsflächen auf. Ernähren sich von Flechten, Kräutern und Moosen. Besonders die alten Böcke haben nicht einmal vor dem Grizzly Respekt. Brunft Oktober bis Dezember. Nach 6 Monaten Tragzeit setzt die Geiß 1-2 Kitze, die 3-4 Monate gesäugt werden. Sie bleiben bis zum nächsten Jahr.

Artenschutz: WA entfällt.

Jagd: Früher wurden Schneeziegen wegen ihrer feinen Wolle stark bejagt. Man schießt oft auf Distanzen von 400 m, wobei häufig rauhe Kletterei nötig ist. Jagd oft an Steilwänden.

Rekordtrophäe: SCI RBoTA, 1986: Hornlänge links 26,99 cm, rechts 29,53 cm (B.C./Kanada 1980).

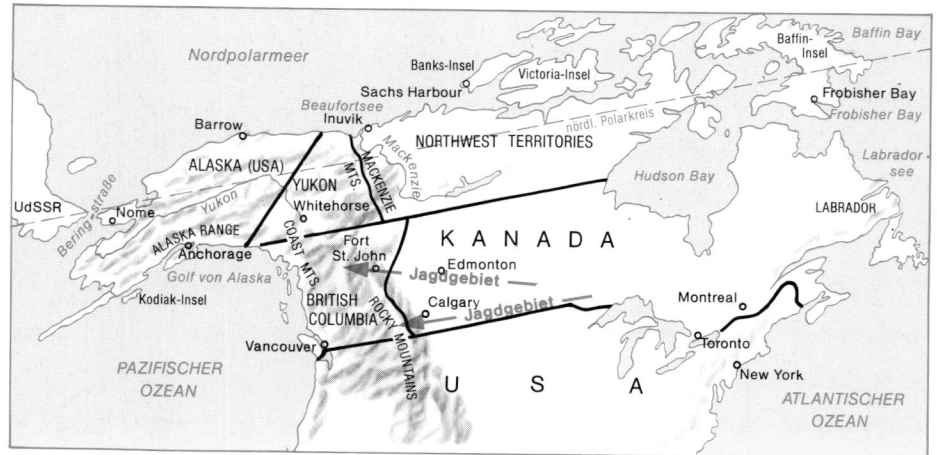

Jagd auf Bison und Schneeziege in Kanada

Kurze Rast in »Wonowon«. Der im Eisregen plötzlich zur Rutschbahn gewordene, schnurgerade in die Landschaft gelegte Alaska-Highway ist geschafft. »Wonowon« heißt das gottverlassene Nest am Meilenstein 101 (»One-O-One«), welches seinen eigenwilligen Namen indianischer Sprachschöpfung aus der Bauzeit verdankt. Unser betagter Pickup, mit dem wir jetzt auf der Fahrt vom Jagdgebiet nach Fort St. John, im nicht gerade luxuriösen »Drive-In« haltmachen, verschwindet fast im dichten Schneetreiben.

Mein Begleiter, rein zufällig im gleichen Revier auf Schwarzbär, besorgt Blackberry-Pie — »die erste Tasse Kaffee gratis« — während ich meine zu einem Paket verschnürte, zentnerschwere Bisondecke, mit ihrem klobigen Haupt und den schwarzen Sichelhörnern, auf der Ladefläche im Auge behalte. Dieser Trophäe galt die Reise. Sie wird mich, zusammen mit den knuffig schwarzen Hornschläuchen und der herrlich weißen Decke einer Schneeziege, die ich zwei Wochen vorher in den südlicheren Monashees streckte, über den Atlantik begleiten. Eine lebenslange Erinnerung an aufregende Pirschen in Amerikas nördlicher Wildnis.

Wahrheit und Mythos

Zu unserer Überraschung hockt im »Drive-In« der Indianer Matt, der im Jagdcamp noch vor einigen Stunden unsere Trophäen verpackt hatte. Er stiert abwesend vor sich hin und reagiert fast unwirsch auf mein »Hello!«. Was ist dem denn ins Fell gekrochen? »Zum Teufel!« meutert der Mittdreißiger geknickt, »ich wurde gerade wieder gefeuert! Der Boß hat in diesem Jahr keine Arbeit mehr für einen Hilfsguide«. Das ist bitter. Peinliches Schweigen auf beiden Seiten. Was soll man da auch sagen? Mir scheint, Matt fügt sich mit der seinem Volk eigenen Melancholie

und Schicksalsergebenheit, ohne jeden inneren Protest, in sein Los. Er weiß aus Erfahrung, daß seine Familie in den nächsten Monaten wieder von der staatlichen Fürsorge leben wird. Die hohe Arbeitslosigkeit in dieser Gegend läßt seinesgleichen keine Wahl. Der Erdölboom der frühen 70er Jahre ist verrauscht, die Wirtschaft am Boden. Das bezeugen nicht nur die geschlossenen Hotels entlang den Highways und die gespenstisch verwaisten Bürosilos im Stadtinneren von Fort St. John. Schlimm! Während ich, der Fremde, mit der stolzen Trophäe eines »Indianerbüffel« in einen geordneten Alltag zurückkehre, bleibt die von traurigem Geschick und böser Vergangenheit betroffene »Rothaut« in ausweisloser Niedergeschlagenheit zurück. Er, ein Sproß jenes einst großen Volkes, für das Gott selbst den Bison erschuf, der es mit allem versorgte, was zum Leben nötig war. Das ging gut bis zu jenem Tag, an dem die europäischen Eindringlinge dem Indianer das Land streitig machten, ihn immer weiter nach Westen drängten und ihm mit der gnadenlosen Ausrottung von mehr als 60 Millionen Büffeln, zielstrebig und in voller Absicht, die Lebensgrundlage entzogen. »Niemals zuvor in der menschlichen Geschichte sind so viele große Tiere einer einzelnen Art innerhalb einer so kurzen Zeitspanne

vernichtet worden«, bestätigt Theodore Roosevelt, der große Jäger, Wildforscher und US-Präsident um die Jahrhundertwende.

Eine beschämende Wahrheit, der Rest ist Mythos und Schönfärberei. Das beweist auch die unglaubliche Erklärung des Südstaaten-Generals P. Sheridan aus dieser Zeit: »Die Büffeljäger haben mehr zur Lösung des Indianerproblems beigetragen, als die gesamte amerikanische Armee in 30 Jahren. Die Ausrottung des Bison ist der einzige Weg, einen dauerhaften Frieden zu begründen und den Fortschritt der Zivilisation zu fördern«. Ein trauriges, noch heute weltweit aktuelles Kapitel der Menschheits- und Jagdgeschichte! Indessen, was hilft dem guten Matt unsere Anteilnahme, wenn wir anschließend mit einem Achselzucken zur Tagesordnung übergehen? Das war schon so vor gut 150 Jahren, als um 1840, stellvertretend für das schlechte Gewissen seiner weißen Mitbürger, der Amerikaner George Cattlin feststellte: »Gott hat den Menschen im Naturzustand überall mit dem versehen, wessen er zu seinem Leben bedarf, und bevor wir das Wild seiner Heimat vernichteten und ihn mit neuen Wünschen verführten, hatte er keine Bedürfnisse, die er nicht selbst befriedigen konnte«. Ob mein Gegenüber noch Vorstellungen, zumindest Ahnungen davon hat,

Wildnisjagd ist immer auch Abenteuer und Lagerromantik.

welch kühne Reiter und Jäger seine Vorfahren einst waren? Ob Matt die für sein Volk schicksalhafte Geschichte der Vernichtung des Bison im vorigen Jahrhundert innerhalb von nur 30 Jahren kennt, den Hintergrund versteht? Interessiert ihn das alles überhaupt?

Vermutlich ist ihm die mühselige und schließlich erfolgreiche Rettung des Bison, der »Zierde der Grassteppe«, und dessen buchstäblich in letzter Sekunde gelungene Wiedereinbürgerung, dieser einzigartige, vor fast 100 Jahren errungene erste Sieg menschlicher Vernunft gegenüber sinnloser Naturvernichtung, gleichgültig. Davon wird er und seine Familie nicht satt!

Wer vor diesem Hintergrund den Indianer Matt im verwaschenen Jeansanzug und grotesk verfremdenden Cowboyhut über rabenschwarzem, langsträhnigem Haar beobachtet und den entrückten, resignierenden Blick in diesem derb-noblen Gesicht richtig deutet, gerät ins Grübeln. Eigentlich bin ich froh, da diese ernüchternde Begegnung meine bisher ungetrübte Freude über das zurückliegende Jagderlebnis anzukratzen beginnt, daß wir uns nach ein paar eher hilflosen Floskeln wieder voneinander verabschieden. Armer Matt! »Der weiße Mann kommt, der Büffel geht, der rote Mann wird verhungern, mein Volk wird untergehen«, prophezeite bereits vor 100 Jahren der greise Häuptling der Cheyenne. Er hatte recht behalten.

Der weiße Eremit

Während der Fahrt, teilweise auf spiegelndem Glatteis und im Schrittempo, schüttle ich diese trübsinnigen Gedanken bewußt ab und erinnere mich lieber der herausfordernden Pirsch auf den einsiedlerischen »Billy«, diesen bärtigen Schneeziegen-Patriarchen, der, scheinbar der Schwerkraft nicht unterworfen, sich vor zwei Wochen in fast senkrechten Felswänden herumtrieb. Das war eine arge Schinderei durch Bergwände, über Schneefelder und Eisplatten gewesen, und eine gefährliche dazu. Vermutlich gibt es keine Jagd auf der Welt, die so unterschätzt wird, wie jene auf die »Mountain Goat«. Diese Trophäe muß man sich hart verdienen. Wir brauchten Stunden, um den weißen Eremiten, den wir in mönchischer Einsamkeit schon von weitem auf einer der höchsten Zinnen seiner felsigen »Burg« liegen sahen, auszutricksen. Der »Weißhaarige«, im Schnee perfekt getarnt und anfangs in für uns schlechtem Wind, hatte zunächst alle guten Karten. Bei dieser Übersicht entging ihm nichts. Das machte ihn selbstsicher. Als er sich später mit

unglaublich sicherem Schritt zu einem kurzen Äsungsbummel durch die bizarre Felswand begibt — er nimmt mit der schwammartigen Haftkraft seiner Schalen die steilsten Wände und Abstürze mit unglaublicher Leichtigkeit —, verlieren wir ihn aus den Augen. Gegen Mittag fällt leichter Schnee auf die gigantische Arena. Die bereits tiefverschneiten Gipfel der uns wie ein gezackter Kragen umgebenden Gebirgskette werden von immer tiefer hängenden, dunklen Pazifikwolken eingehüllt. Totenstille, es rührt sich kein Vogel. Selbst die Kolkraben und Adler bleiben im Schutz ihrer Schlafbäume. In dieser Stimmung läßt sich gut pirschen. Nach einer weiteren Stunde und dem letzten steilen, kräftezehrenden Aufstieg, ist die Nordwand endlich geschafft.

Das feine Witterungsvermögen und der hochentwickelte Gesichtssinn der Schneeziege sind dadurch fast überlistet. Das ist wichtig. Denn: Man mag einem Wildschaf durch die Berge nachziehen, bei einer »Mountain-Goat« wage man das lieber nicht! Während einer Verschnaufpause geht mein Blick über das da und dort nur durch Wolkenfetzen schwach wahrnehmbare Bergpanorama. Tief unter uns im Vegetationsgürtel der Büsche und Bäume leuchtet noch vereinzelt der langsam verblassende Laubteppich rotbrauner Tupfen und Farben auf. Der unvergleichliche »Indian Summer« des Hohen Nordens geht dahin.

Aufgerückt, nehme ich den weißen Herrn schnell etwas genauer unter die Lupe. Etwa 150 Meter unter uns, dort wo sich Gletscherkare und Bergbäche fast senkrecht zu Tal stürzen, döst der alte Einzelgänger im Stehen vor sich hin. Sein spannenlanger, kreisrunder Bart unter dem kantigen Quaderschädel und der weißleuchtend seidige, dichte, oft 20 cm lange Behang, der sich wie Pluderhosen bis über die Kniegelenke hinab erstreckt, bewegt sich leicht im Wind. Obwohl mir die eisige Winterluft durch den Parka dringt, ist mir vor Aufregung ordentlich warm. Der klotzige Einsiedler, immerhin drei ausgewachsene Gams schwer, steht von uns abgewandt, direkt in der Steilwand. Reißt ihn meine Kugel von den Läufen und stürzt er ab, ist die Trophäe Pulver!

Glück gehabt. Trotz des Absturzes blieben die Hornschläuche heil.

Neuschnee. Wir sind bereits früh am Morgen vor Ort, um mit drei Pferden die schwere Beute zu bergen.

»Großer Manitou, hilf!«. Im steil abfallenden Gestein liegend, aber mit gutem Halt an einer kleinen verwitterten Bergkiefer, tastet sich das Vierer-Absehen der 7mm vom Hofe ins Blatt. »Getroffen!«, ruft der Guide.
Die seidige Decke und das spitzförmig auslaufende, 25 cm lange Gehörn liegen jetzt mit meiner Bisontrophäe auf dem Pick-up, den wir im Glatteis gerade nach Fort St. John zu steuern versuchen.

Verirrung der Zivilisation

Dabei unterhalten wir uns natürlich über die bestialische Vernichtung des Bison, auch über seine heute als ge-

sichert geltende Wiedereinbürgerung. Jeder ist Gefangener seiner Jugenderinnerungen, wobei von der idealisierten Gestalt des legendären Buffalo Bill, dem rücksichtslosen Abenteurer-Oberst Frederick William Cody (1846 bis 1919), nicht viel übrig bleibt. Er, der als Zirkusbesitzer und Trunkenbold endete, war am organisierten Massenmord der Bisons wesentlich beteiligt. Cody rühmte sich sogar, mit einigen Kumpanen in kürzester Zeit selbst über 5000 Bison hingemetzelt zu haben. Er veranstaltete für Damen, wie Hunderte andere Geschäftemacher auch, Bahnausflüge mit Teefrühstück, und aus dem Zugfenster Schießunterricht auf die riesigen Herden entlang der Eisenbahnlinie. Diesem Gemeuchel fielen jährlich über 2,5 Millionen Tiere zum Opfer und bald war 100 Meilen rechts und links des Schienenstrangs, der ab 1869 den Pazifik mit dem Atlantik verband, kein Indianerbüffel mehr zu sehen. Beschleunigt durch die Erfindung der Winchester-Repetier-

büchse um 1865, war dessen Schicksal endgültig besiegelt. Auf 4 Millionen Quadratkilometern Prärie zwischen den Appalachen im Osten und den Rocky Mountains im Westen war kein Bison mehr zu sehen.
Totschläger-Mentalität statt Jagdleidenschaft, was Konrad Lorenz bestätigt, wenn er heute feststellt, daß wir »...erst das Bindeglied vom Tier zum Menschen (sind)«. Welch eine widerliche Verirrung der Zivilisation, im Vergleich zur edlen Jagdgesinnung des Roten Mannes, der auf schnellem Mustang oder als Wolf verkleidet, mutig auf allen Vieren in die Büffelherde schlich, immer die Späher des Stammes im Auge, welche die Feder warfen, um ihm den Wind anzuzeigen! Armselig, das Schulterklopfen sich gratulierender Eisenbahnjäger, im Gegensatz zu den Freudentänzen der Rothäute nach erfolgreicher Pirsch. Das waren Jubelfeste, Anlaß zum Feiern, zu Danksagung und Ehrerbietung für den »Großen Geist«. Jetzt war der Stamm wieder

versorgt, hatte genügend in Streifen getrocknetes Fleisch für den langen Winter, Pemmikan aus Beeren und geschmolzenem Feist sowie ausreichend Proviant für seine Wanderungen und Streifzüge. Der Bison lieferte Kleidung, Schuhwerk, Zelte und Decken, Riemen und Sättel, Lederwände für das Kanu, Gefäße und Geräte aus Horn. Alles vom »Großen Geist« dem roten Mann erschaffen, Sinn und Inhalt seines Erdenlebens. »Du kamst von den Buffalos, jetzt gehst du heim zu den Tieren, zu deinen Ahnen und zu den vier Geistern, wandere sanft!«, tröstete der Schamane den sterbenden Indianer. Vorbei! Die wohl größte Tierherde, die je die Erde bevölkerte, eine einzigartige Lebens- und Schicksalsgemeinschaft und eine großartige frühe Kultur wurden binnen kürzester Zeit aus Habgier, nach Fleischhackerart, ausgemerzt. Nie zuvor ist ein Volk, das mit einem Wildtier ähnlich verschmolzen war wie der Prärie-Indianer mit dem Bison, so planmäßig und endgültig ausgelöscht worden.
Die kurze Begegnung in »Wonowon« war nur ein kleiner Fingerzeig.

Wehmütige Erinnerungen

Bisonjagd im Indianerland! Das belebte Bilder von Comantschen, von Sioux und Irokesen auf dem Kriegspfad, weckte Erinnerungen an spitzgiebelige Tipis der Prärieindianer und an wilden Geistertanz vor dem mit Bisonschädeln geschmückten Altar.
Vor einigen Tagen noch, als wir zu dritt auf braven Packpferden vom Tal herauf in die höhergelegenen Bergwaldregionen und weit verzweigten Hochtäler ritten, im Trott hintereinander und auf Wildwechseln, fühlte ich mich manchmal mehr als Büffelkundschafter denn als Jäger. Vielleicht mit dem kleinen Unterschied, daß von mir niemand beim Verlassen des Camps, wie das einst bei den Cree-Indianern Sitte war, aus meinen Träumen den Standort der Büffelherde erfragen wollte.
Die Pirsch war voll Spannung. Natürlich erwartete ich hinter jeder Wegbiegung eine im Tal oder auf einem Hochplateau äsende Büffelherde, den mäch-

tigen Leitstier mit schwerem Haupt auf ungeschlachtem Körper in ihrer Mitte: wuchtig gedrungen, mit schwarzem Kinnbart und imposanter, Wind und Wetter trotzender Lockenmähne auf dem bulligen Schädel. Mit Augen, »die vor Angst und Wut giftig glühen«, wie Washington Irving vor 150 Jahren schrieb.
Ich war eingestimmt durch die Bilder jener gewaltigen Bisonherde, die William Wyler in seinem Film »Buffalo Bill, der weiße Indianer« schon Ende der 40er Jahre in schwer rollendem Galopp über die Prärie, durch Schluchten und über Berge hinwegstürmen ließ. Welch ein Bild, wenn diese oft mehr als eine Tonne schweren Brocken in wälzendem Spurt über die Grassteppe donnerten! Kopflastige, klotzige Kolosse, deren kurzer Träger steil in einen buckelig wirkenden, massig über der Rückenlinie thronenden Widerrist ansteigt, um dann ebenso jäh aus der kraftstrotzenden Brustgegend heraus in den nach hinten sich verschmächtigenden Leib abzufallen. Urweltlich!

Auf Büffelpfaden

Meine Stute »Summer« kennt den Steig. Mit Sicherheit ein alter Bison- und Elchwechsel, der die Steilkämme sowie Schluchten geschickt umgeht und behutsam schwierigste Höhenunterschiede meistert. Auf solch ausgetretenen Pfaden, welche die Buffalo bei ihren Herbstwanderungen zu den saftigen Präriegrassteppen im Süden schon vor Urzeiten plattstampften — auf denen sich später auch die Siedler und Eisenbahnkonstrukteure einen Weg nach Westen bahnten — eröffneten sich immer neue, malerische Ausblicke.
Mit größter Sorgfalt glasen wir die von lockerem Timber bewaldeten Hänge und die gelbbraun monotonen, weiten Grastäler ab. Die kurze Pracht des zauberhaften »Indian Summer« ist auch hier fast dahin, der schneidend kalte Schneewind gemahnt an den nahen Winter. Während eines Blicks auf die Uhr kommt mir plötzlich, daß daheim heute der Fasan aufgeht. Jetzt feiern meine Jagdfreunde vermutlich gerade — bei acht Stunden Zeitverschiebung!

— das erste »Test-Jagderl« am abendlichen Stammtisch. Wie's wohl war? Chris, der rotbärtige Guide mit knapp 20 Lenzen, schaut eher demonstrativ auf seine Uhr. Er will mir bedeuten, daß wir, seinem Rat folgend, nach der spätvormittäglichen Ankunft im Camp, doch nicht mehr hätten aufbrechen sollen.
Inzwischen sind wir drei Stunden unterwegs. Außer einer Elchkuh mit Kalb, einem unvorsichtigen Stachelschwein und einigen aufgeregt pfeifenden Eichhörnchen, haben wir noch nichts gesehen. Allmählich müssen wir tatsächlich an Umkehr denken. Die Jagdführer sind vorsichtig! Sie wissen, daß Leichtsinn, insbesondere Übereifer in die Nacht hinein, riskant ist. Trotzdem! Im Camp sprach die »Rothaut« Matt von sechs bis acht »Buffs«, die er vor einer Woche, etwa drei Stunden vom Lager entfernt, auf einer Hochalm äsen sah, auch von einem »Big buff, all by himself!« (Ein großer Büffel, ganz für sich alleine!). Mein Nachhaken, »Wie groß?«, beantwortete er dann allerdings auffällig zurückhaltend. »Es ist schwer einen Vogel zu wiegen, wenn er in der Luft fliegt«, grinste er und brachte lieber das Gespräch auf frühere Jagden, auf Trophäen und die herrliche Decke des Bison. Er wußte sicherlich nicht, daß er damit in die Stiefel des großen Aristoteles stieg, der sich schon vor 2000 Jahren an diesem »Wollmantel« begeisterte: »Er läßt sich so weit ausspannen, daß sieben Menschen darauf liegen können«. Dabei kannte der alte Grieche bestimmt nur ein Fell des kleineren eurasischen Vetters, des heute wieder in Polen und in der UdSSR zu gesicherten Beständen hochgebrachten Wisent.
Was soll's! Der Hilfsguide hatte »Buff« gesehen. Als letzter Jäger der Saison, mit sowieso nur einer Chance von höchstens Fifty-fifty auf einen »Dandy« (Kapitalen), vertrödle ich meine Zeit doch nicht im Camp! Es ist allemal besser durch die Gegend zu streifen als rumzuhocken. Ruh' macht bekanntlich müde Beine!
Die bleischwere Stille dieser leicht verschneiten Bergwelt ist fast lähmend. Im kurzen Übergang vom Herbst in den Winter scheint die Natur den Atem anzuhalten. Nirgends erhebt sich mehr

eine Vogelstimme. Grizzly und Schwarzbär genießen bereits ihr wohliges Winterlager. Vorsorglich speichert jetzt jedes Geschöpf Energien, streng darauf bedacht, sie nicht durch unnötigen Umtrieb zu vergeuden.

Nun, heute hatte ich jedenfalls bereits ausgiebig die »süße« Luft des Bisonlandes geschnuppert. Mich bekümmerte nicht, daß der Rotbart nur widerwillig einer weiteren Meile Ritt quer über ein mit spärlichem Buschwerk besetztes, von schuhhohem Harsch bedecktes Hochplateau zustimmte. Von Neugier, auch von etwas Instinkt und Ungeduld getrieben, wollte ich unbedingt noch einen Blick in die hinter dem Fels vermutete, weit gefächerte Tallandschaft werfen. Mir war klar, daß ich dabei nicht, wie der Amerikaforscher v. Möllhausen um 1851, Hunderttausende(!) von Bisons sehen würde.

Mir genügte eine einziger, reifer Recke aus der hier viele hundert Quadratkilometer frei umhervagabundierenden Herde und eine — hoffentlich — spannende Pirsch!

Man weiß nie

Aufgemöbelt von einem gut lesbaren Spuren- und Fährtenbild, das eine hier zwar alltägliche, trotzdem aufregende Tragödie verrät, reiten wir weiter, Richtung Norden. Auf dieser einsamen Hochebene hatte in der vergangenen Nacht eine gierige Wolfsmeute ein Kalb aus einem Trupp Karibus abgesondert und am steilen Abgrund zur Strecke gebracht. Die kurze, schweißmarkierte Taumelspur des verfolgten Junghirsches spricht Bände!

Mit einem »Man weiß nie!«, ziehe ich die unterladene .300 Winchester aus dem Holster, repetiere eine Silvertip ein und schleiche mit Chris vorsichtig zum Rand der Hochebene. Die Gäule bleiben weiter hinten bei Matt. Gebückt, umsichtig wie rote Kundschafter, spähen wir ins weite Tal hinaus. Als in der letzten Nachmittagssonne die schneefreien Steilwände der Berge rosa aufscheinen — Pink-Mountains! —, schiebt sich von Norden, wie dicke Watte, langsam ein Gemisch aus Nebel und Dunst in den windgeschützten Talgrund. In höchstens 20 Minuten ist alles dicht!

Trotz des grandiosen Naturschauspiels, wahrhaft trübe Aussichten!

Ansonsten liegt erschöpfte Ruhe über der sanft gegliederten Berglandschaft. Sie ist mit Zwergerlen und Weiden bebuscht, zwischen dem offenen Timber stehen vereinzelt Ahorn und Kiefern. Hier läßt es sich für einen Bison, geschützt durch dichten Wollfilz und Feist auf den Rippen, gut überwintern, denke ich gerade, als mein Blick durch den Feldstecher an einem mit den Landschafts- und Vegetationsformen nicht harmonisierenden Etwas hängenbleibt. Narrt mich bereits der aufziehende Nebel oder ist dort unten tatsächlich ein sich noch schnell vor »Torschluß« volludernder Grizzly zu Gang? Das gibt's doch nicht! Meine fast zögerliche Frage: »Buff?«, beantwortet der Guide mit einem unsicheren, eher ungläubigen: »Mag sein«. Bockig, vielleicht weil ich das Glück zwingen will, widerspreche ich: »Chris, da unten liegt ein Bison auf der faulen Haut!«

Trotz der halben Meile meine ich das mit seinem schwarzen Kraushaar sich deutlich vom nußbraunen Wollmantel des überwölbten Körpers abhebende, auf der Erde ruhende Haupt zu erkennen. Das ganze wirkt wie ein dickbauchiger, im Nebel kielobentreibender, zu kurz geratener Kahn. Während der Jagdführer noch unschlüssig auf die Uhr schaut, bin ich bereits am Einstieg in die Schlucht.

Kein Zweifel, hier hat sich nach der

Brunft ein alter Einzelgänger »zur Kur« zurückgezogen, ohne etwas vom bereits drohenden Unheil zu ahnen. So ein Dusel! Nach knapp vier Stunden Pirsch!

Wie Indianer auf dem Kriegspfad umschlagen wir den unter uns liegenden Woll- und Muskelberg, ohne ihn aus den Augen zu lassen. Wir kommen zügig näher und erkennen bald seine hohe Kruppe sowie die schwarz-krause Stirn- und Hinterkopfmähne. Immer wieder bestaunen wir den dichten, über Schultern und Brust bis in die Vorderschenkel und in den Rücken hinein mähnigen, capeartigen Winterpelz. Dieser Filz schützt den Haudegen gegen jede Kälte. Trotzdem wäre es für ihn besser, er fühlte sich im Augeblick nicht gar so wohl!

Das Gelände ist schwieriger als vermutet. Es führt durch ausgetrocknete, im Frost leicht zusammengebackene und unter unseren Tritten oft polternd zerberstende Geröllhalden. Im Talgrund, zwischen uns und dem immer noch vor sich hindösenden Hagestolz, liegen schmale, tief zugefrorene Flußarme und tückische kleine Tümpel. Für einen abgezirkelten Schuß müssen wir über immer neue Hindernisse. »So nahe heran wie möglich!«, mahnte der Outfitter, »geh' tiefblatt rein und warte nicht zu lange mit dem zweiten Schuß. Diese Brocken liegen nie im Feuer!« Längst ist jede hinderliche Kluft abgelegt. Die Aufregung heizt mir ein. Der Puls hämmert merklich, und der Hang

Die Bisonbestände der USA und Kanadas gelten längst wieder als gesichert.

Grillfest in freier Natur. Jetzt verstehe ich den Preis für Büffelfilet.

nimmt kein Ende. Wo immer es die Durchsicht erlaubt — weiter unten wird die Vegetation noch dichter — riskieren wir einen Blick auf den schlafenden Riesen. Er besitzt bekanntlich ein ausgezeichnetes Gehör und eine ungemein scharfe Witterung. Was passiert, wenn uns der Büffelstier mitkriegt? Trotz des scheinbar phlegmatischen Temperaments des Bison muß alle Konzentration im ersten Schuß liegen! Wer wehrhaftes Wild herausfordert, muß sich wappnen. Ich unterschätze deshalb die Wendigkeit und Ausdauer dieses eigentlich plump erscheinenden Eintonners, der Geschwindigkeiten von 45 bis 50 Stundenkilometern vorlegen kann, keine Minute.

Er »steht im Feuer«

Die Talsohle ist fast erreicht. Nur jetzt kein Übermut! Es trennen uns noch knapp 200 Schritt von Sieg oder Niederlage. »Wenn wir unbemerkt die nächste, dünn bebuschte Bodenwelle erreichen, ist's geschafft!«, ermutigen wir uns gegenseitig und tauchen in der letzten Hügelfalte unter.
Minuten später — eine wahre Ewigkeit — arbeiten wir uns aus der Mulde. Gut getarnt, aber von dichtem Busch zum Schießen völlig behindert, wage ich einen ersten Blick auf den wolligen Koloß und zucke wie elektrisiert zurück. Genau gegenüber, nur knapp 110 Meter entfernt, steht, durch feinen

Instinkt oder eine winzige Bewegung mißtrauisch geworden, der Büffel. Drohend, aufgeregt zu uns herübersichernd, ein Bild urwüchsiger Kraft! Er stößt vor Erregung kleine Dampfwolken aus Äser und Windfang. Sein nervös kreisender, fast halbmeterlanger Wedel, gemahnt zur Vorsicht. Jetzt herrscht Überreiztheit auf beiden Seiten! Keine Frage, der Bisonbulle wittert Gefahr, ist sich jedoch hinsichtlich seines nächsten Zuges noch unschlüssig. Fieberhaft trachte ich durch die vor mir wuchernden Zweige und Äste ins Ziel zu kommen, suche verzweifelt nach einer Gasse. Es geht um Sekunden. Einmal habe ich kurz das weißleuchtende Auge des Büffels im Fadenkreuz. Beklemmend! »Seine Augenlider stehen immer weit offen und der Augapfel rollt beständig auf und nieder, so daß ein großer Teil der Iris von dem unteren Augenlid verdeckt wird, während das reine Weiß des Augapfels in halbmondförmiger Gestalt darüber hervorglänzt«, berichtete schon Cattlin.
Jetzt hilft nur eiskalte Flucht nach vorn! Gut 100 Gänge vom urigen Wild entfernt, richte ich mich ruckartig im Busch auf — die Taktik des Überrumpelns verhalf mir schon zu manch braver Trophäe! — und ehe der Kämpe die ihm drohende Gefahr einzuordnen weiß, bohrt sich die 14,2 g-Silvertip heißglühend in die Brust des spitz zustehenden Muskelpakets. Tiefblatt!
Ein deutlicher Kugelschlag und eine

kaum wahrnehmbare Reaktion: Der Koloß dreht sich nur zwei bis drei Schritte nach halbrechts — und »steht im Feuer«! Unglaublich! Erst mit der dritten Kugel — dieses Geschoß ist mit Sicherheit die unterste vertretbare Laborierung — krümmt sich der tonnenschwere Recke und sinkt unendlich langsam, ohne überhaupt einen Schritt vom Anschuß getan zu haben, auf angewinkelten Knien in sich zusammen: Ein Monument an Wucht und Kraft. Jagd vorbei! Ich habe meinen Bison! Während der Tag nun ganz plötzlich dem Nebel und der Dämmerung weicht bleibt uns nur noch Zeit für ein schnelles Aufbrechen und Verblenden des gestreckten Wildes. Dabei stehe ich, immer noch sprachlos wegen des glücklichen Zufalls, irgendwo jenseits des Geschehens, während sich der alte Kämpfer längst auf dem ewigen Büffelpfad Richtung Sonnenuntergang befindet. Fort zu den einsamen Osthängen der Rocky Mountains, wohin sich auch die von den Weißen bedrängten roten Krieger zurückzogen. Dorthin, wo noch immer der »Große Geist« inmitten saftigen Präriegrases herrscht. In aller Frühe wird die Beute eingeholt. Spät, bei leichtem Schneefall und eisigem Wind, erreichen wir das Hauptcamp. Man hörte schon von unserem Glück und schüttelt nur den Kopf. Nach kaum vier Stunden Pirsch einen kapitalen Buff, das grenzt an Hexerei! Nur der Indianer Matt, der wie immer schweigsam in der Ecke hockt, lächelt vor sich hin. Später erfahre ich, daß er uns glatt ins Blaue geschickt hatte. Nicht die Spur einer vorher gesichteten Herde! Der Bursche wollte einfach weg vom Tellerwaschen und Holzhacken, und der große Manitou war ihm gnädig gewesen. Der augenfällige Erfolg seiner »Kriegslist« wurde später mit einigen grünen Scheinen belohnt, die er schmunzelnd kassierte. Seine Vorväter hätten sich vermutlich den frischen Skalp des überlisteten Bleichgesichts an den Gürtel gehängt.

Brave Steinbocktrophäe im Hohen Altai.

Mit Mongolen unterwegs

Während das Fadenkreuz über dem Blatt eintaucht, überkommt mich plötzlich ein Anflug von Zweifel, vielleicht sogar von Habgier: Verbirgt sich zwischen den unsichtbaren Rudelgefährten nicht doch ein noch stärkerer Widder? Weshalb nicht warten? »Sei zufrieden, fordere nicht unnötig das Schicksal heraus!«, ermahne ich mich, und langsam krümmt sich der Zeigefinger.

MONGOLEI

Volksrepublik
Hauptstadt	Ulan Bator (400 000 Einwohner)
Bevölkerung	1 732 000
Fläche	1 565 000 km²
Sprache	Mongolisch
Währung	1 Tugrug (Tug) = 100 Mongo

Wildtiere: Argali, Bär, Fuchs, Hirsch, Kulan, Luchs, Maral, Mongolische Gazellen, Moschustier, Murmeltier, Saiga, Schneeleopard, Schwarzwild, Sib. Rehbock, Sib. Steinbock, Tiger, Wildkamel, -esel, -pferd, Wolf.
Landschaft: 85% des Landes liegen in Höhen über 1000 m. Mongolischer Altai und Gobi-Altai erreichen Höhen von 4356 m (Hoher Kujtun) und 3957 m (Ikh Bogd Uul). Im Osten findet man flachwellige Rumpfflächen mit Salzseen und -sümpfen, die in die Steppe übergehen. Nach Süden schließt sich die Wüste Gobi an, die 15% des Staates einnimmt. Die Hälfte der Mongolei ist von Kurzgrassteppe bedeckt, etwa 30% sind Wüstensteppe. Selenga, Orchon und Kerulen sind die wasserreichsten Flüsse.
Klima: Kontinentalklima mit kühlen, trockenen Sommern und kalten, langen Wintern. Extreme Temperaturunterschiede zwischen Sommer und Winter, geringe Niederschläge.
Sehenswürdigkeiten: Die heißen Quellen von Chudschirt, die Ruinen des alten Karakorum, Museum und Gandan-Kloster in Ulan Bator.
Jagd: Für Ausländer nur mit einheimischen Berufsjägern erlaubt. Staatliche Jagdorganisation. Wald-, Steppen- und Berg-Jagden zu Fuß, zu Pferd, mit Allrad. Traumland des Schaf- und Steinwildjägers. Fitneß und Bergerfahrung nötig.

Argali

Ovis ammon ammon

E: Altai Argali
F: Argali de l'Altai
Sp: Argali del Altai

Ansprechen: Das mächtige Schneckengehörn, das sich in weitem Bogen nach außen und rückwärts wendet und dabei einen vollen Kreis und mehr beschreibt, kennzeichnet dieses stärkste, bis 180 kg schwere, Wildschaf. Schnecken bis 180 cm Länge. Die Geißen haben bis 30 cm lange, steile Hörner. Nacken und obere Körperteile grau-braun, eingesprenkelte weiße Flecken. Winterdecke gescheckt, oft rein- bis crémeweiß.
Lebensraum: Bergige Hochalmen. Im Sommer bevorzugt es die höchsten Hanglagen am Rande der Schneegrenze, im Winter zieht es in die Täler.
Verbreitungsgebiet: Im Hohen-, Mittel- und Gobi-Altai der Mongolei, in China und der UdSSR. Mehrere Unterarten.
Verhalten: Schafe und Jungwild bilden Herden, zu denen im Herbst die Widder stoßen. Im Sommer bilden die Böcke Herrenclubs. Größe der Stirnwaffen bestimmen die soziale Stellung im Rudel. Alle Sinne hochsensibel! Große Aufmerksamkeit. Nach einer Tragzeit von 120-150 Tagen werden 1-2 Lämmer gesetzt.
Artenschutz: WA A II (Altai und Gobi-A.), WA A I (Tibetargali)
Jagd: Alle Wildschafe sichern nach unten und flüchten nach oben. Pirsch zu Fuß und/oder Pferd. Man versucht, das Rudel zu übersteigen (bis 3200 m). Nötig ist gute Kondition. Starke, rasante Kaliber verwenden.
Rekordtrophäe: SCI RBoTA, 1986: Hornlänge links 168,28 cm, rechts 161,93 cm (Mongolei 1970).

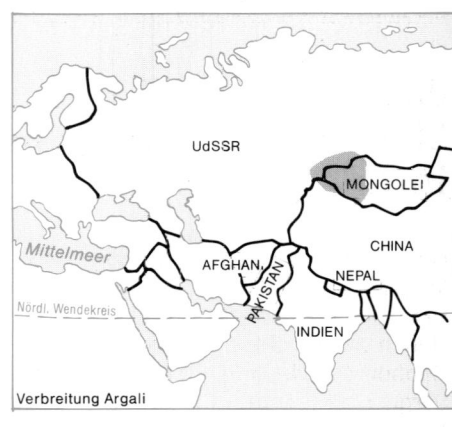
Verbreitung Argali

Sibirischer Steinbock

Capra ibex sibirica

E: Asian Ibex
F: Bouquetin sibérie
Sp: Ibex asiático

Ansprechen: Widerristhöhe 80-115 cm, Gewicht 80-100 kg. Dunkler Aalstrich auf dem Rücken. Decke und Bart braun bis rotbraun, bei alten Böcken graubraun. Das »Säbel«-Gehörn schwingt steil nach außen, Gehörn dem Alpensteinbock ähnlich. Geißen tragen kleine Hörner.
Lebensraum: Steile Felswände und Hochalmen, meist oberhalb der Baumgrenze. Im Winter tiefere Lagen.
Verbreitungsgebiet: UdSSR, Zentralasien, Sibirien, Himalayaregionen, China und Mongolei.
Verhalten: Lebt wie alle Steinwildarten gesellig. Die Böcke bilden eigene Trupps. Vorwiegend tagaktiv. Bei Beunruhigung ziehen sie sich an steile Bergwände zurück. Innerhalb eines Bergmassivs sind sie standorttreu, da sie ungern Täler durchqueren. Im Dezember/Januar Brunft. Nach einer Tragzeit von 150-180 Tagen setzt die Geiß meist ein Kitz. Nach 2-3 Jahren geschlechtsreif.
Artenschutz: WA entfällt.
Jagd: Steinwild äugt hervorragend und wittert bestens, es sichert stets nach unten. Der Jäger versucht, die Gruppe zu übersteigen und so nah wie möglich, unter Ausnützung jeder Deckungsmöglichkeit, heranzupirschen. Oft weite Schüsse, körperliche Fitneß, u.U. Höhentauglichkeit nötig für den Erfolg.
Rekordtrophäe: SCI RBoTA, 1986: Hornlänge links 130,18 cm, rechts 129,54 cm (Mongolei 1982).

Jagd auf Argali und Sibirischen Steinbock in der Mongolei

Gürä wußte es besser! Schon seit der letzten Anhöhe, lange bevor wir uns im Geländewagen aus den Vorbergen des Hohen Altai Richtung Kreisstadt Chobdo vorarbeiteten, erfüllte uns mit Sorge, daß sich weit draußen in der baum- und strauchlosen Schotterebene, der vor einer Woche noch als harmloses Rinnsal durchquerte Fluß Terrek, jetzt als reißender Strom durch die Wüste wälzte.

Die schweren Regen der letzten Tage hatten sich an den nackten Hängen der westmongolischen Gebirgsmassive in tausend Sturzbächen, zu einem wütenden Hochwasser verbunden, welches uns nun den Rückweg zum sandigen Airstrip in Chobdo abschnitt. Hoffentlich findet morgen der dreistündige Rückflug in einer alten propellergetriebenen Antonjoff nach Ulan Bator nicht ohne uns statt!

Abenteuerliches Jagdende

Tatä, der erfahrene Bergjäger, hatte es geahnt. Aufgeregt fuchtelte er schon bei der Abfahrt auf den über Nacht bis zum Rand angeschwollenen Gebirgsbach, der an unseren drei Jurten vorbeischoß. Seine Sorge galt nicht nur dem Jagdgast, sondern auch seiner Tochter und deren zweijährigem Sohn, welche mit uns in die 120 Kilometer entfernte Kreisstadt zurückkehren wollten.

Dagegen war nichts einzuwenden. Mir wurde erst flau im Magen, als sich unser mit fünf Personen, mit Trophäen und einer Unzahl Gepäck vollgestopfter, völlig überladener Allrad dem reißenden Fluß näherte. Seine braunerdigen Wasser brandeten unheilvoll durch das bis zur Uferkante gefüllte, an den Rändern immer weiter einbrechende Flußbett.

Irgendwo hier mußten wir durch! Es war abenteuerlich!

Natürlich waren wir während der zurückliegenden Woche ständig bis über die Achsen durch Gebirgsbäche und

Große Vergangenheit. Der alte Kaiserpalast in Ulan Bator.

Altwasser gefahren und die mit Filzstreifen abgedichteten Türen hielten dicht. Das waren aber Spazierfahrten auf ausgewaschenem, einigermaßen festem Flußgeröll. Immer mit klarer Sicht auf den Grund. Hier jedoch konnten sich die auf starren Antrieb geschalteten Räder nicht rumpelnd und wie ein Rodeopfer springend durchwühlen, sie gerieten unweigerlich in grundlosen Schwemmsand.

Einige Meter vor dem wild dahinschießenden Inferno verlangsamt Gürä das Tempo. Wir überprüfen eine einsame, nicht zu alte LKW-Spur, die in die Fluten führt. Reifengröße und Radabstand zeigen, daß sich hier ein wahres Ungetüm von Lastwagen durchgewagt hatte. Nach längerem Palaver, die Verlockungen eines festen Bettes und einer warmen Mahlzeit 60 Kilometer weiter im Norden im Kopf, beschlossen die Heißsporne, trotz meiner Bedenken, das reißende Hindernis mit der allen Naturburschen eigenen Bravour zu durchpreschen.

Der Fahrer, wie immer in zackigen Schaftstiefeln, eleganter Lederjacke und verwegener Sonnenbrille, suchte eine Furt. Mein Hinweis aus dem Survival-ABC, »je breiter der Fluß, desto seichter und weniger reißend das Gewässer«, ging in der burschenhaften Hurra-Begeisterung unter. »Je kürzer die Strecke«, lachten sie, »desto schneller sind wir durch!«

Also entschied man sich für die engste, vom Laster schon vorgespurte, damit zwangsläufig tiefste und reißendste Stelle. Durch sie fetzte das Hochwasser vor uns wie durch ein Stauwehr.

Nichts wie raus!

Langsam fuhr der Allrad auf das nur aus Kies und Sandgemisch bestehende Ufer zu. Ich ahnte, was kommen würde und blieb, schicksalsergeben wie ein Maulesel, trotzdem sitzen. Ruckweise, im Schritt-Tempo, bewegte sich der Geländewagen über die höchstens 10 cm hohe Böschungskante ins Wasser und stand im nächsten Moment, ohne Halt für die Vorderräder, fast Kopf. Ich konnte unsere Ladung gerade noch hinter den Sitzen halten, als der Mongole dem Jeep voll »die Sporen« gab. Das Gefährt sackte unverzüglich mit allen vier Rädern bis zum sandigen Grund durch und saß ohne Antrieb führungslos im aufgewühlten Schlamm. Gleichzeitig überspülte die Strömung Motorhaube und Windschutzscheibe, und sofort stand der Wagen bis zur Mitte der Seitenfenster unter Wasser. »Fast wie im Aquarium!«, meinte ich mit Galgenhumor, »die Fische noch im Trocknen«. Wie lange noch? Schlagartig drückte das Wasser in dünnen Strahlen, wie aus einer Gießkanne, durch unzählige undichte Stellen ins

Innere des Wagens. In der nächsten Sekunde wurde das Fahrzeug mit unvorstellbarer Kraft, von den wie durch einen Trichter gepreßten Fluten, halb um die eigene Achse gedreht und stromabwärts geschoben. Der Motor stotterte trotz verzweifelter Vollgasversuche des käsebleichen Gürä noch einige Male und gab dann seinen Geist auf. Indessen wurden wir, fast ohne jede Bodenberührung und wie in einer modernen Arche Noah zusammengepfercht, rasch abgetrieben.

Nichts wie raus! Zu meinem Entsetzen stelle ich fest, daß der Russen-Jeep starre, nicht zu öffnende Hinterfenster hat. Mein Jagdmesser, mit dem ich die stabile Dachplane aufschlitzen könnte, war vorschriftsmäßig für den Flug im Gewehrkoffer verstaut! Wir saßen, ein Spielball der Strömung, gefangen in einem schnell abtriftenden, immer gefährlicher schlingernden Käfig. Wenn sich jetzt der vollbeladene Wagen überschlug... dann Mahlzeit! Was tun? Wir müssen den Wagen fluten! Kurz entschlossen stemme ich mit beiden Füßen die erst knapp bis über die Fensterkante unter Wasser stehende, flußabwärts weisende Hintertüre auf. Sofort drängt die Flut kniehoch in den Wagen, mit der Folge, daß sich das immer stärker auf ein Umkippen einpendelnde Schaukeln des hilflos dahintreibenden Gefährts vermindert.

Der Allrad versinkt

Im nächsten Moment — später schritt ich am Ufer über 150 Meter Abtrift aus — fing sich der quer zur Strömung treibende Wagen mit zwei Rädern an einer Unterwasserbank. Glücklicherweise blieb er dort — fast in der Mitte des jetzt vielleicht 25 Meter breiten Stromes — hängen, während die Flutwelle wie ein Katarakt über die Motorhaube und um den Wagen wirbelte. Ausgesprochen ungemütlich!

Die Mongolen, bestens vertraut mit den drei nationalen Sporttugenden Reiten, Bogenschießen und Ringen — wie sie sich gerne brüsteten, was hier jedoch nicht sonderlich hilfreich war! —, alles Nichtschwimmer, waren wie gelähmt.

Damit hatte ich das Kommando. Zu-

Der Allrad versank im reißenden Terrek. Gottlob waren die Trophäen in Sicherheit, Papiere und Filme wasserdicht verpackt.

nächst kletterte ich aufs Wagendach. Unser »Einstiegs«-Ufer lag etwa acht Meter, das rettende jenseitige knapp doppelt so weit entfernt. In wenigen Minuten waren mein Handgepäck, der Waffenkoffer, Seesack und Trophäen auf dem schwankenden Verdeck. Der Dolmetscher folgte meinem Beispiel, während die Mongolin und ihr Kind um nichts in der Welt zu bewegen waren, ebenfalls auf die wackelige Plattform zu kommen. Die Mutter saß mit ihrem Kleinen fast zwei Stunden bis zum Bauch im Wasser, ohne daß beide einen Laut von sich gaben!

Inzwischen sank der Allrad, dessen Räder immer mehr unterspült wurden, langsam tiefer.

Es mußte etwas geschehen. Wie ein Diskuswerfer schleuderte ich meine Reisetasche mit allen Papieren und dem Wertvollsten, den Filmen, auf das etwas näher liegende Ufer. Alles andere war ersetzbar. Bis auf die Unterwäsche flog anschließend die mit den Schuhbändern verschnürte Kleidung an Land. Sollte der Jeep versinken oder gar umschlagen, konnte ich nun im letzten Moment in die Flut springen und an Land schwimmen. Mehrmals versuchte ich, das Mongolenkind an mich zu nehmen — vorsorglich, für den Fall einer Katastrophe —, doch die

Mutter war nicht zu überreden.

In brütender Mittagshitze warteten wir auf ein Wunder. Und es geschah! Aus purem Zufall hatten uns zwei berittene Nomaden, die einige Meilen entfernt ihre Schafherde bewachten, als bewegliche Punkte am Horizont ausgemacht. Sie kamen, in dieser gottverlassenen Gegend eher wohl von Neugier getrieben, auf ihren sattellosen Rennern schnell näher und waren sofort im Bilde. An der breitesten Stelle, dort wo das Wasser den kleinen Pferden höchstens bis zum Bauch ging, durchwateten sie den vielleicht 50 Meter breiten Strom, sicherten ein Seil an einem Pferd und schleuderten mit unglaublicher Genauigkeit die Lassoschlinge zu uns herüber. Als erstes zogen wir die junge Frau und das Kind, die inzwischen vor Kälte schlotterten, aufs Dach, knoteten zuerst der Mutter den Strick um den Leib und stießen sie einfach, da sie selbst nicht springen wollte, in die Fluten. Bewegungslos, wie ein Stück Holz, wurde sie von den am Ufer ziehenden Burschen, teilweise unter Wasser, an Land gehievt und nahm bald ihr ebenso »verfrachtetes«, in eine dicke Plane verschnürtes Kind in Empfang. Nach den beiden Mongolen, die genauso wie Mehlsäcke am Seil hingen, kamen mein Gewehrkoffer — der längst nicht so wasserdicht war wie dies im Prospekt versprochen ist! —, mein Seesack und die Trophäen an die Reihe. Inzwischen waren fast zwei Stunden verstrichen, eine Dachkante des Allrad stand bereits unter Wasser, die »Rettungsinsel« wurde immer kleiner. Ich sprang als Letzter in den dreckigen Terrek.

Bald darauf versank der Geländewagen in den Fluten. Während wir Ausrüstung und Kleidung in der Sonne trockneten, waren die beiden Mongolen mit ihren struppigen, schnellen Pferden schon auf dem Weg, um Hilfe zu holen. Einige Stunden später saßen wir auf dem Riesen-LKW, dessen Spur am Vormittag den guten Gürä zu diesem Abenteuer verführt hatte.

Vier Tage später, das erfuhr ich Monate danach von einem Jagdgast, wurde der Geländewagen, vollgeschwemmt mit steinhartem Sand und Schlamm, 250 Meter weiter flußabwärts geborgen. Was aus dem forschen Gürä wurde, kann nur vermutet werden. Im nachhinein betrachtet, war dieser glimpflich verlaufene Abschluß der Jagd zusätzlich ein Anlaß, sich der zurückliegenden Pirschtage zu erinnern. War der gestrige Abend in der Jurte noch gemütlich gewesen!

Im Reich Dschingis Khans

Plötzlich war wieder Wind aufgekommen. Er pfiff von den eisgepanzerten Viertausendern des Hohen Altai — unberechenbar und herrisch wie alles in diesem innerasiatischen Land — um die drei Jurten, die das Jagdcamp Tsetsek im Nordosten der Mongolei bilden.

Es tat gut, sich im geräumigen Rundzelt nach erfolgreicher Argali- und Steinbockpirsch der vergangenen zwei Wochen Traumjagd zu erinnern, heißen Ziegeltee zu trinken und gelegentlich einen getrockneten Kuhfladen — und andere »Losung« — in den gefräßigen Jurteofen zu schieben. Zeit und Muße für ein paar Reisenotizen und etwas Rückbesinnung.

Mongolei. Ein Zauberwort, das sich mit Dschingis Khan und den wilden Reiterhorden des 12. Jahrhunderts, mit Sven Hedin und geheimnisumgebenen Nomadenvölkern im hochgelegenen Trockengürtel Innerasiens verbindet. Eine fremde Welt mit den noch freilebenden, zweihöckrigen Kamelen und der sagenumwobenen Wüste Gobi. Während in den Waldgebieten des Nordens der mächtige Maralhirsch fährtet, ziehen in den westlichen Gebirgszügen die herrlichen Argalis, die größten Wildschafe der Erde, ihre Bahn.

Die Mongolei ist ein erst allmählich bekanntwerdendes Land, mit gut zwei Millionen Einwohnern sechsmal so groß wie die Bundesrepublik Deutschland. Ein zentralasiatisches Hochland mit Steppen und Bergtaiga, ein Binnenland mit je 4000 Kilometern Grenze zu China und zur UdSSR.

Was habe ich nicht alles über die Mongolische Volksrepublik gehört:

extremes Kontinentalklima mit kalten, langen Wintern und kühlen, trockenen Sommern, einzigartig ihre landschaftlichen, kulturellen und vor allem jaglichen Gegebenheiten.

Fast schmunzelte ich über mich selbst. Vor knapp einem Vierteljahr war ich noch voll Skepsis, verunsichert vor allem durch häufige Schilderungen über nahezu unvorstellbar extreme Jagdbedingungen. Gottseidank waren meine Neugier und der lange Jahre gehegte Jägerwunsch, in der rauhen Welt dieser Wanderhirtenvölker — teilweise auf den Spuren Marco Polos — zu waidwerken, stärker. Welch ein Erlebnis, was für eine Herausforderung, tagelang auf der Suche nach dem fast rotwildgroßen Wildschaf zu sein, dessen im weiten Bogen gedrehte Schnecken sich gut über einen Meter lang winden, und dessen stärkste Gesellen über drei Zentner auf die Waage bringen sollen!

Anstrengend, nicht extrem

Auch hier wird dem Jäger reife Beute natürlich nicht geschenkt. Das mußten die Asienreisenden Schwerin oder Kapherr schon vor mehr als einem knappen Jahrhundert erfahren.

Schließlich hatten auch sie, obwohl sie weder Extremkletterer waren, noch Old Shatterhands Henrystutzen führten,

Erfolg. Kondition, Hartnäckigkeit und jagdliches Können waren damals wie heute ausschlaggebend, Schüsse auf 300 Meter und mehr, wie überall auf der Erde, schon immer die Ausnahme. Wer jemals in den Rocky Mountains dem Bighorn oder der Schneeziege, in den Geröllhängen des Kaukasus dem Tur, oder nach mehrstündigem Aufstieg der Gams in unseren Alpen nachhing, mußte die Zähne mindestens ebenso zusammenbeißen wie in diesen meist vegetationslosen, eigentlich »sanften« Bergketten des West-Altai. Selbstverständlich haben auch hier die Götter den Schweiß vor den Erfolg gesetzt. Und das ist gut!

Dünn gesät, schwer auszumachen, ständig auf der Suche nach karger Äsung, ähnlich den Nomaden mit ihren riesigen Schaf-, Ziegen-, Yak-, Pferde- und Kamelherden, ist das wachsame Bergwild nirgends und überall zu Hause. Doch auch wir haben sie schließlich aufgespürt, diese Bergzigeuner, die keine Fährten hinterlassen, auf deren Existenz meist nur da und dort in der Sonne und im Wind verbleichende Hornschnecken hinweisen.

Das alles war die Welt meiner Jagdreise. Voll von Strapazen, Hoffnungen und Enttäuschungen sowie dem nie ausschließbaren Risiko eines Irrtums oder einer Niederlage. Und letztendlich dann doch der Erfolg!

Das zweihöckrige Wildkamel durchstreift noch heute die Wüsten und Steppen der Mongolei, Chinas und der UdSSR.

Traum der Schafjäger

Der erfahrene Jagdführer Tatà, ein selbstbewußt stolzer Gebieter über ein hundert mal 50 Kilometer großes Jagdgebiet, in dem über 2000 Wildschafe, davon etwa 100 mehr als acht Jahre alte, jagbare Widder stehen, verweist auf über hundert erfolgreiche Argali-Pirschen. Er hat seinen »Betrieb« fest

Maralgeweihe von weit über zehn Kilo sind in den Nordregionen keine Seltenheit.

im Griff. Die Organisation ist überzeugend wie überall im Land.

Nicht umsonst wird die Mongolei, deren Staatsfläche zu 90 Prozent der Wildbewirtschaftung dient, nach wie vor bei Auslandsjägern als »Traumland der Schafjäger« gehandelt. Vor allem wegen der durchgefeilten Jagdprogramme, die ab 1969 aus kleinsten Anfängen zur heute anerkannten Güte weiterentwickelt wurden.

Im Gegensatz zu vielen anderen Jagdländern Südostasiens, wie Pakistan, Nepal oder Westchina, welche die gewaltigsten Gebirgsmassive der Erde mit über einem Dutzend Arten und Unterarten von Wildschafen, mit dem Sind- und dem Sibirischen Steinbock, sowie einigen Markhorarten beheimaten, ist die Mongolei eines der dünnstbesiedelten Länder Asiens geblieben.

Das hat positive Auswirkungen für Wildbestand und Qualität der mongolischen Jagd. Größte Aufmerksamkeit erzielen natürlich die beiden, nach Körpergewicht und Hornumfang größten und schwersten Wildschafarten der Erde: das Westaltai- und das Gobi-Argali *(Ovis ammon ammon* und *O.a. darwini)*. Das einzigartige Marco-Polo Schaf *(O.a. poli)*, welches im Westen Chinas, vor allem in Pakistan, Afghanistan und mit seinem größten Vorkommen im Pamir der russischen Republik Tadschikistan lebt, besitzt die längsten Hornschnecken!

Die Argalis, welche auch im Tien Shan Chinas und im Alaigebirge der UdSSR beheimatet sind, werden doppelt so schwer wie die nordamerikanischen Bighornschafe und besitzen etwa dreimal soviel an Hornmasse, wobei ihre Schnecken etwa das eineinhalbfache an Länge erreichen können. Die Argali-Trophäe ist unübertroffen!

Zum Jagdparadies Mongolei gehört natürlich auch der gewaltige Sibirische Steinbock, dem ich bereits in den ersten Tagen in Verbänden mit weit über 100 Häuptern begegnete. Neben Sibirischem Rehbock, Bär und Schwarzfersengazelle zählt für den deutschen Grünrock vor allem der »asiatische Wapiti«, der über 300 Kilogramm schwere Maralhirsch, mit seinem meist zwölfendigen, nicht kronenbildenden, aber bis zu 15 Kilogramm und mehr schweren Kapitalgeweih. Seine Jagdgebiete, auch die des Sibirischen Rehbocks, der starken Keiler und des Elchs, liegen in den ausgedehnten buchen- und birkenbestockten Bergregionen im Norden, insbesondere in den Waldgebieten im Nord-Osten, an der sibirischen Grenze. Dorthin zieht es vor allem im letzten Septemberdrittel den Jäger zur Brunft des »Riesenhirschs«, sofern er ihn nicht in den neuen Gebieten der UdSSR oder im Kaukasus und in den USA zu erpirschen beabsichtigt.

Doch mein Sinnen und Trachten galt jetzt nur dem *Ovis ammon ammon*.

Täglich ein Probeschuß

Nach deftigem Frühstück, geht es täglich um fünf Uhr früh, noch bei Dunkelheit im hochbeinigen »OAS« — dem überall im Osten anzutreffenden, unverwüstlichen, russischen Geländewagen — mit dem krummbeinigen Fahrer Gürä am Steuer und dem aufmerksamen Dolmetscher Otschiri als Begleiter, ins Gelände. Abenteuerlich, über Stock und Stein, durch Bergbäche, entlang ausgespülter Flußtäler und Geröllhalden, rumpeln wir täglich in eine andere Richtung. Für gute Laune sorgen meine als »Morgengabe« verteilten Zigaretten. Ich habe sie, neben einigen Kartons heimatlichen Dosenbieres und zehn Flaschen Wodka — der blieb anfangs natürlich unter Verschluß! — in der jetzt 1000 Kilometer östlich liegenden Hauptstadt Ulan Bator erstanden. Gegen harte Devisen!

Beim ersten Büchsenlicht, noch viele Kilometer vom Jagdgebiet entfernt, mache ich täglich auf eine etwa hundert Meter entfernte, leere Bierdose einen Probeschuß. Das hebt das Selbstbewußtsein, erspart Flüche und Ausreden, bewahrt vor bösen Enttäuschungen! Schließlich bedeutet ein Fehlschuß eine meist nie wiederkehrende, verspielte Chance und Anschweißen heißt »Jagd vorbei!«.

Bereits am zweiten Tag wird es ernst. Nach einer halben Stunde Aufstieg gehen wir auf einem der noch im Morgendunst liegenden Bergkämme in »Cockpit«-Stellung. Da bleibt Zeit, in den Gesichtern meiner Begleiter zu lesen. Ernste, irgendwie immer abwesend scheinende, aber von innerer Heiterkeit getragene und doch verschlossene Menschen. Söhne eines zahlenmäßig auch noch heute kleinen Volkes, mit einer großen, stolzen Vergangenheit. Es bleibt wohl ein nie ganz lösbares Rätsel des Mittelalters, wie ein lockerer Verbund wilder Reiterstämme die Kraft entwickeln konnte, dieses große Weltreich zu gründen und dem Abendland das Fürchten zu lehren! Eigenartigerweise kamen große Eroberervölker häufig aus den endlosen Wüsten und Steppen. Es scheint, als sei deren Weite und »grenzenlose« Unendlichkeit, in Verbindung mit dem dort lange vor unserer Zeitrechnung gezähmten Wildpferd, immer wieder Antrieb und Kraft, über die Grenzen des Horizonts hinauszugreifen und in unbekannte Fernen vorzustoßen.

Vor uns liegt, viele Quadratkilometer weit, wie ein Relief-Panorama in einem Riesensandkasten, eine Berg- und Tal-Landschaft, die sich in schnellem Wechsel von bizarr zerklüfteten Felswänden und sanft abgerundeter Gebirgssteppe zeigt. Nirgends ein Baum, kein Strauch, auch jetzt im Juli nicht die Spur einer Vegetation.

Im Gegenhang hebt sich, echt auffällig in dieser einförmigen Bergwelt, eine vom Schmelz des Adlers weiß aufleuchtende Felsspitze ab. Immer wieder kommt uns der Herr dieses »Lande- und Beobachtungszentrums«, ohne Flügelschlag hoch im wolkenlosen Äther kreisend, ins Blickfeld: Seinen Überblick, seine Beobachtungen müßte man jetzt kennen...!

Plötzlich erregtes Herumdeuten. Jenseits unserer Bergketten, gute tausend Meter über zwei Schluchten hinweg, streifen in leichtfüßigem Trab zwei Wölfe durchs Geröll. Meine Mongolen interessieren sich für diese Grauhunde jetzt mehr als für die Wildschafe. Der Wolf ist hier und überall in der Mongolei — man schätzt seinen Bestand auf über 10 000 —, erklärter Feind! Nicht umsonst wird gerade in diesen Tagen der 73jährige Jäger Ksosga hoch gefeiert, nachdem er seinen 800. Wolf streckte! Der Räuber ist im Museum von Chobdo zu bestaunen.

Gottlob verschwinden die Stromer bald wieder aus unserem Gesichtsfeld.

Drüben, über einige Schluchten hinweg, ziehen Argali. Reife Widder.

Der Countdown läuft

Gewissenhaft werden nun, auch mit dem Spektiv, Hang um Hang, Schlucht um Schlucht abgeglast, während die aufgehende Sonne allmählich die Ost- und Südflanken des Hohen Altai goldfarben überflutet. Morgenstille! Da wandern die Gedanken leicht nach Hause. Uns trennen viele tausend Kilometer und fünf Zeitzonen. Hier, gegen sieben Uhr früh, liegt ein aufregender Jagdtag vor mir, daheim ist jetzt erst Mitternacht.

Plötzlich — wie so oft in den letzten Tagen — aufgeregtes Fuchteln und Gemurmel: Meine Begleiter haben in der Ferne eine Handvoll Argalis entdeckt. »Tom ugaltz!« (starke Widder) grinsen sie mir hochbegeistert zu. Obwohl mir

Tatá das Spektiv einrichtet, dauert es wieder eine Ewigkeit, bis ich das perfekt getarnte, in allen Variationen von weiß bis braun und schwarz gescheckte Wild aus seiner Umgebung herausfiltern kann. Über zwei ausladende Schluchten hinweg und durch eine rundgehobelte Bergkette von uns getrennt, zieht ein Rudel Argali-Widder, langsam, nur gelegentlich rupfend und zupfend, aus einem flachen Sonnenhang in die sich darüber erhebende, zerklüftete Turmlandschaft. Alt oder jung? Lohnt sich diesmal ein zeit- und kräfteraubendes Nachhängen oder gehen wir, wie während der Vortage, irrtümlich wieder nur einigen »Halbwüchsigen« auf den Leim?

Nun, gegen enttäuschende Fehlpirschen wächst bekanntlich noch kein Kraut, und echtes Jagdglück schmeckt eigentlich erst richtig gut nach einigen saftigen Mißerfolgen! Es gibt kein Zaudern. Im Eilmarsch stolpern wir — hier bewähren sich die leichten, knöchelhohen Kletterschuhe mit Noppenstollen! — den Hang hinab. Wir eilen über schönste Teppiche weißleuchtender Edelweiß und dunkelblauem Enzian — Almblumen wie in den Alpen, nur wesentlich kleiner! —, immer begleitet von verärgerten Warnpfiffen einer durch uns in ihrem morgendlichen

Sonnenbad gestörten Kolonie kugeldicker Murmeltiere.

Nach knapp einer Stunde abenteuerlicher Querfeldeinpirsch, wobei ich immer nur an mein Zielfernrohr denke, sind wir bald im Rücken der Widder. Der Aufstieg von der Schattenseite des Berges heraus beginnt. Das warme Futter ist längst aus dem Parka geknöpft. Die Spannung steigt. Mich interessiert weder ein Lämmergeier, der links über der Schlucht aufmerksam zu uns herübersichert und gestelzt hin- und herstolziert, noch eine Herde exotischer Kamele, die stoisch, teilweise auf Steinwurfweite, unseren Weg kreuzen und uns arrogant anglotzen. Die wirklich brennenden Fragen: »Wo sind die Argalis? Sind vor uns reife, jagbare Widder? Ruht der Trupp noch irgendwo in der Morgensonne, oder ist er über alle Berge?« beantwortet Tatá. Vorsichtig, nachdem er den Wind geprüft und uns »abgelegt« hat, windet sich der Mongole über den letzten Kamm, und rutscht blitzschnell zurück!

Unter ihm, schräg gegenüber, keine 200 Meter entfernt — erzählt er völlig gelassen — dösen die Schafe in der wärmenden Sonne. Jagbare, kapitale Burschen, von denen er allerdings nur drei entdeckt hat. Letzte Instruktionen: »Buu zeneglesen?« (Gewehr geladen?).

Äußerste Vorsicht. »Ein Widder äugt«, so Tatá erneut, »genau in unsere Richtung!« Ich brauche keinen Dolmetscher mehr. Nur jetzt keine Fehler!

Eine einzige unbedachte Bewegung an der völlig offenen Felskante, noch dazu gegen den wolkenlosen, verräterischen Horizont, und die Kugel bleibt im Lauf! Tatá nickt. Langsam, zuerst auf allen Vieren, die letzten zehn Meter auf dem Bauch, den Parka zusammengerollt als Deckung und Auflage mit dem Kopf voranschiebend, erreichen wir den Scheitelpunkt. Endlich »Blick frei« auf die felsige Bühne! Gute 120 Meter entfernt ruhen drei starke Widder. Zum Greifen nahe. Tatás lautlos unter meinem Gesicht auftauchende Hand dämpft das aufsteigende Fieber. Als der Mongole mit drei Steinchen die Lage der Widder veranschaulicht, und dann mehrmals auf den linken Kiesel tippt, ist alles entschieden: Der etwas abgewandt breitliegende Hornträger ist der Stärkste. Der Countdown läuft... mein Puls hämmert bis unter die Kopfhaut!

Der erste Schuß muß sitzen! »Dem Argalischafe, welches ich erlegte«, schreibt Brehm »hatte ich vorher eine Kugel schief von hinten her durch die Brust gejagt, gleichwohl lief es noch eintausend Schritte, kletterte, als wäre nichts geschehen...«. Das entspricht der allgemeinen Erfahrung.

Wie von Geisterhand gebremst

Während das Fadenkreuz über dem Rücken aufs Blatt eintaucht — die Büchse ist längst gestochen —, überkommt mich plötzlich ein Anflug von Zweifel, vielleicht sogar von Habgier: Verbirgt sich zwischen den unsichtbaren Rudelgefährten nicht doch ein noch stärkerer Recke? Weshalb eigentlich nicht etwas warten? Doch dann gewinnen Vernunft und Sicherheitsdenken die Oberhand und mit der inneren Mahnung »Sei zufrieden, fordere nicht unnötig das Schicksal heraus!«, krümmt sich langsam der Zeigefinger. In Sekundenschnelle, noch im Repetieren, wird das Rudel hoch und verschwindet in der Tiefe der Schlucht. Während ich wie gelähmt auf die leer

gefegte Arena starre, prescht der Verband — sechs prächtige Widder — im Gegenhang steil nach oben davon. Völlig auf wilde Flucht programmiert, beachten sie nicht, daß der »Schlußmann« ihrer dahinstürmenden Seilschaft plötzlich, wie von Geisterhand gebremst, starr steht und langsam, fast in Zeitlupe, gegen die Felswand sinkt. Die 7 mm Remington Magnum hat gute Arbeit geleistet; das schwere 11,3-g-Geschoß hätte mir vermutlich die peinigende Ungewißheit der letzten Minuten erspart.

Als wir am gestreckten Wild knien und ich mich eben vergeblich bemühe, die Basis der Schnecken mit beiden Händen zu umspannen, zeigt Tatá mit einem vieldeutigen Lächeln — was sagen soll: »Du siehst, wir haben den Chef des Rudels erlegt!« — in die gegenüberliegende Wand. Dort oben stehen, unschlüssig hin- und herziehend, fast eine halbe Stunde lang zu uns herabsichernd, fünf nahezu gleich starke Widder. Plötzlich ohne Führung, trotzdem ein jeder für sich selbst imstande, den Trupp zu übernehmen. Jetzt wirken sie noch unsicher, beinahe hilflos. Bereits morgen haben sie sich jedoch wieder neu formiert und sind jeder Bedrohung gewachsen: ein geschlossener Verband unter der klugen Führung des Erfahrensten dieser »Könige unter Prinzen«.

Erst allmählich verdrängen Gedanken über die unabdingbaren Gesetze von Kommen und Vergehen, von Siegen und Unterliegen, auch von jagdlicher Hege und Ernte, Anwandlungen von Nachdenklichkeit. Vor allem, als meine Jagdgefährten in ihrer verhaltenen Heiterkeit kleine Holzbecher mit Wodka füllen. Dabei lassen sie, nicht ohne vorher einige Tropfen des Feuerwassers zur Erde, in die Winde und gegen den Himmel zu senden — vermutlich, um die bösen Geister versöhnlich zu stimmen — voll Stolz und Begeisterung, ihre Heimat, die Argalis und den Jagdgast hochleben. Das sind jene Augenblicke, wo einem Wesen und Glück der Jagd nicht nur im Beutemachen, sondern im Sich-Wiederentdecken in uralten Gesetzmäßigkeiten von Mensch, Leben und Natur bewußt werden. Auch noch im Zeitalter des Atoms, Tausende von Kilometern vom Alltag,

seinen Pflichten und aller Unrast entfernt.

Lange sitzen wir am gestreckten Wild, das von den Mongolen aus religiösen Gründen noch bis vor hundert Jahren voll geschont wurde. Um uns ist Einsamkeit, rauhe, zeitlose Natur, ebenso schweigsam wie meine Begleiter, deren Gedanken bereits um die Sibirischen Steinböcke kreisen, auf die wir morgen früh pirschen wollen.

Fehlentscheidung

»Gefehlt!«, zischt der sonst durch nichts aus der Ruhe zu bringende Tatá, springt auf und deutet aufgeregt und enttäuscht in den von Felsbrocken übersäten Hang hinab. »Nein!« gebe ich in einer Mischung von Ärger und Trotz ebenso heftig zurück. Ich bin ja nicht blind! Der Steinbock wurde nach dem Schuß, knappe 150 Gänge von uns entfernt, von den Läufen geblasen und stürzte breitseits hinter den vor uns aufgetürmten, mächtigen Felsquader. Der Mongole reißt mir aufgebracht die rechte Hand hoch und fuchtelt damit — in solch dramatischen Durcheinander gibt es weder Zurückhaltung noch Verständnis für Rechthaberei — aggressiv in Richtung des rechts von uns über den Grat hinwegstürmenden Rudels. Im nächsten Augenblick ist der Tanz vorbei. Nur noch vereinzelt abgehende Geröll-Lawinen erinnern daran, daß hier eben noch ein Großverband von 60 bis 80 Steinböcken den Schattenhang bevölkert hatte.

Während der Jagdführer noch meinen Arm hält, dämmert mir allmählich das Verhängnis in seinem ganzen Ausmaß. Langsam, wie in einem von Hand abgekurbelten Film reiht sich Bild an Bild zum Trauerspiel »Niederlage eines Jägers«. Da helfen keine Flüche und Ausreden. Ich hatte zu hastig — absolut falsch! — angesprochen, war mir meines Erfolges zu sicher gewesen. Erspäht hatten wir das riesige Rudel vor zwei Stunden in einem von Karen und spitzen Graten zerklüfteten Felsmassiv, das sich gigantisch aus einer tiefen Sandebene erhebt.

Mühselig arbeiteten wir uns durch Geröll und den vom Frost zersplitterten Schotter, auf 400 bis 500 Meter, ans farblich mit dem rotleuchtenden Gestein fast verschmolzene Wild heran. Es galt zu prüfen, ob die zwei oder drei reifen, weit über Mittelmaß bewehrten, von Tatá und seinen Jägern in letzter Zeit mehrmals bestätigten Säbelhornträger, sich auch an diesem hellen Sonnenmorgen hoch oben im kühlen Bergschatten herumtrieben oder fernab vom Jungvolk ihrem ausgeprägten Ruhebedürfnis frönten.

Und sie waren mit von der Partie! Zwar etwas abseits — auch sie »Könige unter Prinzen«!

Durch den Feldstecher zog ich Vergleiche, konzentrierte mich ausschließlich auf diese Veteranen. Mit Hilfe Tatás und des zwischen Felsbrocken festgekeilten, genau auf das Ziel eingestellten Spektivs, war der stärkste, am Rande eines scheunentorgroßen Felsquaders würdevoll aufrechtstehende »Boss«, schnell ausgemacht. Welch ein Hauptschmuck! Er überragte die Hornwehr seiner Nebenbuhler teilweise um Armeslänge. Der Umfang ihrer Basis war nur zu ahnen, während die wulstigen Höcker auf den Schläuchen sich sogar noch aus der Entfernung deutlich abhoben. Der nahm es mit jedem Alpensteinbock auf! Hier kamen einem, ob man nun reiner Rekordbuch oder nur Erlebnis-Trophäenjäger war, zwangsläufig Meter und Zentimeter in den Sinn! Wir schätzten um die 150 Zentimeter Hornmaß und waren vom Anblick überwältigt.

Wenn ich mich daran erinnere, wäre mir lieber, ich hätte kein »fotografisches Gedächtnis«!

Ein echtes Markenzeichen

Wie hypnotisiert starre ich immer wieder auf die sich fast weiß abhebende Halskrause des Recken, auf die mich Tatá eindringlich aufmerksam macht. Die aschblonde, dichtwollige, vom Trägeransatz bis zu den Lauschern reichende, teilweise schon ausgefranste Winterperücke, die er wegen des fehlenden Baum- und Strauchbestandes auch jetzt im Juli noch nicht los hat, ist ein unverwechselbares Markenzeichen! Darauf ist Verlaß!

Ich brannte darauf, endlich den Aufstieg von der Sonnenseite her zu beginnen.

Begleitet von der bohrenden Sorge: »Hoffentlich hält das Rudel aus und wird nicht durch plötzlichen Kessel-

Argali-Widder aus dem Hohen Altai. Deshalb unternahm ich die Reise! Der Aufwand hatte sich gelohnt.

Verwitterte Felsenburgen erinnern an die Kraft erloschener Urgewalten.

wind oder Wölfe, von denen wir einige immer wieder in großer Entfernung beobachteten, vergrämt!«, erreichten wir die letzten Meter vor dem Grat. Aus Vorsicht mehr »schwebend« als kriechend. Schweißgebadet, den Repetierer in der Hand, verschnauften wir kurz vor dem »Überfall«.

Gemeinsam, da ich nicht irgendwo hinter dem Guide warten wollte, spähten wir in die wie eine Schüssel vor uns ausgebreitete Arena. Meine Lage konnte nicht besser sein! Keine 80 Meter vor uns ruhten oder ästen, vertraut wie vor Stunden, dutzendweise »Sibirier«. Die Strategie geht auf, dachte ich, und schob millimeterweise den Repetierer über den Kamm. Da warfen einige der unmittelbar vor uns stehenden Steinböcke auf und äugten angestrengt, unbeweglich wie gegossene Bronzestatuen, geradewegs zu uns hoch. Irgendwas war schiefgelaufen! Wir wagten nicht mehr die Hänge auszuleuchten. Wo stand der Alte, der Senior mit der Winterperücke?

Blinder Eifer

Fast in Panik — inzwischen sicherte das halbe Rudel alarmiert herauf, die Ursache ist mir noch heute unerklärlich —, versuchte ich mein Glück hilfsweise mit dem engen Sehfeld des Zielfernrohrs. Da wies mir Tatá mit eindringlich starrem Blick und unmerklicher Geste die Richtung. Himmel! Der Kapitalbock verdrückte sich gerade, geführt von Argwohn und beunruhigt durch die plötzliche Nervosität des Rudels — ohne zu überlegen, ohne zeitraubendes Sichern! — in den Schatten des großen Felsquaders. Während die übrigen Steinböcke noch unschlüssig zu uns heraufrätselten, entzog sich der Schlaumeier, geführt von feinem Ahnungsvermögen, bereits der drohenden Gefahr!

»Alte Vögel sind schwer zu rupfen«, dachte ich, fest entschlossen, mich nun nicht mehr austricksen zu lassen. Mir war klar, daß die Reise des Eineinhalb-Zentner-Gesellen jetzt flott bergab gehen würde. Doch dazu mußte er unweigerlich irgendwo aus seiner Felsdeckung treten. Ich konzentrierte mich ausschließlich auf die jenseitige Felskante, wo ich ihn erwartete. Ich behielt Recht! Wie eine an der Schnur aus ihrer Verblendung gezogene Schießscheibe auf Rädern, tauchte langsam das fahlgelbe Haupt mit seinem kreisförmig nach unten geschwungenen, imposanten Bart auf. Dann der Hornansatz, jetzt der Träger und schließlich das Blatt. Ich hörte den Kugelschlag, sah leblose Läufe in der Luft und jubelte innerlich, als das Zielfernrohr die auf die Stelle gebannten Hornsäbel des Steinbocks am Boden erfaßte. Im selben Augenblick traf mich Tatás

wütendes »Gefehlt!«, und warf mich unbarmherzig aus meinem gerade begonnenen Traum: Der Steinbock lag, aber der falsche!

Während Tatá noch meinen Arm in Richtung des davonstürmenden Bergwildes schüttelt, hastet der König dieses Rudels, für einen Schnappschuß bereits viel zu weit, gerade über den Grat hinweg. Vorbei. In blindem Eifer hatte ich überhaupt nicht mehr auf die für ein schnelles und sicheres Ansprechen höchst auffällige Halskrawatte geachtet! Ein winziges, aber verheerendes Versäumnis. Ein echter »Black-out« im automatisierten Jagdablauf, der mich um eine Traumtrophäe brachte. So eine Pleite! Natürlich sah ich den alten Steinbock hinter die Felswand einwechseln. Die Möglichkeit, daß er dort einen Jüngeren auf Trab bringen könnte, war in meinem Jägerhirn nicht gespeichert. Die rote Warnlampe »Ansprechen!« leuchtete einfach nicht auf. Bis zu diesem Zeitpunkt war ja auch alles wie geschmiert gelaufen! Ich hatte die Jagd unterschätzt, die Strafe folgte auf dem Fuße.

Als dann gestern abend endgültig »An duuslaa!« (Jagd vorbei) war, verzichtete ich auf weitere Kapuziner-Predigten gegen mich selbst und tröstete mich mit der handfesten Philosophie Ludwig Thomas, der nach mißglückter Pirsch sich einmal selbst ins Stammbuch schrieb: »Hat der Gamsbock wohl an schena Bart, aber z'kriagn, mei Liaber, des is hart!«

Dennoch: Jetzt lagen zwei brave Trophäen reisefertig verpackt vor meiner Jurte, und versöhnt mit meinem Pech, verbrachte ich die letzte Nacht im Hohen Altai. Der Wind pfiff unvermindert heftig ums Zelt. Es war, als raunte er vom alten Kult der Schamanen, die trotz aller modernen Aufgeklärtheit auch heutzutage noch mit Dämonen und den Seelen Verstorbener in Verbindung stehen, und die mir während dieser Jagdtage eigentlich mehr als gnädig gewesen waren.

Trotz Mittagshitze suchen wir weiter. Wo haben sich die Büffel eingestellt? ▶

Muskelprotze und Ledernacken

Das ist Jagd in Afrika! Wir sind hier die ersten deutschen Jäger. Es geht auf Büffel. Jede Geschwätzigkeit ist verstummt. Offene Fragen werden jetzt von selbst beantwortet. In den Gesichtern der Afrikaner spiegelt sich nur mühselig unterdrückte Erregung. Das steckt an! Plötzlich Stop: »Mbogo! Büffel! Bitte aussteigen!«. Ob wir die Kolosse jetzt bereits angehen?

RUANDA

Republik	
Hauptstadt	Kigali
	(118 000 Einwohner)
Bevölkerung	6 400 000
Fläche	26 338 km²
Sprache	Französisch, Kisuaheli
Währung	1 Franc Rwandais
	(F. Rw.) = 100
	Centimes

Wildtiere: Büffel, Elefant, Flußpferd, Impala, Krokodil, Leopard, Löwe, Nashorn, Oribi, Riedbock, Topi (Leierantilope), Warzenschwein, Wasserbock.

Landschaft: Das größtenteils hügelige Hochland (1500 m) bricht im W mit einer steilen Stufe zum Zentralafrikanischen Graben hin ab. Im O begrenzt die Senke des Kagera das Hochland. Die Landesgrenze verläuft im W durch den Kivusee. Im N befinden sich die Virungavulkane mit dem Berg Karisimbi (4507 m). Im Zentrum des Landes Feuchtsavannen, im O ausgedehnte Trockensavannen.

Klima: Das äquatoriale Klima wird durch die Höhenlage gemildert. Zwei Regenzeiten: März-Mai und Oktober/ Dezember. Hohe jährl. Niederschläge von 1000 mm (O) bis 3000 mm (W). Ruanda gilt als die »Schweiz Afrikas«.

Sehenswürdigkeiten: Der Kagera-N.P. beherbergt fast die ganze Fauna Ruandas. Im »Nationalpark der Vulkane«, der den ruandischen Teil des Virunga-N.P. (der größere Teil liegt in Zaire) bildet, leben die letzten 300 Berggorillas.

Jagd: Für Ausländer nur mit staatlicher Jagdorganisation. Moderne Bejagung (Nov.-März). Jagdgebiete (kapitale Büffel) am Rande des Akagera-N.P. im Mutara-Ground (Gabiro). Viele Nebenprogramme. Jagd zu Fuß, mit Geländewagen und ausgebildeten Wildhütern.

Kaffernbüffel

Syncerus caffer

E: African Buffalo
F: Buffle d'Afrique
Sp: Búfalo

Ansprechen: Bis 300 cm lang und bis 170 cm hoch, gehört das einzige afrikanische Wildrind zu den »Big Five«. Starke Bullen bringen über 800 kg auf die Waage. Das massige Gehörn, nach unten schwingend, sich dann nach oben hinten rundend, stellt eine beachtliche Waffe dar und schützt den Kopf wie ein Helm. Decke dunkelbraun bis fast schwarz, dünn behaart. Grasbüffel (*S.c. brachycerus*) und Rotbüffel (*S.c. nanus*) sind Unterarten.

Lebensraum: Buschsteppen mit Flüssen, Seen und Sümpfen (Gras- und Kaffernbüffel). Der Rotbüffel bevorzugt Wälder.

Verbreitungsgebiet: Afrika. Südlich der Sahara, über den ganzen Kontinent verbreitet.

Verhalten: Abgesehen vom meist einzeln lebenden, aggressiven Rotbüffel, leben Büffel in großen Herden; die Kühe sichern. Alte Bullen fährten abseits und bieten Flankenschutz. Die Brunft, saisonal nicht gebunden, variiert je nach Biotop und Klima. Die Kämpfe der Bullen verlaufen meistens unblutig. Nach 10 Monaten Tragzeit 1-2 Kälber; sind mit 2¹/₂ Jahren geschlechtsreif. Äsung aus Gras und Kräutern. Der Rotbüffel bevorzugt Junglaub und Triebe.

Artenschutz: WA entfällt.

Jagd: Die Jagd gilt dem kapitalen Bullen. Angeschweißte Büffel sind gefährlich. Der erste Schuß (Kaliber .375 oder .458) muß tödlich sein.

Rekordtrophäe: SCI RBoTA, 1986: Hornlänge quer ü.d. Stirn 274 cm, (Kenia 1973).

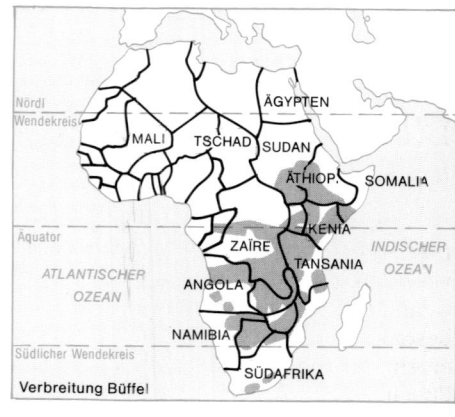

Verbreitung Büffel

Warzenschwein

Phacochoerus aethiopicus

E: Warthog
F: Phacochère
Sp: Facocero

Ansprechen: Zwei Paar große Warzen am Haupt gaben ihm den Namen. Gewicht bis 80 kg, Körperlänge bis 180 cm, Schulterhöhe bis 75 cm. Die Schwarte ist graubraun, spärlich behaart, am Rücken eine schwarze Mähne. Der lange Schwanz endet in einer schwarzen Quaste (»Antenne«). Die kräftigen unteren Eckzähne ragen in einem Halbkreis über das Gebrech weit nach oben.

Lebensraum: Buschland, Feuchtgebiete und Savanne; Wassernähe!

Verbreitungsgebiet: Burkina Faso, Zentralafrikanische Republik, Kongo, Kenia, Tansania, Äthiopien, Ruanda, Namibia, Südafrika, Zimbabwe, Mozambique, Angola, Botswana, Sambia.

Verhalten: Leben in Rotten, alte Keiler allein. Die hierarchische Ordnung der Rotte garantiert den Frieden. Höhlen der Erdferkel dienen oft als Behausung. Meidet landwirtschaftliche Nutzflächen. Bei asaisonaler Brunft setzen die Bachen nach 175 Tagen 2-4 Frischlinge. Sie sind in einem Jahr geschlechtsreif. Die tagaktiven Warzenschweine sind Allesfresser; sie ernähren sich von Knollen, Gräsern und Kleintieren. Der Keiler ist sehr mutig und verteidigt seine Familie mit Ausdauer gegen jeden Feind.

Artenschutz: WA entfällt.

Jagd: Frühpirsch entlang Sümpfen, Wald- und Buschrändern. Reviertreu, wachsam. Pirsch und Ansitz (an Suhle).

Rekordtrophäe: SCI RBoTA, 1986: Länge der Hauer: links 48,58 cm, rechts 47,31 cm (Äthiopien 1984).

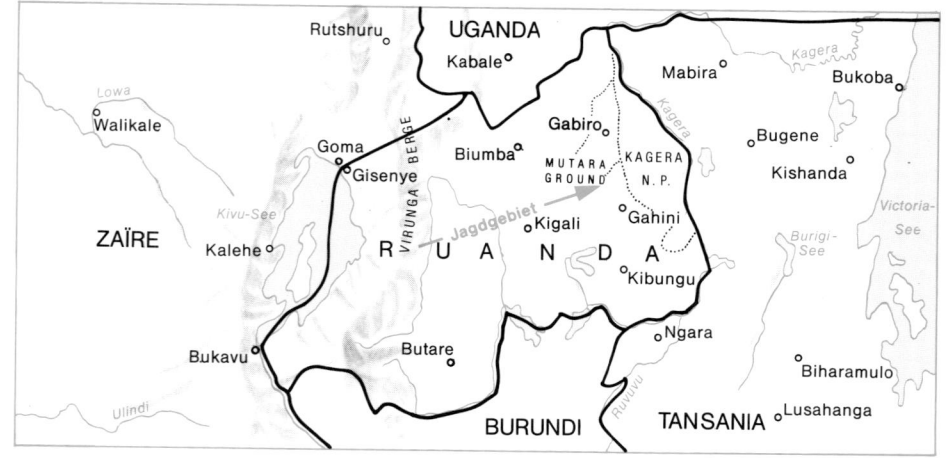

Jagd auf Kaffern-
büffel und Warzen-
keiler in Ruanda

Das Beste an Langstreckenflügen ist die viele Zeit zum Lesen. Gerade nachts, wenn alles schläft, macht es Spaß, insbesondere wenn man in Gedanken mit einem der großen Jagdschriftsteller auf Pirsch geht. Das hält munter!

»Wir hockten hinter einem sehr kleinen Baumstumpf« lese ich gerade in Robert Ruarks 'Safari', »500 Büffel trotteten in zehn Meter Entfernung auf der einen Seite an uns vorbei ... Sie liefen noch eine Weile weiter und dann hörte man ein Schnauben, als sie unsere Witterung, unter dem Wind, aufnahmen. Sie machten kehrt und griffen uns wieder an ...«. Als es eben richtig spannend wird, reißt mich leider die Stewardeß mit ihrem nüchternen »Bitte wieder anschnallen, Rückenlehne hochstellen!« aus der aufregenden Geschichte. Die prickelnde Einstimmung auf die kommenden zehn Tage Büffeljagd ist zunächst beendet.

Mit gedrosseltem Schub setzt nach 6000 Kilometern Nachtflug von Brüssel kommend, die schwere Vierstrahlige in Kigali, der Hauptstadt Ruandas, zur Landung an. Das miese Dezemberwetter ist vergessen, Afrikas Morgensonne leuchtet über eine sanfte, in tropisch üppigem Grün erstrahlende Hügellandschaft. Weit verstreut, bis an die Grenzen des Horizonts, liegt unter uns das dicht besiedelte Kigali, buntgewürfelt aus Lehmhütten, Wellblechbuden sowie supermodernen Hotel- und Verwaltungsgebäuden. Auf den großzügig angelegten Straßen herrscht bereits geschäftiges Treiben, die Stadt ist Regierungs- und Wirtschaftszentrum der kleinen Republik Ruanda, die von 1889 bis 1923 deutsche, und nach dem Ersten Weltkrieg, bis zu ihrer Unabhängigkeit als erstes afrikanisches Land im Jahr 1961, als Ruanda/Burundi belgische Kolonie war.

Die Schweiz Afrikas

Ruanda, mit seinen 26 000 Quadratkilometern etwa halb so groß wie Bayern, ist vom großen Strom des Massentourismus noch verschont. Der Binnenstaat mit seinen fast sieben Millionen Einwohnern, gilt als das dichtbesiedeltste, auch als eines der ärmsten, aber von politischen Erschütterungen des übrigen Afrika am wenigsten behelligte Entwicklungsland des Schwarzen Kontinents.

Ruanda, »das Land der tausend Hügel«, ist ein freundliches, reizvolles Bergland, mit Erhebungen von 1000 bis über 4000 Metern. Es liegt südlich des Äquators, umgeben im Norden von Uganda, im Süden von Burundi und von Tanzania im Osten. Der riesige Kivu-See im Westen, bildet gemeinsam mit Zaire und den südlichen Ausläufern des Ruwenzori, den »Bergen des Mondes«, die übrige Grenze. Diese Berge bilden den »Parc National des Volcans«, Schutzgebiet und Heimat der letzten Berg-Gorillas der Erde. Man schätzt ihren Bestand auf heute noch etwa 350 Tiere. Das Land unternimmt, zusammen mit Zaire riesige Anstrengungen, um das einzigartige Vorkommen der bis zwei Meter großen und oft über 200 Kilogramm schweren Primaten auch für die nächsten Generationen zu erhalten.

Im Nordosten des Landes liegt der Akagera-Nationalpark und die »Domaine de Chasse«, unser Jagdgebiet — das Ziel der Ruanda-Jäger.

Gabiro, eine gute Adresse. Hier läßt sich Angenehmes mit Aufregung, Entspannung mit Jagdabenteuer verbinden.

Der Empfang am Airport Kigali ist herzlich, die Zollformalitäten problemlos. Bereits eine Stunde später chauffiert uns Damas, der immer gut gelaunt und »Mädchen für alles« ist, im komfortablen VW-Bus Richtung Akagera-Nationalpark. Obwohl das Häusermeer der Hauptstadt längst hinter uns liegt, wird die Asphalt- und Schotterstraße die nächsten 100 Kilometer, fast bis ins Jagdgebiet, dicht gesäumt von kleinen Anwesen und Hütten. Jeder Quadratmeter Boden ist genutzt; so viele Menschen wollen gesättigt sein!

Da bleibt genügend Zeit für erste Eindrücke über Land und Leute. Die vielen kleinen Orte, insbesondere die Straßen und Verkehrsknotenpunkte sind von fröhlich schwatzenden Dörflern gesäumt. Vor allem von stämmigen, kleinwüchsigen Hutas, einem Bantuvolk, das immer schon Ackerbau betrieb und sich heute nicht mehr an der Führung des Landes durch die aristokratische Oberschicht der etwa zehn Prozent Tussi reibt. Sie, die hochgewachsenen Viehzüchter, kamen vor etwa 500 Jahren mit ihren Herden vom Horn Afrikas ins Land, begründeten eine despotische Herrschaft und wurden von der unterdrückten Huta-Mehrheit, zuletzt im Jahr 1959, in blutigen Aufständen verfolgt. Noch heute wird berichtet, daß wütende Hutas ihre Tussi-Gefangenen grausam folterten und ihnen die Beine in Kniehöhe abhackten, um sie auf ihre eigene Größe herunterzubringen. Diese Stammesfehden, als Ursache großer ethnischer Spannungen, scheinen in Ruanda überwunden. Allerdings sind sie, begleitet von großer Grausamkeit, im Jahr 1988 erneut im Nachbarland Burundi ausgebrochen.

Verwöhnt von einem fast mediterranen Sommerklima mit zwei Regenzeiten (Oktober/November und März bis Anfang Mai), wird das südwestlich des gigantischen Viktoriasees gelegene, abwechslungsreiche Berg- und Hügelland im Herzen Afrikas, mit einer durchschnittlichen Temperatur von 20° bis 28° C, zu Recht als die »Schweiz Afrikas« bezeichnet. Am Rande des bereits 1934 von den Belgiern geschaffenen, 2500 Quadratkilometer großen

L'Akagera Nationalparks, im teils hügeligen, teils flach ausgeformten Savannengebiet des Mutara-Ground, wollen wir einige aufregende Safaritage erleben.

Wohlüberlegte Bejagung

Nach Jahren totaler Schonung wurde hier Anfang der 80er Jahre, in unmittelbarer Nachbarschaft des großen L'Akagera — vom Österreicher Oskar Baumann 1893 als Quellfluß des Nil erkannt, der als dessen wichtigster Zufluß bei Bukoba in den Vikoriasee mündet — ein seitdem behutsam bejagter und nach strengen Quoten bewirtschafteter Wildbestand zur Pirsch freigegeben. Wir waren seinerzeit die ersten deutschen Jäger!

In der Zeit von November bis Ende März, während nahezu im gesamten Afrika die Jagd ruht, auch in Mitteleuropa und in der übrigen Welt, lädt Ruanda zur Safari auf eine Vielzahl Antilopen, auf Flußpferd und kapitale Kaffernbüffel ein.

Gegen Mittag erreichen wir das fast luxuriöse Camp, sofern man mit diesem nach Zelt und Feuerstelle riechenden Begriff das elegante, 1974 erbaute »Gabiro-Guest-House«, am Eingang zum Nationalpark, mit bester französischer Küche und komfortablen Bungalow-Appartements, überhaupt so bezeichnen kann. Welch ein Unterschied zu den Safaris mit schwerfälligen Trägerkarawanen noch vor 50 Jahren!

Bereits eine Stunde nach der Ankunft begeben wir uns in hochgeschnürten Jagdschuhen und leichter Leinenkleidung auf die Pirsch. »Oberjäger« François, ein hochgewachsener Afrikaner und der angesehene Jagdführer seiner Exzellenz Juvenal Haby Arimana, Präsident der Republik, empfing uns mit fast würdevollem, aber keineswegs unfreundlichem »Bonjour messieurs«. Nicht die Spur von Unterwürfigkeit und Arroganz, eher die übliche Kontaktatmosphäre: »Mal sehen, wer diese Jäger sind!«

Durch den Chef-Guide werden wir kurz in die für Jäger wie Wild gleichermaßen wünschenswerten Bejagungsrichtlinien eingewiesen. Ausgangspunkt ist die für die Versorgung des

Landes von Mombasa nach Kigali führende Sand- und Lehmpiste entlang des Nationalparks. Es gibt keine Pirsch mit dem Fahrzeug, kein Schießen vom Auto aus, keine Jagd nach 18.00 Uhr. Angeschossenes und nicht geborgenes Wild gilt als erlegt. Der Abstand von einem Kilometer zum Nationalpark ist einzuhalten. Als Mindestkaliber auf Büffel gilt Kal. 375. Meine 9,3 × 74 wird gerade noch toleriert! Für die Büffeljagd sind grundsätzlich zwei Gewehre vorgeschrieben. Die Guides, alles Wildhüter, tragen keine Waffe. Gut, daß ich Begleitung habe.

Die Belehrungen noch im Ohr, sind wir zehn Minuten später mitten im Jagdgebiet. Der Wildreichtum ist überwältigend, echt »afrikanisch«. Riesige Herden Topis, Impalas und Zebras, Oribis und — teils im hohen Savannengras und durch Buschwerk gedeckt — Riedböcke, wuchtige Eland und Wasserböcke. Links und rechts der Straße. Wir sind begeistert, nicht nur wegen des Jagdwildes. Einzigartig auch die Vogelwelt! Unzählige Purpurglanzstare und Blaurallen, Bienenfresser und emsige Webervögel, wohin wir auch blicken. Im weiten Akageragebiet sind über 400 Vogelarten erfaßt. Man begegnet dem Fischadler ebenso, wie ganzen Kolonien majestätischer Kronenkraniche, Ibis und Weißkopfgeier.

Gerade hatten wir festgelegt, wer bei dieser Pirsch den ersten Schuß haben sollte, als François, nach kurzem Gespräch mit den beiden »pisteurs« (Fährtensucher) in der Landessprache Kinarwanda, im dünnstämmigen Galeriewald einen von seinem Harem umgebenen Impalabullen freigibt. Eine kurze Pirsch und der Bann ist gebrochen: Mit einem sauberen Schuß auf den Stich liegt die erste, etwa 50 Kilogramm schwere Beute im Feuer. Ein braver Bock!

Nach diesem Auftakt marschieren wir bei Anbruch der Dunkelheit, innerlich stark aufgekratzt, durch teilweise mannshohes Savannengras zum Fahrzeug zurück. So haben wir uns eine Afrikasafari vorgestellt!

Schlechter Wind! Die tonnenschweren Kolosse preschen davon. Eine Stunde später haben wir sie eingeholt.

Dünnhäutige Burschen

Vollbepackt mit Geschichten über den »Syncerus caffer«, den von jedem Afrika-Jäger begehrten, legendenumwobenen Kaffernbüffel, geht es im Morgengrauen des nächsten Tages, gerade als die Sonne durch den leichten Frühnebel kommt, auf die erste Großwild-Pirsch.

Was hatte ich nicht schon alles über das »gefährlichste Wild Afrikas« gelesen? Vom Anpirschen im deckungsarmen Savannengebiet, über Erfolgschancen auf äsende Büffel frühmorgens und abends, über die Gerissenheit des Einzelgängers, über den Gesichtssinn und sein Witterungsvermögen? Ich kannte die Schilderungen Hemingways

und Schillings, jene von Smith-Murray bis hin zu Zwilling, und hatte damit eine Ahnung von der Härte dieses Wildes und seiner Wehrhaftigkeit. Insbesondere wenn sich diese knapp eine Tonne schweren Brocken stellen oder urplötzlich mit aller Wucht angreifen. Dazu meinte lakonisch der mit Hunderten von Büffeljagden »getaufte«, schwarze Jagdführer: »Messieurs, ein Büffel ist erst tot, wenn er verzehrt ist«.

Wir wußten, daß die über 6000 Büffel Ruandas — es begegneten uns täglich Herden mit über 100 Kopf —, nach Hornmaß wie Gewicht, zu den stärksten Afrikas zählen. Uns war klar, daß der Jäger gut beraten ist, sich ständig vor Augen zu führen: Büffel sind beachtliche Gegner und ausgesprochen dünnhäutig! Vor allem bei längerer Verfolgung oder bei einer unvermeidlichen Nachsuche eines angeschweißten Bullen können Routine und Unwissenheit schnell zum Verhängnis werden. »Schau, daß deine Teilmantel sauber auf der Schulter, im ʼMaschinenraumʼ sitzt!«, fordert François an Hand einer Skizze und erinnert, daß kranke Büffel den Jäger oft überraschend und mit voller Wucht aus dem Hinterhalt angreifen. Der Afrikaner nimmt es mit der Schießerei sehr genau, er ist gegen jedes Experiment. Er weiß aus Erfahrung, daß so ein schwarzer Koloß nur selten gefehlt, jedoch ganz leicht angebleit werden kann, und will deshalb sich und dem Gast Arbeit und Ärger ersparen. Er erlaubt keine Weitschüsse, betont immer wieder die Gefahren für umstehendes Wild bei Bejagung eines Bullen inmitten seiner Herde und warnt eindringlich vor dem Trägerschuß: »Die Wirbelsäule liegt tief, das braucht einige Übung!« Die zweite Patrone in der Waffe will er als Vollmantel, um gegebenenfalls einen Frontalangriff mit einem Schuß »fünf Zentimeter unter dem Helm« zu stoppen! »Hoffentlich kommt es nicht dazu«, denke ich mir und bin sicher, daß die gelegentlich saloppen Berichte über derartige Abfangmanöver meist ebenso graue Theorie sind wie all jene guten Vorsätze, die man vor einer Pirsch faßt und die dann »im Eifer des Gefechtes« leider schnell vergessen sind!

Ledernacken

Unbeschreiblich das goldfarbene Licht eines afrikanischen Morgens.
Der lang dahinsterbende Seufzer eines hungrigen Löwen in der Nähe des Camps — es gibt, ganzjährig geschont, mehr Löwen und Leoparden, als den Verantwortlichen inzwischen lieb ist! — bringt uns schnell auf die Beine. Schon nach den ersten Minuten begegnen wir, vertraut neben der Sandpiste bummelnd, einer stattlichen Versammlung eleganter Topis sowie einem Jungherrenrudel ruppiger Wasserböcke, welches schnell auf Distanz geht. Geschäftiges Treiben »zu Lande und in der Luft«. Hier, im Gegenhang, ein dürrer Baum voll gelangweilt herumhockender Geier, dort die schon bei großer Entfernung Spurt vorlegenden Schakale, Steppenzebras und Impalas. Dieses Wildvorkommen, verstreut bis zum Horizont, läßt ahnen, daß hier ein sonst noch wenig belasteter Lebensraum für die freilebenden Tiere vorgehalten wird. In diesem dichtbesiedelten Land eine letzte Insel im wogenden Meer!
Dann hält der VW-Bus ruckartig an. Es bleibt keine Zeit mehr für feinsinnige Naturbeobachtungen. François steigt mit umbewegtem, fast »dienstlichem« Gesicht aus und sucht mit dem Feldstecher den Horizont ab. Uns umfängt ein kühles, angenehmes Lüftchen. Über dem Hügelland liegt eine feierliche

Warzenkeiler. Ein Prachtkerl. Als Gegner allerdings nicht zu unterschätzen.

Morgenstimmung. Zwischen zwei flach vor uns auslaufenden Hügeln, schlängelt sich ein von dichter Bebuschung gesäumtes Rinnsal Richtung Süden. Dorthin deutet der Guide und winkt mich heran. Inmitten eines Minigebirges rotbraun leuchtender Termitenhügel, mache ich einen einzelgängerischen, auf Anhieb als stark angesprochenen Warzenkeiler aus. Sein imposantes Gewaff blitzt immer wieder hell in der Morgensonne auf und bringt meinen Kreislauf in Gang. Der graue Racker unterbricht gerade seinen Rückwechsel von der Suhle im nahen Talgrund für eine kurze Morgentoilette. Genußvoll scheuert er die runzelige, fast haarlose Haut an den hartgebackenen Mauern einer Termitenburg, nicht ohne dabei ständig aufmerksam nach allen Seiten zu sichern. Verständlich, daß solch gewaltige Hauer selbst der Leopard respektiert, für den das »Phacochère« bekanntlich ein ausgesprochener Leckerbissen ist. Jedesmal, wenn der Keiler verhofft, streckt er angriffslustig und drohend seinen urweltlich anmutenden, warzenbewehrten Schädel nach vorne. Den kurzen, massigen Träger in die Schulter ziehend, sodaß sich seine Schwarte wie eine Ziehharmonika faltet: Das wehrhafte Bild eines kampferprobten »Ledernacken«. Daß er hinsichtlich seiner Schönheit nicht ganz dem strahlenden Ideal zweibeiniger Helden entspricht, macht den schneidigen Burschen nur noch sympathischer! Trotz beachtlicher Zweifel, ob in dem deckungslosen Gelände überhaupt an diesen Burschen heranzukommen ist, versuche ich mein Glück im Alleingang. Der Keiler, mit ungemein feinem Gehör und sensibler Nase ausgestattet, weiß, daß überall Gefahr auf ihn lauert. Beim kleinsten Verdacht prescht er los, jede Zögerlichkeit könnte seinen Tod bedeuten. Er wird es auch mir nicht leicht machen!

Um ja in guten Wind zu kommen, umschlage ich ihn in einem strammen 20-Minuten-Marsch. Der zentnerschwere Basse steht nach wie vor auf seinem Fleck und läßt sich von der warmen Morgensonne verwöhnen. Döse nur! Durch die Termitenhügel gedeckt, teilweise tiefgebückt, komme ich auf knapp 100 Schritt heran, schiebe mich behutsam, halbschräg hinter seinem Rücken, aus der letzten Deckung. Sekunden später steht das Fadenkreuz auf seiner Schulter. Noch im Knall der hochrasanten 7 mm vom Hofe verendet der Keiler. So ein Glück! Diesen Waffen, fast 30 Zentimeter lang, ist ein würdiger Platz in meiner Sammlung sicher!

Ich rupfe mir in alter Tradition den schütteren, noch lehmverschmierten Rückenbart des Recken und bin mit diesem ersten Tag Afrika-Jagd zufrieden.

Für François ist das natürlich nur »Schnick-Schnack«. Das wird bei ihm nebenbei erledigt, »en passant«. Woher soll er auch wissen, daß für einen deutschen Grünrock brave Keilerwaffen mindestens den gleichen Stellenwert haben wie die Trophäe eines starken Geweih- oder Hornträgers?

Zu Hause wäre nach diesem Waidmannsheil für heute »Jagd vorbei«. Wir sind bescheiden geworden! Hier in der Wildnis heißt Jagd, Beute machen, wo sie sich bietet. Für Nachbesinnung am gestreckten Wild ist selten Zeit! Der »Ledernackige« wird von den beiden Trackern ohne viel Federlesens im Wagen verstaut. Nun geht's auf Büffel! Jede Geschwätzigkeit ist plötzlich verstummt. Alle noch öffenen Fragen werden in den kommenden Stunden von selbst beantwortet. In den Gesichtern der Afrikaner spiegelt sich unterdrückte Erregung. Das steckt an! Vollbremsung! Damas fährt einige Meter zurück: »Mbogo! Aussteigen!« Gut zwei Meilen entfernt äst, über einen sanften Grashang verstreut und auf die Weite wie eine Herde braver Hausrinder anzusehen — dieser respektlose Vergleich schmilzt bei zunehmender Annäherung wie ein Schneeball in der Sonne —, eine Gruppe von 40 bis 50 dicken, schwarzen Büffeln. Ob wir die bereits angehen? Angestrengt versuchen wir das gewaltige Wild und sein Verhalten zu studieren. Immer in der stillen Hoffnung, irgendwo abseits einen alleinstehenden alten »Grantler« zu erspähen. Die mächtig geschwungenen Hornbögen der Wildrinder, ihre breiten, teils verwegen bis in die Stirn »gezogenen« Helme, schimmern zeitweise in der langsam hochkommenden Morgensonne wie matt poliert. François steht mit seinem Fernglas, unbeweglich wie ein Feldherr, auf einem Termitenhügel, nickt kurz und setzt sich bald mit einem entschlossenen »Mbogo, oui!«, was wohl soviel heißt wie »Die gehen wir an!«, an die Spitze unserer kleinen Jagdgesellschaft.

Der Wind steht gut. Nach knapp einer halben Stunde sind die Büffel, als sie vor uns durch eine Senke ziehen, eingeholt. Gebückt, im Gänsemarsch, versuchen wir unter Ausnützung der kleinsten Deckung, teilweise über der ausgebrannten Erde robbend, möglichst nahe heranzukommen. »Besser sind dreißig als fünfzig Meter«, mahnt der Professional. Das Zielfernrohr bleibt bei dieser mageren Deckung und einem deshalb vielleicht unvermeidbaren Weitschuß, auf dem Gewehr. Die Herde weidet, ohne jeden Argwohn, direkt auf uns zu. Durch Erfahrung gewitzt und aus Verantwortung für den Verband, sichert eine inzwischen nahe zu uns aufgerückte Büffelkuh immer wieder mißtrauisch in alle Richtungen. Sie schöpft jedoch, gottlob, keinen Ver-

dacht. Ganz im Gegensatz zu der uns aus einiger Entfernung beobachtenden Zebraherde, die panikartik das Weite sucht.

Der lehmgraue Koloß steht

Gedeckt durch unzählige Termitenhügel und vereinzelt freistehende Akazien — der Wald Ruandas ist längst verheizt — pirschen wir zum Kamm des Hanges hoch und kommen auf gut 100 Gänge an die Herde heran. Die Begleiter bleiben jetzt zurück, während François mit größter Gelassenheit auf einen etwas 60 Meter abseits stehenden, kapitalen Hornträger aufmerksam macht. Beim Anblick dieses tonnenschweren Kolosses beutelt mich zum erstenmal seit langer Zeit wieder Jagdfieber. Der lehmgraue Bulle steht mit aufgerichtetem, wuchtigem Träger breit und sichert unvermittelt, mit fast mürrischem, eigenartig abwesend wirkendem Gesicht, doch irgendwie unschlüssig, zu uns herüber. Der wuchtige Hornbuckel auf dem massigen Haupt wirkt wie eine schwarze Helmpanzerung. Ein grimmiger Bursche! Immer wieder wirft er auf und dreht dabei schüttelnd seinen mächtigen Schädel im Kreis. In die Enge getrieben oder angeschweißt, so daß für ihn nur noch der Angriff als Ausweg bleibt, ein wahrhaft ernstzunehmender Widersacher! Dabei ist es gleichgültig, ob

Büffel — was manche bestreiten und andere behaupten — mit gesenktem Haupt annehmen oder den Schädel erst im letzten Moment senken, um ihr Opfer auf die Hörner zu nehmen! Der Jäger braucht in dieser Lage jedenfalls eine gute Portion Glück und kaltes Blut, sonst werden alle echten und falschen Geschichten wahr! Immer wieder: Der erste Schuß muß sitzen! François drängt. Die außerhalb der Gehöre angesetzten Hornkurven bestätigen den kapitalen, aber auch den alten und somit schlauen Bullen. Besorgt beobachte ich die zunehmend nervöseren Bewegungen der gefransten, wie Schalltrichter nach unten abstehenden Lauscher des Büffels. Es pressiert! Die Büchse sitzt längst in der Schulter. Im nächsten Augenblick kommt der Stachel des Zielfernrohres auf dem wie eine graue Betonplatte wirkenden Blatt zu Ruhe. »Linker Lauf, Teilmantel!«, jagt es mir im freihändigen Maßnehmen noch durch den Kopf und dann bohrt sich die 9,3 × 74 R ins Leben des Recken. »Touché!« (Getroffen), stößt François aufgeregt flüsternd hervor, rührt sich jedoch nicht vom Fleck. Die Wucht des 19 g-Geschosses zeigt Wirkung. Der Bulle schaukelt wie ein Schiff in der Strömung, geht hinten nieder, kommt hoch, bricht vorne ein! Ich warte voll Staunen, vielleicht einige Sekunden zu lange, daß das schwankende Wild fällt, ehe die zweite Kugel, meine Vollmantel, auf dem Träger sitzt.

Pirsch für Frühaufsteher. Riedböcke sind äußerst standorttreu, ihre Fluchtdistanz im hohen Gras ist kurz.

»Field-preparation«. Hier bleibt man besser dabei. Das erspart Enttäuschungen.

Zu spät! Trotz einer breiten Schweiß-spur knapp hinter seiner Schulter, wird der Büffel, ohne weiter zu zeichnen, mit kochendem Atem und »steifnacki-gem, steifleibigem Galopp«, wie He-mingway treffend beschreibt, in Rich-tung Talsenke flüchtig. Gleichzeitig donnert, in panischer Flucht, die ganze Herde ab. Wie ein Geleitzug, Büffel hin-ter Büffel. Zwei hinterhergeworfene Schüsse auf den vom Verband plötzlich ausscherenden, sichtlich todkranken Bullen sitzen zwar, wie sich später zeigt, irgendwo auf der Kammer, rei-ßen den Taumelnden jedoch nicht mehr von den Läufen.

Welch eine Masse!

Was hatte ich nicht alles über die Här-te dieses Wildes gelesen, welche guten Vorsätze gefaßt! Umsonst! In prasseln-der Flucht steckt sich der Büffel erst in einem der undurchdringlichen Dornen-verhaue und ist verschwunden.
Das ist die »hundsgemeine Vitalität« des verwundeten Büffels, von der

Ruark spricht, eine unvorstellbare Kraft »um fünf Meilen mit einem Schuß im Herzen weiterzurennen«.
Vorsichtig, bei bestem Wind, pirschen wir uns heran. Wie hinter einem durch-sichtigen Vorhang beobachten wir die unscharfen Umrisse des Schwerkran-ken, der im Inneren des Dickichts lang-sam mitzieht, als wir, um eine bessere Einsicht zu bekommen, den Verhau umkreisen. Der Büffel lauert auf uns, er will seine Rache! Die Anspannung zerrt an den Nerven. Uns trennen höch-stens 30 Meter. Gerade, als François erneut einen Lehmbrocken in den Dor-nenfilz schleudert, schieben sich ruck-artig, kaum schemenhaft erkennbar, Haupt und Träger an einer lichten Öffnung der sonst undurchdringlichen Dornenburg vorbei. Das reicht!
Dem Kugelknall folgt ein polterndes Aufschlagen. Endlich zwingt mein 19 g-Brennecke TUG das Tausend-Kilo-Muskelpaket zu Boden!
Bald darauf verstummt das langgezo-gene, nervtötende Todesklagen des Büffels: Der Kämpe ist gestreckt!
Nach kurzer Wartepause zerteilt der

Skinner mit seinem schweren Haumes-ser, der »Panga«, das Gestrüpp, wobei ich ihm — Schulter an Schulter, und immer noch auf Überraschungen gefaßt — Feuerschutz gebe. Im Halb-dunkel der innen völlig zertrampelten Dornenburg, Schattenspender und Deckung für alles Wild, liegt der mäch-tige, grauschwarze Büffelkörper. Ich zähle drei Einschüsse, keinen Aus-schuß. Bald ist das Geländefahrzeug zur Stelle. Acht Mann schieben, rollen und zerren die schwere Beute ins Freie. Welch eine Masse! Kein Wunder, daß um diesen wehrhaften Gesellen sogar hungrige Löwinnen einen Bogen machen.
Als wir abends auf der Veranda des Gabiro-Guesthouse mit dem deutsch-sprechenden »Monsieur le Directeur« beim Bordeaux sitzen, brodelt der mächtige Büffelschädel schon seit Stunden im großen Kessel. Später er-scheint »Häkeldeckchen« — wir nen-nen den kleinen »Pisteur« so wegen sei-ner Kopfbedeckung, was er stets mit einem breiten Grinsen quittiert — und überreicht mir das gegen einen Finder-lohn von fünf Dollar aus dem Träger gelöste Vollmantelgeschoß. Es ist ge-staucht, gerade so, als sei es auf eine Stahlplatte geprallt!
Die afrikanische Nacht mit ihren un-zähligen geheimnisvollen Stimmen ist längst um uns, als wir die Freiterrasse räumen. Es liegt sicherlich nicht alleine am schweren Duft des Hibiskus und der Trompetenblumen, daß wir in dieser Nacht wenig schlafen. Wachge-halten vom aufgeregten Geschrei einer Paviansippe, um deren Schlafbaum ver-mutlich gerade ein Leopard kreist und sich die Schnurrhaare leckt, aufge-wühlt vom hell geifernden Gekläff einer Meute rundohriger Wildhunde, die in ihrer Gier selbst Großantilopen zu Boden reißen und bei lebendigem Leibe zerfleischen, ist jeder mit seiner Phan-tasie unterwegs. Es liegen noch vier Jagdtage vor uns.

Die Gamsjagd fordert den ganzen Mann. Daran liegt ihr großer Reiz. ▶

Lieber zu früh, wie zu spät!

Das mit unserer Jägerei erscheint heute vielen — vielleicht zu Recht! — nicht mehr ganz zeitgemäß. Trotzdem gibt es zur Verpflichtung, die geistigen Grundlagen der Jagd weiterzugeben, keine Alternative. Eine Umsetzung dieser Erkenntnis in moderne Nachwuchspflege ist wesentlich für die Bewahrung unseres Jagderbes. Auch davon ist hier die Rede.

ÖSTERREICH

Bundesrepublik	
Hauptstadt	Wien
	(1 600 000 Einwohner)
Bevölkerung	7 571 000
Fläche	83 853 km²
Sprache	Deutsch
Währung	1 österr. Schilling
	(öS) = 100 Groschen

Wildtiere: Alpensteinbock, Auerhahn, Birkhahn, Damwild, Gamswild, Mufflon, Murmeltier, Niederwild, Reh- und Rotwild, Schwarzwild.
Landschaft: Trotz geringer Ausdehnungen und kurzer Distanzen ist das Land von Natur aus sehr vielseitig. Es wechselt von Tiefland, Auen- und Pußtalandschaft, über Mittelgebirge zum Hochgebirge. Die Alpen nehmen zwei Drittel der Fläche ein. Höchste Erhebung ist der Großglockner (3797 m). Hoher Anteil an Buchen- und Tannenwäldern in den Kalkalpen und Kiefernwäldern in den Zentralalpen.
Klima: Im W atlantisch geprägtes Klima mit mäßigwarmen Sommern und — nach Höhe abgestuft — milden Wintern. Im O dagegen heiße Sommer und stenge Winter mit deutlich weniger Niederschlägen als im W.
Sehenswürdigkeiten: Sowohl landschaftlich als auch kulturell ein vielfältiges Angebot. Bedeutendes Reiseland. Genießt ausgezeichneten Ruf. Salzburg gilt als eine der schönsten Städte der Welt. Viele Wintersportmöglichkeiten.
Jagd: Für Ausländer private und staatliche Jagdangebote. Führung durch einheimische Berufsjäger. Beliebtes Jagdland auf Gams, Hirsch-, Auer- und Niederwild. Schnell und bequem von der Bundesrepublik erreichbar. Gejagt wird per Fußpirsch oder am Ansitz.

Gams

Rupicapra rupicapra

E: Chamois
F: Chamois
Sp: Rebeco

Ansprechen: Decke im Sommer rötlichbraun, dünn mit schwarzem Aalstrich, braunschwarz und dicht im Winter. Körperlänge etwa 100 cm, Schulterhöhe 70-80 cm, Gewicht 30-60 kg. Beide Geschlechter tragen ein Hakengehörn (Krucken); bei Böcken rundlich, bei Geißen flacher gebogen und dünner. Markante Gesichtsmaske.
Lebensraum: Felsen und Gebirge, Weide-, Wald- und Latschengebiete.
Verbreitungsgebiet: Österreich, Schweiz, Deutschland, Frankreich, Spanien, Italien, Ungarn, Bulgarien, Jugoslawien. In Neuseeland eingebürgert.
Verhalten: Geißen und Jungwild (»Scharwild«) bilden kleine Rudel. Alte Böcke sind Einzelgänger, sie dulden manchmal 2-3 »Halbstarke« als Begleitung. Äußerst aufmerksam, halten Distanz. »Pfeifen« bei Gefahr. Brunft Mitte November bis Anfang Dezember. Brunftige Böcke »blädern«. Nach 6-7 Monaten setzt die Geiß meist ein Kitz. Gemsen sind mit scharfen Schalen ausgestattet. Unglaublich geschickte Kletterer. Äsung besteht aus allen in den Bergen vorkommenden Pflanzen. Im Winter sucht das Gamswild tiefere, lawinenfreie Einstände auf.
Artenschutz: WA A I Abruzzengams; entfällt sonst.
Jagd: Pirsch, die dem Waidmann neben Krucke und Decke vor allem den Gamsbart als Trophäe schenkt. Spektiv und Bergstock ratsam, bergsteigerisches Können erforderlich.
Rekordtrophäe: SCI RBoTA, 1986: Länge des Gehörns links 27,31 cm, rechts 26,99 cm (Italien 1961).

Verbreitung Gams

Auerhahn

Tetrao urogallus

E: Capercaillie
F: Grand tétras
Sp: Urogallo

Ansprechen: Von der Schnabelspitze bis zum Ende des Stoßes mißt der »Große Hahn« ca. 85 cm, wiegt ca. 5 kg. Die kräftigen Ständer sind befiedert. An Kopf, Hals und Bürzel ist das Federkleid dunkelgrau, Rücken und Flügeldecken dunkelbraun. Die Brust schillert grünlich, der Bauch ist schwarzglänzend. Die flammendroten Rosen über den Augen und ein kräftiger Kehlbart, sowie der reinweiße Fleck am Bug der Flügel vervollständigen das Bild dieses Waldhuhns.
Lebensraum: Auerwild lebt in ausgedehnten, stillen Berg-, Sumpf-, Taiga-Wäldern.
Verbreitungsgebiet: Ganz Eurasien, insbesondere Schweden, Österreich, Bundesrepublik Deutschland bis weit in die UdSSR (Sibirien).
Verhalten: Balz Mitte April auf bekannten Balzplätzen. Die Balzlaute gehen von klappernden »telac-telac«-Rufen bis ins Schleifen über. Der Hauptschlag klingt wie ein Sektkorkenknall. Die Hennen legen 5-12 Eier. Nach 26 Tagen schlüpfen die Küken, die in den ersten Lebenswochen tierisches Eiweiß benötigen.
Artenschutz: WA entfällt. Landesspezifische Regelungen.
Jagd: Balz lange vor Tagesanbruch. Der Hahn vernimmt und äugt ausgezeichnet. Verschweigt er, muß der Jäger sofort in seiner Bewegung erstarren. Bei Mißtrauen reitet der Hahn sofort ab. Heute ist die Jagd noch in Skandinavien (Wipfeljagd Herbst) und in Österreich, Bulgarien, Polen, UdSSR (Frühjahrsbalz) möglich.

Jagd auf Gams und Auerhahn in Österreich

Ende Oktober. Es war schon stockdunkel, als wir nach vier Stunden Autofahrt, mit beträchtlicher Verspätung, das alte Forsthaus im Murtal erreichten. Alexander, eben erst 14 Jahre alt, ist zum ersten Mal mit mir auf Gamsjagd. Er ist hellauf begeistert, voll Tatendrang und nicht minder aufgekratzt wie ich selbst. Dabei hatte unsere erwartungsvolle Stimmung sicherlich unterschiedliche Beweggründe. Während der »Junior« sich auf ein Bergabenteuer mit jagdlicher Begleitmusik freute, kreisten meine Überlegungen um die Frage, wie sich seine Vorfreude während der Jagd, bei der vorhersehbaren Schufterei und vermutlich zunächst gar nicht so spektakulären Bergpirsch, entwickeln würde.

Nach einer kurzen Brotzeit beim Berufsjäger entschieden wir uns für den zweistündigen Aufstieg zur Hütte noch in der Nacht. Bei unfreundlichem Nieselregen beginnen wir langsam, Schritt für Schritt, den Anstieg durch eine pechschwarze, wolkenschwere Nacht. Alex mit recht stramm gepacktem Rucksack zwischen dem vorausgehenden Gebirgler und mir. Keine Spur von Lagerfeuerromantik oder Gemütlichkeit.

Das Jagderbe ist gefährdet

Schweigsam, mit kurzen Pausen, geht es zunehmend steiler nach oben. Schal und Pullover verschwinden bald im Rucksack. Wie immer nach der ersten halben Stunde Steigerei, dem abrupten Umstieg von Bürostreß und Alltagshektik in »Gottes freie Natur«, hat sich das innere Uhrwerk bald beruhigt. Das sind die Augenblicke für gute Gedanken und ungestörtes Sinnieren über sich, die Jägerei und deren Zukunft. Dabei stellt sich ernsthaft die Frage, ob es bei dem gegenwärtigen Druck auf Wald und Feld, auf die freilebende Tier- und Pflanzenwelt, bei Waldsterben und fortschreitender Umweltzerstörung überhaupt noch zu verantworten ist, junge

Menschen für die Jagd zu begeistern. Hat das alles eigentlich noch einen Sinn über das Jahr 2000 hinaus? Sind wir altmodischen »grünen Traditionalisten« nicht ständig auf dem Rückzug vor den neumodisch »grünen Fundamentalisten«, vor jagdfeindlichem Zeitgeist und öffentlichem Widerspruch? Gaukler ohne greifbare Zukunft? Nun, das mit unserer Jägerei mag heute vielleicht fragwürdig, nicht mehr ganz zeitgemäß sein — trotzdem gibt es zur Verpflichtung, die geistigen Grundlagen der Jagd als Teil unserer Identität weiterzugeben, keine Alternative! Hinführung zur Zukunft und Auseinandersetzung mit der nachfolgenden Generation waren für die Alten schon immer voll Risiko und Wagnis. Eine ständige Umsetzung dieser Erkenntnis in den Jägeralltag ist jedoch entscheidend für die Fortentwicklung und Bewahrung unseres Jagderbes, das noch zu keinem Zeitpunkt seiner Geschichte so in Frage gestellt war wie heute.

Tradition sind Bleisohlen

Während sich unser kleiner Trupp langsam nach oben arbeitet, frage ich mich unwillkürlich, wie das eigentlich vor 40 Jahren bei mir selbst ablief. Ich erinnere mich gut der ersten gemeinsamen Pirschen mit meinem »alten Herrn« und an sein Bemühen, mir Ideen und Ideale, sein Wissen, seine jägerischen Erfahrungen und Fertigkeiten, vor allem auch seine jagdlichen Freuden und Enttäuschungen nahezubringen. Das geschah immer in dem mehr oder weniger deutlichen Bestreben, mir auf diesem Weg die Welt der Jagd zu vermitteln. Damals habe ich alles interessiert aufgenommen, gewertet und gefiltert. Ein überzeugter Waidmann wurde ich erst viele Jahre später. Traditionen sind wie Bleisohlen, deren man sich, vor allem als junger Mensch, zunächst nur allzugern und bei der erstbesten Gelegenheit entledigt. Weniger aus innerem Protest heraus, als aus Verständnislosigkeit gegenüber überkommenem, oftmals leicht Angestaubtem. Trotzdem waren und sind alle Bemühungen um Weitergabe von Tugenden und Jagd-Traditionen, von Jagdsitten und -Gesinnung, von Disziplin, Geduld und Verantwortung sowie Ehrfurcht vor der Schöpfung, nie für die Katz'. Sie bleiben eine »eiserne Ration« fürs ganze Jägerleben.
Vor mir stiefelt Alex bergan. Sein

Jede Jagd ist Teil einer langen Tradition. Sie gilt es dem Nachwuchs zu vermitteln.

Schritt ist leicht, sein Kopf noch frei von solchen Gedanken. Wie alle Jungen seines Alters ist er unvoreingenommen, begeisterungsfähig und ohne jede Ermüdung. Wie sie, ist er zu Hause auf Popmusik und Lateinvokabeln fixiert, ein munterer Bursche, von dem der Vater ebenso wie alle Väter auf dieser Erde gerne hätte, daß er sich des »Alten« Schuhe anzieht und ein einigermaßen schneidiger Jäger wird. »Je früher, desto besser« heißt die Parole! Dabei weiß ich längst, daß nichts abwegiger ist als der Glaube, Traditionsbewußtsein und Tugenden stellen sich automatisch nach dem Motto ein: »Wie die Alten sungen, so zwitschern auch die Jungen«.

Wer die Jugend hat

Bekanntlich ist die Jagd nur bedingt Sport. Jedenfalls ist sie etwas anderes als Tennis oder Fußball — wobei nicht bewertet werden soll, was schließlich besser oder schlechter ist. Erfahrungsgemäß verlangt die Heranführung eines jungen Menschen an dieses weder auf sensationellen Massenkonsum, noch auf anspornenden Teamgeist ausgerichtete »Hobby«, wie die Jagd vereinfacht oft bezeichnet wird — insbesondere im Wettstreit mit all dem anderen verführerischen Zeitvertreib — heutzutage viel Fingerspitzengefühl, Geduld zum »Wachsen lassen« und echte Aufgabenübertragung. Gerade dann, wenn der Nachwuchs bei der praktischen Arbeit im Revier dabei ist und seine ersten Erfahrungen sammelt!

Die gegenwärtige, meist negativkritische Stimmungsmache gegen Jagd und Jäger ist insbesondere im Schul- und Freizeitbereich im Vormarsch. Sie tönt aus vielen, uns zunächst verborgenen Ecken und hat mehr Einfluß auf die Jugend, als wir glauben. Meßbar sind die Wirkungen bei Wahlen, die bekanntlich von der Jugend entschieden werden und in der Konsequenz auch die parlamentarischen Mehrheiten, also auch das Schicksal unseres Jagdwesens mitbestimmen. Hinzukommt, daß die Jäger sich seit Ende der 60er Jahre in der Defensive fühlen — zu Unrecht, wie die Meinungsumfragen über ihr Ansehen in der Gesellschaft seit Jahren bezeugen — und leider zu schnell vor einer scheinbar nur jagdfeindlichen Öffentlichkeit resignieren. Durch vordergründiges Konkurrenzdenken gebremst und ohne klare Zukunftsperspektive, vernachlässigt die Jägerschaft bis heute eine gezielte, möglichst frühe Jugendarbeit und Nachwuchspflege.

Ganz im Gegensatz zu England, Kanada und den USA, wo dies allerdings auch deshalb einfacher ist, da die Jäger dort zumindest nicht diffamiert werden und es kein Mindestalter für den Waffenschein gibt. Ein Zwölfjähriger erhält bereits eine Schwarzbärlizenz, er ist schon früh »aktiv« und nicht nur gelegentlich Treiber wie bei uns, wo Vergleichbares undenkbar ist. Junge Menschen wollen erproben, praktisch durchführen, was sie erlernt haben. Umso wichtiger ist es, alles zu tun, um der Jugend so früh wie möglich ein jagdliches Betätigungsfeld zu schaffen, soweit es die Gesetze erlauben. Unsere akademische Paukvorbereitung auf die Jägerprüfung, unsere wissenschaftlich geführte Hegediskussion und die feierlichen Traditionsreden gehen bestimmt an der heutigen Jägerjugend vorbei!

Die im Natur- und Tierschutz tätigen Großorganisationen sind nicht nur auf diesem Gebiet den Jägervereinigungen meilenweit voraus. Sie erkannten längst: Nur wer die Jugend hat, hat die Zukunft! Währenddessen mauert die Jägerschaft noch in falsch verstandenem Egoismus: »Wir sind sowieso schon zuviele!«. Lieber reden wir von der Jagd als dem ältesten Kulturgut unseres Volkes, erklären uns zu dessen Hüter und fühlen uns — natürlich zu Recht — verantwortlich für den Schutz und Erhalt der heimatlichen Tier- und Pflanzenwelt. Wir verweisen mit Stolz auf unseren zeitlichen, finanziellen und historischen Beitrag hierfür und vertrauen im übrigen auf automatische Anerkennung dieser Fakten durch die Gesellschaft. Eine glatte Illusion! Den Jägern mangelt es heute an Mut und Argumentationsbereitschaft, oft auch an modernem Wissen über Jagd und Wildbiologie, über Umwelt und Öffentlichkeit. Sie ergehen sich in revierbezogener »Nabelschau« und versäumen es, ihre Positionen gegenüber jedermann, insbesondere auch bei der Jugend, engagiert und glaubhaft zu vertreten. Damit verschlafen wir langfristig die eigene Zukunft. Und das ist schlimm!

Die Balz auf dem Boden ist wohl bequemer! Der Auerhahn wird überall, ausgenommen in Schweden, während der Frühjahrsbalz bejagt.

Der Morgen zieht herauf. Plötzlich, wesentlich leiser als der Kleine Hahn, beginnt der Auerhahn sein vierstrophiges G'setzl.

Einfach pfundig

Über dem Bergwald angelangt, in der offenen Fels- und Latschenregion, schlägt uns unangenehm kalter Schneeregen fast waagrecht ins Gesicht. Zwanzig Minuten später schält sich unvermittelt die alte Jagdhütte aus dem Dunkel. Als der Tee im Kessel blubbert, die naßgewordenen Schuhe mit Zeitungspapier ausgestopft am Nagel zum Trocknen hängen und wir in klobigen Filzpantoffeln auf der Eck-bank bei Brot und Wurst zusammenhocken, ist Alex begeistert: »Einfach pfundig!« Dabei verliert er kein Wort über den mehrstündigen, gar nicht so freundlichen Aufstieg.

Genau so ging's im Frühjahr bei der Auerhahnjagd. Ich höre noch, wie dem Buben vor Aufregung die Zähne klapperten und er, wie unter Zwang, mit uns dachte: »Nur jetzt nicht husten. Kein Augenaufschlag, sonst ist alles umsonst!«

Denn völlig unberührt von den im eiskalten Morgen und vor Spannung und Kälte schlotternden »Hoh«-Jagern, war plötzlich der seit Jahren bestätigte, alte Auerhahn auf dem aperen Holzweg eingefallen und stolzierte mit erhobe-nem Stingel, »dackelnd« wie ein alter Erpel, schnurstracks auf unseren Ansitz zu. Ein kurzer Hupfer mit beiden Füßen aus dem Stand und er promenierte lautlos, mißtrauisch um sich sichernd, knapp fünf Meter neben uns, auf einem der zur Holzdrift gestapelten Stämme. Die scharfen Umrisse des Vogels hoben sich gegen das erste graue Morgenlicht wie ein Scherenschnitt am Horizont ab. Nur nicht rühren!

Der ständig drehende Sturmwind knallt fortwährend kirchturmhohe Fichten und Lärchen gegeneinander. Das gestern abend vermeldete Tief aus Vorarl-berg kam also doch schneller voran, als vorhergesagt!

Den »Lackl-Hahn«, wie ihn der Jagdführer tituliert, kümmert das in keinster Weise. Er dreht und reckt sich, hebt seinen wuchtigen Stingel, daß sich sein struppiger Kehlbart wie ein verklebter Maurerpinsel abspreizt und läßt seinen Hammer in kurzen Abständen mit verhaltenem Melden und Knappen, wie ein hölzernes Uhrwerk arbeiten.

Wir sitzen fest, wie in einer Falle. Alex preßt zum Zeichen, daß er hellwach ist, seine Knie gegen mich. Er schluckt fortwährend, mir schlägt das Herz bis zur Gurgel. Hoffentlich hört's der Hahn nicht, der nach wie vor bewegungslos neben uns protzt. Herrgott, hat der einen kräftigen, nach unten gehakelten Oberschnabel und einen fast schon kantigen Grind! Ein wahrhaft alter Schlaumeier! Fragt sich nur, was ihn heute an diesem Holzschlagplatz, noch dazu bei fast völliger Dunkelheit, so interessiert? Hat ihn vielleicht der Vollmond so durcheinandergebracht, daß er sich schon bei Nacht auf die Bodenbalz begibt? In unserer deckungslosen, ungemütlichen Nachbarschaft kriegt er bestimmt kein g'scheites G'spusi!

Drum packt ihn jetzt auch die Leidenschaft. Kurz, fast widerwillig, schüttelt er sich zunächst in Pose um sich dann »gaach« in eine urige Balz-Arie zu werfen: wesentlich leiser als der rudelnde Birkhahn, trotzdem aber zielstrebig und routiniert, spielt er sich für seine G'setzl ein. Die eigentlich exakte Abfolge seiner Strophen leiert er, nach meiner unmaßgeblichen Meinung, etwas schlampig herunter.

Weiß Gott, zum wievielten Male ich mich ärgere, daß ich das Mitzählen vom Knappen zum Klippen, Schnalzen, Schnappen, Trillern, bis zum Hauptschlag und abschließenden Schleifen nicht schaffe — vielleicht bin ich zu unmusikalisch. Das sage ich dem Junior natürlich nicht!

Egal, der Freier neben uns fächert nun stolz seine beachtliche Schaufel. Dabei dreht er sich wie ein Pfau um die eigene Achse, während er Hals, Kopf und Schnabel herausfordernd nach oben streckt, um dann ruckartig, bei leicht nach unten geöffneten Schwingen — kaum zwei Meter quer vor unseren Nasen — in die Lärchenschonung auf der anderen Talseite abzureiten. Nur noch bruchstückhaft trägt der Wind sein sofort wieder aufgenommenes Gewerkel zu uns herüber. Während es noch eine Zeitlang zu uns herüberschnackelt, steigt das Morgenlicht allmählich blaßrosa über den grauen Dunst- und Wolkenfetzen hoch und steht eine Zeitlang zwischen dem verwitterten Hochsitz und den knorrigen Randfichten auf der anderen Seite des Einstandes. Hoffentlich hält das Wetter! Später, als wir aus dem Balzrevier heraus sind, meint der Alex, in einer Mischung von Begeisterung und Enttäuschung: »A so a g'scherter Kerl, hätt' sein Theater leicht zwanzig Meter weiter weg, wo so schöne Lärchen für d' Baumbalz steh'n, aufführen können.« Allerdings!

Doch für den Anfang sind wir vollauf zufrieden. Der Hahn ist da — und was für einer! »Freunderl«, denke ich, als wir bereits ziemlich weit unten sind, »obacht! Ich habe noch einige Tage Zeit«.

Kurz nach halb vier neumodischer Sommerzeit hocken wir bereits wieder am Rande der Balz-Arena. Gestern abend noch verriet uns schwerfälliger Flügelschlag den Einfall von zwei Hahnen. Wir sind jetzt ganz in ihrer Nähe. Der Vollmond ist inzwischen hinter die Bergketten im Westen gerutscht und wir hoffen, daß die Hahnen in ihrem Liebeseifer nicht zu lange das Mondlicht für ihre werbenden G'sangl mißbraucht haben, um nun auf eine »anständige« Baumbalz in der Frühe zu verzichten — vermutlich weil's am Boden herunten bequemer ist! Man hört noch keinen Laut, nur ein kaltes Frühlüfterl zieht beißend von Talgrund herauf und kriecht in unsere Mäntel. Eine warme Decke blieb leider im Auto.

Schwarze Streithansl

Mir kommt gerade die beziehungsvolle Zeile aus dem Hahnenlied des unvergessenen Kiem-Pauli in den Sinn: »Fang' do bald wieda o', mei liaba Hoh!«, als uns polterndes Patschen aufschreckt. Der Hahn — »A so a Faulenzer«, knurrt der Berufsjäger — ist, ohne ein Liedl Frühbalz am Baum zu spielen, kurzerhand zur Bodenpromenade eingefallen. Dort ist er noch mißtrauischer, und hat uns bei der kleinsten Bewegung weg!

»Jetzt ist der Watschnbaum umg'falln«, flüsterte ich Alex ins Ohr, als bald darauf vom Talgrund die harten Schwingenschläge rivalisierender Hahnen zu uns heraufdringen. Die Hiebe klingen, als wenn man mit der flachen Hand auf stehendes Wasser drischt. Und schon erscheinen die Streithansl höchst persönlich auf der altschneebedeckten Bühne. Zwei gleich starke, schwarz leuchtende Raufer, nur scheint mir der eine »a Kraxn voll« mehr Schneid zu haben als der andere. Er meint es wohl auch ernster und springt, bei weit aufgespreiztem Fächer und zornig gesträubtem Balzkragen, förmlich auf seinen Nebenbuhler zu, wobei wir wegen der Entfernung von gut hundert Metern, leider immer nur noch den Hauptschlag der beiden vernehmen.

Die Attacken des Draufgängers zeigen postwendend Wirkung: sein Gegenspieler zieht ziemlich bald und sichtlich demoralisiert, noch mehrmals heftig ausfallend, mit einer am Boden nachschleifenden, vom Kampf lahmen Schwinge, in immer schnelleren Tritten den Rückzug ins Jungholz an. Der Streit ist entschieden! Der Sieger dreht sich, mit nach wie vor breit geöffnetem Fächer, herausfordernd balzend im Kreise: schneidig, stolz, vielleicht sogar etwas hochmütig. Dann streicht er ab. Jede Feder eine Kostbarkeit. Ein Überbleibsel aus der Vorzeit; mit Recht dem »hohen« Wilde zugeordnet. Später beim Rückmarsch, als vom Tal herauf ein Traktor mit Holzarbeitern an uns vorbeituckert, wird offenkundig, daß im unvermeidbaren Zusammenprall von ökologischen Bedingungen und wirtschaftlichen Zwängen, dieses sensible Wild über kurz oder lang auf der Strecke bleiben wird.

Trotz des einzigartigen Erlebnisses, überkommt uns eine nachdenkliche Stimmung. Die Frage des Buben, wie lange es unserer Meinung nach den schönen Vogel hier noch geben wird, beantwortete ich lieber nicht. Ich sage ihm nur, daß man sich heutzutage einen solchen Jägertraum nur einmal erfüllen darf! Ob Alex eines Tages an diese Balz zurückdenkt? Wird er sie später, als Erwachsener, wieder so erleben können? Ich habe Zweifel.

Die Gamserl schwarz und braun

Aber heut' geht's auf Gams. Nach kurzem Frühstück verlassen wir die Hütte. Es ist ausgesprochen frisch. Die Berge um uns sind weiß überzuckert. Neuschnee! Dicker Nebel zieht langsam vom Tal herauf, er darf uns in den nächsten paar Stunden nicht einholen! Deshalb schreiten wir sofort zügig auf dem ausgewaschenen Steig in die höhergelegenen Regionen. Beim Marsch über das abgestorbene, talwärts hingebügelte Berggras dringt uns in kürzester Zeit der patschnasse Neue durch die eigentlich gut eingefetteten Bergschuhe.

Während einer kleinen Rast deutet unser Begleitjäger in die Wand: Keine 400 Meter vor uns steht am Rande seines abseits äsenden Kahlwildes ein braver Rothirsch und sichert unverwandt zu uns herüber. Alex richtet sein Glas bereits auf den Geweihträger: »Achtender!« Die Frage »jung oder alt?« ist noch nicht beantwortet, als wir halbschräg über uns, verstreut über einen ganzen Kessel hinweg, ein gutes Dutzend Gams zählen. Was für ein Anblick. Schon nach einer Stunde Aufstieg! Jetzt wird's ernst.

Das Spektiv bestätigt uns eine in etwa 500 Metern Entfernung an einem riesigen Felsquader alleinstehende, reife Gamsgeiß. Aufgeregt verfolgt mein junger Bergjager jetzt unser »Strategie-Geflüster«. Der Wind steht gut, das Rudel ahnt nichts von unserer Anwesenheit. Es äst vertraut, breitgefächert im Hang: Geißen, Kitze, zwei junge Böcke.

Abseits, bewegungslos, wacht die »alte Tante«. Schnell sind wir uns einig: Die gehen wir an! Vielleicht klappt's bereits beim ersten Anlauf. Wenn das kein Massel wäre... und natürlich eine echte Motivation für den Buben, Vorsicht, in dieses vertraute Bild kann blitzschnell Bewegung kommen! Während wir uns aus dem Steig heraus in Richtung Querhang hochmühen, freue ich mich über die Sicherheit, mit der der Filius, immer zum Berg hin, seinen Stecken einsetzt. Das hat er schnell weg, denke ich, als wir gebückt, unter Ausnützung jeder kleinsten Deckung, über Geröll und glitschige Graspolster,

Gams schräg unter uns! Richtig angsprochen? Paßt die Auflage? »Berg 'nunter oder 'nauf — halt drauf!«, sagen die Bergjäger.

teilweise auf allen Vieren, nach oben pirschen. Je näher wir der in grauer Vorzeit abgerutschten, in haushohe Brocken zerschellten Felsengruppe kommen — von hier meint der Jager müßte es reichen — desto behutsamer geht es bergan.

Alex blinzelt mir mehrmals zu und zischelt spitzbübisch: »Die Gamserl schwarz und braun...« Ein Wink und er sinkt mit uns in sich zusammen. Dabei kniet auch er im triefend nassen Gras und verzieht keine Miene. Er beachtet gar nicht, daß ihm dies bis auf die Schwarte durchgeht, ist mit Haut und Haaren bei der Jagd. Wenn ich daran denke, wie pingelig er zu Hause ist und wie schnell er bei der kleinsten Unannehmlichkeit sonst meckert...! Jetzt geht es darum, das fühlt er instinktiv, mit Disziplin und Geschick einen erfahrenen, mit »Heimvorteil« ausgestatteten Bergbewohner zu überlisten.

Zentimerterweise schieben wir uns über einen flachgestreckten Felsbrocken. Der Blick auf das Kar ist frei. Die Geiß steht nach wie vor dösend auf dem alten Fleck. Schon etwas in Vorbrunftstimmung, Ruhe vor dem Sturm...? Doch da endet unsere Glückssträhne. Nicht nur, daß von

unten der Nebel immer näher kommt und uns wie ein lästiger Verfolger einzuholen trachtet, die eigentliche Gefahr kommt von oben. Während ich mich hinter dem Felsen stehend auf die etwas 180 Meter Distanz einrichte und fest entschlossen bin, schnell und sicher abzukommen — schon aus dem moralischen Druck heraus, bei der ersten gemeinsamen Gamsjagd mit meinem Buben ja nicht zu patzen! — bin ich vielleicht einige wertvolle Sekunden zu umständlich. Gerade als das Fadenkreuz der 7 mm Mauser auf dem Blatt des Wildes verharren will, geht die schwarzgelb Maskierte ohne zunächst erkennbaren Grund ab. Anfangs zügig, dann immer schneller, bis sie im nächsten Quertal untertaucht. Des Rätsels Lösung ist einfach. Zwei halbstarke, mittelalte Kraftmeier, gedrängt von jugendlichem Ungestüm, hatten sich vom oberen Bergplateau herab der reiferen Dame zu nähern versucht und sich dabei tüchtig verkalkuliert. Nun bleibt ihnen, ebenso wie uns, nur der sprichwörtliche Blick durch's Ofenrohr!

Auch gut! Jetzt wird erst recht gekämpft. Eine stramme Stunde gehen wir quer durch die Wand, ermuntert durch den jugendlichen Optimismus des Buben: »Wirst sehen, diese Gams kriegen wir noch!« Und er behielt Recht. Gegen elf Uhr Mittag standen wir vor der gestreckten Geiß. Sie war einen Augenblick zu neugierig gewesen, als wir uns aus dem Grat des Gegenhanges — für sie wohl nicht gleich einzuordnen — vorsichtig nach oben schoben. Spitz von vorne getroffen, rutschte sie auf ihrer letzten Fahrt in einen kleinen Graben.

Nach einer Viertelstunde standen wir vor unserer gemeinsamen Beute und ich spürte die unbändige Freude des Jungen über diesen Erfolg. Selten hat mir ein Waidmannsheil so geschmeckt! Immer wieder sprudelte aus ihm das eben in allen Einzelheiten Erlebte. Jetzt konnte er mitreden, wurde ernst genommen und hatte in einer für ihn neuen Welt verstanden, was Jagen wirklich ist: Anstrengung, Disziplin und Können, Enttäuschung und Freude! Das macht sicherlich noch keinen zukünftigen Jäger, aber ein kleiner Pflasterstein auf dem Weg dorthin ist dieses Erlebnis allemal. Er hatte sich mit uns am Anblick des Wildes erfreut, hatte mitgekämpft, um das richtige und nicht das erstbeste Stück Wild zu erbeuten und sich voll Stolz den mit ihm geteilten, ehrlich mitverdienten kleinen Latschenbruch an die Haube

gesteckt. »Weitergabe von Tradition als eiserne Ration für's spätere Leben«, das war ein kleiner Beitrag hierzu. Sicherlich auch ein glaubhaftes Beispiel gegen das landläufige Klischee, Jagd sei ein überholtes Privileg der Feudalzeit und eigentlich nur Schießerei. Alex weiß es inzwischen besser. Hoffentlich!

Heimkehr von der Morgenbalz. Während die Rauhfußhühner Mitteleuropas durch Lebensraumzerstörung bedroht sind, schöpft man in den Weiten der sibirischen Taiga noch aus dem Vollen.

Der Junior schlug sich wacker. Er war dabei und hat sich den kleinen Latschenbruch ehrlich mitverdient.

Jagd ist immer voll Überraschungen. Die Verantwortung, ein Wildtier nach Alter und Trophäe schnell und richtig als »reif« anzusprechen, ist niemals leicht. Die letzte Entscheidung liegt stets beim Jäger. Da zählen dann nur noch Entschlußkraft, Selbstvertrauen und eine sauber schießende Waffe. Schon in der nächsten Sekunde faltet sich — wie in dieser dramatischen Szene von einer Turjagd aus dem Kaukasus — das Wild zusammen oder es ist über alle Berge.

Hinterm Schaft sitzt der Schuft

Aus Fehlern anderer lernen

Die Jagd im Ausland ist nicht immer ein Honiglecken. Erfolg und Fehlschlag liegen oftmals messerscharf nebeneinander. Auslandsjagd ist wie jede Jagd, Erlebnis und Wagnis, Niederlage und Triumph, und tagtäglich voll von neuen Überraschungen. Sie führt den Jäger meist in ein fremdes Land, mit oft anderen Jagdtraditionen, vor allem auf meist unbekanntes Wild. Sie unterstellt ihn in der Regel völlig neuen Führungs- und Organisationsformen und oft ungewohntem Klima. Da ist dann alles schnell ganz anders als zu Hause gedacht und geplant. Unvorhergesehenes führt leicht zu jagdlichem Mißerfolg und tiefer Enttäuschung. Verständlich, daß später nach Fehlerquellen, zunächst beim Vermittler, dann beim Veranstalter oder Guide, bestenfalls bei miesem Wetter und schlechter Ausrüstung gesucht wird, wenngleich man insgeheim längst weiß: »Hinterm Schaft saß der Schuft!« Im übrigen vergißt oder verdrängt man, daß trotz aller Erfahrung und Praxis, Glück und Zufall noch immer die wichtigsten, durch nichts beeinflußbaren Verbündeten oder Widersacher jagdlichen Erfolges sind!

Eigeninitiative

Auf der anderen Seite entscheiden über den späteren Erfolg einer Fernsafari Marktübersicht und Beratungsqualität des Jagdvermittlers (Reiseagentur), vor allem das Wildvorkommen, die Organisation und das Revier des empfohlenen ausländischen Veranstalters (Outfitter).

Ausschlaggebend für den Erfolg sind auch das Können, die jagdliche Erfahrung und persönliche Einsatzbereitschaft des Jagdführers (Guide). Jagderfolg ist immer abhängig von der Güte der Dreierbeziehung Jagdvermittler, Jagdführer und Jagdgast. Es lohnt sich, darüber einige grundsätzliche Überlegungen anzustellen.

Das oberste Gebot jeder Jagd lautet: Selbst ist der Mann! Erfolgsentscheidend ist meist die Eigeninitiative! Deshalb darf der Auslandsjäger, auch bei scheinbar bester Führung, nie ganz auf seine eigene Jagderfahrung verzichten. Schließlich sind Ausbildung des Gastjägers und seine heimatliche Jagdpraxis nicht die schlechtesten, was international auch neidlos anerkannt wird. Selbstredend, daß Vielfalt und Qualität der Programme des Jagdtouristikunternehmens, die Transparenz der Reiseprospekte, seine persönlichen Kontakte und Erfahrungen in den angebotenen Revieren sowie auf das dort erpirschte Wild, bereits ein erster, wichtiger Schritt zum Jagderfolg sind. Dazu gehören Referenzen erfolgreicher Kunden und das Angebot von Alternativen zum Termin und zur geplanten Jagd insgesamt. Das Stichwort heißt »Individuelle Fachberatung«. Das ist Profiarbeit. Amateure tun sich heutzutage bei über 4000 Jagdanbietern auf der ganzen Erde meist schwer, »den Weizen von der Spreu« zu trennen. Schließlich sind die besten Reviere der Welt fast ausnahmslos in der festen Hand erfolgreicher Jagdtouristiker. Hier gelten, wie überall in der Wirtschaft, die harten Gesetze des Marktes. Meist ist schon bei der Buchung über den Erfolg der Jagdreise entschieden. Ernstzunehmende Garantien gibt es allerdings — gottlob! — noch nirgends. Außerdem liegt »der besondere Wert eines Hasen«, wie Blaise Pascal zu Recht meint, »nicht darin, daß man ihn besitzt, sondern darin, daß man ihn verfolgt!«.

Jagderfolg bucht man

Bereits bei der Planung ist wesentlich, daß der Jagdgast den Angebotsprospekt mit allen Jagd-, Termin-, Abschuß- und Buchungsbedingungen, sowie die zu erwartenden Kosten gründlich studiert und offene Fragen sofort abklärt. Die Erfahrung zeigt, daß dieser schlichte Hinweis keineswegs eine Selbstverständlichkeit beschreibt. Wer eine Auslandsjagd plant, muß sich über Jagdgebiet und Klimabedingungen, Jagd- und Schußzeiten, allgemeine Jagd- und Transportbedingungen, Ein- und Ausreiseformalitäten, für sich, die Waffe und die gewünschte Trophäe, umfassend informieren. Nur so kann er sich auch innerlich gerüstet und entspannt auf Fernwechsel begeben. Gleich zu Anfang müssen alle Kaliber- und Waffenfragen abgeklärt, Verpflegungs- und jagdliche Sonderwünsche angemeldet und die nach Jagd- und Wildart, nach Tropen-, Gebirgs- oder Winterpirsch abgestimmte Ausrüstung (Waffe!) sowie die Kleidung richtig geplant sein. Hilfreich ist hierfür eine »handgestrickte«, individuelle Checkliste, worin von der Ersatzbrille, über Medikamente, vom kleinen Survival-Kit bis hin zum Tagespirsch-Rucksack, zu Taschenlampe, Kamera, Batterien und Filmmaterial, einschließlich Trillerpfeife und Gastgeschenk, alles aufgelistet, laufend gewogen (!) und später abgehakt wird.

Der Jagdgast sollte wissen, wo er, in welcher Form und Höhe, Geld mit sich führen darf und muß, wieviel Trinkgeld gegeben wird, welche Risiken für welche Schadensfälle zu versichern sind und welche Rückreisemöglichkeiten, beispielsweise bei vorzeitiger Jagdbeendigung, bestehen. Vorsicht bei Billigtarif-Flügen! Er muß informiert sein, was sonst noch im Gastrevier gejagt werden kann (da sind zusätzliche Lizenzen meist vorher zu besorgen), welche besonderen Bedingungen zu erwarten sind (Weitschüsse, hygienische Verhältnisse, Sprachprobleme) und ob — dieser Aspekt wird oft über-, aber ebenso oft unterschätzt! — die augenblicklich körperliche Fitneß für die gebuchte Jagdreise ausreicht. Täglich 2 × 25 Kniebeugen vier Wochen vor der Abreise bewirken übrigens eine ganze Menge! Man sollte vorher noch kurz seinen Arzt konsultieren und Medikamente mit ihm festlegen. Pflichtimpfungen sind natürlich frühzeitig vorzunehmen.

All das ist mit dem Jagdfachberater vor der Abreise abzuklären und nötigenfalls zu bestätigen. Er wird Notadressen, Anschriften und Telefonnummern des Veranstalters (Outfitters und/oder Guide) übermitteln, Ratschläge für die Trophäenbehandlung und -bewertung (insbesondere bei zusätzlichen Aufschlägen oder Prämierungskosten), Tips für den späteren Trophäentransport (Mitnahme von Verpackungsmaterial) und wichtige Hinweise für die Einfuhr (Beachtung der nationalen und internationalen Zoll-, Trophäen- und Ausfuhrbestimmungen) geben. Dieser Mindestkatalog, der Leistungen, Beratungen und Verantwortung des Jagdbüros nur kurz umreißt, führt zwangsläufig zu den vielen anderen Problemen, Mißverständnissen und Ärgerlichkeiten, die durch sachgerechte Vorplanung gering gehalten oder in der Regel ganz vermieden werden können.

Outfitter und Guide

Ist die Jagdreise gediegen vorbereitet, dann bestimmt der Jagdgast sein Verhältnis zu seinen Partnern »vor Ort« im wesentlichen selbst.

Der Ton macht bekanntlich die Musik. Das gilt für beide Seiten. Falsche Kameraderie, ein vielleicht zu frühes und spontanes »Du« oder ein zu schnelles Vorführen der eigenen Jagdbilanz anhand imponierender Fotos, können den Guide mehr verunsichern als anspornen.

Jagdführer und Outfitter sind meist erfahren im Umgang mit ausländischen Jagdgästen und oft übersensibel gegen Verhalten und Forderungen nach dem Motto »Wer zahlt, schafft an!« Jagdführung ist ein harter Job und nur selten ein Vergnügen. Guides kämpfen ständig um den Erfolg des Gastes, daran hängt ihre Reputation.

Sie sind keine jagdlichen Übermänner, sondern auf gute und schnelle Ergebnisse getrimmte Jäger-Profis, die selbst oft nicht ganz frei sind von Dünkel und Selbstüberschätzung: Wir Wildnisjäger sind die großen Cracks — alle anderen sind Greenhorns!

Trotzdem schätzen und respektieren erfahrene Outfitter und Guides den fragenden, sachkundig-erfahrenen, aktiven Jagdgast, der nicht zuallererst am Komfort der Jagd, sondern zu-

Ein Anflug von Gänsen und Enten, wie hier in Nordaustralien, verlangt Disziplin und überlegtes Schießen.

nächst am Erfolg interessiert ist und dadurch die nie leichte, immer mit vielen Fragezeichen versehene Aufgabe mitlösen hilft, eine möglichst gute Trophäe zu strecken. Hier liegt das gemeinsame Interesse von Jagdgast und Jagdführer.

Auf einen Nenner gebracht: Je früher und besser Jagdgast und Guide die richtige Einstellung zueinander finden, desto wahrscheinlicher ist der Erfolg und das Klima einer Jagd. Das beginnt bereits bei der ersten Begrüßung am Flughafen — wofür ein Erkennungszeichen vereinbart wurde! Bereits hier bringt der Jagdgast ungeniert alle für ihn offenen Fragen an den Mann und vertraut nicht blindlings darauf, alles sei sicher so vorbereitet und geregelt, wie zu Hause besprochen und vom Vermittler — meist mit bestem Wissen und Gewissen — vereinbart!

Jagd und Jagdgebiet

Da wird zunächst der Zeitplan durchgespielt. Wieviele Tage wird wie (Fußpirsch, Allrad, Boot, Buschflugzeug, Pferd) gejagt?
Wo befindet sich das Revier (Einweisung anhand einer Landkarte oder Skizze, mit Entfernungen)?
Was wird in welcher Reihenfolge (zuerst auf Elch, dann auf Grizzly), mit wem gejagt? Führt der Outfitter selbst oder ein angestellter Guide?

Hinzu kommen Fragen nach den letzten Jagdgästen und ihren Erfolgen, nach Ausrüstung und Verpflegung und allen möglichen Besonderheiten: Gibt es im Jagdgebiet Moskitos oder Schlangen? Brauche ich Grödeleisen, ein Spektiv oder einen Schießstock für die Jagd im deckungslosen Gelände? Wie läuft die Rückreise bei Jagdverkürzung oder bei deren Verlängerung? Wer versorgt die Trophäe, welches Trinkgeld ist angebracht, wieviele Begleiter sind eigentlich mit von der Partie? Oft sind es leider zuviele!

Jagt man auf der Basis zwei Jäger/ein Führer, dann ist lange vor der Jagd festzulegen, wer vor dem Wild den ersten Schuß hat. Entweder man akzeptiert den Losentscheid oder legt fest: Wild das links kommt gehört dem einen, was rechts auftaucht dem anderen Jäger. Das verhindert, daß man nach der Reise einen Freund weniger hat. Pünktlichkeit ist bei der Jagd für beide Seiten selbstverständlich. Zu spätes Schießen am Nachmittag, vielleicht noch in der Dämmerung, bringt schnell Probleme bei der Nachsuche. Am nächsten Tag könnte die Decke eines waidwunden, nicht mehr geborgenen Leoparden leicht von in der Nacht herum-

streunenden Hyänen zerrissen sein! Ein wichtiger Punkt, der häufig eine Schamgrenze des Jägers berührt, ist die Frage, ob er sich — überhaupt in schwierigem Gelände — Waffe und Rucksack tragen lassen soll. Das wird jeder für sich selbst entscheiden müssen. Mit Moral hat das überhaupt nichts zu tun! Es ist jedenfalls besser, körperlich fit und nicht wie ein Pferd schnaubend, einen sauberen Schuß abzugeben, als ausgepumpt und völlig fertig — meist in Eile! — vorbeizuschießen oder gar anzuflicken.

Viel wichtiger ist ein Probeschuß! Der allmorgendliche Test des Gewehrs, insbesondere bei Verdacht, ist die beste Medizin für das Selbstvertrauen. Übrigens blamiert sich beim Übungsschießen niemand, und lästige Zuschauer sind immer dabei! Beim Probeschuß gewöhnt man sich an sie und fühlt sich später beim Schuß vorm Wild wesentlich wohler. Besonders Umsichtige beschäftigen sich mit Haltepunkt und Wildanatomie bereits zu Hause. Der Ärger, wenn die Waffe während des Transports oder während der Pirsch einen Stoß abbekam und nicht hinschießt, ist jedenfalls größer als die kurze Last des Probeschusses, der den Jäger bewahrt, später eventuell auf den heißen Rost bitterer Selbstvorwürfe gelegt zu werden. Bei Nahschüssen

Zielfernrohr zurückdrehen; nie weniger als zehn Kugel- und zwanzig Schrotpatronen zur Pirsch mitnehmen!
Gut informiert und innerlich gerüstet, läßt es sich jedenfalls guten Mutes auf Auslandspirsch gehen: »Bekanntlich läßt sich die Tür zur Erfahrung nur von innen öffnen!«
Vermittler, Outfitter und Guide haben damit zunächst ihre Schuldigkeit getan. Jetzt ist der Jagdgast mit Können, Kondition und Geduld an der Reihe. Und Diana mit ihrer Gunst!

Selbst ist der Mann

Nun geht es darum, alle theoretisch möglichen Fehler bei der Pirsch tatsächlich auch zu vermeiden. Jetzt kommt die Nagelprobe für den Jagdgast und seinen Führer. Dieser kann, und wer wollte das ausschließen, natürlich jagdlich unerfahren, faul und träge, siebengescheit und launisch, aufgeregt schußhitzig, schlecht ausgerüstet und aufdringlich in Sachen Trinkgeld sein. Er kann auch, wie es oft in Afrika und Asien geschieht und dann zu bösen Fehleinschätzungen führt, aus lauter Respekt vor des Gastes Schießkunst und seiner »Wunder-Waffe« unkritisch zuviel riskieren oder laufend beweisen wollen, welch Tau-

Äthiopien. Gute Fährtensucher sind bei Nachsuchen unverzichtbar.

sendsassa er selbst ist. Wenn er dann auch noch den Wind nicht beachtet, ständig 100 m vorauseilt, falsch oder oberflächlich anspricht und ihm zeit- und kräftezehrende Fehlpirschen unterlaufen oder er aufgeregt ständig zum schnellen Schuß drängt und anschließend der Erfolg auf sich warten läßt, dann ist das Klima schnell auf dem Nullpunkt.

Um diese Entwicklung abzufangen, wird der erfahrene Jagdgast frühzeitig und in aller Deutlichkeit seine Meinung sagen und nicht »des lieben Friedens willen« — wie leider oft der Fall — mit seiner Manöverkritik hinterm Berg halten und erst zu Hause meckern und Schuldige suchen.
Letztendlich entscheidet der Gast, ob er bei seiner Auslandsjagd — die immer auch eine kleine Expedition ins Ungewisse ist — das bestätigte und angesprochene Stück Wild jetzt, an dieser Stelle und in dieser Qualität nehmen will oder nicht. Läuft etwas schief, helfen später weder Ausreden noch Schuldzuweisungen, in der Regel auch kein noch so rüder Protest. Zu weit oder zu nah, zu jung oder zu alt, falsch oder richtig, all dies hat der Jäger mitbestimmt und damit auch zu verantworten. Der Jagdgast wurde ans Wild herangebracht, er alleine hat den Finger krumm gemacht: »Ist die Kugel aus dem Lauf . . . !« Meist ist damit auch die Lizenz vertan.
Da verpuffen dann in der Regel Mängelrüge und Regreßandrohung, selbst wenn sie im Jagdprotokoll stehen. Wie angenehm, wenn das richtige Stück liegt!
Ein weiterer Grundsatz erfolgreicher Auslandsjagd lautet: Man läßt sich auf der Pirsch nur so lange führen und

Diese Reise in die Mongolei war ein voller Erfolg. Da hat alles gepaßt.

»dirigieren«, bis einen nicht eigener Jagdinstinkt, persönliche Erfahrung und aktuelle Beobachtungen zur Eigeninitiative, zum »Umschalten« vom Geführten zum Führer zwingen. Und dann wird, wenn nötig mit sanftem Druck, so gejagt, wie man es für situationsgemäß hält und später auch vertreten muß. Übrigens wird jeder Outfitter und Guide diese Haltung respektieren, denn am Ende der Jagd gilt: »Erfolg bindet, Mißerfolg trennt!«

Diese Einstellung bedeutet beispielsweise, daß der Jagdgast sich auch zu Wort meldet, wenn ihm zu oft, zuviel Alkohol getrunken wird, er gründlicher als bisher die Berghänge abglasen will, eine Nachsuche abgebrochen oder fortgesetzt werden soll. Wichtig ist auch die Festlegung, ob — wenn überhaupt — die zweite Kugel auf beschossenes (wehrhaftes!) Wild dem Guide automatisch oder erst nach Aufforderung gehört, ob schnell oder langsam gepirscht, Pausen eingelegt und wann ein Imbiß genommen wird. Der Jagdgast legt mit dem Guide fest, wo man in bester Position ansitzen oder querpirschen will, wie man sich vor dem Wild verständigt — leises Zischen ist besser als Anrempeln — und wer gegebenenfalls im dichten Busch oder steinigen Steilhang die Waffe trägt — die man nie aus den Augen läßt!

allem im Ausland, sich persönlich von dessen Qualität überzeugen und nicht blindlings dem Vorschlag des Outfitters vertrauen. Eine verkorkste Trägermontage bleibt ein lebenslanges Ärgernis! Erfahrungsgemäß sind die Präparatoren daheim — der hohe Standard ihrer Arbeiten ist international anerkannt! — immer noch die preiswertesten. Fertigpräparate aus dem Ausland machen den Zoll sinnlich!

All das wird man freundschaftlich, fallweise auch mit Nachdruck vertreten. Guide und Outfitter wissen dann Bescheid und fühlen sich trotzdem noch als Jagdführer, Initiator und Erfolgbeschaffer verantwortlich. Und genau das müssen sie bei aller Eigeninitiative des Jagdgastes auch bleiben! Schließlich kennen sie das Revier, das zu bejagende Wild und dessen Verhalten, Biotop, Wetter und alles was sonst an Besonderheit dieser Jagd besteht, am allerbesten. Außerdem ist immer ihr persönliches Ansehen und ihre Berufsehre im Spiel!

Ständige Besserwisserei, Nörgelei und Ausreden — »Du hättest voriges Jahr da sein müssen!« —, töten bei der Jagd jede Gemeinsamkeit. Es ist nicht leicht, dieser Versuchung zu widerstehen. Das widerfuhr schon Goethe, als er in Venedig sogar in Sachen Stadtreinigung »dienlich« sein wollte: »Ich konnte nicht unterlassen, gleich im Spazierengehen

eine Anordnung deshalb zu entwerfen und einem Polizeivorsteher, dem es Ernst wäre, in Gedanken vorzuarbeiten. So hat man immer Trieb und Lust, vor fremden Türen zu kehren«. Wie wahr! Bei der Jagd ist dies verhängnisvoll! Wenn beide, Jagdgast und Jagdführer, der ehrlichen Auffassung sind, daß man bei der Jagd immer Lernender und Überraschter ist — obwohl vielleicht das meiste an Tips und Gedankenaustausch einem banal und längst bekannt erscheint — und der Respekt voreinander hinzukommt, dann sind der Erfolg und ein echtes Jagd- und Urlaubserlebnis, für die wertvollste Zeit des Jägerjahres, vorprogrammiert und gewährleistet. Jagen heißt, insbesondere im Ausland, Erfahrung sammeln, Kompromisse schließen, aus Fehlern lernen, persönliches Lehrgeld bezahlen, Riecher und Instinkt entwickeln und — wenn nötig — um den Erfolg kämpfen. Wohlwissend, daß »Mißerfolg eine Chance ist, es beim nächsten Mal besser zu machen«. Auch die Möglichkeit, sich erneut den Unwägbarkeiten fremder Jagd auszusetzen und dazuzulernen. Ganz im Sinne Alexander von Humboldts Meinung, daß »die gefährlichste Weltanschauung die Weltanschauung der Leute (ist), welche die Welt nie angeschaut haben«. Gerade diesen Schuh braucht sich der Jäger von heute nicht anzuziehen. Waidmannsheil in aller Welt.

Gegenseitiger Respekt

Der Jagdgast ärgert sich weniger, wenn er für den oft ständig hustenden Begleiter Eukalyptus dabeihat, sich den meist zu dünnen oder zu starken Tee selbst abbrüht und die Schlafsackunterlage persönlich ebnet. Er sollte nicht erst bei Dunkelheit beginnen Taschenlampe, die »Abendpille« und Toilettenpapier griffbereit zu ordnen, und im übrigen mit aller Entschiedenheit um Ruhe bitten, wenn die nächtliche Unterhaltung zu lange und das Geschnarche zu laut wird.

Entscheidend ist die Wahl des Präparators. Seine Arbeit bestimmt den Erinnerungswert der Trophäe. Deshalb, vor

Einfach klassisch! Kapitalbock aus Belgorod/UdSSR.

Anregungen und Informationen für Auslandsjäger

Reise- und Überlebenstips von A-Z

Einige stichwortartige Ratschläge zur Planung und Vorbereitung einer Jagdreise und zum Überleben in der Wildnis, insbesondere wenn es plötzlich zur Krise kommt. Das Thema hat nichts mit »Indianer-Spielen« zu tun. Diese Tips sind Spezialeinheiten, Flugzeugbesatzungen und Extremtouristen selbstverständlich. Manch kleine Trillerpfeife hat schon ein Leben gerettet!

Alpines Notsignal, im Abstand von zehn Sekunden, mit sechs Signalen pro Minute durch Trillerpfeife, Pfeifen, Rufen, Blinken oder Schießen. Nach einer Minute die sechs Signale wiederholen.

Aluminiumfolie, für Kopfbedeckung, Isolierung in Stiefeln und Handschuhen, als Feuchtigkeitsschutz für Dokumente, Munition, Medikamente oder als Signal, als Kochgerät, zum Braten und Schmelzen von Schnee und Eis.

Bewußtlosigkeit, Bisse (s. Erste Hilfe).

Durchfall mit Schwächegefühl, Bauchkrämpfen, Kreislaufstörungen, ist Krankheit Nummer eins bei Reisen. Die Reisediarrhoe, eine Infektionskrankheit, wird von verunreinigtem Leitungswasser, rohem Gemüse, ungeschälten Früchten, Eis (-Würfeln), Milch und Milchprodukten, nicht gargekochtem Fleisch oder Fisch ausgelöst. Nur abgekochtes Wasser oder Mineralwasser, auch zum Zähneputzen verwenden. Viel nichtalkoholische (Cola-)Getränke, nicht gezuckerte Tees, salzreiche, fettlose Suppen helfen bei schweren Formen. Bei mehr als drei oder mehr Darmentleerungen innerhalb von 8 Stunden, ggf. Antibiotika nehmen.

Durst immer mit gesamtem Wasservorrat löschen, andernfalls Bluteindickung. Bei Bergjagden (Höhenkrankheit) täglich 3 Liter Flüssigkeit zu sich nehmen. Verdächtiges Wasser evtl. mit Stoffgewebe abseien, Geruch durch Mitkochen von Holzkohle beseitigen.

Entfernungen ggf. schätzen. Gebäude und Baumgruppen können bis 8 km, Baumarten bis 4 km, Menschen bis 1 km Entfernung bestimmt und erkannt werden.

Ersatzbrille ist unverzichtbar. Brillenträger sind ansonsten hilflos bei allen Vorhaben, die feines Sehvermögen oder Lesen verlangen (Landkarte, Waffe, Dokumente, Medikamente, allgem. Technik etc.).

Erste Hilfe beginnt mit Beruhigung des Patienten.

- Bei Brüchen Arme und Beine mit Notverband schienen.
- Bei Blutungen sofort Druckverband anbringen und festbinden.
- Bei Bewußtlosigkeit Kleidung öffnen, für stabile Seitenlage sorgen, Liegearm hinter den Rücken ziehen, für frische Luft und warme Unterlage sorgen, bei Atmungsstillstand Mund-zu-Nase-Beatmung.
- Bei Erkältungen sofort Medikamente und trockene Kleidung. Kälte und Zugluft meiden. Bewährt ist »aufsteigendes Fußbad«: Füße bis zu den Knien in einen Behälter (evtl. Gummistiefel) und 20 Min. lang immer heißeres Wasser aufgießen. Anschließend 2 Std., warm verpackt, ruhen.
- Bei Bissen Gefahr von Herz- und Kreislaufversagen. Evtl. durch Abbinden Blutstauung erzeugen, Puls kontrollieren.
- Bei Erfrierungen Froststellen am eigenen Körper erwärmen. Erfrorene Körperteile leicht massieren, nur anwärmen, nicht »aufheizen«.
- Bei Insektenstichen im Mund und Rachenraum, Atemweg freihalten. Kalte Getränke und Eisauflagen und nasse, kalte Humuspackungen gegen Schwellung und Entzündungsgefahr.
- Bei Nasenbluten Kopf nach vorne beugen, Nasenlöcher unterhalb des Nasenbeines zuhalten.
- Fremdgegenstände im Auge durch mehrmaliges Herabziehen des Lides über das Auge langsam nach oben bewegen. Mehrmals wiederholen. Nicht reiben!
- Dornen und Splitter in der Haut sofort mit Sicherheitsnadel (immer griffbereit an der Hose mitführen!) herausnehmen, vorher über Flamme desinfizieren. Offene Wunden reinigen und verbinden.
- Verbrennungen sofort mit kaltem Wasser längere Zeit kühlen. Brandblasen möglichst nicht aufstechen.

Erste-Hilfe-Ausrüstung besteht aus Mindestverbandszeug, Rasierklinge, Pinzette, Nähzeug, Insektenschutz, Penatencreme, gute Schmerzmittel, Schlangenbiß-Kit, Medikamenten gegen Verdauungsstörungen, Kreislaufschwäche, evtl. Salz- und Elektrolytetabletten (Berg- und Tropenjagd), Sonnenschutzmittel, Lippenbalsam. Hustentropfen und -tee, Halspastillen, Beruhigungsdragees, schmerzstillender Einreibung sowie Fieberthermometer. Reiseapotheke mit Hausarzt abstimmen (Reserverezept!) und an Reiseziel orientieren. Schutzimpfungen rechtzeitig vornehmen und im Impfpaß mit Blutgruppe festhalten. Bei Reisen in Drittländer Einwegspritzen mitnehmen (Aids-Gefahr!).

Essen mit Maß und richtige Ernährung, sind wesentlich. Trockenfrüchte und Kraftriegel mitführen. Hervorragende Überlebensmahlzeit durch Verkochen von allem, was in der Wildnis an Beeren, Vogeleiern, Innenrinde von Bäumen, eßbaren Gräsern und Pflanzen, Lebewesen jeder Art gefunden werden kann. Eintopfmahlzeit ganz heiß essen, nie aufwärmen!

Fallen wenn möglich sofort aufbauen, Zwangswechsel anlegen. Höhlen und hohle Bäume ausräuchern, Fallen sichtbar markieren. Vorsicht vor wilden Bienen beim Honigsammeln (ausräuchern!).

Feuer ist wichtig. Wasserdichte Streichhölzer (Gasfeuerzeug) mitführen, Feuerstelle auf Unterlage aus Holz oder Steinen mit Windschutz anlegen. Mehrere kleine Feuer wärmen besser, sind besser zu unterhalten. Vorsicht Waldbrandgefahr! Altes Holz (aus dem Bauminnern), trockenes Gras, Dung, Tierfett oder Speck (ausgebrannt eßbar) verwenden. Als Zunder («Schnellzünder») Brei-Gemisch aus Kerosin, Sägemehl und Fichtennadeln, Flechten oder Stoffresten etc. herstellen. Fehlen Zündhölzer, dann Linse oder Glas der Taschenlampe als Brennglas verwenden. Evtl. mit Steinen Zunder am Pulver einer Patrone schlagen. Leicht entflammbares Brennmaterial in der Mitte, größeres nach außen hin anordnen.

Fitneßtraining, um besonders für Bergjagden die Beinmuskulatur und den Kreislauf zu stärken. 4 Wochen vorher täglich 2×25 Kniebeugen und einige Minuten Kreislaufbelastung (Treppensteigen) wirken Wunder.

Fotoausrüstung bedarf sorgfältigen Schutzes vor Verlust, Feuchtigkeit oder Gepäckdurchleuchtung. Bleitüten besorgen.

Gewässerdurchquerung dort, wo der Fluß am breitesten, also seichtesten ist. Ausrüstung und Kleidung, ausgenommen Schuhe, wegen Verletzungsgefahr, auf kleinem Floß an einer Leine im Winkel von 45° mit der Strömung über den Fluß ziehen: immer stromaufwärts und auf den Landepunkt am Gegenufer blicken. Strömung abschätzen. Wasserfällen, dicht bewaldeten Ufern ausweichen, Gletscherflüsse frühmorgens (wenig Schmelzwasser) überqueren.

Impfungen (Gelbfieber etc.) rechtzeitig vor Reiseantritt vornehmen, evtl. auch gegen Zecken und Tollwut. Eintrag im Impfpaß.

Jet-lag, die Störung der »inneren Uhr« durch Zeitumstellung bei Interkontinentalflügen, wenn möglich nicht durch Tranquilizer oder Alkohol entgegenwirken. Besser ist, sich zu entspannen, sich der Schuhe zu entledigen, wenig zu essen, bei Zwischenlandungen (wenn möglich) von Bord zu gehen, sich mehrmals die Beine zu vertreten, sich strecken, tief durch die Nase ein- und durch den Mund ausatmen und jede Stunde Arme und Beine einige Minuten gegeneinanderzupressen; Füße, Finger und Kopf mehrfach kreisen.

Kälteschutz aus mehreren dünnen, locker übereinanderliegenden Kleidungsstücken ist besser, als dicke und eng anliegende. Der Mensch überlebt 30 Tage ohne Nahrung, 3 Tage ohne Flüssigkeit, aber nur 3 Stunden ohne Schutz vor großer Kälte. Atmungsaktive Baumwollunterwäsche. Vorsicht mit Thermounterwäsche bei körperlicher Belastung (Schweißbildung!). Gesichtsmaske mit Nackenschutz, Handschuhe mit Öffnung für Schießfinger und Schnur um den Hals gegen Verlust. Alkohol stark verdünnen, da er den Kreislauf belastet und beschleunigt sowie die Körpertemperatur senkt. Trotz Erschöpfung und großer Müdigkeit sich bewegen. Durch gegenseitige Beobachtung auf weiße Verfärbungen im Gesicht achten, Ausrüstung und Kleidung vor Vereisung schützen. Kleines Außenthermometer!

Kompaß für die Survival-Situation, die in der Regel damit beginnt, daß das Transportmittel ausfällt oder man sich verirrt hat. Hierfür Kompaß mitführen, Anwendung zuhause üben. Bei Fortbewegung Richtung festhalten, Schritte zählen, jederzeitige Rückkehr zum Lager absichern.

Lager dort errichten, wo Brennmaterial und Wasser sind. Feuchte Plätze in hohem Gras, dichtem Buschwerk oder unter hohen Bäumen vermeiden. Am besten Anhöhe oder Hanglage mit Sicht zu einem Fluß und gut einsehbar für Rettungstrupps anlegen. Regenrinne in Hangrichtung gegen Sturzwasser um das Camp anlegen.

Landkarte über Jagdgebiet unverzichtbar. Groborientierung eintragen, Maßstab beachten. Abstand zwischen 2 Breitengraden beträgt ca. 111, zwischen 2 Längengraden (am Äquator) ebensoviele Kilometer. Wasserdicht verpacken.

Lawinen werden bei Temperaturschwankungen durch starke Sonneneinstrahlung oder Winddruck (auch überwechselndes Wild) ausgelöst. Möglichst auf der Berg-Schattenseite mit langem Bergstock marschieren. In

Flugzeugabsturz des Autors in Zaire. Da sind plötzlich Überlebenstechniken gefragt.

abgehender Lawine mit Schwimmbewegungen versuchen, an der Oberfläche zu bleiben.

Markierung an auffälliger Stelle für sich und Suchmannschaften anbringen (Äste, Steine, Sandwälle, Plastikstreifen von Tüten). Äste auffällig in Marschrichtung knicken, Steinpfeile bauen. Bei Schnee Kaliumpermanganat (Wundermittel auch gegen Halsentzündung, bei Infektionen etc.) weitflächig verstreuen.

Notunterstand, das »Haus im Rucksack«, als Plastikfolie (schulheftgroß) mitführen. Schutzdach in natürlicher Deckung errichten.

Kapitaler Timberwolf (Kanada). Wildnisjagd verlangt immer auch Survival-Wissen.

Notverpflegung, als Trockenobst, getrocknetes und gesalzenes Fleisch (Biltong), Nüsse, Traubenzucker, Vitamin C-Brausetabletten mitführen. Wildwachsende Pflanzen (von den 300 000 auf der Erde sind 50% eßbar) nur in kleinen Mengen testen. Energieverbrauch einschränken. Der Nahrungsbedarf steigt bei niedrigen, der Flüssigkeitsbedarf bei steigenden Temperaturen. Nicht bei Tageshitze, möglichst auf Wildwechseln marschieren.

Rauchsignale als Notsignal, immer aus drei Feuern, am besten von einer Anhöhe senden. Feuchtes Holz und Gras für Suchtrupp oder Flugzeug bereithalten, farbige Gegenstände kreuzförmig auf Boden auslegen. Wenn möglich mit Decke, 3 × kurz, 3 × lang, 3 × kurz, S-O-S-Rauchsignal senden.

Reiten, oft auch für Ungeübte bei der Jagd notwendig. Im Camp kurz üben, sich einweisen lassen. Jagdpferde kennen in der Regel selbst jeden Steig und achten auf jede Gefahr.

Salzversorgung bei großen Anstrengungen und starkem Schweißverlust durch in Wasser gelöstes Salz oder Mineralien immer sofort ausgleichen.

Schlafsack. Werden heute für jeden Zweck, jede Temperatur und die verschiedensten Nutzungsmöglichkeiten angeboten. Wichtig sind Bewegungsfreiheit, inseitiger Reißverschluß, Hals- und Kapuzenverschnürung und 2. Reißverschluß in der Fußzone. Evtl. wasserundurchlässigen Außensack mitnehmen. Im Schlafsack nur im Trainingsanzug oder in Unterwäsche schlafen. Wäsche und Socken vor dem Anziehen, bei Kälte, im Schlafsack aufwärmen. Der richtige Schlafsack (ca. 2 kg) ist Kern jeder durchdachten Ausrüstung.

Schlangengefahr bei zunehmender Außentemperatur, besonders in Feucht- und Dschungelgebieten, Steppen-, Wüsten- und

Bergregionen. Vorsicht bei Termitenhügeln. Nur 10% der etwa 3000 Schlangenarten sind giftig, das Fleisch ungiftiger Schlangen ist genießbar. Es gibt kein Merkmal für giftige Schlangen, deshalb vor einer Jagdreise Informationen über Vorkommen und Lebensweise einholen. Keine Angst vor Schnelligkeit, die Schlagdistanz beträgt höchstens $1/3$ der Körpergröße. Bißstelle sofort abbinden, evtl. mit Schlangenbesteck behandeln, aufschneiden und ausbluten, keinesfalls aussaugen. Wenig Bewegung, sofort Rettung organisieren.

Signalzeichen

Signalzeichen (Luftrettung)

I = Bitte um Arzt
F = Brauche Verpflegung
□ = Brauche Karte u. Kompaß
K = Wie soll ich weitergehen?
△ = Hier landen
LL = Verstanden
N = Nein
Y = Ja
⅃L = Nicht verstanden

Speisen im Gefäß, Fleisch auf geschältem Weichholz oder in Folie bzw. feuchtes Papier gewickelt, über offenes Feuer halten oder mit Glut überdecken. Windrichtung und Windschutz beachten. Brennmaterial sternförmig von außen nach innen ordnen und nachschieben. Evtl. heiße Steine erhit-

zen, längere Hitzequelle. Kochen ist ab 3500 m kaum mehr möglich.

Survival-Ausrüstung, ebenso wie Waffe und Munition, ständig mitführen. Zum Kit gehört vor allem Sägedraht, Spezialstreichhölzer, Kompaß, Angelhaken und -schnur, Sicherheits- und Nähnadel, Schmerz- und Kohletabletten, Alufolie, Kerze, Plastikfolie, Entkeimungstabletten »Micropur«, Taschenlampe, Batterien, Trillerpfeife, Trockenspiritus, Stirnlampe, Rasierklinge, Energienahrung, Salz, Insektenschutz. Umfang wird von Risikofaktoren der Jagd bestimmt.

Taschenlampe (farbig) mit Zusatzbatterien und Reservebirne. Trageschlaufe und Schnur schützen vor Verlust.

Trinkwasser im Zweifel mit Kaliumpermanganat oder Jod desinfizieren, mindestens 20 Minuten abkochen. Notfalls mit Tuch und einer Lage Sand filtern, am besten mit Micropur entkeimen.

Verirrt. Zunächst Ruhe und Überlegung. Am Standort bleiben, auf Rettung warten, Signaltechniken überlegen.

Verständigung mit Einheimischen. Evtl. Mitnahme eines kleinen Lexikons oder einer Liste mit wichtigen Wörtern.

Waldbrand ist, wie Steppenbrand, oft für Camp, Ausrüstung und Mensch gefährlich. Rückzug offen halten, Hauptwindrichtung beachten, sich in die Nähe von Gewässern

zurückziehen, Körper und Kleidung naß halten. Evtl. »Gegenfeuer« entzünden, um Schneise zu schaffen.

Wasserversorgung. Im Notfall Auffangen von Regen, Schmelzen von Schnee. Pflanzen »anzapfen«, Tau mit Taschentuch abstreifen und in Gefäß oder Mund auswringen. Man sammelt so in einer Stunde etwa einen halben Liter Wasser. Sickerwasser suchen, Wildtiere, Vegetation und Landschaft beobachten, Wildwechseln folgen. In der Arktis bietet der Kern einer Eisscholle meist gefrorenes Süßwasser. Meereseis ist weitgehend salzfrei. Altes Eis verliert nach einem Jahr seinen Salzgehalt, deshalb zum Schmelzen geeignet. Bei Frost Salzwasser in Gefäßen gefrieren. Salz sammelt sich in der Mitte und ist zu entfernen.

Zeitzonenkarte informiert über Zeitverschiebungen. Wichtig bei Flugzeitberechnungen und tel. Anrufplanungen.

Zunder zum Feuermachen aus trockenen Grashalmen, Wollfäden, Haaren, Vogelnestern, Federn, Losung von Pflanzenfressern, Birkenrinde, Harz, zerriebenen Binsen und Rinde, Pulver aus Patronen oder einem Gemisch aus Kerosin und Holzkohle.

Zündhölzer mit Wachs oder Nagellack gegen Feuchtigkeit schützen und mit Reibflächen in wasserdichtem Plastikbeutel, in Fotodose oder versiegelter Schrotpatrone mitführen.

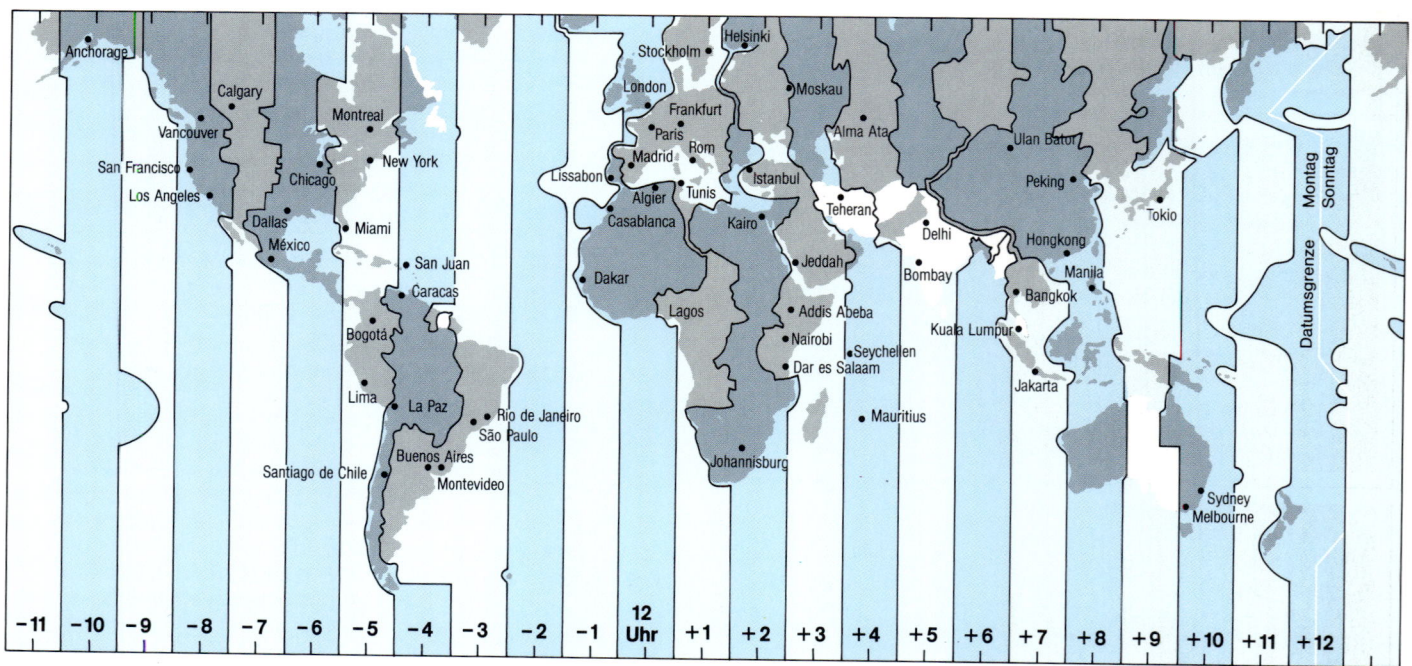

Zeitzonenkarte (weiße Gebiete weichen vom Weltzeitsystem ab, meist eine halbe Stunde)

Kaliber-Vorschläge

Der legendäre Karamoja Bell hat unzählige Elefanten mit der 7×57 gestreckt. Er wußte wo er hinschießen mußte! Die Frage, welche Waffe, welches Kaliber auf welches Wild, ist nie leicht zu beantworten. Kalibervorschläge sind deshalb nur eine Anregung, um aus dem eigenen Waffenbestand die optimale Kaliberwahl zu treffen.

Wildtiere	Kaliber
Auer- und Birkhahn · Rehwild · Kleinantilopen · Gamswild · Puma · Wolf	.22 Hornet (VM) .222 Remington .223 Remington .22-250 5.6×50 Mag. 5.6×57 .240 Weatherby Mag. .243 Winchester 6.5×57 7×57 6.5×68
Gamswild · Steinböcke · Muffelwild · Rotwild · Dam- und Sikawild · Schwarzwild · Europäischer Braunbär · Schwarzbär · mittelschwere Antilopen	6.5×68 7×57 7×64 .270 Winchester 7×66 v. Hofe 7mm Remington Mag. .308 Winchester .30-06 Springfield 8×57 IS 8×64 S
Rot- und Schwarzwild · Berg- und Steinwild · Wildschafe · Elch · Karibou · Moschusochse · Grizzly · Polarbär · Braunbär · Großantilopen · Leopard · Löwe	.300 Winchester Mag. .300 Weatherby Mag. .308 Norma Mag. .338 Winchester Mag. .340 Weatherby Mag. .358 Norma Mag. 7×66 v. Hofe 8×68 S 8mm Remington Mag. 9.3×74 R 9.3×62
»Big Five« · Elefant · Nashorn · Büffel · Löwe · Hippo · Wisent · Bison · Wasserbüffel · Banteng	9.3×64 .375 H&H Mag. .378 Weatherby Mag. .416 Rigby .458 Winchester .460 Weatherby Mag. .470 Nitro Expreß .404 Rimless 10,75×68

Der richtige Schuß

Der erste, richtig angetragene Schuß, entscheidet oft über Erfolg und Mißerfolg. Bei wehrhaftem Wild und bei Nachsuchen sogar über Leib und Leben des Jägers. Träger- und Kopfschüsse sind, wenn irgend möglich, immer zu vermeiden. »Bei allem was du tust, bedenke das Ende«, ist die wohl wichtigste Überlegung vor, während und nach der Abgabe eines Schusses.

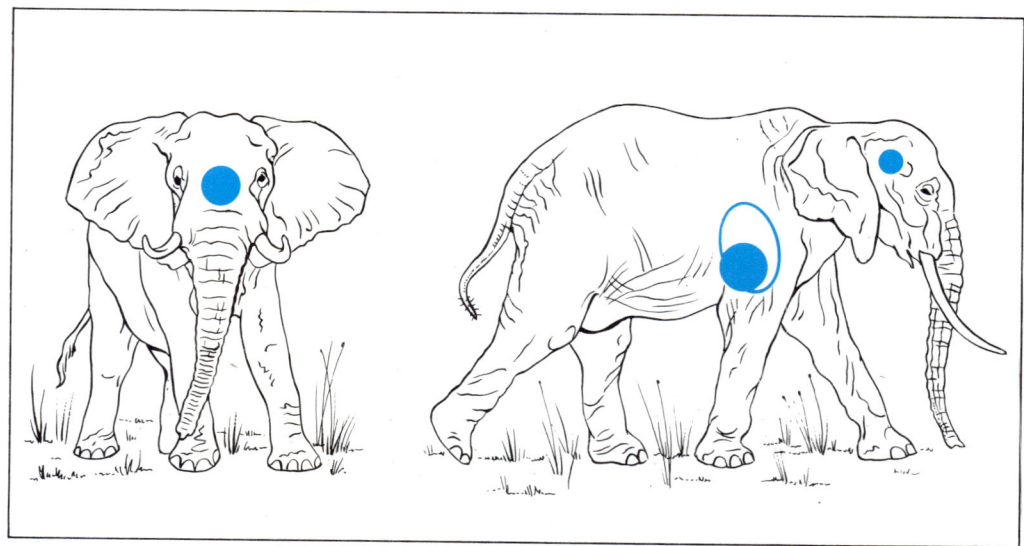

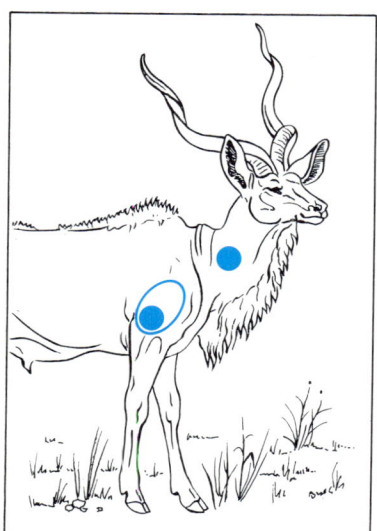

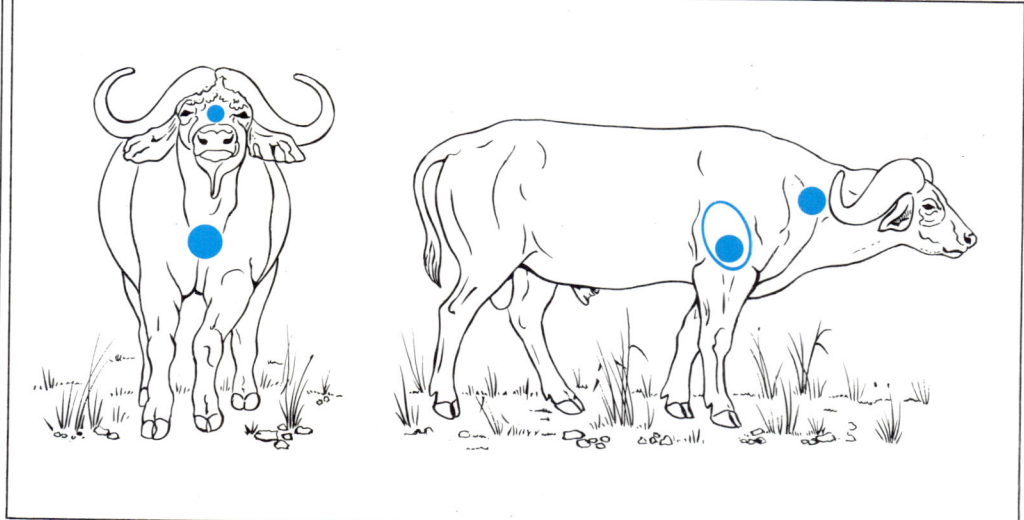

Temperatur-Durchschnittswerte

Land		Jan.	Feb.	März	April	Mai	Juni	Juli	Aug.	Sept	Okt.	Nov.	Dez.
Ägypten	Tag	23	25	29	32	36	38	38	36	34	32	29	24
(Luxor)	Nacht	6	7	11	16	21	23	23	22	20	18	13	8
Alaska	Tag	−7	−3	1	7	13	17	19	18	14	6	−2	−7
	Nacht	−15	−12	−9	−3	2	7	9	8	4	−2	−9	−14
Argentinien	Tag	34	31	30	25	23	20	18	21	24	25	28	31
(Buenos Aires)	Nacht	16	15	14	9	6	4	3	4	7	9	12	14
Australien	Tag	29	29	28	26	23	21	20	22	24	27	28	29
	Nacht	21	20	19	16	13	11	9	10	13	16	18	19
Botsuana	Tag	26	26	26	26	23	21	21	23	26	28	27	26
	Nacht	16	16	14	13	9	7	7	8	11	15	15	16
Bulgarien	Tag	4	6	10	15	21	26	29	29	24	20	13	7
	Nacht	−2	−2	2	7	12	16	18	17	14	10	6	0
Kanada	Tag	−28	−26	−20	−11	−2	6	12	12	6	−1	−12	−22
(Norden)	Nacht	−38	−37	−34	−24	−14	−3	3	4	−2	−14	−28	−33
Kanada	Tag	−8	−6	1	11	18	21	24	22	17	11	0	−7
(Süden)	Nacht	−18	−17	−10	−2	4	8	10	9	4	−1	−9	−16
Mongolei	Tag	−16	−10	2	10	18	25	24	23	18	11	−1	−11
(Ulan Bator)	Nacht	−36	−32	−26	−13	3	5	8	10	8	−10	−24	−34
Namibia	Tag	30	29	27	25	22	20	20	23	25	29	29	30
	Nacht	17	16	15	13	9	7	6	9	11	15	15	17
Nepal	Tag	18	20	25	24	30	29	29	29	28	27	23	19
(Katmandu)	Nacht	2	4	7	11	16	19	20	20	19	14	8	3
Österreich	Tag	1	4	9	15	19	23	25	24	20	4	7	2
	Nacht	−5	−4	0	5	9	13	14	14	11	6	1	−2
Pakistan	Tag	19	23	29	36	39	41	38	36	35	32	27	21
(Lahore)	Nacht	6	7	13	18	23	26	27	25	23	17	12	7
Polen	Tag	−1	0	5	13	19	23	24	23	19	13	6	2
	Nacht	−6	−6	−2	3	9	12	14	13	10	5	1	−3
RCA	Tag	33	34	34	33	32	31	30	30	30	31	31	31
	Nacht	20	20	21	21	21	20	20	20	20	20	20	20
Ruanda	Tag	26	26	26	27	25	23	23	26	29	31	29	27
	Nacht	17	17	16	15	12	10	10	12	15	18	18	17
Sambia	Tag	28	26	27	26	25	22	22	26	28	31	30	28
	Nacht	18	17	16	15	14	10	10	11	15	18	18	18
Sowjetunion	Tag	−7	−6	0	9	17	22	24	22	16	8	0	−5
	Nacht	−14	−13	−8	0	6	11	13	12	7	1	−4	−10
Spanien	Tag	13	14	16	18	22	25	27	28	26	22	17	14
	Nacht	6	7	8	11	14	17	21	21	18	14	10	7
Südafrika	Tag	26	25	24	22	19	17	17	20	23	25	25	26
	Nacht	15	14	13	10	6	4	4	6	9	12	13	14
Sudan	Tag	32	34	38	41	42	41	38	37	39	40	36	33
	Nacht	15	16	19	22	25	26	25	25	25	24	20	17
Zimbabwe	Tag	26	26	26	26	23	21	21	23	26	28	27	26
	Nacht	16	16	14	13	9	7	7	8	11	15	15	16

Angelsächsisch-amerikanische Maße

1 inch (in.)	= 25,399 mm
1 foot (ft)	= 12 inches = 30,48 cm
1 yard (yd)	= 3 feet = 91,44 cm
1 geogr. Meile	= 7,42044 km
1 square yard (sq.yd)	= 0,836 m²
1 acre = 0,40468 ha	= 40,468 ar
1 square mile (sq.mi)	= 2,5899 km²
1 US-gallon (liq gal)	= 3,785 l
1 ounce (oz)	= 28,350 g
1 pound (1b)	= 453,59 g
1 long ton	= 1016,05 kg
1 short ton	= 907,185 kg
1 mm	= 0,03937 inches
1 cm	= 0,3937 inches
1 m	= 3,28084 feet
1 km	= 0,62137 miles
1 ar	= 119,61 sq.yd
1 ha	= 2,471 acres
1 km²	= 0,3861 sq.mi
1 hl	= 26,417 liq gal
100 g	= 3,527 oz
500 g	= 1,102 lb
1000 kg	= 0,98 t long tons
1000 kg	= 1,102 short tons

Temperatur-umrechnung

Umrechnung von °Celsius
  in °Fahrenheit: $9/5 \cdot °C + 32 = °F$

Umrechnung von °Fahrenheit
  in °Celsius: $(°F - 32) \cdot 5/9 = °C$

°Celsius	°Fahrenheit
− 40	− 40
− 30	− 22
− 20	− 4
− 10	+ 14
0	+ 32
+ 10	+ 50
+ 20	+ 68
+ 30	+ 86
+ 40	+104
+100	+212

Literatur

Aitmatov, T., 1986: Die Träume der Wölfin, Unionsverlag, Zürich.

Auslandsreisen: Loseblattausgabe, J. Fink-Kümmerly + Frey, Ostfildern.

Bajohr, W.A., 1985: Vom waidgerechten Jagen, Nymphenburger Verlagshandlung, München.

Bayern, A. Herzog v., 1980: Über Rehe, BLV Verlagsges. mbH., München.

Bieger, W. u. F. Nüßlein, 1976: Die Bewertung der europ. Jagdtrophäen. Paul Parey Verlag, Hamburg.

Blaupot ten Cate, St. J., 1977: Jagd- und Wildschutz im Norden Amerikas. Parey Verlag, Hamburg.

Blixen, T., 1986: Schatten wandern übers Gras, Deutsche Verlags-Anstalt, Stuttgart.

The Boone and Crockett Club, 1981: Records of North American Big Game. 8th Edition, Alexandria/Virginia.

Bruemmer, F., 1978: Seasons of the Eskimo. The Canadian Publishers, Toronto.

Brybycin, G., 1982: Wildlife in the Rockies. GB Publishing, Calgary.

Causey, Don (Hrsg.): Hunting report monthly, New York.

Diercke Länderlexikon, 1983: Westermann Verlag, Braunschweig.

Droste, E. v.,(Hrsg.), 1985: Mit dem Jäger um die Welt, Jahr Verlag, Hamburg.

Gasset, Ortega y, 1966: Meditationen über die Jagd. Deutsche Verlagsanstalt, Stuttgart.

Gutt, D., 1985: Die Waidmannssprache, Landbuch-Verlag.

Grzimek, B., 1979: Grzimeks Tierleben; Enzyklopädie des Tierreichs, Bd. 1-13. dtv, München.

Hagen, H., 1983: Die Sache mit dem Waidwerk. Herbig, München.

Haseder I./Stinglwagner G., 1984: Knaurs großes Jagdlexikon, Droemer-Knaur.

Helemann, W. (Hrsg.), 1988: Pirsch Jagderzählungen, BLV Verlagsges. mbH., München.

Herbert, W., 1978: Polar Deserts. Collins Publishers, London/Glasgow.

Hobusch, E., 1978: Von der edlen Kunst des Jagens. Pinguin Verlag.

Hunter, J.A., 1955: Die Löwen waren nicht die Schlimmsten. P. List Verlag, Innsbruck.

Huttl, H. (Hrsg.), 1966: Weltjagd. Safari Verlag, Berlin.

Jagd-Lexikon, 1983: BLV Verlagsges. mbH., München.

Kalchreuter, H., 1977: Die Sache mit der Jagd. BLV Verlagsges. mbH., München.

Kettridge, J.O., 1981: Travellers'Foreign Phrase Book (Engl./Franz./Deutsch/Ital. /Span./Holländisch). Verlag Rontledge and Kegan, London.

Kirchhoff, A., 1976: Wörterbuch der Jagd (Deutsch/Engl./Franz.). BLV Verlagsges. mbH., München.

Lampel, W., 1981: Waffenlexikon. BLV Verlagsges. mbH., München.

Lechner, E.J., 1988: Jagd international (2. Aufl.), J. Fink-Kümmerly + Frey Verlag, Ostfildern/Bern.

Lieb W. und G., 1983: Medizinfibel für Fernreisen, Selbstverlag Dr. Lieb, Bremen.

Liepmann, H., 1979: Jagen und Hegen. J. Neumann-Neudamm Verlag.

Madariaga, V., 1983: Hohe Jagd in Zentral- u. Südeuropa. Schuler Verlag, Herrsching.

Meisnitzer, F., 1984: Tips für erfolgreiches Fotografieren mit Automatikkameras. Südwest Verlag.

Meissner, H.O., 1967: Die überlistete Wildnis. Bertelsmann Verlag.

Müller, E. 1984: Das weite Reich der Jagd, L. Stocker Verlag, Graz.

Murray-Smith, Th., 1964: 40 Jahre unter afrikanischem Wild. P. Parey Verlag.

Nehberg, R., 1982: Die Kunst zu überleben. Ernst Kabel Verlag.

Niedieck, P., 1909: Mit der Büchse in fünf Weltteilen. P. Parey Verlag.

Niedl, W., 1973: Das große Buch von Jagd und Wald. Kayser'sche Verlagsbuchhdlg., München.

Oehsen, F., 1979: Jäger-Einmaleins. Landbuch Verlag, 8. Auflage.

Ricciuti, R., 1979: Wildlife of the Mountains Harry N. Abrams Publishers, New York.

Richter, H., 1977: Das Gamswild. Landbuch Verlag, Hannover.

Richter, H., 1974: Das Muffelwild. Landbuch Verlag, Hannover.

Roosevelt, Th., 1910: Afrikanische Wanderungen, P. Parey Verlag, Berlin.

Roosevelt, Th., 1905: Jagen in amerikanischer Wildnis, P. Parey Verlag, Berlin.

Rowland Ward Publication, 1981: Records of Big Game. 18. Ausg., Newbridge Hill/Coleman Hatch/Hartfield Sussex.

Ruark, R., 1984: Safari, Goldmann Verlag, München.

Safari Club International (SCI), 1986/88: Record Book of Trophy Animals. Tuscon/Arizona.

Safari Club International (SCI), 1981: Sheep, Special Edition.

Safari Club International (SCI), 1983: Africa, Special Edition.

Sasia, R., 1976: Der schnelle Schuß. BLV Verlagsges. mbH., München.

Schulte, J., 1985: Der Jäger, Verlag E. Ulmer, Stuttgart.

Sielmann, H., 1982: Expeditionen ins Tierreich, Herbig Verlag.

Smuts, G.L., 1982: Lion, Macmillan S.A. LTD, Johannesburg.

Spring, A., 1981: Erfolgreiche Reisefotografie. VWI Knülle Verlag.

Schilling, H.D. (Hrsg.), 1987: Sowjetunion, VSA-Verlag, Hamburg.

Schillings, C.G., 1920: Mit Blitzlicht und Büchse. Voigtländer.

Schönburg, Graf, J.v. (Hrsg.), 1979: Der Deutsche Jäger, BLV Verlagsges. mbH., München.

Stern, H. u. Thielcke, G., 1978: Rettet die Vögel, Herbig Verlag, Berlin.

Thor, L., 1980: Die Welt der Eisbären. Landbuch Verlag, Hannover.

US Government, 1969: Survival, Search and Rescue. Washington.

Valdez, R., 1985: Wild Sheeps and Wild Sheep Hunters of the World, Mesilla, New Mexico.

Voß, R. (Hrsg.), 1955: Wild und Waidwerk der Welt. Marathon, Wien.

Zink, Q.A., 1985: Ärztlicher Ratgeber für Bergsteiger, Thieme Verlag, Stuttgart/New York.

Zwilling, A.E., 1958: Seltene Trophäen. P. Parey Verlag, Hamburg.

Jagdzeitschriften

The Alaska Almanac/Alaska Magazin, Anchorage/Alaska.

Bündner Jägerzeitung. Chur/Schweiz

Caza y Safaris: Madrid/Spanien.

Deutsche Jagdzeitung: Mittelrhein Verlag, Koblenz.

Jäger: John Jahr Verlag, Hamburg.

Natur: Bund Naturschutz, Bundesrep. Deutschland.

Österreichs Waidwerk: Wien.

Die Pirsch: BLV Verlagsges. mbH., München.

Wild und Hund: Paul Parey Verlag, Hamburg.

WWF Umweltstiftung: WWF-Deutschland, Frankfurt/M.

Register

* kursiv gedruckte Seitenzahlen sind Hauptstichwörter

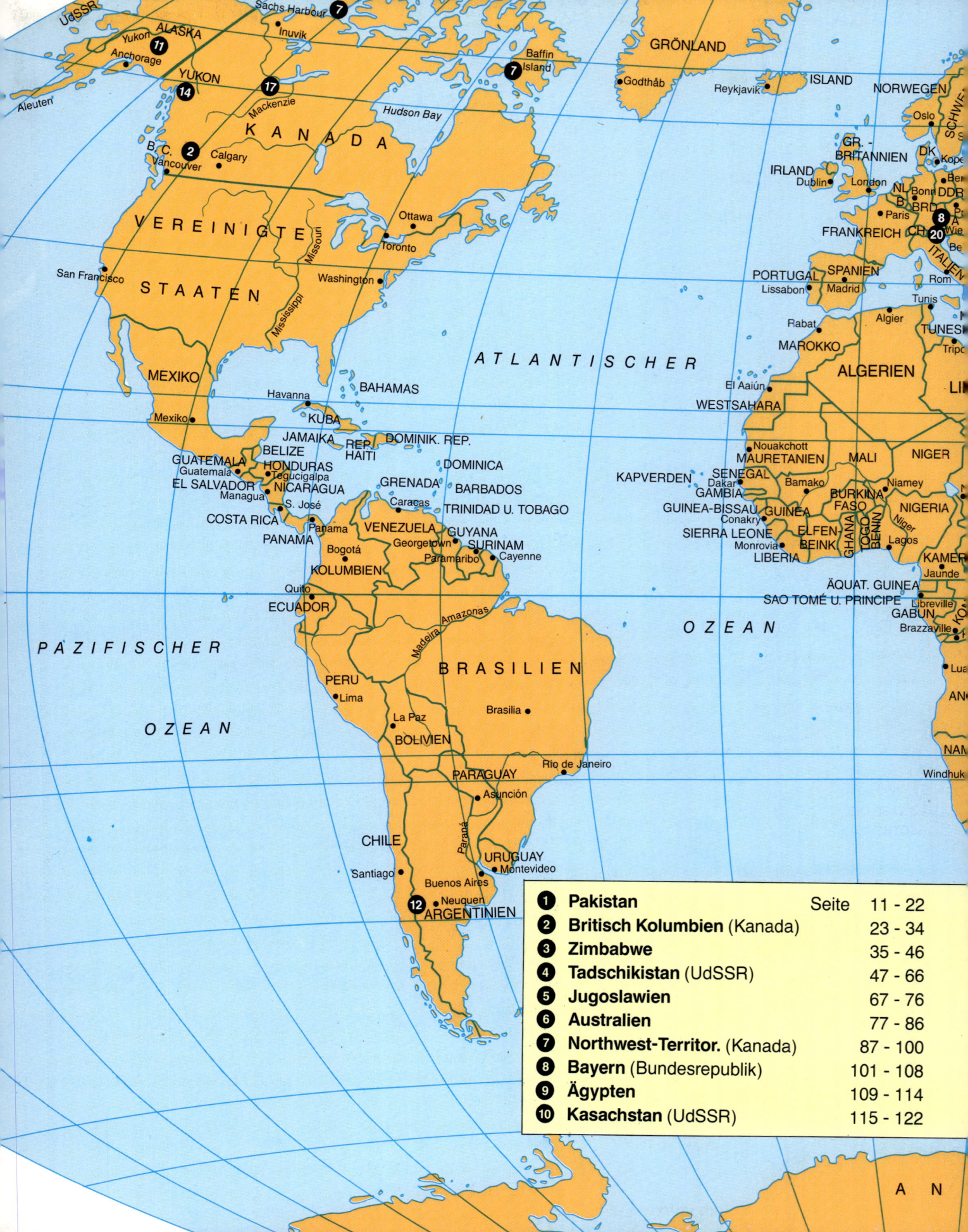